"博学而笃志,切问而近思。"
(《论语》)

博晓古今,可立一家之说;
学贯中西,或成经国之才。

复旦博学·复旦博学·复旦博学·复旦博学·复旦博学·复旦博学

作者简介

庄起善,复旦大学经济学院世界经济系教授、博士生导师;复旦大学新兴市场经济研究中心主任。长期从事世界经济的教学和研究工作。曾任中国世界经济学会常务理事、副秘书长,中国世界经济学会转轨经济专业委员会主任,中国美国经济学会理事、副秘书长,上海世界经济学会常务理事,上海俄罗斯东欧中亚学会常务理事等职。在全国和地方报纸杂志上发表学术论文100多篇,独立出版专著和教材7部,主持并完成国家和教育部社科基金资助项目多项。获教育部普通高等学校人文社会科学研究成果奖经济学二等奖、上海市决策咨询研究成果三等奖、上海市第六届邓小平理论研究和宣传优秀成果奖三等奖、中国苏联东欧学会中青年优秀科研成果二等奖、第三届上海高等学校教学名师奖、上海市教学成果奖一等奖、上海普通高校优秀教材奖二等奖等10多个奖项。

陆寒寅,毕业于复旦大学世界经济专业,获经济学博士学位,现任世界经济系副教授。主要研究兴趣集中于世界经济理论、外国经济史和制度经济学等,并为本科生和硕士研究生分别讲授"外国经济史""比较经济学""世界经济专题研究"等中英文课程。近年来,曾多次参与一系列国家和省部级课题的科研工作,出版个人学术专著《供给创新和非对称突破:世纪之交世界经济结构变动研究》一部、合著多部。曾于英国埃塞克斯大学经济学系、美国耶鲁大学国际与地区研究中心、丹麦哥本哈根大学经济学系等全球知名学府担任访问学者。现为中国世界经济学会理事。

博学·经济学系列
ECONOMICS SERIES

世界经济新论（第三版）

庄起善 陆寒寅 主编

复旦大学出版社

内容提要

本书以概论的形式论述第二次世界大战后世界经济的现状、运行机制和发展趋势。全书共分5篇17章,主要探讨社会生产力与世界经济形成和发展的关系、世界经济运行中的国际经济关系、世界经济发展的一般趋势和全球性问题、世界经济中不同类型国家经济发展模式的选择、世界经济和中国经济发展的相互关系。本书对进入21世纪以来世界经济发展的前沿问题进行了较详细的论述。本书对于高等院校经济类和国际政治类专业师生、从事外经贸领域的实际工作者及其他读者是一本有益的教材和读物。

第三版序言

自从2001年和2008年《世界经济新论》第一版、第二版相继面世以来，世界经济发生了许多重大而深刻的变化；一场突如其来的新冠肺炎疫情横扫全球，致使各国以及世界经济遭受前所未有的重创，经济全球化更是面临巨大的挑战和不确定性。这一切都使得重新修订《世界经济新论》的任务显得异常迫切和必要。

历经2008年的全球性金融危机及之后的债务危机和低速贸易修复，世界经济中以美国为典型的发达国家和以中国为代表的发展中国家在增长路径和发展要求上的结构性差异不断凸显。全球性冲击和政策溢出效应的同步性，与国别层面发展水平、经济结构的非同步性，已成为如今世界经济结构调整必须面对和解决的重大难题。也就是说，如何确保在同质性冲击下异质性国家的基本利益，日益成为考验经济全球化乃至实质性区域经济一体化程度较高地区的关键所在。

此外，互联网技术、经济范式的突破与深化，非传统货币政策的广泛推行，政府货币政策和财政政策回旋余地的大幅缩小，发达国家人口老龄化程度的日益加深以及贫富差距的持续扩大，以原油为代表的大宗商品价格周期的大幅波动，以标准接轨为特征的区域经济合作新模式的呼之欲出，全球失衡规模在数量上的收敛，以及难民、恐怖袭击等非传统压力的空前凸显等等，都使世界经济结构调整受制于增长乏力、分配失衡的现状，甚至原本难得遇到的"黑天鹅"和"灰犀牛"也仿佛霍然呈现频仍之势。

在《科学革命的结构》一书中，托马斯·库恩认为，构建有关世界变化的理论范式的一个主要途径是经由反常现象的累积。当前的世界经济就是这样一个累积反常现象，并且需要发展新的理论范式去解析和探究的重要领域。作为一门新兴学科的基础性教材，理应对上述问题进行分析，并把研究成果及时地体现在教材之中，这也是作为研究对象直接为经济建设服务的世界经济学科及其教材的一大特色。同时,作为国内世界经济的重点学科,完善并修订《世界经济新论》也是我们持续追踪世界经济发展热点问题、长期关注世界经济理论动态并在教学科研中加以反映的基本态度和途径。

  基于2008年之后世界经济现实的巨大变化,也为了及时反映世界经济领域的重要学术研究成果,本次修订的逻辑将主要围绕以下三个方面展开:首先,充分反映世界经济领域的最新发展;其次,融合世界经济研究的新近成果对相关问题进行分析;最后,在增补、完善事实特征和理论分析的基础上,对当前的世界经济运行进行整体的梳理与思考,并以优化的方式在教材的内容择取和编排结构上加以反映,力图在前两版的基础上,进一步提高教材的实用性、理论性和时代性。

  具体而言,第三版《世界经济新论》的主要修订之处包括:① 增加对2008年全球金融危机后世界经济重要问题的分析。如第二章"社会生产力和世界经济进一步发展"中,增加了互联网技术的迅猛发展及对世界经济影响的分析;第十章"经济全球化过程中的世界性问题",增加了对世界经济发展中的大宗商品问题、贫富差距问题、全球治理问题等的分析。② 对某些章节的内容做了重要的补充和修改。如第三章"社会生产力和世界经济运行的周期性波动"中,增加了对2008年全球金融危机的分析;第五章"国际分工和世界市场"中,增加了对全球价值链分工的分析;并增加了多元化的区域经济合作进程、跨地域的自由贸易协定以及"一带一路"构想与实施等内容,以反映当前世界经济及中国经济发展的最新进展。③ 对某些章节的数据和资料进行删减、完善和更新。同时补充增加参考文献等内容。

  正如在本书的第二版序言中已经提到的,改革开放以来,在学术界和教育界同仁的不懈努力下,作为一门新型学科的世界经济,得到不断发展并逐步形成一个比较完善的理论体系。在对世界经济研究对象进行深入分析的基础上,围绕着世界经济学科的不同理论体系出版了一系列的教材和参考书目。基于此,以博采众长和坚持特色为理念,本书的第三版将沿用前两版的理论体系,主要根据世界经济研究对象,试图从社会生产力入手,以市场经济为主线,以分析世界经济的传导机制和运行规律为主要内容来概括世界经济。全书主要论述社会生产力与世界经济形成和发展的关系、世界经济运行中的国际经济关系、世界经济发展的一般趋势和全球性问题、世界经济中不同类型国家经济发展模式的选择、世界经济中的中国经济发展等问题。

第三版序言

在当前世界经济变化迅猛,且演进路径愈加复杂多元的大背景下,我们希望《世界经济新论》第三版教材的出版,能帮助学生更系统了解第二次世界大战后至今世界经济的演变特征、运行机制和发展规律。通过课堂教学,使学生掌握世界经济的基本知识和基本原理,了解当前世界经济发展的态势和重要信息,运用世界经济基本知识和基本理论,分析当前世界经济发展中的各种现象,为学习各门专业课打好基础。

本书的出版,是复旦大学经济学院"世界经济"课程教学团队共同努力的成果,同时也得益于复旦大学经济学院"高峰计划"的资助和支持,在此一并感谢。

本书在写作过程中参考了同行出版的专著、教材和论文,由于来源广泛,除列出主要参考著作和论文外,其他恕不一一注明,敬希见谅。书中不当之处,恭请读者批评指正。

目 录

第一篇 社会生产力和世界经济

第一章 社会生产力和世界经济的形成 … 3
第一节 社会生产力的发展和世界经济萌芽的准备阶段 … 3
第二节 第一次科技革命和世界经济的萌芽 … 5
第三节 第二次科技革命和世界经济的形成 … 9

第二章 社会生产力和世界经济进一步发展 … 16
第一节 第三次科技革命及其新趋向 … 16
第二节 第三次科技革命对世界经济的影响 … 18
第三节 互联网技术与数字经济时代 … 25

第三章 社会生产力和世界经济运行的周期性波动 … 30
第一节 马克思主义再生产周期理论 … 30
第二节 二战后至世纪之交资本主义经济周期和经济危机的特点及其原因 … 33
第三节 新经济和经济周期 … 40
第四节 2008年全球金融危机及世界经济结构变动 … 46
第五节 经济周期长波论 … 53

第四章 制约社会生产力增长的因素和世界经济可持续发展 … 62
第一节 关于世界经济增长极限的探讨 … 62
第二节 制约社会生产力增长的因素 … 68
第三节 世界经济的可持续发展 … 76

第二篇　世界经济运行中的国际经济关系

第五章　国际分工和世界市场 …… 87
- 第一节　国际分工 …… 87
- 第二节　世界市场 …… 97

第六章　国际贸易关系 …… 102
- 第一节　国际贸易若干理论 …… 102
- 第二节　不同类型国家的贸易关系 …… 109
- 第三节　从关税与贸易总协定到世界贸易组织的国际协调 …… 116

第七章　国际金融关系 …… 125
- 第一节　国际金本位制 …… 126
- 第二节　布雷顿森林体系 …… 129
- 第三节　牙买加体系 …… 132
- 第四节　国际货币体系的现状与改革方案 …… 137
- 第五节　2008年全球金融危机后的国际货币体系改革实践 …… 142

第八章　国际投资关系 …… 145
- 第一节　国际投资关系概述 …… 145
- 第二节　国际直接投资 …… 149
- 第三节　国际直接投资和跨国公司 …… 156
- 第四节　国际间接投资 …… 163

第三篇　世界经济发展的一般趋势和全球性问题

第九章　经济全球化与区域经济一体化 …… 171
- 第一节　经济全球化 …… 171
- 第二节　区域经济一体化 …… 187
- 第三节　经济全球化与区域经济一体化的关系 …… 204

第十章　经济全球化过程中的世界性问题 ········ 208
第一节　全球化退潮 ········ 208
第二节　世界贫富差距拉大 ········ 210
第三节　贸易保护主义及其新形式 ········ 212
第四节　石油危机和大宗商品价格波动 ········ 214
第五节　英国脱欧对欧洲一体化的影响 ········ 217
第六节　全球性环境问题 ········ 220
第七节　"一带一路"倡议 ········ 222

第四篇　世界经济中不同类型国家经济发展模式的选择

第十一章　发达的市场经济国家
——发达资本主义国家 ········ 227
第一节　发达资本主义国家的基本经济特征 ········ 227
第二节　发达资本主义国家市场经济的不同模式 ········ 232
第三节　发达资本主义国家在世界经济中的地位 ········ 242

第十二章　迅速崛起的市场经济国家（地区）
——新兴工业化国家（地区） ········ 246
第一节　新兴工业化国家（地区）的形成及基本经济特征 ········ 246
第二节　新兴工业化国家（地区）的经济发展战略 ········ 252
第三节　新兴工业化国家（地区）的发展模式与金融危机 ········ 259
第四节　新兴工业化国家（地区）经济在世界经济中的地位和作用 ········ 267

第十三章　成长中的市场经济国家
——发展中国家 ········ 273
第一节　发展中国家的基本经济特征 ········ 273
第二节　发展中国家的市场经济 ········ 277
第三节　发展中国家经济在世界经济中的地位 ········ 285

第十四章　向市场经济过渡的国家
　　——俄罗斯、东欧和中亚国家·················· 290
　　第一节　传统经济管理体制的形成与发展·················· 291
　　第二节　传统经济管理体制的改革·················· 293
　　第三节　向市场经济过渡的路径选择·················· 299
　　第四节　向市场经济过渡的若干问题·················· 306

第五篇　世界经济中的中国

第十五章　对外贸易与中国经济发展·················· 325
　　第一节　中国对外贸易概述·················· 325
　　第二节　中国的外贸体制改革·················· 332
　　第三节　中国加入世界贸易组织及其经济影响·················· 336

第十六章　涉外金融与中国经济发展·················· 342
　　第一节　中国的国际收支·················· 342
　　第二节　中国的外汇管理与外汇储备·················· 348
　　第三节　中国金融体系的对外开放与人民币国际化·················· 355

第十七章　参与国际投资与中国经济发展·················· 361
　　第一节　中国的外资引进·················· 361
　　第二节　中国的对外投资·················· 372

主要参考文献·················· 378

第三版后记·················· 384

第一篇　社会生产力和世界经济

社会生产力是马克思主义经济学最基本的经济范畴,也是研究世界经济理论的出发点。科学技术革命作为社会生产力发展中质变的标志,推动了世界经济萌芽的出现,并使其逐步形成和进一步发展。由于资本主义基本矛盾的始终存在,在资本主义国家里,社会生产力的增长具有起伏型的特点,同时,它又受到世界人口、自然资源和生态环境的制约。

第一章 社会生产力和世界经济的形成

科学技术革命作为社会生产力发展中质变的标志,综合地体现了科学、技术、生产之间相互联系和相互促进的辩证关系,展现了科学技术和社会生产力的不断融合过程,推动了世界经济萌芽的出现及其逐步形成的过程。

第一节 社会生产力的发展和世界经济萌芽的准备阶段

一、15—16世纪地理大发现推动社会生产力的发展

中世纪的欧洲在宗教神学和封建主义的双重阴影下,生产力的发展极其缓慢。然而,经过几个世纪的积累,社会和经济的发展已为生产力从量变到质变做好了准备。首先,文艺复兴运动破除了宗教神学对人类思想的禁锢,把人类从宗教的束缚中解放出来。人们开始把目光从神转向人本身,对自然和人类世界进行了种种探索,使科学从文艺复兴中吸取思想的营养,不断发展、壮大。其次,行会手工业发达,城市手工业的行业越来越多;商业逐渐从手工业中分离出来,作为经济中心的各个城市国家不断进行贸易往来,"谋利精神"渗透到生活的各个领域。这时,意大利北部城市独霸西欧和近东的贸易通道、攫取高额利润的行为逐渐变得让人不能容忍。于是,当科学的发展为远洋航行提供足够的可能性之后,在逐利动机的推动下,出现了开拓新航路的高潮,最终导致地理大发现。

15世纪末16世纪初的地理大发现深刻地影响了欧洲的社会经济状况。意大利北部的贸易垄断地位被打破,经济中心由此转移到大西洋沿岸。随着市场的扩大,贸易量日益增多,商人的地位随之提高,商业完全脱离手工业,成为独立的行业。地理大发现使大量的廉价金银流入欧洲,商品价格普遍上涨。在商业利润的推动下,社会生产力有了极大的提高。例如,当时英国一个比较大的煤区达勒姆和诺森伯兰每年运出的煤在 1500 年约为 6 000 吨,到 1551—1560 年达到 36 000 吨,而到 1631—1640 年已高达 522 000 吨。

二、社会生产力的发展对经济的影响

社会生产力的发展使工场手工业的分工不断发展,正如马克思所描写的那样:"商品从一个要完成许多种操作的独立手工业者的个人产品,转化为不断地只完成同一种局部操作的各个手工业者的联合体的社会产品。"① 专门化的生产也使劳动工具不断得到完善。分工使手工业者可以进行简单的协作,提高了劳动生产率,商品数量大大增加,这一切都刺激了商业的繁荣,地区之间贸易交往的增加促使国内市场逐渐形成。然而,这时仅靠国内市场已不能满足商业膨胀的需要,于是各国的商人开始跨越国界进行大规模对外贸易。

地理大发现促进了对外贸易的发展,它使各大洲都卷入了商品交易。欧洲贸易中心从地中海区域扩展到大西洋沿岸。葡萄牙的里斯本、西班牙的塞维利亚、比利时的安特卫普、英国的伦敦等先后成为繁荣的国际贸易港口,它们的贸易范围远及亚洲、非洲和美洲。对外贸易的发展不但使欧洲的商品有了更好的出路,而且由于输入其他各大洲的商品而使欧洲大陆可供交易的商品种类不断增加。随着国际交换的扩大,逐渐形成了区域性的国际商品市场。在贸易发展的带动下,分工也开始跨越国界。当时欧洲一些国家执行殖民政策,运用暴力和超经济的强制手段,在亚、非、拉一些国家建立种植园,开发矿山,并将这些国家作为其廉价原料和劳动力的来源地以及国内产品市场的延伸,形成早期资本主义国际专业化分工的萌芽。这时,社会生产力已摆脱了那种缓慢发展的状态,正在为进一步的发展积蓄力量,但是国际交换关系尚未形成确定的体系,世界经济正待萌芽。

---

① 马克思:《资本论》第 1 卷,人民出版社 2004 年版,第 392 页。

第二节 第一次科技革命和世界经济的萌芽

一、科技革命的含义

近年来,国内外专家学者对科技革命的性质、作用和意义众说纷纭。科学革命、技术革命、科技革命、产业革命、工业革命、组织革命、信息爆炸等种种新名词、新提法层出不穷,但中心思想不外乎是指科学技术进步带来社会生产面貌的日新月异。当然,提法不同,出发点、内涵和侧重点也有所区别。一般地讲,科学革命是指人们认识客观世界的质的飞跃,它表现为新的科学理论体系的诞生;技术革命是指人类改造客观世界的新飞跃,它表现为生产工具和工艺过程方面的重大变革;科技革命则是指科学知识或理论加速转化为技术变革,进而引起生产力的飞速发展。就它们的相互关系来看,科学革命是技术革命的基础和出发点,科学革命引起技术进步;技术革命则是科学革命的结果,先进的技术及其应用成果反过来又为科学研究提供了有力的工具。科技革命则既包括科学革命,也含有技术革命,它是上述两者的高度概括。至于产业革命,则是指由科学技术的飞跃引起的整个经济领域的重大变革,它不仅包括物质生产技术的根本变革,而且也包括生产关系的重大变化。所以,可以说科技革命是产业革命的前提和准备,产业革命是科技革命的结果。

一般认为,在资本主义社会发展的历史过程中已经发生了三次伟大的科技革命。18世纪中叶至19世纪中叶,首先在英国发生了以蒸汽机为主要标志的第一次科技革命。19世纪末至20世纪初,发生了以发电机和电动机的发明和使用为主要标志的第二次科技革命。第三次科技革命从20世纪40年代末50年代初开始,60年代达到了高潮,其主要标志是原子能、高分子合成材料和空间技术的广泛应用。

二、第一次科技革命及其特点

第一次科技革命首先从传统的手工业部门——纺织部门——开始。欧洲大多数国家这时已通过资产阶级革命初步建立了资本主义制度。对利润的追逐要求产量不断得到提高,但却遇到了人的体力这一自然障碍,于是时代呼唤尽快出现能够战胜体力障碍的工作机。在需求的推动下,工艺技术产生了巨大的变革。变革首先出现在纺织部门中的棉纺织业：凯伊"飞梭"的发明大大提高了织布的效率，纺纱的生产跟不上需求而出现纱荒；哈格里夫斯"珍妮纺纱机"的发明解决了纱荒的问题，但是织布又开始出现供不应求的状况，纺织业的机械化水平就在纺和织的不断追赶中飞速发展。工作机的普遍应用又遇到了动力上的障碍，虽然当时已能采用风力、水力等代替人力，但仍然不能满足生产的需要，这时出现了一个跨时代的发明——蒸汽机。它不但解决了动力问题，而且为资本主义生产从工场手工业过渡到机器大工业创造了条件。紧接着，通过与纺织业有关的生产部门，这种机器的发明、改良和使用扩散到了重工业部门，使得采煤、冶铁、机器制造等部门的生产力大大提高。工业部门的发展对运输提出了新的要求。道路的改良和运河的兴建促进了运输业的发展，然而使运输业发生实质性变化的仍是蒸汽机的使用。蒸汽机应用于轮船，产生了汽船，推动了水上交通的发展。而蒸汽火车头的使用，可谓运输业的一场革命，引发了修建铁路的高潮，这对资本主义近代工业化过程更是功不可没。所以，人们把蒸汽机作为第一次科技革命的标志。

  第一次科技革命产生的时间正是封建主义向资本主义过渡的时期。独特的历史条件赋予它鲜明的特点。首先，这次科技革命从轻工业部门开始。在封建制度下手工业和行会制度发达，使当时的毛纺织业、棉纺织业等轻工业部门的生产力水平较高，而重工业却几乎是一片空白。一个部门技术的革新必须以生产力的一定发展为前提，所以，第一次科技革命从轻工业部门开始也就不足为奇了。只有在科技进步的推动下，轻工业和农业生产力的提高为重工业的发展奠定了基础之后，科技革命的成果才会慢慢推广到重工业部门，促使社会生产力突飞猛进。其次，技术发明领先于理论研究的突破。在科学技术的发展过程中，一般来说科学理论对技术变革起着先导作用，新技术的发明又为新的理论研究提供科学手段。观察这次科技革命过程中的种种发明，不难发现技术发明不仅领先于科学理论的突破，而且它们大多是由直接参加生产的技术工人做出的。这些技术工人在生产的过程中发现了生产工具的种种不足之处，于是着手发明和改进，因此这一时期发明创造的实用性很高。然而，技术工人并非专业学者，他们无法在基础科学领域实现突破，这就限制了他们的创新能力，尤其是在这次科技革命的后期，更多的是机器的改良而非创新。

三、第一次科技革命创造了巨大的社会生产力

科学技术水平的革命性变化改变了社会生产力的结构,解决了人自身体能不足这一自然障碍,从此,大量机器、科学方法进入了日常的生产活动,创造了巨大的社会生产力。

首先,机器代替了简单协作。在地理大发现的推动下,手工业的分工不断细化,出现了简单协作。到第一次科技革命时,原本由人力完成的简单协作被不知疲倦的机器取代,突破了自然体力的限制,大大提高了生产的效率和生产的精确程度。其次,根据科学的原理实现了生产过程技术上的统一、连续性。机器的应用,并没有消除分工和协作,而是由原先工人之间的分工变成不同用途的机器之间的分工。局部的每一台机器依次把自己生产出来的产品供应给下一台机器,所有机器一起开动,产品就不断地处于自身形成过程各个阶段上,其间保证生产高效率的关键就是生产的连续性,这就要依靠科学的原理,应用物理、化学等方法解决生产过程中每一阶段的完成和各个阶段之间结合的问题,从而保证生产过程技术上的统一、连续性。最后,科学技术把自然力变成社会劳动的力量。在此前漫长的历史年代中,人们大多利用人力和畜力作为动力,后来虽然也开始使用水力和风力,但是水力的运用因离不开河流而受到地域的限制,风力又太不稳定难以控制,所以这一类强大的自然动力的使用无法得到推广。动力的薄弱也限制了生产的发展。第一次科技革命发明了大量的工作机,一方面为人类大规模使用自然力创造了条件,另一方面也产生了使用自然力的客观要求。在这样的条件下出现了蒸汽机,用机器推动机器,把远比人力强大的自然力运用于社会劳动,推动了生产力的发展。

第一次科技革命使世界生产力有了很大的提高。英国更是依靠第一次科技革命成为"世界工厂"。法国在 1835 年生产的生铁为 290 378 吨,美国在 1837 年生产的生铁为 250 000 吨,而英国在 1839 年生产的生铁为 1 347 000 吨,在世界上遥遥领先。1850 年,英国在世界工业总产值中占 39%,占世界贸易总额的 21%,成为世界各国工业品的主要供应者和技术的主要输出国。

四、世界经济的萌芽

第一次科技革命使人类开始用机械力代替人力,生产力的发展使社会经济最终从工场手工业过渡到机器大工业。机器大工业的建立反过来又使

生产力水平获得大幅度提高,商品经济高度发展,社会分工取得大进展,这一切都推动了国际分工的迅速发展。在国际分工发展的基础上,世界市场逐步形成。在两者相互促进、共同发展的过程中,越来越多的国家之间建立了日常的商业联系,世界经济开始萌芽。

机器大工业为国际分工的发展奠定了基础。由于广泛采用机器技术,工业从农业中完全分离出来成为独立的部门,工业内部的分工也得到进一步的发展。这种分工使大工业逐渐脱离本国的基础,进而依赖于世界市场、国际交换和国际分工。于是,社会分工迅速跨越国界,向国际领域扩展,把不同经济发展水平的国家或多或少都纳入国际分工之中。

在国际分工的发展过程中,世界市场也逐步形成了。早在15—16世纪,世界市场就处在形成过程中,那时候欧洲商业强国纷纷向海外争夺殖民地与市场,欧洲的贸易中心已从地中海区域转移到大西洋沿岸,贸易领域大大扩展。但真正对世界市场的形成起决定性作用的还是资本主义机器大工业的建立和国际分工的发展。国际分工是国际商品交换的基础。国际分工体系的逐渐形成促进了各国生产力的提高,同时又使生产趋于专门化,并在不同程度上加强了国与国之间的相互依赖。第一次科技革命在西方国家确立了资本主义生产方式,使世界市场进入了迅速发展的时代。资本主义生产方式以追求利润为唯一目标,因此机器大工业也就具有不断扩大再生产的趋势。一方面,规模不断扩大的生产所产生的大量商品非本国市场所能容纳,资本必须在巩固已有市场的同时不断突破市场的界限,到国外开辟新市场,因为一旦工业制成品找不到出路,工业生产的维持与扩大就不可能;而且工业品附加值高、利润厚,对输出国而言有大利可图。另一方面,伴随着生产的扩大,不但有成品销路的问题,而且存在原料和廉价劳动力的获取问题。一个国家的工业越发达,对原料的需求也越大。一般地说,一国的原料很少是能自给自足的,大多要靠从国外运入。这就迫使资本家到国外市场去寻求来源。他们在逐利动机的推动下,奔走于世界各国,冲破了民族国家闭关自守的一道道障碍,把越来越多的国家卷入了世界市场。而这一时期,科技革命使交通运输工具这一市场交易的媒介得到了革新。1819年,第一艘汽船横渡大西洋;1825年,世界上第一条铁路在英国试运行。交通运输事业的突破加上通信事业的发展,大大提高了市场交易的效率,降低了交易成本,促使商品往来频繁进行。世界市场的发展又反过来推动了国际分工体系的形成。生产力的发展带来了产品生产的高效率,使工业制成品的价格不断降低,各种廉价工业品源源不断地流向国外市场,并且使这些国外市场按照工业国的生产和消费的需要改变自身的产业结构,逐步演变成这些工业国的原料来源地和产品销售市场。于是,国际分工和世界市场就在相互推进中向前发展。到第一次科技革命结束时,各国都或多或少被卷入了世界商品交换的巨流之中,这时,"世界经济"才开始成为一个有实际意义的术语或概念。

第三节 第二次科技革命和世界经济的形成

一、第二次科技革命概述

在第一次科技革命中,人类发明了蒸汽机。使用蒸汽机把热能转化为机械能,弥补了使用风力、水力的不足,使人类获得了一种可普遍大规模使用的动力,于是机器得到广泛的应用,最终建立了机器大工业。然而,随着生产力的发展,蒸汽机的缺点逐渐暴露:它的体积过于庞大;它只能进行热能和机械能的转换,不能把其他形式的能量转换成机械能;在转换的过程中,由于效率的低下,有90%以上的热能被白白消耗,造成了极大的浪费。生产力的进一步发展要求一种新的动力,于是出现了以发电机为标志的第二次科技革命。

电力与蒸汽力相比,有更多优势:它可以集中生产,分散使用;它的转化能力很强,可以转化成热能、光能、机械能、化学能等多种形式。这些优势使它取代了蒸汽动力,成为新的能源。早在19世纪上半期,基础理论科学——电学——就有了很大的突破。此后,一批专业学者制造出了发电机、电动机,甚至还制造出了电动机车的雏形,但是,电能的广泛应用却是在19世纪末。因为,只有到那时,电能才成为一种可以廉价大量供应的能源,科学技术的发展才能够保证电动机持续工作。此外,从直流电的使用到交流电的使用解决了远距离高压送电的问题,于是电动机得以大规模广泛运用于生产。电的应用极大地改变了人们的生产和生活状况。首先,它改变了人们的通信能力,有线电报、电话的发明一直到无线电通信的出现,使人能看千里之远、听万里之遥。其次,依靠电,化学工业进入了一个新的时代,利用电解的作用,人们发现了许多新的元素。最后,电改变了人们的生活,电灯、留声机、电影、无线电广播的发明使人们的生活更加光明和多姿多彩。

除了电动机应用于生产外,蒸汽机不断地得到改进,内燃机也于这一时期问世。内燃机体积小、轻便,功效大,它的发明对农业生产和交通运输产生了极大的影响。在使用蒸汽机的年代,农业使用机器多还用畜力驱动,直到内燃机的发明,才使农业开始使用蒸汽动力,出现了拖拉机,为以后农业大规模机械化创造了条件。随后,出现了汽车这一使用汽油并通过内燃机驱动的自动车。汽车的发明、使用和推广使人们看到了公路交通方式的前景,同时又创造了一个新的工业部门——汽车工业部门。而且,内燃机的发明使蒸汽动力的应用得到推广,扩大了对石油的需求,促进了石油部门的发展。19世纪末20世纪初同时还是钢铁的时代和化学工业迅速发展的时代。在这一时期,世界钢的产量增加极快,在1870年时还只有52万吨,到1900年增加到2 830万吨,在1870—1913年的43年间世界钢产量增加了146倍。钢材很快排挤了其他材料,成为工业大生产不可替代的原料,世界工业生产也从"棉织时代"进入"钢铁时代",重工业在工业中开始占主导地位。随着新元素的不断发现,人们开始使用人工方法合成材料,发明了合金钢和人造丝、塑料等多种人工合成材料。

科学技术转化为生产力创造了惊人的成就。世界工业生产量在1850—1870年的20年中增长了一倍,而在1870—1900年的30年中增长了2.2倍,到20世纪初的13年中又增长了66%。

二、第二次科技革命的特点

在第二次科技革命时期,世界生产力已有了很大的发展,因此,与第一次科技革命相比显现出不同甚至截然相反的特点。

首先,这次科技革命从重工业开始,为落后国家提供了一次新的机遇。虽然第一次科技革命促进了生产力的飞速发展,但是到19世纪中期第二次科技革命前,除英国以外在主要资本主义国家中仍然是农业占优势,而且在这些国家的工业中,轻工业占据了主导地位,重工业相对而言显得薄弱。这时英国号称"世界工厂",其经济实力是别的国家无法比拟的。拥有如此雄厚的实力,又恰逢第二次科技革命的推动,似乎英国理所当然应成为世界经济的领头羊。但是,由于它坐守前人的创造成果,思想上趋于保守、定型而丧失了先发优势,反使后起的德国、美国成为这次科技革命的主导。

其次,基础理论的先导作用日益明显。在第一次科技革命中,技术上的突破先于科学理论,进行发明创造的也大多数是直接从事生产的技术工人,这就使当时发明的机器具有高度的实用性,但也正是这一点局限了他们的创新能力。当时间进入19世纪,这种情况发生了变化。虽然这时仍存在技术突破领先于理论突破的例子(比如当爱迪生在纽约建成第一个发电站时,虽说电磁振荡论已经存在了,但这位天才的发明家并不知道欧姆定律等电路理论知识),但是基础理论起先导作用,新技术的发明为新理论研究提供科学手段,这种科学和技术相互促进的关系已日益明显。在19世纪初,就有许多专业学者致力于电学的研究。从富兰克林、伏特、安培、法拉第、麦克斯韦到赫兹,在一代代科学家的不懈努力下,人类终于揭开了电的秘密。此后,贝尔、爱迪生等人又把电引进了通信领域和人们的日常生活领域。基础科学领域的突破转化为生产力,产生了无穷的创新能力,在这次科技革命中,生产和生活的各个领域内都不断地产生各种发明创造。

三、世界经济的最终形成

在第二次科技革命的推动下,社会生产力飞速发展,国际分工不断深化,商品交换的范围日益扩大,统一的无所不包的世界市场出现了。此时,不但交换国际化,经济生活的其他领域如资本、货币也走上了国际化的道路。在这种国际化的趋势中,我们看到了世界经济的最终形成。

首先,科技革命促进了交通运输的变革。钢铁工业的发展使铁制轮船最终代替了木制帆船,世界船舶总吨位在1870—1910年增加了一倍多,其中汽船吨位所占的比重从16%增至76%。铁路建筑的进展则更为迅速,1870—1913年,世界铁路线长度增长了4倍。1870年时,94%以上铁路线分布在欧、美两洲,而到20世纪初,随着资本输出的增加以及资本主义列强对亚洲、非洲、拉丁美洲掠夺的加强,在这些地区也修筑了相当规模的铁路网。随着内燃机的发明,出现了汽车这一新的交通工具,更重要的是在第二次科技革命中出现了空运的发端。虽然这时还未出现大型、完善的飞机,但是这代表一种新的、更为快捷安全的运输方式,为以后运输业的革命奏响了序曲。

其次,生产水平的日益提高和运输的日益便捷使得国际分工体系和统一的无所不包的世界市场最终形成,同时新兴工业部门的出现带来了经济结构的变化。第一次科技革命使英国成为"世界工厂",而那时在其他资本主义国家中农业还占主导地位,即使在工业中占优势的也还是轻工业部门,更不用说落后的亚、非、拉殖民地半殖民地国家。第二次科技革命使人类开始应用电力,电力的发明和应用不仅推动了电化学、电热学的进展和一系列新产品、新部门的出现,而且也带动了重工业部门如钢铁、采煤等的技术革命。工业的迅速扩张使工业产量很快就超过了农业,成为国民经济增长中贡献最大的产业部门。于是,一批资本主义国家紧随英国之后走上了工业化的道路,从原先的农业国转变为工业国。即使是处于受剥削地位的殖民地半殖民地国家,这时其国内的民族工业也有了一定程度的萌芽和发展。在农业经济时代,由于生产规模无法扩大,国际交换在一定程度上受到限制。只有进入工业经济社会,经过科技革命,在技术的发明和进步的推动下,生产力空前提高,这时物质生产的发达才会使国际交换更加频繁。一方面,工业发达国家急于输出其大量的廉价工业品,而其他国家也需以一定的物资与其交换,在这种情况下,国际分工进一步发展,各国都试图依靠自己的有利条件从事专长的生产,以便在与别国的交换中获取更大的利益。比如,从19世纪中叶起英国就全面发展制造业,以其大量生产的工业品与国外的农产品进行交换。这种类型的国家在19世纪下半期逐渐多了起来。另一方面,经济不发达的国家除输出粮食与原料外,也开始根据自己的实际情况发展一些本国拥有有利条件的工业。所以,生产的发展势必导致国际分工的日益深化,各国都不可避免地被纳入国际分工体系之中。但是,这一时期的国际分工又有其特色。生产力的大幅度提高导致商品数量大增,竞争越来越激烈,只有规模不断扩大的资本才能在竞争中取胜,于是生产和资本高度集中,带来了工业组织的重大变化:垄断开始出现并逐渐代替自由竞争;工业资本进一步与银行资本融合,形成金融资本,出现了金融寡头,其势力足以左右一国的内外政策。资本输出开始成为这一时期的主要经济特征之一,这样,资本主义生产和交换日益国际化,结果,宗主国与殖民地之间、发达工业国和初级产品生产国之间的经济联系日益加深,终于形成了资本主义垂直分工的国际分工体系,其特点是:由于美洲以及其他一些国家的技术领先,世界经济重心开始发生转移,从而分工的中心也从英国变为一系列国家,在它们之间形成了以不同经济部门为主的国际分工体系;工业国家进一步加强对亚、非、拉殖民地的掠夺,使其形成附属于工业发达国家的畸形的单一经济模式,并加深了它们对工业发达国家的依赖性;生产国际化的进一步发展导致国际分工体系形成,加强了世界各国间的相互依赖程度。这一切都急剧地扩大了世界市场的范围和规模,终于将世界各国的国内市场和国际市场融合起来而形成统一的世界市场。在这一时期,美、德、日由于科技革命的完成而迅速崛起,逐步代替英国,从而导致各主要资本主义国家在世界市场上的竞争,这无疑又为各国国内生产力的发展提供了契机。可见,世界市场的形成也为资本主义生产方式的生存和发展提供了客观条件。

再次,发达资本主义国家的对外扩张方式发生了变化:从以商品输出为主转变为资本输出为主。在国际分工体系建立和统一的世界市场形成的过程中,发达资本主义国家找到了它们所需要的商品市场和原料供应地,但是随着生产和资本的集中,资本主义从自由竞争阶段发展到垄断阶段,各工业国对投资场所的需求不断上升,它们向外扩张的方式也由商品输出变为资本输出,对外投资的数量大增。其实,早在自由资本主义时期就已经有资本输出,但只有到第二次科技革命后,在生产力发展的推动下,银行资本和工业资本融合形成金融资本,产生大量的过剩资本,资本输出才迅速增长。所谓的"过剩"资本并不意味着国内投资已达饱和,资本绝对过剩,而是资本大量的积累和集中使在国内借贷的利率和投资的利润率变得很低,资本在逐利动机的推动下向外流动,流向更为有利的投资场所。当时经济不发达的国家因资本缺乏,需求迫切,所以利润率极高;同时,新兴的民族工业和铁道事业等亟待发展,投资的利润非常丰厚,所以资本由发达的工业国流向欠发达和不发达的国家和地区是必然的。而且,这时工业国大量的商品输出受到了阻碍。商品输出在发达工业国家有相当长久的历史,到19世纪末期虽然资本输出量大增,但商品输出并未停滞,也在加紧进行。商品输入国大多是工业不发达的国家,只能以原料、粮食或其他初级产品来交换工业制成品,处于非常不利的地位,并且国内的新兴工业也会遭到输入的廉价工业品的打击。为了维护本国的利益,保护新兴的工业和国内市场,19世纪70年代起,各国盛行保护关税政策,使商品输出举步维艰。相比之下,资本的输出却不会受到此类限制。于是,各工业国的资本纷纷跨出国门在世界范围内寻觅最佳的投资场所,从单个国家的资本变为世界资本。当时国际资本的主要流向是殖民地、半殖民地和附属国。与此同时,越来越多的国家把欠发达国家尤其是殖民地半殖民地国家既作为自己主要的销售市场,又作为主要的原材料和廉价劳动力的来源地,而且很多情况下这双重角色由同一个国家扮演。于是,它们变间接投资为直接投资,在这些国家设厂生产,就近销售,以获取更丰厚的利润。资本在向外投资逐渐国际化的过程中也在不断改变自己的投资形式。

最后，随着商品交换的日益发展和资本输出的日益增多，促进了世界货币体系的形成。在世界市场上，商品交换必须以一种特殊的一般等价物为媒介，并且要求这一媒介本身具有一定的价值，能摆脱货币的各种地方形式。这种在世界范围内的一般等价物就是国际货币，在初期其自然形态是黄金和白银。第一次科技革命后就出现了国际货币。第二次科技革命使各国经济实力大幅提高，才形成以国际货币为基础的国际货币体系。国际货币体系一般由一个或几个强国支配，这些国家以黄金或白银为基础，发行流通的货币，此类货币可以在世界范围内流通，不同程度地发挥着与金银相同的储备功能。1816年，英国依靠其在第一次科技革命中获得的经济优势，首先从金银复本位制过渡到金本位制，以后其他资本主义国家也先后完成了这一过渡，形成了以英国为中心的金本位制。此时，科技革命引起的生产力变化，推动国际分工和世界市场的深化，在此基础上形成国际货币体系和国际资本，世界经济才真正得以形成。

综观世界经济的形成过程，归根结底是社会生产力发展的结果。地理大发现推动了社会分工的发展，促使生产力提高。商品数量的增加使交换更为频繁，贸易开始跨越国界。随着国际交换的扩大，形成了区域性的国际商品市场。在贸易的推动下，产生了资本主义早期国际分工体系的萌芽。这时，生产的发展已为世界经济的萌芽做好了准备。18世纪中叶至19世纪中叶，发生了以蒸汽机为代表的第一次科技革命，人类社会从封建主义进入资本主义，机器大工业代替了工场手工业，形成了国际分工体系、世界市场和国际货币，并使交换国际化，世界经济开始形成。19世纪末20世纪初，发生了以电气工业为代表的第二次科技革命，生产力的飞速发展促进了国际分工体系的深化，形成了无所不包的世界市场。经济生活的各方面都展现出国际化的趋势，在国际货币的基础上形成国际货币体系，世界经济最终形成。在世界经济的准备、萌芽和最终形成阶段，都是依靠科技革命的力量推动生产力的发展才完成了转折，所以世界经济的形成离不开科技发展的作用。

基本概念

世界经济　科学革命　技术革命　科技革命　产业革命　第一次科技革命　第二次科技革命

思考题

1. 简述第一次科技革命及其特点。
2. 试述第一次科技革命对世界经济萌芽出现的作用。
3. 简述第二次科技革命及其特点。
4. 试述第二次科技革命对世界经济最终形成的作用。

第二章 社会生产力和世界经济进一步发展

第三次科学技术革命迅速地改变着社会生产面貌,推动着人类社会不断向前发展。它对世界经济的进一步发展产生了重大的影响。

第一节 第三次科技革命及其新趋向

一、第三次科技革命的发生

历史上,战争往往对科学技术起着重大的促进作用。第二次世界大战中,原子弹的爆炸不仅提前结束了战争,而且使核物理的研究取得了重大突破,揭开了科学技术新时代的序幕。这一次科学技术推动生产力的发展仍是从解决能源问题开始。第二次科技革命中出现了内燃机,大大提高了蒸汽力使用的效率,从而使石油的使用量急剧上升。然而,石油作为一种不可再生的能源,其储藏量有限,使用石油化工产品产生的环境污染也越来越得到世人的重视,生产的发展要求开发一种新型的清洁能源。核物理研究的重大突破使核能可以作为一种新能源为人类造福。经过多年的开发和改进,许多国家建立了大规模的核电站,核能发电的比重不断增加。现在,人们又在研究如何大规模地使用太阳能、地热能等清洁能源来推动生产力发展的问题。科学技术的推动作用还主要表现在材料科学和信息科学这两门新兴的科学领域中。材料科学主要研究如何在固有的自然材料之外发现或发明新材料,以供人类使用。原有的原材料大多是自然材料,不但产量有限,而且性能等方面受到自然的诸多限制。而新材料以合成材料为主,由高分子化合物制成,各方面性能都可以人工控制,而且可以无限量生产,满足生产的各种特殊需要。起初,它只是弥补自然材料的不足,后来其地位越来越重要,反而取代了自然材料。信息科学则是以微电子学、激光、光电子学、超导电子学等为基础,集计算机技术、通信技术、自动控制技术、激光技术、光电子技术、光导技术和人工智能技术之大成的一门学科。它的快速发展使生产自动化、金融自动化、办公自动化、服务自动化和军事指挥自动化等得以实现,使得整个社会的生产方式、生活方式以至思想观念都在经历一场空前深刻的变化。以信息技术为标志的一系列高新技术的发展预示着知识经济时代的来临。

第三次科技革命无论在规模、深度还是影响上都大大超过了前两次科技革命,有其独特之处。首先,它不是个别的科学理论和生产技术上的突破,而是几乎在各门科学和技术领域都发生了深刻的变化,影响到社会生产和生活的方方面面。在此基础上,涌现了很多新兴工业部门,如高分子合成工业、电子计算机工业、激光工业等。其次,在科学领先的情况下,科学革命和技术革命汇合成为一个统一的科技革命过程。在第一次科技革命中,科学进步和技术变革不是同时发生,科技和生产的联系也不够密切。第二次世界大战后,现代科学技术的发展则使基础科学、技术科学和应用科学日益广泛地联结为一个整体。最后,科技革命带来了劳动自身性质以及人和机器相互关系的变化。过去科技革命的最高成就是"用机器制造机器",机器解放并代替了人手;现在则能做到"用机器操纵机器",即用电子计算机自动控制生产过程,机器不但能代替人的体力劳动,而且还能部分代替人的脑力劳动。

二、科技革命的新趋向

历史上发生的三次科技革命,使资本主义整个物质生产发生了深刻的变化。此后,科学技术进步的步伐并未停止。进入 20 世纪 90 年代,由于世界经济形势的巨大变化,美国、日本和欧洲各主要国家又开始酝酿一次以高科技和信息技术为主导的新的技术革命,它们正在创造条件,促使新技术革命早日到来。具体表现在:① 电子技术突飞猛进,集成电路和微处理器的更新速度已缩短为几乎相隔三年换一代。② 已形成开展新技术革命所需的一定的物质条件和良好环境,光通信已初步付诸实际使用,多媒体和世界通用电脑的优越性已为公众所认识。大学和企业密切结合的趋势,使科研成果迅速转化为直接物质产品已成为现实。③ 通信产业的最新发展,卫星通信服务的运用和普及,使全球性经济信息网络最终形成,新技术的扩散和推广变得十分迅速。④ 信息高速公路的规划和建设,拉开了国际新一轮科技、经济竞争的序幕,标志着全球信息革命进入一个新阶段,将给未来生活带来巨大变化。

正是这些有利条件,使发达资本主义国家的科技进步呈现出一系列新趋向:① 从新技术革命的产生看,科学理论加速转化为物质成果。② 从开发新能源和节能看,动力源已开辟了一系列新途径。从仅依靠不可再生的资源性矿物能源——石油、天然气,转向取之不尽的新能源。核能发电、太阳能、地热、风力等提供着人类所需的动力资源。③ 从劳动对象的开拓看,劳动对象已从高分子合成材料进一步转向多功能、新性质的高能人工合成材料,使人类对原始材料的依赖性更为减少。④ 从劳动场所的变更看,劳动场所也发生了巨大的变化。电子终端机不仅把整个社会的信息连成一个巨大的网络,而且为在家庭中不出门即可从事社会劳动创造了物质前提。⑤ 信息知识日益成为重要的资源。由于第三产业中信息部门的急剧扩大,已出现把它单独划为一类——第四产业——的新划分标准的说法。

第二节 第三次科技革命对世界经济的影响

第三次科技革命对世界经济发展的影响是广泛而深刻的。尤其是进入20世纪90年代以来信息互联网技术的迅猛推进,更是为这场革命带来了人类发展史上又一次里程碑式的突破。建立在互联网和新材料、新能源、新理念相结合基础上的"制造业数字化"以及"服务业数字化"等新领域,使全球资本要素、技术要素和市场要素配置方式出现革命性变化,世界经济的发展轨迹探寻着全新的方向。

一、第三次科技革命极大地促进了生产力的发展

首先,科技革命通过在生产过程中与生产力诸要素的结合推动了生产力的发展。劳动资料在生产力物的因素中占有重要的地位,它是人们在劳动过程中用以改变或影响劳动对象的一切物质资料和物质条件。它不仅是衡量人类劳动力发展的指标,也是表明社会经济发展的标志。劳动资料中首先也是最重要的是生产工具。随着科学技术水平的提高,生产工具的构造日益复杂,其范围也逐渐扩大。在生产工具的使用上,人类已经经历了石器、青铜器、铁器和以机器体系为标志的各个时期。在第二次世界大战后短短的几十年时间里,出现了电子计算机、原子能发电设备、人造卫星、机器人

等新型生产工具,不但改变了传统生产部门的技术装备,而且还创立了很多运用新型技术设备的新兴产业部门,从而使生产力跃进到一个新的时代——原子时代和电子时代。战后科技革命也引起了劳动对象的革命性变革,例如原子能、太阳能、地热、温差等能源的利用,海底资源、稀有元素、同位素的利用,人工合成材料的利用等。许多新的原材料具有特殊的性能(例如耐高温、耐高压、抗腐蚀、高强度等),它们正在取代迄今为止工业中使用的原材料,而成为制造更先进的生产工具、机器体系和技术设备的前提。劳动对象范围的扩大和品质的改进,提高着整个生产力水平。人的因素即劳动者在生产力中占有特殊的重要地位。它是生产过程的主体,是首要的生产力。战后在科技革命的推动下,对劳动者的技术水平提出了更高的要求。为适应这种要求,在世界范围内,特别是一些发达国家不断地发展公共教育,普及中等教育,扩大高等教育,在较短的时间内形成了一支掌握现代科学技术知识、具有一定文化修养的劳动大军,他们正在现代化大生产中发挥越来越大的作用。战后科学技术革命的成果在生产过程中与生产力诸要素的结合迸发出巨大的生产力,引起许多国家劳动生产率的大幅度提高,从而带动了整个国民经济的全面发展。战后整个世界经济特别是发达国家经济之所以迅速发展,科技进步是决定性的因素。国内外一些经济学家把影响经济发展的因素归纳为三项,即科技的作用、劳动力和资金的投入量。在许多国家的经济发展中,科技的作用与其他两项因素相比,显得更加重要。例如,美国战后初期科技对国民生产总值的贡献度为31.7%,而到20世纪80年代,这个比例已超过60%;60年代初,西欧各国的科技在经济增长中的贡献度已经超过50%,此后仍有不断上升的趋势;日本1955—1960年国民生产总值的增长中,科技因素只占19.5%,而80年代以后,这个比例也超过了60%。战后许多发达国家经济发展的实践证明:要想高速发展经济,必须提高劳动生产率,而要提高劳动生产率,必须依靠科学技术。

其次,战后科技革命还通过提高生产社会化和国际化程度来发展生产。在科技革命的作用下,生产社会化不仅表现为一国的生产部门内部的专业化,而且要求实现国际间的分工和协作。现在,许多企业的生产都是依靠其他国家的企业为它供应原料、半成品和零配件来进行的。例如,美国是世界上喷气式客机的主要供应者,但是,它生产喷气式客机所用的发动机,却有相当一部分是由英国制造和供应的。英国装配生产的一种大型载重汽车,更依赖着许多国家为它提供零配件:发动机由瑞典供应,底盘和弹簧从美国进口,车身由意大利生产。这种生产上的国际分工和协作大大提高了劳动生产率。

最后,科技革命加快了各国产业领域的结构调整,提升生产率并释放潜在增长动能。在新技术革命浪潮的推动下,世界各主要经济体都在不同程度地经历生产部门的结构转型。以尖端技术为支柱发展起来的电子计算机、合成材料、精密仪器、数码产品等新兴工业部门迅速扩大,而传统高污染、高耗能等类型的产业则趋于衰落,具体表现在:① 工业内部结构的调整。发达国家往往通过限制和使用新技术的方式对传统产业加以改造,或者是把耗能多、运输量大、污染严重、附加值低的部门如橡胶、纺织、某些塑料制品、钢铁等转移到发展中国家,同时加大对重点部门即尖端技术行业的投入,使其产业结构始终处于领先的地位。② 整个物质生产部门结构的调整。科学技术在各个领域取得重大成就后,工业部门的比重急剧增加,农业部门的比重显著下降,这在新兴发展中国家表现更为显著;而现代生产性服务业的比重也不断趋于上升。③ 规模结构的调整。为适应新技术推广的需要,发达国家在20世纪60—70年代建立了一大批小企业,后来,有的成为世界著名的大公司。而2000年之后发展中国家也涌现出了许多高科技公司,在互联网时代成为引领世界经济的弄潮儿。不少研究报告认为,大企业和小企业在科技研发上各有优势,企业规模的变化,一定程度也反映出行业和产业结构的变化。

总之,在科技革命的推动下,世界各国物质生产部门结构的变动正在朝着技术尖端化、生产集约化、经济高效化的方向发展,有力地促进了生产力的发展。

二、科技革命和发达资本主义国家产业结构软化

1. 产业结构软化的概念

产业结构软化是指在社会再生产过程中,伴随着经济的进一步发展,生产要素投入中属于劳动和资源类的要素投入比重逐步降低,人力资本、知识和技术类的要素投入比重迅速增加,从而导致社会经济和产业结构的重组和调整,劳动及资源密集型产业在经济发展中不再占据主导地位,知识和技术密集型产业成为发达国家产业结构的重点领域。产业结构软化表现在两个方面:产业部门内部的结构软化和产业部门之间的结构软化。因此,产业结构软化又可以划分为内涵式软化和外延式软化。所谓内涵式软化,即

某一具体产业内部直接从事生产、加工和制造领域的要素投入比重减少,而研发、设计、信息和物流等领域的要素投入比重增加,这种结构软化既表现为传统制造业中知识和技术要素投入的增加,也表现为服务业中人力资本、管理技能等投入的增加。外延式软化,即不同产业间的结构升级,主要表现为以知识要素投入为代表的 IT、通信、生物工程、空间开发等技术密集型产业和以人力资本投入为代表的金融、保险、咨询等高端服务业在 GDP 中的地位日益突出。20 世纪 90 年代,以美国新经济为代表的新一轮资本主义发展周期正是在科技革命推动下内涵式和外延式软化的综合表现。

产业结构内涵式软化反映了近三十年西方主要发达国家几乎所有产业部门的普遍发展趋势。制造业为主的第二产业首先在科技革命的带动下出现了深刻的产业内调整。信息高速公路、计算机、互联网、生物制药、先进材料等技术的兴起与发展,使工业制造业的产业结构从传统的劳动和资源密集型产业迅速向以知识和技术为核心要素的现代化产业转变。与此同时,随着知识要素投入的不断增加,所有工业部门的生产自动化程度迅速提高,生产活动的技术含量不断增加。20 世纪 80 年代以后,日本不但利用技术专利、技术诀窍和最新科研成果等无形的投入来提高产品性能,增强其国际竞争力,而且逐步使生产过程无人化,广泛采用数控机床、柔性加工系统和机器人进行生产。工业部门结构软化的结果一方面直接导致劳动生产率的大幅提高,另一方面生产和经营活动进一步细分,专业化分工程度不断提高,在原有的产业间和产业内分工基础上逐步发展出产品内分工。农、林、牧、渔等第一产业部门在生物工程技术、遗传工程技术、海洋工程技术等科技革新的推动下也加快产业内结构调整和软化的步伐。现代农业对自然资源和劳动力等传统要素的依赖日益减少,工厂化、集约化、离土化等现代生产方式在发达国家的农业部门日益普及,先进科技已经成为发达国家农业生产力的核心因素。在通信、金融、运输等第三产业中,传统的劳动投入正在迅速向知识技术和人力资本投入的生产模式转变。计算机、互联网、卫星技术的发展为现代服务业的兴起和发展奠定了坚实的基础。在全球化和世界经济一体化背景下,服务业的跨国流动和服务贸易的爆炸式发展成为第三产业结构软化的主要特征。包括第一、第二和第三产业在内的西方发达国家产业部门都已经进入了以知识和技术要素投入为主的现代产业软化阶段,技术、知识、人力资本在经济活动中占据了主导地位。从产业结构外延式软化来看,在发达国家三大产业组成中,第三产业在 GDP 中所占的比重已经超过了第二产业,第三产业吸纳的劳动力总数也远远超过了第二产业。例如,日本1965年第二产业增加值占国内生产总值的比重为44%,第三产业比重为46%,1990年这一差距扩大到42%和56%,而到2000年则为28.5%和69.8%,2010年已是27.5%和71.4%。就业结构也发生了较大的变化:1975年日本第二产业就业人数为就业总人数的35.2%,第三产业为52%,到1990年变为33.6%和59.2%,之后这一差距还在扩大,2010年约为26.2%和69.8%。

从产业结构内涵式软化和产业结构外延式软化之间的关系看,内涵式软化和外延式软化是发达国家经济结构调整和升级的有机组成部分,两者相互作用、密不可分。内涵式软化是外延式软化的基础和条件,外延式软化又进一步推动内涵式软化,两种形式软化的结果使发达国家各产业部门之间的界限日益模糊,整体上出现了一种产业融合的趋势。

2. 产业结构软化的经济影响

产业结构软化对西方发达国家以及世界经济的发展都产生了重要影响。首先,产业结构软化为资本主义经济进一步发展提供了内在动力。高科技产业和现代服务业的迅猛发展,使西方发达国家产业结构日趋合理化,生产手段和方法更加先进,生产效率进一步提高,这些都极大地提高了资本主义社会的劳动生产力。其次,产业结构软化保证了西方发达国家的经济稳定和繁荣。自工业革命以来,制造业逐步成长为资本主义国家经济和社会发展的主导产业。然而,正是在工业部门中,资本主义制度的基本矛盾表现得最为充分和突出,资本主义世界周期性的经济危机成为资本主义制度的致命隐患。但随着产业结构软化,发达国家经济发展出现了新的变化,经济波动趋于平衡,其主要原因如下:一是大批高科技产业的兴起和发展,在很大程度上弥补了传统工业部门衰退带来的负面影响,吸收并弱化了周期性经济危机对工业生产部门的巨大冲击;二是产业结构软化使发达国家产业部门间的联系更加密切,产业内部科技创新的速度不断加快,从而保证了经济增长的连续性和一贯性;三是服务业的迅速发展为工业生产部门提供了强有力的支持,许多工业生产经营和管理活动的过程和运作能力大大增强,从而能够积极、有效地针对经济周期性波动采取预防和应变措施,在一定程度上缓解了经济危机的冲击和影响。再次,产业结构的软化过程在一定程度上是资源不断整合的过程,是各产业不断提高效率的过程,因而必然加剧某些产业部门的失业,但这一软化过程同时也会不断产生新兴产业,形成新的就业渠道。据估计,一个现代化焊接机器人可以替代3~4名工人,而一台有高级智能的监控机器人可以代替10~15名工人;但与此同时,生产一个机器人的整个过程却能提供6~10个乃至更多的就业机会。总之,产业结构软化对西方发达国家的经济发展以及世界经济的未来走势都将产生全面的、深刻的影响。

三、科技革命促进各国经济更加国际化

第二次世界大战后,在科技革命的推动下,各国经济更加国际化,主要有下述表现。

1. 科技革命引起各国贸易结构发生质的变化

对二战后各国对外贸易结构的分析表明,由自然条件决定的贸易比较利益只具有相对的重要性,而由社会经济条件、生产力,特别是科学技术状况决定的生产和贸易比较利益的重要性日益增长。如上所述,二战后在科技革命作用下,生产工艺的改善和技术进步大大开拓了利用和改造自然物质的可能性。大量新材料、新资源不断被发明和发现,并投入使用,许多合成材料和代用品排挤了天然原料和材料。这一切使各国贸易结构经历了一个从量变到质变的过程:普通农矿品贸易逐渐缩减,低附加值的产品贸易比重下降,技术密集型产品成为国际交换的重要内容。

各国贸易结构的变化引起各国贸易地理方向的改变。二战前典型的国际贸易模式是落后的农业国和先进的工业国之间的垂直分工和交换。这种分工和交换关系维持了一个世纪之久。战后科技革命使这种传统贸易模式发生了变化。发达国家之间的贸易增长速度曾长期超过了发达国家和发展中国家之间贸易的增长速度。这是因为各国对外贸易中技术密集型产品比重不断提高,而这些产品通常流向科学技术水平比较发达的国家。

2. 技术贸易作为技术知识在国际的转让已成为世界无形贸易的一个重要组成部分

二战后在国际贸易中,除商品贸易迅速增长外,技术贸易也发展很快。技术贸易较商品贸易复杂。它一般是指工业生产的技术知识的买卖,但往往还包括工厂的成套设备在内,其中技术知识部分被称为软件,设备器材部分被称为硬件。在技术贸易中,专利技术和"技术诀窍"的买卖是最多的。在专利技术中,有公开部分,也有秘密部分。此外,有些专利技术经过实践积累了很多使用上的窍门和经验,当专利人向买者提供专利技术时,往往也

要提供这些不公开的技术秘密与经验,才能解决实际的生产问题。这些不公开的技术秘密与经验统称为"技术诀窍"。当然,除专利技术有相关的技术诀窍外,非专利技术也有各自的技术诀窍,因此,技术诀窍已成为技术贸易中独立的项目。目前,在发达资本主义国家之间,技术贸易主要是软件的买卖;在发达国家与发展中国家之间,软件和硬件买卖兼有。20世纪70年代以来,技术贸易迅速发展。据统计,1975年全球国际技术贸易总额仅为110亿美元,1985年就达到500亿美元,1990年为1 200亿美元,1995年为2 600亿美元,2000年增至5 000亿美元。几乎每5年翻一番。国际技术贸易的增长率远远超过国际贸易总额的增长率,前者为后者的1.5~2倍。另外,技术贸易75%~80%集中在跨国公司内部进行,这又充分说明了资本主义国家的垄断组织对先进技术的控制和占有。

许可证贸易作为技术贸易的一种方式在二战后具有特别重要的意义。许可证贸易通过协议,让许可人允许受许可人使用其专利、商标或专有技术;受许可人则向许可人支付费用和其他报酬,作为使用其技术的代价。许可证贸易把科学与技术革命、知识积累与工业应用上的革命结合起来,加速了产品生命周期和技术生命周期的进程。技术不发达国家可以利用许可证贸易以较小投资获得较大经济效益,缩短技术差距,享受技术进步的好处。对于出口人(售证人)来说,则能收回科研投资和风险成本,使科研成果不至于"价值"磨损。

3. 在科技革命的作用下,科学技术交流增加和科学技术合作加强

一方面,各国之间科学技术交流不断增加和扩大。如上所述,二战后科学技术进出口(即技术贸易)的增长率远远超过其他商品贸易的增长速度,近年来它的增长速度仍然在国际贸易中处于领先地位,这使得新的科学技术发明能够迅速地从一个国家传播到另外一个国家,推动世界各国生产力的更快增长。另一方面,许多重要的科学技术领域开展了越来越多的国际合作。例如,一些国家共同发射科学研究卫星,共同研究开发新能源,共同开展地球物理和天文学的研究协作等。现在,科学技术的发明创造在世界范围内的推广和运用要比过去快得多,也容易得多,而要保守科学技术方面的秘密则要困难得多。正是在这种情况下,科技专利权的买卖急剧增加。

随着科学技术的不断进步,必将要求从生产、交换、流通到分配,从社会发展模式到经营管理方式,从经济到政治乃至社会生产方式的一切方面都发生相应的变化。

第三节 互联网技术与数字经济时代

自20世纪40年代中期计算机问世尤其是90年代互联网逐渐普及以来,在全世界范围内不断推升的信息技术创新和应用再次对人类社会产生了巨大的影响。信息产业应运而生,信息时代和信息社会不期而至,以电脑、卫星通信、光缆通信和数码技术等为标志的现代信息技术和全球信息网络获得空前发展。

一、互联网经济的形成

互联网是信息技术革命的结晶,也是全球化最重要的物质技术手段。以微电子技术的普遍运用为特征的信息技术革命肇始于20世纪40年代,60年代以后开始飞速发展,它涵盖了计算机技术和通信技术两个领域。70年代开始,以大规模及超大规模集成电路为芯片的微型计算机相继在美国出现,与此同时,通过金属电缆、光纤或卫星中继来传递信息的计算机通信技术随之发明并投入实际运用,把成千上万台计算机连在一起的互联网技术实现了信息超高速、大容量的传送。到90年代初,随着WWW(World Wide Web,简称WWW,中文译为"万维网")技术的发明和美国"信息高速公路"计划的出台,互联网使用进入腾飞阶段,从军用通信网络一步步嬗变为大众化的全球通信网络,世界进入计算机乃至移动互联手段被广泛运用到社会生产和日常生活的"信息时代"。

互联网经济是基于互联网技术所产生的各种经济活动的总和,是信息网络化时代产生的一种崭新的经济现象。在当今发展阶段主要包括电子商务、互联网金融、即时通信、搜索引擎和网络游戏等五大类型,并且,互联网作为一种技术手段引发实体经济变革,推动产生了实体经济和虚拟经济两种基本经济形态。全球信息网络的出现和发展,进一步加快了信息在全球范围内的传递和扩散,使传统的国家、民族界限变得日益模糊,从而使世界经济发展呈现出明显的全球化趋势。

二、互联网信息经济的特点

作为一种新的经济运行范式,互联网信息经济具有以下主要特点。

第一,信息经济尤其是依赖于网络传播和软件复制所生产的知识产品,具有固定成本极高,而边际成本极低甚至为零的特殊成本结构,这种成本结构意味着某个产业中一个厂商的供给能力是无限的。这样一种由成本结构而导致的规模经济,将很容易产生"自然垄断",再加上互联网所带来的强大的通信功能,就意味着数码信息产品可以近乎光线传播的高速度无限制地在世界各地进行复制和传播,它所产生的规模经济效应是迄今所知最强大的。但信息产品的使用是有壁垒的,既包括硬件配套设施的壁垒,也包括软件使用权限的壁垒。因此,信息产品在高速传播的过程中,一方面反映出极其强大的市场内在扩张效应,另一方面也在不断创造出新的集中和垄断。

第二,信息经济时代由于其主打产品——信息产品——的特殊经济学特征,市场的竞争形态和经济结构因此也被赋予了许多新的内容。从消费市场看,由于产品具有强大的供给能力,它有突破任何人为经济边界限制、到达世界每个角落的强烈穿透性欲望,一个庞大消费市场的存在是新经济产品能够充分实现自己生产潜力的前提条件;但从供给市场来看,能与有效率的信息产品供给相匹配的却是一种倾向集中和垄断的市场结构,少量的企业能够更为有效地实现生产资源的有效配置,信息技术因此也被认为是与市场强权甚至垄断式市场结构更为兼容的技术形态。

第三,网络信息经济的这些特有的属性使其正在成为推动经济全球化发展的基本因素。互联网技术的一个最为重要的特性是它的使用可以不受国家界线和主权约束的限制;换句话说,由于网络的开放互联性质,信息全球化已经成为不争的事实。网络也使空间距离缩短,从而扩大了企业经营活动的半径。随着国际贸易、国际投资以及各种国际金融活动进行网上交易比例的迅速提高,各类资源正在全球范围重新配置,并逐步形成竞争激烈、规模巨大的全球统一市场,从而产生前所未有的全球化效应。因此,网络技术的发展不仅仅意味着传统通信能力的扩张,更对世界经济造成了多重巨大影响,这些影响既来自能推动信息资源快速传播的有效工具体系的发展,也来自瞬间能完成全球链接与共享的可能,以及经由网络大数据体系构建所产生的新的平台与动能。

三、数字经济时代

随着互联网技术的普及和互联网经济的蓬勃兴起,人类社会和世界经济都在发生着深刻且广泛的变化,以信息化为基础的数字经济也随之崛起、快速发展,并进而成为全球技术再次革新的强大助力。联合国贸发会议出版的《2017年信息经济报告:数字化、贸易与发展》中公布的数据显示,信息通信技术商品和服务的全球生产估计占全球GDP的6.5%,仅信息通信技术服务部门就雇用了约1亿人;到2019年,全球互联网流量预计将比2005年增长66倍。目前正在加快发展的5G技术,将进一步推动数字基础设施升级,很大程度上提高互联网平均网速,进而增强互联网渗透率,促使数字基础设施技术水平的全面升级。

1. 数字经济时代的到来

"数字经济"至今没有被广泛接受的定义,但R. Bukht和R. Heekz在2017年提出了一种有用的界定方法,主要是通过区分核心范围、狭义范围和广义范围来对数字经济进行定义。核心和狭义的范围涉及信息通讯技术生产部门,包括各种数字服务(如外包的呼叫中心服务)和平台经济服务(如Facebook和Google)。广义的范围包括利用各种数字技术开展电子商务、自动化和人工智能(统称为"算法经济")、"共享经济"(如Uber和Airbnb)和在线劳动平台(如Upwork和Amazon Mechanical Turk)①。

1946年通用电子计算机诞生以来,基于计算机、软件、通信、互联网、大数据、人工智能等技术的数字经济,经历了数字技术向社会经济领域渗透的数字化发展阶段。尤其是近20年来,数字技术驱动全球经济、社会发生了翻天覆地的变化,高速宽带接入越来越强大的计算和存储能力,大大降低了信息通信技术设备和数据管理的成本,促进了数字化进程,数字经济也由此进入新的发展阶段。移动互联网技术的大规模普及,正在推动数字经济不断升级,释放核聚变般的经济力量。随着云计算、物联网、服联网、虚拟现实、区块链等更新技术群落的逐步崛起、成熟和应用,以数据的深度挖掘和融合应用为主要特征的智慧化将成为未来数字化的主要标志。新一代信息技术在经济社会领域的渗透无疑也将日益深入,未来经济发展的技术延展性不断增强,产业、行业、企业活动的边界得以不断拓展。

2. 数字经济的特点

一般而言,数字经济具有三个主要特征:① 平台支撑。平台是数字经济的依托,在此基础上,不仅有传统的"铁-公-机",更有全新的、数字化的

---

① UNCTAD, *Information Economy Report 2017: Digitalization, Trade and Development*, 23 October 2017, p. 3, www.unctad.org.

"云-网-端",它们正在构建立体化基础设施体系,共同创造全新的商业环境。在数字经济的发展过程中,各个微观主体大规模的信息系统投资已经极大促成社会整体信息成本的下降,使得大规模、网络化协作成为可能。② 数据驱动。数据是数字经济时代新的生产要素,平台的出现使数据的流动与共享成为可能。人工智能等新技术的应用更是显著提升了数据挖掘的广度、深度和速度。从数据挖掘出发,以大数据为依据,建立全新的商业生态,已成为新的发展路径。③ 互联共享。互联共享是数字经济最重要的特征,也是数字经济的新价值。各个经济参与者都可以用很低成本就轻松获得所需要的网络资源和数据资讯,分享经济运行中的各种信息,极度提升经济效率,甚至让普惠式发展成为现实。

3. 数字经济的影响

20 世纪 90 年代以来,美国成为互联网和数字革命时代的开拓者,创造出"新经济"繁荣,并在欧盟、日本等发达国家产生了巨大的成效。对于发展中国家来说,互联网和数字经济更是重要机遇,可以充分利用数字经济中的后发性优势,缩小与发达国家的发展差距。

从微观层面看,数字经济将从三方面重塑全球经济:① 创造新需求。在数字经济时代,消费者的作用空前凸显。数字化的消费者是数字经济的核心要素——数据——的生产者,而平台的出现则为个体、小微企业提供了低成本的互联性基础设施,最大限度地通过分工网络与协助机制,发掘及释放消费潜力。② 实现新供给。互联网、大数据和云计算代表了新的生产力要素,塑造了新的生产关系,并且不可逆转地从底层驱动制度和商业创新,突破传统经济增长瓶颈。③ 构建新市场。数字经济已经具备技术手段来实现人类"全球大市场"梦想,通过互联网推进全球互联贸易,建设数字经济基础设施,已成全球共识。中国提出的"世界电子贸易平台"(Electronic World Trade Platform,eWTP),作为一种全新的"全球大市场"尝试,被写入 2016 年 G20 领导人杭州峰会公报,并受到包括世界贸易组织、世界经济论坛在内的众多国际组织和各国领导人的支持和参与。

从宏观层面看,数字经济的发展,不仅仅在颠覆和更新人们对企业和产业的认识,还在加深对其宏观经济层面作用的认识。数字经济已经深刻影响了世界各国宏观经济的运行方式和调控手段,并且也正在对传统的宏观经济理论提出修正和挑战。

总之,当前世界经济正经历一场百年未遇的革命性变化。正是基于信息和通信技术产业在消费和生产中的重要性不断提升，数字经济已经成为全球经济发展的新动能、新引擎。信息技术和互联网革命正在以前所未有的方式对社会变革的方向起着决定作用，并从技术上不可逆转地促进全球经济的进一步融合。

基本概念

第三次科技革命　信息技术革命　产业结构软化　产业结构内涵式软化　产业结构外延式软化　技术贸易　技术诀窍　互联网经济　数字经济

思考题

1. 第三次科技革命有哪些新特点？
2. 信息技术革命的内涵具体表现在哪些方面？
3. 试述第三次科技革命对世界经济的影响。
4. 简述二战后科技革命和发达资本主义国家产业领域结构调整的关系。
5. 试述产业结构软化及其经济影响。
6. 为什么产业结构软化在一定程度上促进了发达资本主义国家经济的稳定增长？
7. 简述二战后科技革命促进发达资本主义国家经济国际化的主要表现。
8. 互联网信息经济具有哪些主要特点？
9. 数字经济具有哪些主要特点和影响？

第三章 社会生产力和世界经济运行的周期性波动

由于资本主义基本矛盾的存在,使资本主义再生产呈现明显的周期性。本章除阐述马克思主义再生产周期理论外,着重以这一理论为依据,分析战后资本主义经济周期和经济危机,新经济和经济周期,以及2008年全球金融危机,并介绍在西方经济学界影响较大的经济周期长波论。

第一节 马克思主义再生产周期理论

由于资本主义基本矛盾贯穿资本主义社会发展的始终,因此,资本主义社会每隔若干年就爆发一次经济危机,马克思把这种经济现象称为经济危机的周期性。经济危机的周期爆发,使资本主义经济的发展经常被经济危机打断,从而使资本主义再生产也呈现出明显的周期性。马克思主义再生产周期理论包括以下四个主要内容。

一、经济危机周期爆发根源于资本主义的基本矛盾

资本主义生产的对立的性质包含着生产经常力图要越过一种生产界限,因而就发生危机、生产过剩等。通过危机自身的强制作用,资本主义经济机制有可能重新恢复并取得暂时平衡,使生产重又发展。但是,危机不能消除资本主义固有的矛盾。危机过去后,经过一定阶段,资本主义矛盾又会激化,于是再爆发一次危机。资本主义生产就是这样从一次危机到另一次危机,周而复始、循环不已。恩格斯指出:"在把资本主义生产方式本身炸毁以前不能使矛盾得到解决,所以它就成为周期性的了。资本主义生产造成

了新的'恶性循环'。"①

二、资本主义经济周期由若干阶段组成

尽管马克思曾对经济周期的阶段性变化做过很多论述,但他并没有明确地说过再生产周期一定要经过几个阶段。把经济周期分成四个阶段,即危机、萧条、复苏和高涨,是后人归纳并提出的。他们认为,危机是周期的决定性阶段,它是上一个周期的终点,又是下一个周期的起点。危机阶段商品销路突然缩小,生产猛烈下降,工商企业竞相抛售商品,竞争空前激烈,在竞争中,企业纷纷倒闭,工人大批失业,在业工人的工资被压到最低点。危机持续一段时期以后,接着就是萧条阶段。萧条阶段生产下降已经停止,失业工人不再增加,商品价格也停止下跌。但是,社会生产处于停滞状态,大批失业工人没有就业,销售困难,整个社会的经济生活呈现一片萧条景象。经过一段时期的萧条以后,市场情况开始好转,有些资本家开始进行固定资本更新,以期进一步推动生产恢复和发展的步伐。在复苏阶段,投资继续扩大,就业人数开始增加,物价回升。工商企业的活跃,推动了信用事业的发展,社会生产逐渐恢复到危机以前的水平。当整个社会生产超出危机前的最高点时,经济周期从复苏进入高涨阶段。在高涨阶段,生产不断扩大,市场兴旺,信用关系也随之扩展,生产水平向前突飞猛进。但在一个时期迅跑以后,又会重新陷入危机的泥坑。资本主义的经济周期就是循着危机—萧条—复苏—高涨—危机这些阶段逐步前进的。

三、固定资本更新是危机周期性的物质基础

根据上述情况,在萧条阶段,物价低落,商业萎缩,资本家为了在市场竞争中占据有利的地位,就开始更新固定资本,即采用新技术,用较新式的机器设备更换原有的机器设备。固定资本更新,引起了对机器设备等生产资料的大规模需求,推动了生产生产资料部门的发展。生产生产资料部门的恢复和发展,增加了对劳动力的需求,从而扩大了对消费资料的需要,反过来又促进了消费资料的生产和就业的增加。可见,固定资本更新,使资本主义经济逐步摆脱危机,为复苏和高涨阶段的到来提供了条件。同时,固定资

---

① 恩格斯:《反杜林论》,《马克思恩格斯选集》第3卷,人民出版社2012年版,第663页。

本更新继续扩大,又为新的经济危机创造了物质条件。因为固定资本大规模更新,推动了资本主义生产的巨大增长,经过一段时间,社会生产的巨大增长又会重新超过有支付能力的需求,就会导致新的经济危机的爆发。

四、生产下降不一定就是周期性经济危机

实际上这里涉及两个方面的问题。一是马克思论述经济危机的方法论。如果按照生产下降就是经济危机的方法论,那么英国在1825—1868年的40余年里就发生了11次生产下降,应该是发生了11次经济危机。这样一来,大约每隔4年就要爆发一次经济危机。工业周期也就相应地成为4年多时间。但是,马克思在研究1825—1868年的经济危机后,却认为只爆发了5次经济危机,认为工业周期大致为10年。马克思说:"现代工业具有十年一次的周期,每次周期又有各个周期性的阶段,而且这些阶段在积累进程中被越来越频繁地相继发生的不规则的波动所打断。"①恩格斯在19世纪50年代以前,曾经认为工业周期是5年,后来他改变了这一看法。他在《英国工人阶级状况》一书中说:"在本书中我把工业大危机的周期算成了五年。这个关于周期长短的结论,显然是从1825年到1842年间的事变进程中得出来的。但是1842年到1868年的工业历史证明,实际周期是十年,中间危机只具有次要的性质。"②就是在19世纪50年代以前,尽管恩格斯把周期计算为5年,也没有把所有的生产下降都视为经济危机。二是区分周期性危机和中间性危机(或称局部危机)。上述恩格斯的论述,实际已提出要区分周期性经济危机和中间性危机。这两种危机,从性质上讲,虽然都是生产过剩的危机,都是由于资本主义基本矛盾的激化而引起的,但两者在量上和范围上却有很大不同。衡量是否属于周期性经济危机,应主要考虑:第一,危机的强烈性。周期性经济危机主要表现在生产下降幅度大,持续时间较长,企业大量倒闭,工人失业现象严重等。第二,危机的普遍性。它涉及多数部门,特别是主要部门,并席卷全国各地。第三,危机的周期性。在一定时间内,周期时间是比较固定的,而固定资本的大规模更新则是周期性危机的物质基础。第四,危机的同期性。由于资本主义各国经济关系十分

---

① 马克思:《资本论》第1卷,人民出版社2004年版,第734页。
② 恩格斯:《英国工人阶级状况》,《马克思恩格斯选集》第1卷,人民出版社2012年版,第70页。

密切，它们的工业生产应形成一个统一过程，它们的经济危机应具有同期性。而中间性危机与周期性危机不同，其特点正好相反。第一，中间性危机深度浅，时间短，它只是整个工业周期复苏或高涨过程中的间歇。第二，中间性危机只是一种"局部危机"，它只涉及部分工业部门或者部分工业地区，不具有普遍性。第三，中间性危机同固定资本更新这一周期的物质基础并无必然联系，而往往由某些偶然因素触发。第四，一国生产下降同其他国家生产下降不具有同期性。

马克思主义再生产周期理论是马克思主义经济学说的一个重要组成部分。经过100多年来资本主义经济危机史的实践证明，它不仅没有过时，而恰恰相反，它仍然具有强大的生命力。

第二节 二战后至世纪之交资本主义经济周期和经济危机的特点及其原因

本节我们将以马克思主义再生产周期理论，分析二战后资本主义经济周期和经济危机的特点，以及产生这些特点的原因。

一、二战后至世纪之交资本主义世界性经济危机

经济危机的根源在于资本主义基本矛盾，它每隔数年必然周期性地爆发一次。二战结束至世纪之交，共发生过六次资本主义周期性经济危机。

第一次：1948—1952年的经济危机。由1937年的经济危机开始的资本主义再生产周期，由于第二次世界大战而严重变形。由于资本主义各国遭受战争破坏程度不同，再生产周期的进程也不一致。二战期间，美国本土远离战场，它的生产能力不但没有遭到战争的破坏，反而依靠战争的刺激畸形膨胀起来。二战后，军需生产虽有所收缩，但因为在战争时期所积压的消费力在战后很快爆发出来，同时战时固定资本更新较少，战后大规模地进行固定资本更新，再加上西欧各国正处于经济恢复时期，需要大批生产资料，因此，美国1946—1948年生产发展较快。但是，急剧膨胀的生产能力，大大超过了国内外的市场需求，终于在1948年爆发了战后第一次经济危机。

西欧主要资本主义国家与日本和美国不同，这些国家的经济受到战争不同程度的破坏。在美国爆发战后第一次经济危机时,它们正处于恢复和发展时期,爆发生产过剩的危机的条件还没有成熟。

1951年,同美国关系最为密切的加拿大、日本和英国先后发生危机,1952年初法国和联邦德国也不可幸免。欧洲其他国家,如比利时和瑞典等工业生产也有不同程度的下降。

由于西欧各国和日本战后的生产是在很低水平上开始的,所以这些国家这次危机比较缓和,并不深刻。另外,各主要资本主义国家爆发经济危机的时间有较大的差异,表现出较明显的非同期性。

第二次:1957—1958年的经济危机。第一次经济危机过后,主要资本主义国家进入了经济增长时期。自1955年起,主要资本主义国家的工业部门,特别是动力、化学和机械制造等部门,广泛采用先进技术,推动了固定资本投资的高潮。此外,国家垄断资本主义刺激经济的一些措施,如加速折旧、降低利率也促进了这次高涨。但资本主义经济发展规律决定了其好景不会长久,固定资本更新既是经济高涨的物质基础,也为下一次衰退埋下了祸根。随着生产和消费矛盾的日渐尖锐,爆发经济危机的条件也日益成熟,结果,1957年春,经济危机首先在美国爆发,接着席卷加拿大、西欧各国和日本。资本主义世界工业生产指数1958年比1957年下降了2.5%,进出口贸易总额下降了6%。

这次危机持续时间不长,到1959年1月,危机基本结束。与上次危机相比,这次危机同期性十分明显,而且在危机期间,有半数发达国家的物价不但没有下跌,反而继续上涨,这是十分引人注目的新现象。

第三次:20世纪60年代中期至70年代初的经济危机。自第二次危机结束以后,发达资本主义国家经历了一个长时间较稳定的迅速发展时期。

20世纪60年代初,美国发生了一次中间性危机,1961年开始回升,并出现了1961—1969年近100个月的经济长期高涨。美国经济长期高涨,主要是美国政府采取了财政信用扩张措施,如实行降低企业所得税、投资减税优惠政策等。应当指出,当经济危机即将袭击美国的时候,美国卷入了越南战争,军事生产和军费开支不断增长,支撑着美国经济继续保持高涨。同时,美国经济的另一面,就是美元在国外的信用愈益下降,以美元为中心的国际货币体系摇摇欲坠,通货膨胀愈益严重,因此,1969年当尼克松政府采取适度财政信用政策时,终于同年10月爆发了经济危机,这场危机一直延续到1970年11月。

西欧和日本经历了较长时间的发展时期后,于1964—1966年先后进入危机。这次危机对西欧各国打击比较严重,标志着战后十几年高速发展的结束。1970—1971年,日本和西欧各国又先后出现了短时间的工业生产下降。这实际上是20世纪60年代中期经济危机的余波。

综上所述,从西欧和日本的再生产周期看,20世纪60年代中期经历了一次经济危机,70年代初又经历了一次危机,而美国只是在1969—1970年发生了经济危机。这样,就发生了一个问题:这次经济危机的时间怎样确定?我们认为,西欧各国和日本这次危机应从60年代中期出现的工业生产下降开始算起,而美国由于各种原因,这次危机拖到1969—1970年才发生。60年代中期西欧各国和日本的危机与1969—1970年美国的危机属于资本主义同一周期的经济危机。60年代中期,当西欧和日本爆发危机时,美国没有爆发危机,是因为美国卷入了越南战争,推迟了危机的爆发。这次危机的非同期性十分明显。

第四次:1973—1975年的经济危机。在第三次危机之后,各主要资本主义国家经济在经历了短暂的高涨时期以后,于1973年底至1974年初几乎同时爆发了新的经济危机,这次危机是二战后最重要的一次危机。其主要表现在:① 生产下降幅度较大,持续时间较长。1957—1958年的危机,整个资本主义工业生产下降5%,20世纪60年代中期至70年代初的危机下降2.0%,而这次危机下降8.1%。持续时间英国为22个月,日本为15个月,联邦德国为14个月,最短的美国和法国也有9个月。② 失业人数大量增加。危机期间,主要资本主义国家失业人数创造了二战后的最高纪录。最严重的一个月,达到1 448万人。③ 工商企业大批倒闭,股票行情猛烈下跌。④ 固定资本投资减少。从时间上看,这次危机具有明显的同期性,这和资本主义生产的社会化程度日益提高密不可分,并且,在这次经济危机中,通货膨胀加剧,经济危机和通货膨胀相结合又是这次危机的鲜明特点。1975年下半年,各主要资本主义国家相继走出危机,经济开始回升,但没有迎来新的经济高涨,而出现了长时期经济萧条和通货膨胀并存的现象,即所谓的"滞胀"。

第五次:1979—1982年的经济危机。1975年危机过后,主要资本主义国家经济回升缓慢乏力,失业率和通货膨胀率都没有显著下降,致使20世纪70年代末又爆发了一次新的经济危机。1979年4月,美国工业生产开始缓慢下降,1980年2月开始猛烈下降,到7月降至最低点,共下降8.2%,

8月份开始回升,至1981年第一季度末,已恢复到下降前的最高水平。但到第二、三季度,生产又连续下降。可见美国这次危机走势呈W形。欧共体主要国家英国、法国、联邦德国和意大利等国的工业生产,从1980年第二季度开始下降,以后持续下降一年半。西欧各国原来估计其危机可在1981年中结束,但因美国实行高利率政策,给西欧经济以严重打击,致使危机拖延下来。

这次危机在美国和西欧此起彼落,互相冲击,生产下降幅度虽不大,但时间拖得比较长,走出危机不容易,特别是美国,生产回升半年,重又陷入危机,这种情况在资本主义危机史上是少有的。对此,理论界也有不同看法。我们认为,1981年第二、三季度美国出现的衰退,实际上是被暂时中断的1980年周期性生产过剩危机的继续和深化,而不是新的周期性经济危机,也不是中间性危机。一次危机中之所以出现前后两次生产下降的现象,是由于受到美国政府的国家垄断资本主义措施的影响和其他非周期因素的干扰。

第六次:1990—1993年的经济危机。第五次危机过后,世界经济经历了长达8年的持续增长,但增长速度较低,积累起来的矛盾寻机待发,1990年经济衰退已悄然出现。海湾战争致使石油紧俏,使原本姗姗来迟的危机加快了步伐。在西方7个经济大国中,1990年第二季度加拿大经济负增长0.4%,率先进入经济衰退。在西欧最先陷入衰退的是英国,1990年第二季度经济出现1%的负增长,之后连续两年负增长,1993年才开始回升。西欧其他国家经济情况也不妙。德国统一后财政赤字剧增,经济步入衰退,1993年原联邦德国地区出现2.25%负增长。1993年其他西欧国家经济增长情况分别是:法国为-0.7%,比利时为-1.2%,荷兰为-0.6%,意大利接近于零。美国于1990年下半年开始陷入衰退,同年第四季度起实际国民生产总值连续三个季度出现负增长。日本经济同样步履维艰。1992年,日本受泡沫经济破裂影响,股价、地价猛跌,银行大量债权无法收回,金融秩序混乱,该年经济增长率为0.8%。1993年第二季度国民生产总值出现负增长,全年增长率仅为0.1%。经济持续萧条,直到1994年6月份才走出谷底。这次衰退时间长,失业问题尤为严重。西方国家平均失业率从1992年的7.8%增至1993年的8.3%,欧共体失业率由1992年的10.2%上升到1993年的11.6%,失业人数近2 000万。另外,这次衰退与以往不同,苏联解体和东欧剧变,使得这些国家纷纷卷入衰退的旋涡,物价猛升,物资奇缺,处于比较困难的境地。

第六次经济危机后,发达资本主义国家经济周期出现了一个复杂的局面。美国经济从1991年第二季度走出危机后,进入持续发展阶段。至2000年年底,连续增长超过110个月,这是自1854年以来美国经济史上32个周期中最长的一次。世界上许多经济学家认为,美国经济在20世纪90年代进入了一个新的发展时期——"新经济"时代。而西欧各国经济一直处于低速增长阶段;日本经济很糟糕,在经历了较长时间的低速增长后,卷入了东南亚金融危机,之后一直在低谷徘徊。

2000年美国经济增长速度放缓,随着同年4月纳斯达克股票市场的崩溃,美国经济逐渐陷入了衰退。2001年第二、三季度美国经济增长率分别为0.2%、-1.3%,"9·11"事件的发生更使美国经济雪上加霜。2001年11月26日,美国经济研究局正式宣布,美国经济于2001年3月陷入衰退,从而结束了创纪录的约10年的经济增长。美国经济的衰退带动了西欧各国、日本经济的同步衰退。在欧洲,欧元区经济增长明显放缓,2001年全年增长仅1.3%,其中德国仅增长0.6%,2002年西欧各国继续衰退,直到2003年、2004年才陆续走出谷底。日本2001年经济负增长0.9%,经济衰退、通货紧缩、巨额赤字财政相结合,使日本经济一直未能走出20世纪90年代泡沫破灭后的低迷。

对于2001—2002年美国、日本、西欧等国家和区域普遍出现的经济衰退,大部分观点认为这是一次周期性的经济危机,也有些观点并不认同。这次衰退持续的时间不长,美国在2003年第三季度经济增长率达8.2%,创下1984年以来经济增长率新高,并逐步走出低谷。西欧、日本经济在2003年、2004年也有所回暖。而且,这次衰退经济下降幅度不大,美国仅仅在2001年第三季度出现负增长,西欧总体的经济增长率仍为正,并没有出现严格意义上的负增长,就是下降幅度最厉害的日本也没有超过-1%。鉴于这些特征,理论界对此次衰退能否算作第七次资本主义周期性经济危机还存有一定的争议。

二、二战后至世纪之交资本主义周期性经济危机的特点及其成因

综观二战后至世纪之交资本主义六次周期性经济危机的发展过程,我们可以总结出若干特点。

(1)经济危机同期性和非同期性相互交替,同期性有加强的趋势。二

战前,主要资本主义国家发生的经济危机带有明显的同期性,危机往往在同一年份发生。二战后,这种情况就不同了,同期性与非同期性交叉出现。同期性的资本主义经济危机共发生过四次(1957—1958年,1973—1975年,1979—1982年,1990—1993年),其余两次经济危机是非同期性的。产生这一特点的原因主要有:① 第二次世界大战对各主要资本主义国家影响不同。在二战中,有些国家不但未受损失,反而依靠战争,经济膨胀起来,有些国家创伤深重。二战对各主要资本主义国家造成的影响很不一致,使战后各国再生产周期出现较大差异,经济危机不可能在同一时间内爆发。② 二战使各主要资本主义国家战后所处的地位不一样。美国爬上了资本主义世界霸主的宝座,在各个领域占据极大的优势。而西欧各国和日本战后初期主要处于经济恢复和发展时期。各主要资本主义国家在世界经济中所处的不同地位,也会影响它们的再生产过程,从而削弱再生产的同期性。③ 二战后各主要资本主义国家干预经济的规模和程度不一样。例如,各国国民经济军事化的程度不同,各国国有经济在国民经济中所占的比重不一样,各国运用财政、金融政策干预经济发展,在时间先后、规模大小、侧重点上的不一致性,这些都会对再生产周期发生一定影响。④ 其他因素。如二战后两次较大的局部战争也有不可忽视的影响,也干扰了发达国家再生产过程的同期性。

但是,随着生产与资本国际化的加快,国际经济联系日益密切,国际传导机制进一步发挥作用,特别是区域性经济集团的进一步发展,导致各国经济相互依赖的程度日益增强,一国经济的衰退和繁荣都会对其他国家产生影响。在这种国际经济环境中,20世纪70年代以后,已经出现再生产周期的同期性。

(2) 经济危机波幅减弱。二战后各主要资本主义国家经济危机从波峰到波谷的幅度较战前大为减弱。战后最严重的两次经济危机期间(1973—1975年和1979—1982年),美国工业生产分别下降了15.4%和11.5%,英国分别下降了11.2%和14.7%,法国分别下降了16.3%和9.4%。而1929年,美国工业生产下降了46.2%,英国下降了32.3%,法国下降了32.9%。二战后至世纪之交两次最严重经济危机中工业生产的下降幅度远远低于战前下降的幅度。

造成这一特点的主要原因有:① 各主要资本主义国家反危机的政策措施。二战后至20世纪70年代中期,西方发达国家采用凯恩斯主义政策对经济生活进行全面干预,运用财政货币政策对社会总需求进行调整控制。70年代中期后,又纷纷采用货币主义和供应学派的主张,削减税额,控制通胀,这些人为的干预一方面缓和了经济危机的冲击力,另一方面也使经济周期四个阶段不如战前界线分明。② 战后科技革命的影响。科学技术的高速发展和产业结构的高级化使固定资本更新加速,新兴工业部门兴起,传统工业部门大规模地采用新技术,特别是第三产业的相应发展,这些都扩大了就业和投资,同时,科技革命还加速了机器和设备的价值磨损,缩短了折旧时间,对生产也起到一定的刺激作用。③ 金融资本实力增强和社会保险制度的改进也对缓和经济危机起了不可估量的作用。各国货币金融政策较战前成熟,对金融机构的控制与操纵加强,金融机构本身也由于业务的扩展与创新而注入了新鲜血液,增强了实力,货币金融体系抗衡危机冲击的能力倍增。另外,保险事业的发展使社会福利有较大改善,社会消费信贷的扩大和普及导致危机期间需求波动较弱,谷底与谷峰落差减小。

(3) 危机期间物价出现不跌反升现象。二战前经济危机期间往往是通货紧缩,物价暴跌,就业率下降。1920—1921年的危机期间,美国农产品批发价格指数下降了41.2%,主要农产品市场价格降幅达60%～70%。1929—1933年资本主义世界批发价格平均跌落1/3,美国批发物价下跌32.9%,消费物价下降25%。复苏与高涨时期,物价与就业率同时上升,如此循环往复,交替更新。而战后却出现另一种景象,危机期间物价不跌反升。以美国和加拿大为例:1957—1958年的危机期间,美国物价平均水平上升了4.2%,1969—1971年上升6.18%,1973—1975年上升了14.5%;加拿大的情况类似,1973年3月至1975年5月,消费物价指数上升了12.8%,1990年物价上升了3.1%。

二战后这种情况的出现,主要原因有两个:① 垄断价格的作用。垄断价格是垄断组织规定的高于商品价值或生产价格的一种价格。它对资本主义再生产周期中物价的变化有一定影响。在经济高涨时,垄断组织提高商品的价格,加剧生产和消费的矛盾。在经济危机爆发后,垄断组织为了维持商品的垄断价格,会减少生产,缩减供应,达到阻碍价格下跌的目的。这种情况在战前已经发生。战后随着垄断统治的加强,这种为维持垄断价格而阻碍物价下跌的情况更加普遍。② 危机期间各种膨胀政策的作用。在一些发达国家,经济危机爆发后,为了尽快摆脱和减轻经济危机,政府运用各种刺激经济的膨胀政策,从而引起比平时更为剧烈的通货膨胀。总之,危机期间,生产过剩,商品供过于求,物价下跌;但垄断价格却在千方百计延缓和阻碍物价的下跌。而刺激经济的膨胀政策却在有力地推动着物价上涨。因此,战后好几次经济危机期间出现物价不跌反升的现象。

(4) 未爆发严重的资本主义货币信用危机。所谓货币信用危机是由周期性的生产过剩危机引起的。它的主要表现是:危机期间,银根异常吃紧,信用急剧缩减,利息率猛烈提高,银行大批倒闭,股票价格猛跌,国际收支大量逆差,黄金大量外流。应当承认,战后在历次资本主义经济危机过程中,虽然也引起了货币信用领域内的某些震荡,如银根吃紧、股票下跌等现象,但还没有爆发过严重的周期性货币信用危机。这里要把货币信用危机与危机期间通货膨胀加剧相区别。通货膨胀是金融领域内动荡不定的一种表现,但这是发达国家政府人为刺激经济增长所造成的结果,是垄断价格作用的结果,与生产过剩引起的货币信用危机是不同的。未爆发严重的货币信用危机的主要原因有:① 与经济危机不严重有关。二战后至世纪之交资本主义周期性的生产过剩危机并不那么严重,还不足以引起一场严重的货币信用危机的爆发。② 与各主要资本主义国家干预经济的措施有关。二战后随着国家垄断资本主义的进一步发展,各主要资本主义国家在财政上大力支持信贷机构的发展,并通过中央银行对信贷进行调节,实行存款保险制度,这对抑制危机时期货币信用领域内的震荡起了一定作用。③ 与垄断企业自有资本份额增大有关。战后,较长时间良好的发展经济的外部环境,再加上科技革命的展开,使发达国家垄断企业的经济实力大增,自然,它们的自有资本份额也随之增加,对借贷资本的依赖程度相对缩小,借贷利率的波动对它们的影响减弱,特别是在经济危机到来时,它们仍有足够的能力清偿债务,因此,危机期间不易引发货币信用危机的爆发。

第三节 新经济和经济周期

自 1991 年 3 月美国经济复苏以后,至 2000 年年底,美国经济持续增长超过 110 个月,这是自 19 世纪中叶有统计以来的最长纪录。虽然这一持续增长随 2001 年 3 月开始出现的经济衰退而告一段落,但这一长达 10 年之久的持续、稳健、快速的发展现象已引起世界各国经济学家的极大关注。

一、美国经济的"新经济"时代

与传统经济和经济滞胀时期完全不同,这个时期的美国经济是以高经济增长率、低通货膨胀率、低失业率同步并进作为显著标志的。1997—1999年美国的经济增长率年年超过4%。1999年的失业率仅为4.2%,这是自1969年以来30年的最低点。扣除食品和能源价格,1999年消费物价指数只有1.9%,这是34年来增幅最小的。1998年美国出现30年来第一次联邦政府财政预算平衡的年份。这些良好的经济指标,是过去从来没有过的。许多经济学家认为,美国在20世纪90年代创造了世界经济发展史上的奇迹,美国经济进入了一个新的发展时期——"新经济"时代。

二、美国"新经济"新在何处?

为了说明这个问题,我们把"新经济"理论与传统经济、经济滞胀理论加以比较,以便更好地揭示"新经济"的显著特点。

首先,在"新经济"时代,高经济增长率、低通货膨胀率和低失业率(即"一高两低")并存是最佳的经济发展模式。

众所周知,传统经济理论指导下发展经济的一般特征是:高经济增长率、高通胀率和低失业率。在这种理论的分析中,宏观经济三大目标即物价稳定、充分就业和经济增长不可能同时实现,菲利浦斯曲线所显示的内容做了最典型的论证。菲利浦斯曲线论证的结果告诉我们:通货膨胀率和失业率之间存在着"非此即彼的互为替代的反方向关系",也就是说:通胀率越高,失业率就越低,经济增长也就越快;反之,通胀率越低,失业率就越高,经济增长也就越缓慢。菲利浦斯曲线之所以认为通货膨胀可以降低失业率是因为通胀可以刺激社会需求,扩大投资和消费,增加追加购买力,从而提高就业率。

传统经济理论进一步认为,各国政府可以利用这一曲线,在通胀率和失业率之间搞"替换":或者用较高的通胀率换取较低的失业率(充分就业);或者用较高的失业率来换取物价水平的下跌(物价稳定)。可见,用传统经济理论是无法对"新经济"时代"一高两低"现象做出解释的,"一高两低"并存现象完全超出传统经济学的理论分析。

其实,传统经济理论很快被西方国家相继发生的经济滞胀局面所打破,20世纪70年代发达国家的经济实践对传统经济理论提出了挑战,并证明菲利浦斯曲线失灵。

经济滞胀所带来的是：一方面，经济发展停滞，生产增长缓慢，并由此引起大量失业；另一方面，物价水平不断提高。这两种经济现象相互融合，交织并发。低经济增长率、高通货膨胀率和高失业率成为经济滞胀的一般特征。

与"新经济"时代相比（其实与传统经济理论指导下的时期相比也一样），在经济滞胀时期，各国政府在选择经济政策上更处于困难之中。要解决经济停滞，就得采用通胀的办法，包括扩大政府支出，增加货币发行量，降低利率，人为地扩大市场，这样势必加剧通胀；反之，要治理通胀，就得采取紧缩政策，包括压缩政府开支，减少货币发行量，提高利率，抽紧信贷等，这又势必加剧经济停滞。20世纪70年代初至80年代初的相当长的一段时间里，西方发达国家的经济正是在"滞"和"胀"交织并发的困境中运行。

所谓"新经济"，实际上是指在技术创新和制度创新的共同作用下，以数字形式存在，通过信息网络技术运行的知识性生产的经济，并以此带动整个国民经济的持续增长。

如上所述，"新经济"的显著特点是高经济增长率、低通胀率和低失业率同时并存。这种经济发展的模式不同于菲利浦斯曲线所设计的经济发展模式：一国要保持较高的经济增长率、较低的失业率就必须付出高通胀的代价。它也不同于更为糟糕的经济滞胀模式：一国要解决经济停滞，获得较快的经济增长，只能采用通胀的方法，其结果势必进一步加剧通胀的发展。"新经济"的"一高两低"的局面已完全打破了传统经济的发展模式，对传统的主流经济学理论提出了现实的挑战，并与经济滞胀局面形成鲜明对照。可以认为，"新经济"时期的"一高两低"是实现经济增长的最佳模式。

需要指出的是，二战后美国经济发展的三个重要时期，正是分别以这三个经济发展模式为指导并运行的，并产生了完全不同的结果。第一时期为战后初期至20世纪60年代末，美国经济基本上按照传统经济发展模式运行，经济发展速度虽不及当时日本和联邦德国等国快，但尚属基本正常。70年代初至1983年美国经济进入了第二个发展时期，这个时期以经济滞胀为显著标志，高通胀率、低经济增长率相互交织在一起，其经济政策左右为难，进退维谷，在极其困难的处境中运行，经济发展速度极其缓慢。1983年美国经济进入"有滞无胀"阶段，开始时以低通胀率、低经济增长率为特征，90年代初开始进入以高经济增长率、低通胀率和低失业率为特征的"新经济"

时代。三个经济发展时期相比,显然,"新经济"时代是战后美国经济发展的最好时期。

其次,在新经济时代,知识经济是实现经济增长的主要推动力。

各国特别是发达国家,在实现工业化时期,推动经济增长的要素投入主要是劳动和资本。无论是劳动要素投入,还是资本要素投入,尽管最初会出现边际报酬递增的情况,但投入达到一定量以后,继续增加其投入,边际报酬会递减。当然,在这个过程中,也会出现阻止边际报酬递减的因素,如技术进步的因素。技术进步通过导入知识要素来提高其他要素的收益率。但是,在这个时期中,经济增长的驱动力主要是资本和劳动,而不是知识,即便出现技术进步,也只会使报酬递减现象延后出现,但不会使报酬递减规律失效,因此,在这个时期,要素报酬递减就成为一种难以避免的情形。"新经济"本质上就是一种知识经济,在"新经济"时代,推动经济增长的主要动力已不是资本和劳动,而是知识,知识经济属于报酬递增的经济。当知识作为一个新要素推动经济增长时,其价值的创造不是以算术级数而是以几何级数增长。虽然知识性产品(信息产业多半生产知识性产品)在生产初次投入时研究和开发成本很高,但一旦开发成功,产品生产的边际成本就变得很低。这样,就会带来规模效应递增。另一方面,当知识成为经济发展的主要推动力时,创新和技术进步也会层出不穷,而创新和技术进步不仅会直接降低产品的生产成本,而且也会相应地引起其他产业生产成本的降低。以上这两种情况最终都会大幅度地提高劳动生产率。可见,知识性产业(最主要的是信息产业)对经济的拉动力远远高于其他产业。

三、"新经济"的出现并不意味着经济周期理论的失效

关于新经济和经济周期的关系,理论界曾有过较大的争论。一种较为极端的看法提出了"商业周期消失论",认为"新经济"是彻底摆脱商业周期的一种新的经济现象,这种现象将长期存在下去。另一种较为普遍的看法认为,"商业周期消失论"是夸大其词,"新经济"不是反映美国不再受商业周期的影响,商业周期仍然存在,但其展现形式将与传统的商业周期有较大的不同。随着2001年美国出现经济衰退,"新经济"告一段落。后一种观点逐渐被多数人所接受,即"新经济"虽然突破了传统经济理论的分析,但并不意味着经济周期规律失效和经济衰退期不存在。

在"新经济"时代,由技术和制度的重大创新和全球化推动的经济结构

调整所带来的生产率提高,以及以微观经济和宏观经济良性互动为条件的经济增长方式,使美国处在一个全新的、超越以往任何时期的经济增长中。经济周期波动的特点已发生较大的变化,经济周期变形,美国较长时间存在的、不同于传统经济的"一高两低"现象就是最好的证明。

同时,也应当看到,在美国经济持续增长中仍存在不少问题,例如:对IT产业的投资过热;虚拟经济(股市)中的泡沫;1999年经济过热和石油价格上涨引发的通胀压力;巨额贸易逆差;两极分化和消费低迷等。这些问题或者在持续增长的掩盖下未被人们重视,或者由于美国政府采取了较为得当的政策暂时得到缓解,但这些问题的不断积累最终会使美国经济的衰退无法避免,衰退是迟早的事。

2001年第三季度,美国经济出现负增长,随着美国经济研究局正式宣布美国进入经济衰退,长达10年的"新经济"时代结束了。经济事实为我们给出了最好的答案,即"新经济"只是一种因为信息时代的变革使经济周期在形式上有较大变化而实质上仍然符合经济周期理论的经济现象。

四、"新经济"对世界经济的影响

虽然"新经济"在21世纪初告一段落,但并没有就此结束,它带给整个世界经济的影响是十分深远的。

首先,"新经济"向世界展示了一种新的经济增长模式。

正如以机器大工业为标志的工业经济对农业经济来说是新的,服务经济对工业经济来说也是新的一样,"新经济"向人们展示了一种经济增长的全新形态。这种形态中,传统经济认为的"通货膨胀与失业率间的替代"被突破,经济可以较长期地保持"一高两低"的最佳发展模式。然而,"一高两低"仅是"新经济"的一种表现,它的本质还有更丰富的内涵,更值得世人的关注,对世界经济的影响意义更为重大。

(1) 信息技术革命改变了传统的生产方式。美国抓住信息化的良好机遇,对传统产业进行大规模的改造,利用了互联网,有效地提高了劳动生产率,使企业能在不涨价的条件下使利润增长,形成了经济持续增长的微观基础。同时,一些高科技产业、信息技术产业也成为经济增长中的亮点。

(2) 经济全球化使全球资源得到更有效配置。信息技术的发展为经济全球化打下了物质基础。随着跨国公司的发展,生产经营能够实现全球战略,更有效地利用国际分工、配置全球资源。

(3) 创新是经济持续增长的灵魂。从美国的"新经济"中能充分地认识创新的重要性,无论是技术创新——互联网的出现和运用,还是制度创新——风险资本的支持使技术创新产业化,给经济增长注入了前所未有的活力,让经济增长能够超越原有的周期形态,保持持续繁荣。

(4) 良好的宏观环境和国际环境对经济增长至关重要。尽管"市场好"还是"政府好"的争论长期以来一直没有休止,但是世界经济发展的趋势显示,各国都越来越重视政府宏观调控在经济中的作用。美国的"新经济"也得益于政府适当的政策调控,如1994年经济过热、1998年受亚洲金融危机影响时,美联储都采取了一定的措施,对于稳定经济起到了积极的作用。

上述才是隐藏在"新经济""一高两低"背后的内涵,决定了新的经济增长模式区别于其他的规定性内容。也就是说,"一高两低"现象即使暂时中断,或者在中断后的经济增长中可能出现有别于"一高两低"的现象,也不能改变"新经济"的本质所在。"新经济"作为一种经济运行增长新模式的内涵,会在相当一段时间里发挥作用,决定着整个世界经济增长的方向。从这个意义上说,"新经济"绝不是美国一国的事情,而是历史发展新阶段世界经济的主流现象。

其次,"新经济"具有"双面性",从正反两方面影响着世界经济的格局。

一方面,美国抓住了机遇,利用了"新经济"的本质内涵,以大大高于以往的速度创造财富,创造经济增长的奇迹,并成为众多国家效仿的"样板"。20世纪90年代,美国经济的持续、稳定增长对整个世界经济的稳定增长具有关键作用,尤其在亚洲金融危机之后对亚洲经济的复苏意义重大。经济全球化过程中,各国间一荣俱荣、一损俱损的普遍联系使得美国经济具有"火车头效应",一定程度上影响着世界经济的景气程度。

另一方面,富者愈富,穷者愈穷。"新经济"对广大发展中国家而言既是挑战,更是机遇。由于物质基础、信息技术上的差异,落后的发展中国家无法充分享受到"新经济"的好处,有时还要承担跨国公司全球战略下的某些"外溢成本"(如环境问题),结果就是世界的两极分化日益严重,贫富差距进一步拉大。这些都对各国在"新经济"下的发展战略提出了挑战。

第四节 2008年全球金融危机及世界经济结构变动

2007年美国次级抵押贷款危机爆发并由此引发全球金融危机,世界经济随之步入新一轮衰退周期,直至2017年初依然没有完全实现复苏。可以说,经济运行的事实再次以出乎意料的极端方式告知世人周期理论没有过时,这轮全球金融危机的严重程度为二战后所罕见,堪称"百年一遇"。许多学者将此与1929—1933年的大萧条相提并论,认为它极大地挑战了宏观经济管理政策的传统内涵,也在一定程度上促使人们对战后长期以来所形成的国际经济秩序进行调整与改变。

一、2007年美国次级抵押贷款危机的爆发及2008年全球金融危机的起因

这场由美国次级抵押贷款市场动荡引起的金融危机,于2007年8月席卷美国、欧盟和日本等世界主要金融市场。2008年下半年开始,由次贷危机导致的美国金融危机引发了世界经济剧烈震荡,并最终演变成全球金融危机。之后,主要经济体采取了大规模的扩张政策作为应对,世界经济的发展路径自此发生重要转变。

1. 美国次贷危机的爆发

本轮全球金融危机肇始于美国次级抵押贷款危机,而次贷危机则源于美国房地产价格泡沫的破灭。在21世纪初的互联网泡沫破灭之后,美联储在很长时期内实施了过于宽松的货币政策,导致美国房地产价格指数在2000年1月至2006年5月期间上涨了一倍有余。在低利率与房价持续上涨的背景下,一方面,由于美国政府金融监管缺位,导致次级抵押贷款市场以及基于次级抵押贷款的各种金融衍生产品过度发展,房屋信贷的发放、房价的高涨以及房贷衍生品的创造相互刺激,促使以房屋次级贷款为基础的金融衍生品链条不断地复制和延伸;另一方面,在以美元为本位的国际货币体系和全球金融市场非均衡发展模式的共同主导下,美国经由经常项目长期逆差而向石油输出国以及主要制成品出口国支付的美元,再次被投资回美国,向美国经济不断注入货币,造成流动性过剩。

在美联储提高利率、紧缩货币供给后,房屋的价格开始下跌。遭受损失

后的房屋贷款公司便会无力偿还投资公司等金融中介的本息,导致以房贷为基础的整个金融产品链条的资金偿还遭遇断流危机。随着房地产热潮冷却,美国次级抵押贷款市场遭受重创,金融冲击迅速蔓延,使处于金融体系核心的市场和机构面临了大量损失。如果说2007年4月全美第二大次级房贷放款机构——新世纪金融公司提出破产申请还只是个信号,那么2007年7月华尔街第五大投资银行贝尔斯登关闭了旗下的两家对冲基金,爆出公司成立83年以来的首次亏损,则意味着次贷危机的正式爆发。

一系列金融动荡以及随后的降低杠杆率现象影响了银行和非银行的信贷渠道,其间美国受到的影响最为严重,房市调整进一步加剧。2008年3月,美国联邦储备委员会促使摩根大通银行收购了贝尔斯登;9月7日,美国财政部不得不宣布接管房利美公司和房地美公司;9月15日,美国第四大投资银行雷曼兄弟控股公司申请破产保护。金融市场的关联性以及投资者和投资机构的"羊群效应"将次贷市场的损失传递到了整个美国金融市场乃至全球市场。其中,西欧主要是通过最直接受次贷危机冲击的银行以及银行间市场和结构性证券市场的震荡而遭受影响;而对于发展中经济体而言,在危机初期虽然经由发达国家经济下滑所受到的外溢影响较为有限,但对美贸易规模较大的经济体所遭受的波及效应仍然是严重的。

2. 2008年全球金融危机的爆发及主要成因

美国的次级抵押贷款危机从2008年初开始进一步加深,并在2008年9月进入一个新的混乱阶段。在美国金融动荡的影响下,各国金融业遇到了空前的危机,一些实力雄厚的投资银行顷刻间倒塌,还有一些不得不接受政府的援助才能渡过难关。随着政府救市行动的开展,金融业危机不仅没有停止下来,而且有向实体经济蔓延并演变为经济危机的趋势。2008年10月3日,布什政府签署了总额高达7 000亿美元的金融救市方案,美国包括通用、福特、克莱斯勒三大汽车公司在内等实体经济同期也受到很大的冲击,危机的烈度在不断蔓延。

面对自20世纪30年代以来成熟金融市场遭遇的最危险的金融冲击,世界经济陷入严重下滑。根据美国经济研究局(NBER)的统计测算,危机开始于2007年12月而结束于2009年6月,共持续了18个月,此次危机又被称为"大衰退"(Great Recession),对全球经济造成的冲击具有很强的共时性和协同性特点。它的直接后果是导致了美国乃至世界经济中金融部门的溃散和大量优质资产的减值。

2008年最后几个月,全球产出和贸易急剧下降。由于政策未能消除不确定性,金融危机持续存在,导致发达和新兴经济体的资产价值大幅下跌,住户财富减少,从而使消费需求面临向下的压力。2009年的世界产出增长率减至-2.1%,其中发达经济体更是降到了-3.6%,这是二战后的首次年度收缩。尽管采取了各种政策行动,但金融压力仍然严重,摧垮了实体经济。由于出口需求和融资下降、初级产品价格下跌以及外部融资约束大幅收紧,新兴和发展中经济体的产出增长也从2008年的5.2%大幅放缓至2009年的2.4%。

金融危机带来了巨大的潜在风险,除非有力地处理更大的金融压力和不确定性,实体经济与金融市场之间的恶性反馈回路将加剧,从而对全球经济增长造成更大的不利影响。面对严重的全球衰退和迅速恶化的经济前景,发达国家的中央银行迅速采取应对措施,异常大幅度地降低利率,采取非常规手段来注入流动性并改善信贷供给,政府启动了重大财政刺激计划,同时以担保和注入资本形式向银行提供支持。这些措施降低了不确定性,提升了信心并促使金融状况得以改善,许多市场强劲回升、国际资本流动出现反弹,2009年下半年全球生产和贸易得以恢复,特殊的政策支持阻止了又一次大萧条的发生。在发达经济体,库存周期开始转变及美国消费意外强劲都对形势发展做出了积极贡献。此外,推动全球反弹的是各国数额巨大的政策刺激,而有效且及时的国际合作对于这些政策的出台和实施同样至关重要。

整个危机期间,以美国为代表的各个主要危机遭遇国的宏观经济指标全面恶化,全球经济活动和贸易表现出现了自第二次世界大战以来最严重的下滑。其中,美国实际国内生产总值于2008年第三季度开始收缩,直到2010年第一季度才恢复增长,并到2017年前后才恢复至此前的潜在水平。失业率由2008年危机前的5%上升到2009年下半期的10%,然后稳步下降至2013年3月的7.3%。私人住宅投资(主要是房地产)则从2006危机前的峰值8 000亿美元,下跌至2009年终的4 000亿美元,并长期维持在这一水平。非住宅投资(主要是企业购买资本设备)在2008年危机前达到1.7万亿美元的峰值,而到2010年则下跌至1.3万亿美元,直到2013年初才基本恢复到此前的峰值水平。更严重的是,金融危机造成了美国社会更加严重的两极分化。2009年全美最富有的20%的家庭拥有全部财富的

87.2%，相比2007年的85.0%上升了2.2个百分点，其中最为富有的1%的人群则控制了全部财富的35.6%，而这个数字在2007年是34.6%。

次贷危机及之后爆发的全球金融危机虽然发端于美国的住房市场，但其根源却不止于此。针对此次危机原因的解读，形成了许多不同的观点，综合来看包括以下四个主要方面：

首先是过度的金融创新。此次金融危机形成过程中，在"金融创新扩张"模式下，房地产、股票、债券、石油期货等都作为金融衍生品而成了投机的对象，并被不断地推高价格，当投资者信心丧失或后续资金难以维持时，必然导致崩溃。此外，全球化大潮下的金融自由化，以及无疆界的金融投资活动又使资本大规模往来于世界各国之间寻求套利，一旦危机爆发，所涉国家仅通过金融链条就都难逃其难。

其次是滞后的金融监管。在此次危机爆发前的几十年间，金融市场的扩展大大超过了实体经济的增长，其复杂程度也是前所未见的。而与此同时，职能部门对银行业的监督和管理却没有做好相应的准备来应付这样的挑战，多数投资银行都降低了自己的风险分析标准以增加利润，但没有实行适当的监督。

再次是有缺陷的国际货币体系。美国次贷危机引发的金融危机，之所以造成了全球金融危机，与当今国际货币体系有十分密切的关系。20世纪70年代初期布雷顿森林体系瓦解后，美元与黄金可以自由兑换的制度被废止，但美元作为世界货币的霸权地位并没有因此而结束，相反，许多国家仍然把美元作为主要外汇储备货币，并以此来稳定本国货币的币值，此趋势在1997年亚洲金融危机后愈演愈烈。这种状况使得美国具有无约束发行国际本位货币的地位和权利，占得特殊优势。欧元和日元尽管有一定的能力与美元抗衡，但是路径依赖和美国经济的地位使得美元霸权长期难以撼动。

最后是包括实体和金融领域的双重全球经济失衡。其中实体经济的失衡表现为以美国为代表的经济体长期贸易逆差、美元流出，以中国为代表的经济体则长期贸易顺差、积累美元。而金融领域的失衡是指，美国利用其在国际货币金融体系的中心地位在全世界范围内以低成本获得资源，使实体经济失衡得以持续并放大，而外围国家则不断为美国输入流动性。这一双重失衡的形成，究其根本也是由于各国禀赋条件、发展水平及在国际经济体系中的地位差异所致。

二、从全球金融危机到欧洲主权债务危机

欧洲主权债务危机,是指2009年之后在欧洲部分国家爆发的主权债务危机。就在2009年底,当人们认为金融危机逐渐远去、全球已进入"后危机时代"之时,以希腊主权债务危机为源头的欧债危机初露端倪,危机随即愈演愈烈,并经历了发展、蔓延、升级等阶段,最终演变为欧债危机。可以说,欧债危机是美国次贷危机的延续和深化,其主要原因是政府的债务负担超过了自身的承受范围而引起的违约风险危机。

早在2008年全球金融危机爆发之时,冰岛和中东的债务危机就曾先后出现,所幸并未酿成更大的全球性金融动荡。2009年12月,希腊的主权债务问题引起市场关注,2010年3月进一步爆发,开始向"欧洲五国"(葡萄牙、意大利、爱尔兰、希腊、西班牙)蔓延。同时,针对希腊等国的主权债务问题,国际货币基金组织分歧不断而欧元区内部协调机制又运作不畅,致使救助希腊的计划迟迟不能出台,导致危机持续恶化。2010年5月之后,欧盟国家和欧元区层面均采取重要步骤,包括建立欧洲金融稳定基金(European Financial Stability Facility,EFSF)、欧洲金融稳定机制(European Financial Stabilisation Mechanism,EFSM)以及之后永久性的欧洲稳定机制(European Stability Mechanism,ESM)、减记希腊债务、政府注入资本金帮助欧洲银行业、欧洲央行增加特殊流动性支持和出台证券市场计划、加强财政余额要求和推行结构改革等举措帮助欧债危机国度过困难。2013年12月,随着爱尔兰退出欧债危机纾困机制成为首个脱困国,此次欧洲债务危机才告一段落。但欧盟的整体危机却远未结束,如何采取更多的国家和欧盟层面政策行动,进一步提升竞争力、恢复增长并确保财政可持续性,仍是许多国家的关键任务,也是欧元作为单一货币存续所面临的挑战。

危机发生后许多欧洲国家开始实施紧缩计划,降低预算赤字与GDP的比例。例如,希腊将其预算赤字从2010年占GDP的10.4%降低到2011年的9.6%,同期冰岛、意大利、葡萄牙、法国和西班牙的预算赤字占GDP的比重也得到了改善。然而除德国外,这些国家2010年至2011年的公共债务占GDP比率依然有所增加,其中,希腊公共债务占GDP比率由2010年的143%上升至2011年的165%,直至2014年的185%。这表明,尽管预算赤字得到改善,但国内生产总值的增长仍不足以支持这些国家在此期间

的债务与 GDP 之比的下降。欧盟统计局的报告显示,欧元区 17 国债务占 GDP 的比重,2008 年为 70.1%,2009 年为 79.9%,2010 年为 85.3%,而 2011 年达到 87.2%。

此外,虽然危机期间欧盟各国失业率差异明显,但欧元区整体失业率上升。从 2010 年到 2011 年,西班牙、希腊、意大利、爱尔兰、葡萄牙和英国的失业率呈现上升,法国没有明显变化,而在德国和冰岛则出现下降。欧元区 2012 年 9 月的整体失业率从前一年的 10.3% 上升至创纪录的 11.6%。

欧债危机的发生使欧盟各国措手不及,欧元区国家经济更是受到重创。此次欧债危机的直接原因看似并不复杂,主要包括:一是入盟之初希腊的财务造假,没有真实反映出它的国债水平;二是遭受危机的国家大多财政状况欠佳,政府收支不平衡,金融危机中政府的扩张性政策和加杠杆化措施使债务负担更为加重,直至难以为继;三是危机国主权评级被频繁下调使筹资成本上升,成为危机向深度发展的直接原因。

但是,导致欧债危机的根本原因却要复杂很多,并且,这些原因还难以在短期内得到解决。

(1) 欧盟各国劳动力无法完全自由流动,单一货币区的前提条件承压。蒙代尔的最优货币区理论以生产要素完全自由流动为前提,并以要素的自由流动来代替汇率的浮动。欧元体系虽然在制度上放松了人员流动的管制,但由于语言、文化、生活习惯、社会保障制度差异等障碍的存在,欧盟内部劳动力并不能完全自由流动。各国禀赋条件、公司税率等税收体系的不同则进一步拉大了国别竞争力差异,成为实施单一货币区的重大隐患。

(2) 人口老龄化和刚性的社会福利制度,导致经济活力降低和政府开支巨大。一方面,欧盟国家的婴儿出生率和生育率近几年来低于世界绝大部分地区,经济活力持续降低。另一方面,希腊等国高福利政策没有建立在可持续的财政政策之上,导致赤字扩大、公共债务激增,偿债能力遭到质疑。

(3) 欧元区存在制度缺陷,致使无法有效治理危机。欧元区货币制度与财政制度的不统一,使得在成员国层面上宏观经济治理手段单一,经济动荡时期无法通过货币政策,而只能通过举债和扩大赤字等财政政策来刺激经济。而在欧盟层面上虽然欧洲央行具有主导各国货币政策大权,但同样协调成本过高,且面临成员国的"道德风险"难题,往往陷入"罚与不罚"和"救与不救"的两难。

此外,随着欧盟规模的迅速扩大,其内部协调和决策机制运行效率过低,以及金融全球化带来的金融风险加剧等也都促成了欧债危机的爆发。

三、金融危机后的世界经济结构变动

此次危机对世界经济的影响无疑是深刻而巨大的,危机后的世界经济结构发生了一系列重要的变化,并且,这样的变化依然处于动态发展中。

(1) 非传统货币政策的推出和宏观经济干预方式变化。面对重重困难,发达经济体一再使用非传统的货币宽松工具:自2008年金融危机以来,美联储共出台了三轮量化宽松政策,总共购买资产约3.9万亿美元,而伴随各国经济复苏进程的不平衡,主要经济体的货币政策取向又开始分化。2014年,美联储于1月正式实施"削减数量宽松规模"(Taper)计划,并于10月底结束资产购买计划,宣告始于2008年的三轮量化宽松政策正式退出,更在2015年12月16日实施了自2006年以来的首次加息。与美国相反,日本推出了力度空前的量化宽松货币政策,英国央行则多次扩大资产购买计划,欧洲央行先后开展长期再融资操作(LTRO),推出直接货币交易计划(OMT),并于2015年3月全面启动量化宽松的政策。这些政策引发了国际金融市场的剧烈动荡,其实际政策效应仍然处于不确定之中。

(2) 产出与贸易增长趋势放缓。全球金融危机的爆发深刻地改变了世界经济增长的格局。2000—2007年世界经济的年均增速达到4.5%,但2008—2016年的年均增速却下降至约3%。金融危机尤其是欧债危机之后全球经济虽然处于复苏状态,但复苏步伐一直缓慢且脆弱,持续低增长本身就会降低潜在产出,进而削弱消费和投资。另外,全球增长前景的不确定性上升,也带来对于世界经济增长失速甚至陷入普遍长期停滞风险的担忧。同时,2011年以来世界贸易也仅以缓慢速度增长,显著低于危机前每年超过5%增长率的水平。在全球范围内,特别是在贸易条件急剧恶化的大宗商品出口国,则是需求特别是投资需求依然疲软,并进一步导致国际贸易增长减缓。

(3) 国际货币体系改革。2008年全球金融危机的爆发充分显示出国际货币体系改革的必要性。以美元为主导的储备货币体系与国际金融不稳定性有着千丝万缕的联系;新兴市场和发展中国家经济力量的崛起与其在国际货币体系中地位的严重低估形成了巨大反差;针对金融风险防范和危机救助,各国外汇储备所能提供的自保能力远不能满足现实的需求。为此,建设多元化国际储备货币体系,改革国际金融机构的治理格局以及建设全球金融安全网成为危机后国际货币体系改革的重要内容。2015年,人民币加入国际货币基金组织(IMF)特别提款权的货币篮子,实现了发展中国家货币成为储备货币零的突破。与此同时,IMF在2010年确立的一揽子改革方案在2016年最终得以执行,这一定程度改善了国际货币体系治理结构。

(4)全球治理结构调整。从全球治理角度看,此次金融危机后最大的变化之一就是二十国集团(G20)首脑会议作为对话峰会新机制的横空出世。自从1999年G20概念出现以来,它的变化和发展一直都是世界经济危机应对的结果,也是对于世界经济结构性变动的一种体现和确认。最初由七国集团财长提议建立的这个平台,其目的就是为了防止类似亚洲金融风暴的再次来袭,让更多国家尤其是经济体量和影响力不断上升的新兴市场经济体参与国际间的高层直接对话,就国际经济、货币政策等全球性问题进行直接磋商,以利于国际金融和货币体系的稳定。正是以此为基础,2008年由美国引发的全球金融危机爆发后,在非常短的时间内这个平台就被升格为二十国集团首脑会议,并在华盛顿召开首次峰会,成为凝聚国际力量有效应对此次危机的一个重要合作途径。

第五节 经济周期长波论

与马克思主义再生产周期理论不同,经济周期长波理论是专门研究资本主义经济发展的周期理论。西方经济学界对此问题研究颇多。本节主要介绍的是20世纪70年代以来日趋兴盛、在西方经济学界影响较大的长周期(长波)理论。

长周期(long cycle)的发现实际上可一直追溯到19世纪末。当时的许多经济学家都独立发现了经济运动中的长波现象。1896年,俄国社会活动家帕尔乌斯从农业萧条的研究中发现了这种长周期,提出资本主义经济发展中大约50—60年一次的长期变动理论,并将这种长期变动归因于世界市场的扩张。1913年,荷兰经济学家海尔德伦提出经济发展中大约为期60年的"大循环",并用价格、外贸、工业生产、利率、企业创设和资本积累等指标加以证明,还系统地提出了生产扩张说来解释长周期。

第一次系统地提出长周期理论的则是苏联经济学家尼古拉·康德拉季耶夫,因此,长周期又被称为"康德拉季耶夫周期"。1924年冬和1925年春,康德拉季耶夫写了题为《经济生活中的长期波动》的专论,在这部著作里,他通过对140年间主要资本主义国家的一些统计资料的研究分析,确认资本主义经济中半世纪左右的长期波动的存在。康德拉季耶夫使用的数据有批发价格水平、利率、工资和对外贸易、煤炭、生铁的产量和消费量、铅的产量等,他对这些数据进行了统计数学的加工,以消除7～11年的商业周期、短周期和可能有的偶然波动,这些数据都显示出了长周期,而且长期波动的转折点几乎是一致的。在1780—1920年的140年间,资本主义经济运动共划分为两个半周期,如表3-1所示。

表3-1 康德拉季耶夫对资本主义经济运动的周期划分

	上 升 期	下 降 期
第一个长周期 （1780—1851年）	18世纪80年代末或90年代初至1810—1817年	1810—1817年至1844—1851年
第二个长周期 （1851—1896年）	1844—1851年至 1870—1875年	1870—1875年至1890—1896年
第三个长周期 （1896— 年）	1890—1896年至 1914—1920年	1914—1920开始

如表3-1所示,康德拉季耶夫对经济长波的预测——从1914—1920年开始,资本主义经济将出现长期下降,后来是被资本主义经济发展的事实证实了,其后不久的20世纪30年代大危机把这次长波的下降波推到了谷底。

但康德拉季耶夫无意于奠定长期波动的理论基础,他对长波起因的研究相当简略。他强调用资本主义经济的内在原因而非外来的偶发因素解释长波起因,将经济长波归因于主要固定资本产品的更新换代引起的经济平衡的破坏与恢复。他认为,长周期产生于资本主义经济本质所固有的那些原因。技术的改变、战争和革命、新的国家被纳入世界经济、黄金生产的波动等都不是一种偶然的、外部的,从而引起长期波动的因素;相反,这些因素本身就是长期波动的节奏的一部分,是长周期的结果而不是它的原因。他的这些对长波起因的简单解释,却为后人提供了不小的启迪——康德拉季耶夫实际上成为当前经济机制内部调节长波论流派的鼻祖。

继康德拉季耶夫之后,美籍奥地利经济学家约瑟夫·阿洛伊斯·熊彼特的长周期技术论对长波理论的研究产生了深远的影响。在1939年出版的《经济周期》一书中,熊彼特认为,资本主义经济发展过程中之所以会出现经济周期,与创新有很大关系。所谓"创新",就是在生产和销售经营中,发现并使用前所未有的和与众不同的方式和方法,具体包括五个方面:① 介绍新产品;② 引入新的生产方法;③ 开辟新市场;④ 开发原料和半成品的新来源;⑤ 建立企业的新组织。熊彼特认为,"创新"活动是一阵一阵的,有时高,有时低,这样就产生"经济周期"。熊彼特以"创新"理论为基础,阐述了资本主义经济的长期波动。他认为,"创新"引起经济周期,长达半世纪左右的长波周期,是由历史上主要的创新浪潮,即以产业革命为代表的技术创新浪潮引起的。每一个长周期都包括一次产业革命及其消化吸收过程。根据这种技术创新浪潮的起伏,熊彼特将到他的时代为止的资本主义经济运动划分为三个长周期:第一个长周期为1787—1842年,是产业革命的发生、发展时期,纺织工业、冶炼技术的创新起了主要作用;第二个长周期为1842—1897年,其上升期是以钢铁和铁路技术的创新为基础的,熊彼特称之为蒸汽和钢铁时代;第三个长周期为1898—1946年,是电气、化学和汽车工业时代。

熊彼特的长波技术论对后来的长波学者产生了深远的影响,直接引发了当代长波学派的一个重要流派——现代长波技术论流派。

经过战后一段长时间的繁荣发展,20世纪60年代末70年代初,西方经济开始进入一个以长期"滞胀"为特征的衰退时期。为了替滞胀把脉医治,许多经济学家纷纷转向经济周期理论,开始研究经济发展中的长周期现象。70年代末80年代初,西方经济学家发展出了多种长波理论,并进而形成了浩大的长波学派。概括起来,按其对长波原因的解释划分,当代西方的长波学派可分为三大流派:现代长波技术论流派、经济机制内部调节长波论流派和非经济原因长波论流派。

如前所述,现代长波技术论流派是以熊彼特的长波技术论为基础发展而来的。它是当代长波学派中影响最大、人数最多的流派。包括克·弗利曼的劳工就业长波论,格·门施的长波变形模式论,以及冯·丹因的创新寿命周期长波论,等等。这些理论的共同特点是:把基础技术创新看作制动长期波动的主要杠杆和最根本原因。

美籍德裔经济学家格哈德·门施对技术革新长周期进行了统计证明，证实了熊彼特的理论，同时提出了"技术僵局说"以及长波变形模式。

在1979年出版的《技术僵局》一书中，门施把1740—1960年间每10年所发生的基本技术革新的数据资料汇集在一起，发现技术革新集中发生在1770年、1825年、1885年和1935年前后。在这些年份，新的基础创新群的出现产生出全新的工业部门，推动了经济发展的新浪潮。但随着生产的不断扩张，最终会达到需求饱和，形成"技术僵局"。门施所谓的"技术僵局"，也就是长期萧条和大危机。门施认为，只有出现新的基本革新和产生新的产业部门，才能打破这种"技术僵局"，因而"技术僵局"是基础创新的前提，也是推动创新高潮出现的主要动力，而不稳定的经济结构则构成基础创新的环境。

门施依据长期总量资料的研究，提出了宏观经济运动的突变性和不连续性，认为在工业经济发展中，特别是在资本的边际效率上，连续的上升会表现出突然的崩溃，这种突然崩溃一般出现在大危机期间。表现在经济长波图上，则不是呈连续的波形，而是呈断续的S形，即变形模式①，如图3-1所示。

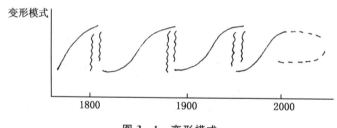

图3-1 变形模式

但门施的统计方法和数据受到很多经济学家的质疑。因为发明同革新、基本技术革新同其他技术革新很难严格区分和确定其日期及进行衡量，所以根据这些数据得出的统计结论是不确切的，会发生很大偏差。门施的基本技术革新将很多重大革新如电子计算机、不锈钢排除在外，而且门施的资料依据是英国学者J.朱克斯的一本关于发明的著作，发明与革新是不完全相同的。至于确定基本技术革新的具体日期就更加困难和不准确了。因

---

① G.门施：《技术僵局》，剑桥，马萨诸塞州，1979年版，第73页。

此，美国学者曼斯菲尔德批评门施的著作，认为尽管有成批的技术革新出现，但汇集的数据不足以明显地充分说明其每隔40~60年就会重复出现一次。

英国经济学家克里斯托夫·弗利曼从技术创新与劳工就业的关系角度研究长波，认为在长波上升时期，新技术和新兴产业的出现和发展产生了大规模的新投资和新的就业，随着整个经济被带动发展，就业量继续迅速增加，因而经济繁荣的顶峰也同时成为劳工就业的高峰。大约25年后，新兴产业部门已牢固建立，它们为社会提供新的就业机会的作用减少以至完全消失。在长波下降阶段，新产业中就业增长动力的丧失，由于劳动替代技术变化的积累而日趋严重。随着经济衰退，大批工厂关闭，失业不断增加，乃至出现严重的就业危机。

荷兰经济学家冯·丹因用创新寿命周期解释长期波动，其代表作是《经济生活中的长波》(1979年出版)。丹因认为，任何一次基础技术创新都要经历介绍、扩散、成熟、衰落四个阶段，基础创新产品的性质不同，寿命周期各阶段的长度亦不同。一般大的基础技术创新的介绍阶段约为20年，扩散阶段要达到20多年，如果对衰落阶段忽略不计，寿命周期约半个世纪或稍长。因此，半世纪一循环的长波周期主要是由创新寿命周期所决定的。

丹因认为基础创新寿命周期存在于中观经济层次，但影响到宏观经济层次，使宏观经济层次的长期波动也有四个阶段：繁荣、衰退、危机和复苏。繁荣和衰退在一起形成长波的上升阶段；危机和复苏在一起形成长波下降阶段。长波的四个阶段与创新寿命周期的四个阶段具有对应关系：繁荣—扩散，衰退—成熟，危机—衰落，复苏—介绍。总之，丹因认为，基础技术创新的寿命周期决定了长波周期，基础技术创新的四阶段也决定了长波的四阶段。

经济机制内部调节长波论流派是西方长波学派的第二大流派，沿袭了康德拉季耶夫用资本主义内在原因解释长波的方法，反对单纯的技术创新起因论。其中影响较大的有：美国麻省理工学院的动态系统模型研究、罗斯托的相对价格长波论、筱原三代平的多因素制动长波论、E.芒代尔的平均利润率波动长波论。它们的共同特点是，均认为由一个或数个经济因素作用于经济系统，在经济机制内部产生调节作用，引起长期波动。

美国麻省理工学院的杰伊·福累斯特教授领导的动态系统研究组的研究从一种动态模式体系开始。当把一个耐用消费品部门和一个生产基本设备的部门组合在一起时,这个模式展示出,虽然消费品产量几乎固定不变,但生产资料部门却发生剧烈的波动,其周期为 50 年,同康德拉季耶夫周期相符合。

动态系统模型把生产资料生产的波动看成是经济波动的主要动因。具体来说,微观经济层次对需求的增加或减少,通过宏观经济系统内的"振荡—放大效应",引起生产资料部门生产的过度扩张,或急剧过剩乃至发生崩溃。这一过程会使投资和经济发展出现长期波动。

动态系统模型还强调大危机的作用。认为大危机造成的经济发展中断期间,成为消除宏观层次过剩生产和过剩生产能力的时机。这种危机有助于削减和重新调整过度扩张的生产资料生产,使宏观经济恢复暂时平衡。

在对长波起因的解释上,价格水平的变动一直是许多经济学家分析的对象。早在 1913 年,德国的 K.考茨基就用价格资料划分了 1818—1910 年经济运动的四个时期,并认为是价格水平的长期变动导致长期繁荣和长期萧条。当代的 L.迪普里埃、F.西米昂和 L.马若兰建立了货币创造说。他们强调货币创造与通货膨胀同发展、利润前景,因而同投资之间的关系。迪普里埃认为:在长波的上升阶段,货币价值指数下降(例如,发现新的金矿)导致价格上涨,从而刺激货币需求量增加,引起经济的高增长,反之引起的价格下降则成了经济发展的减速器。他特别强调,货币价值指数的背离这一基本的经济事实支配着康德拉季耶夫的长周期。美国经济学家罗斯托提出了初级产品相对价格说,用初级产品和工业品相对价格的变动来解释长周期。他认为,初级产品与工业品相对价格的高低,引起初级产品的相对过剩与短缺,是形成长期波动的基本原因。在长波上升阶段,初级产品价格上涨,投资向部门倾斜,收入分配有利于农业和工业资本的利润;而在长波下降阶段,一般商品价格特别是农产品和原料价格下降,投资则转向加工产业、服务行业等盈利相对高的部门,收入分配有利于城市的实际工资收入。由于从盈利可能性到投资,投资再到充分供给产品之间存在时间滞差,以及资本和劳动在国际市场上自由流动等等,相对价格影响投资格局从而影响资源开发需要很长时间,这就形成了长周期的客观基础。

按照这一理论,罗斯托对经济长周期的划分如表 3-2 所示。

表 3-2 罗斯托划分的经济长周期

	上 升 期	下 降 期
第一个长周期 (1790—1848 年)	1790—1815 年	1815—1848 年
第二个长周期 (1848—1896 年)	1848—1873 年	1873—1896 年
第三个长周期 (1896—1935 年)	1896—1920 年	1920—1935 年
第四个长周期 (1935—1972 年)	1935—1951 年	1951—1972 年
第五个长周期 (1972—　　)	1972—1984 年	

由表 3-2 可见,罗斯托对前三个长周期的划分与康德拉季耶夫和熊彼特大同小异,但第四、第五个长周期的划分不仅与大多数长波学者的分期相左,而且也被实践证明是错误的。这反映了罗斯托片面用相对价格高低为标准划分长周期的失败,实际上他划出的只是相对价格长周期。

筱原三代平是日本长波学派的主要代表人物,他认为经济的长期波动是由多种因素制动的,主要有四个:① 技术革新;② 通货供应量;③ 能源资源;④ 战争。四个因素中,技术革新是推动经济增长最主要的动力。在经济发展的顶峰期间,往往会发生战争,比如拿破仑战争、第一次世界大战、越南战争等均发生在几次长波的顶峰期间。战争引起通货供应量扩大,货币供应量的猛增导致初级产品价格暴涨,使整个世界经济碰上了能源和资源之壁,从而导致长波上升过程的结束。筱原三代平对经济周期的划分是从顶峰到顶峰:1870(顶峰)—1920 年(顶峰),1920—1970 年(顶峰),1970—2020 年(顶峰)。

比利时经济学家 E.芒代尔认为,资本主义积累规律,即利润率的变动,是形成长期波动的根本原因。平均利润率的下降趋势是资本主义生产的一般规律,但这种趋势在某些条件下也会发生转向。当剩余价值率急剧提高,资本有机构成增长率急剧下降,资本周转的突然加快等因素起作用或同时发生作用时,平均利润率就会由下降的一般趋势转化为突然增长。一旦由于某种经济的或非经济的原因,如征服性战争、资本主义活动地区的扩张等使平均利润率开始上升,前一时期(长期衰退阶段)积累的大量货币资本储备纷纷投入生产,使生产投资迅速增长,从而创造了进行技术革新的物质条件和财政条件。技术革新又使先进的或新兴的工业部门获得大量超额利润,加上技术扩散时有机构成增长率的下降,剩余价值率和平均利润率继续急剧上升。而且,由于技术革命,特别是运输和通信革命、组织管理的革命又将极大地提高资本周转的速度,利润率将更为提高,所有这些力量同时发生作用就使扩张的长期波动获得动力,但当经济扩张到一定程度,资本主义生产方式内在矛盾就开始起作用,并在与工业周期相连的基础上,不可抗拒地导致利润率新的下降。结果,在一次扩张的长期波动后,继之而来的必是一次新的具有停滞趋势的长期波动。

以上两大类长波理论构成了当代长波学派的主流。此外,还有一些长波学者用非经济原因解释经济生活中的长期波动,如认为优势政治力量决定政府经济政策从而导致经济长期波动的优势政治-经济周期长波说、用两代人心理变化的周期解释经济繁荣与动乱的两代人心理变化周期长波说、工程技术人员信心周期长波说等等。

基本概念

中间性经济危机　周期性经济危机　康德拉季耶夫的经济周期长波论　熊彼特的经济周期长波论　菲利浦斯曲线　滞胀　"新经济"　美国次贷危机　欧洲债务危机

思考题

1. 简述中间性经济危机和周期性经济危机的联系和区别。
2. 简述马克思主义再生产周期理论的主要内容。
3. 试述二战后至世纪之交资本主义周期性经济危机的特点。
4. 简述二战后资本主义经济危机同期性和非同期性相互交替,同期性有加强趋势的原因。
5. 简述二战后至世纪之交资本主义经济危机波幅减弱的原因。
6. 简述二战后资本主义经济危机期间物价不跌反升的原因。
7. 简述二战后至世纪之交未爆发严重的资本主义货币信用危机的

原因。

8. 试比较美国传统经济发展时期、滞胀时期和"新经济"时期经济政策的选择。

9. 以二战后资本主义经济发展的实践为背景,对菲利浦斯曲线做一评价。

10. 简述美国"新经济"形成的原因及其对世界经济的影响。

11. 很多经济学家认为,20世纪90年代美国进入了"新经济"时代,你认为美国"新经济"新在何处?

12. 试述2008年全球金融危机爆发的主要成因。

13. 请简要分析导致欧债危机的根本原因。

14. 2008年全球金融危机后世界经济结构发生了哪些重要变化?

15. 简述熊彼特"创新"理论的主要内容。

16. 试述经济周期长波理论的主要内容。

第四章 制约社会生产力增长的因素和世界经济可持续发展

长期以来,人们一直认为经济增长总是意味着社会财富的增加、社会福利的增进和人们需求得到更多的满足。但自从 20 世纪 60 年代以后,西方国家经济增长过程中出现了环境污染、工业废物积累、自然资源枯竭、居民公害病症增多以及城市人口拥挤、交通阻塞等众多问题,引发了人们对经济增长代价的思考。

第一节 关于世界经济增长极限的探讨

对世界经济增长极限的探讨,并不是最近才开始的,最早可以上溯到 18 世纪和 19 世纪西方古典经济学家的著作。

一、世界经济增长极限论的思想渊源

亚当·斯密曾预言,只要有合适的市场规模和一定量的资本积累,通过劳动分工提高劳动生产率和利润率,增加资本积累,经济增长就能自行持续下去。随着运输和通信技术的改进,又可以开辟新的市场和扩大对外贸易,加强经济增长的势头。但是,经济增长不会无限期地进行下去,最后将会由于自然资源的匮乏而告停止。因为,他认为:一个国家一旦将它的土壤、天时和地理位置的潜力充分利用以后,经济就无法进一步发展了,但也不会倒退,而是处在一个均衡状态,不过这时工资和利润都可能是很低的[1]。

---

[1] 亚当·斯密:《国民财富的性质和原因的研究》,商务印书馆 1972 年版。

李嘉图认为,资本积累增加到一定程度以后,将会导致工资基金的扩大;工资上涨引起人口增长速度加快,从而增加粮食需求,但是由于耕地的数量有限,土地报酬递减规律的作用,粮食价格将会上涨。这种情况将使优等土地的地租增加,从而使得地主占有这些土地生产物的更大份额,缩小了资本家和工人所占的份额。这表现为利润率的降低和工资水平的下降。当地租继续上涨到边际土地的产量只够支付所雇工人的生存工资(刚够维持生活的工资)时,利润等于零,资本家毫无所获,从而整个经济情况变为一种静止状态。在这个状态中,资本积累完全停止,劳动需求也就不会增加,工资处于刚够维持生活的自然水平上,技术不再进展,整个经济处于长期停滞状态①。英国经济学家马尔萨斯也认为,土地报酬递减规律的作用,使得不加节制的人口增长必然会超过生产资料的增加,从而引起的粮食短缺,成为阻止经济增长的直接因素。

古典经济学家们讨论的经济长期发展的侧重点并不相同,但是他们对其长期发展的结局都抱极度悲观的态度,因为他们都认为世界经济的长期均衡状态只能是维持人们刚够生存的水平,很难有改善的希望。正是由于存在着这种悲观结论,当时的西方经济学曾经被称为"沮丧的科学"(dismal science)。

二、经济增长有限论②

二战后,西方发达资本主义国家为了缓和频繁发生的经济危机,普遍采纳了凯恩斯学派的扩张性财政政策和货币政策。由于这些经济政策产生的刺激作用,西方资本主义国家在20世纪50—60年代,经历了经济增长的黄金阶段。但随着二十多年工农业的增长,生态、环境等方面的不良后果已经变得非常明显。有些地方环境受到严重污染,野生生物大量死亡,生态失去平衡。此外,由于工农业产品的增加,消耗了大量的、不能再生的矿产和其他有用资源,造成了这些物资的短缺,似乎预示着亚当·斯密等揭示的资源枯竭时代的提前到来。

1. **经济增长的自然限制**

即使在西方国家经济高速增长时期,人们也没有减少对诸如人口增长和环境污染等问题的关注和忧虑。如果把地球看作一个封闭的经济体,其中物质存量是不变的,其所能支持的人口数量和所能容纳的污染是有限的。

---

① 李嘉图:《政治经济学及赋税原理》,商务印书馆1962年版,第71—72页。
② 罗志如等:《当代西方经济学说》,北京大学出版社1989年版。

人们只能尽可能地节约存量的使用,以便使得存量的使用寿命为最大,但是总会有用完的一天,因此,许多学者对经济的未来发展持悲观态度。有人认为从世界生态资源来衡量,至少在发达工业化国家,经济已经发展过度了。地球完全不能忍受极度的工业化,当前地球支持人类生存的能力已经受到不可逆转的损害,如果人口继续无节制地增加,就有可能发生瘟疫、热核战争直至导致人类灭亡。

这种经济悲观论随着罗马俱乐部《增长的极限》一书的出版达到了极点,其代表人物是美国麻省理工学院管理学教授福雷斯特尔和他的学生丹·麦多斯。他们发展了系统动态学方法,并将其应用于世界经济研究中。所谓系统动态学,是用来研究一个系统中各个组成部分相互作用一定时期以后的动态行为或动态结果的一种方法体系。在他们的动态系统世界经济模型中,包括人口、农业、资本和工业生产、不可再生资源与污染等五个子系统,分别对世界人口增长、粮食供应、资本投资(工业化)、环境污染和资源消耗等五种经济增长因素做出了一定的假设,主要包括:

(1) 上述各种增长因素的阶段增长量是按指数方式增加的,即每经过一段时间后,各种增长因素就比前一时期增加一个固定的百分比。假定把单期时间设为一年,并设某一增长因素的基期数量为 N_0,每年的增长率为 r,第 k 年的数量为 N,则有

$$N = N_0(1+r)^k$$

由于指数函数的特殊性,其增长速度是惊人的。例如,假定某一变量的年增长率约为 7%,过了十年后其数量就是原来的 2 倍,再过十年后数量就成了原来的 4 倍,第三个十年后则猛增为原来的 8 倍,越到后来增速越快。原先看似不高的增长率,很快就能产生巨大的数量。

在平时经济生活中,某一要素数量并不起眼,但随着指数增长,经过一段时间后人们也许会发现它已经成为压倒一切的因素。而且在一个经济体中,各种要素是相互关联、相互促进的,人口的指数增长引起粮食需求的指数增长,而工业生产的指数增长则带来自然资源的指数消耗和环境污染程度的指数加深。这也正是麦多斯等人反对经济增长,认为经济增长必须有所限制的重要原因。

(2) 麦多斯等人对这个世界经济模型的各个子系统的另一个重要假设是,在每个子系统中要素不仅存在指数形式增加的趋势,同时还存在使其数量减少的趋势。即对每一个子系统来说,存在一个使其数量增加的正反馈循

环,如假设(1)所述,同时存在一种负反馈循环。比如人口增长取决于平均出生率的大小和两代人之间的平均生育年龄的间隔。如果出生率一定,一国原有的人口越多,则每年出生的人数也就越多,这就是正反馈循环;而每年也会有一定的死亡人数,使得人口的增长不会纯粹按出生率增加,这就是人口系统的负反馈循环。如果两种趋势相抵,则该子系统将会维持某种平衡。

有了以上对各个子系统的假设,我们就可以构建整体的世界经济模型,部分示意图见图4-1①。

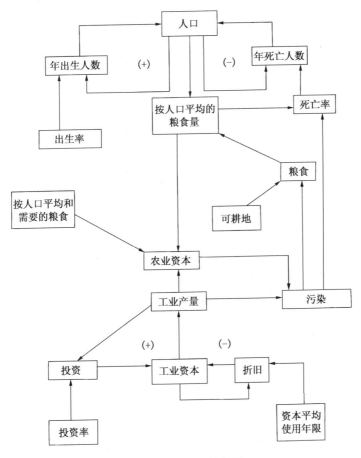

图4-1 世界经济模型

---

① 罗志如等:《当代西方经济学说》,北京大学出版社1989年版。

如图 4-1 所示,该世界经济模型的系统结构不仅包括各个子系统元素自身的动态变化,而且还包括各元素之间众多的循环、连锁反应以及元素变化的时间先后顺序等各种关系。例如,人口增长形成对粮食需求的指数增长,而粮食生产的增加,需要资本的增长;资本的增长产生对不可再生资源(如金属矿产等)的指数需求。废弃的资源变成污染,最终污染又反过来影响人口和粮食的增长。这意味着任一子系统的数量变化,最终经过各种因素的激荡都会反馈回来影响其自身。这充分说明麦多斯等人的担心是有道理的:即使每个子系统由于正负反馈循环的作用是可以达到平衡的,但是,如果平衡的各子系统在时间、空间上的分布不平衡,同样会使整个系统崩溃。比如 20 世纪 70 年代初,世界工业产量年增长率为 7%,人口年增长率约为 2%,按照这种增长方式,世界人均物质占有量将不断增加。但是由于世界投资的区域性不平衡,绝大部分工业产品出自有充分产出积累的工业化国家,那里的人口却增长缓慢;而大多数非工业化国家由于工业产出积累少,相应的扩大再生产的投资量也少,因而工业产量增加很慢,人口却增长很快,其结果将是"富国愈富,贫国多子"的失衡局面。

麦多斯等人对这个模型进行了定量模拟,他们设计了一个计算机模拟程序,其中 1900—1970 年的五种增长因素的数量完全按照实际统计数据输入,而 1970 年以后的情况则由计算机模拟程序按照假设条件自动模拟。结果表明,在公元 2100 年之前,由于资源的迅速耗竭,迫使工业增长变慢直至倒退。由于粮食和医药的生产依赖于工业产出,因此也随之减慢,最终导致人口增长的停止,最后整个世界经济由于资源危机而崩溃。正是由于麦多斯等人对人类未来做出这样悲观的预测,因此他们的世界经济模型被称为"世界末日"模型。

2. 经济增长的社会限制

希尔斯在 1976 年出版的《增长的社会限制》一书中,从一个完全不同的侧面讨论了经济增长的有限性。

希尔斯认为麦多斯等人关注于"遥远的和不确定的增长的物质限制",而"忽视了眼前存在的增长的社会限制",是把注意力"放错了地方"。他认为麦多斯等人是从供给方面来讨论增长的有限问题,而社会限制则是从需求方面来研究增长问题。

相对于衣、食、住、行等物质需求,人们还有对旅游、假期别墅以及其他个人服务的需求,希尔斯把前者定义为物质商品需求,后者定义为地位商品需求。技术进步和经济增长使人们的物质商品需求得到了极大的满足,同时也使人们对人和自然的依赖异化为对机器的依赖。农业机械化使农村人口大为减少,造成人们失去接触土地和自然的机会;通信和交通设施越发达,使用月票往返的时间就越长,人们分离的情况就越普遍;电视机越普及,人们面对面交换信息的机会就越少。健康、自然、闲暇、本能的享受、安全感和自尊都是美好生活的组成部分,而西方的经济增长却日益使人们远离这些美好的东西。

地位商品给予消费者的满足或快乐来源于它的社会稀缺性,即只有它们不被普遍使用时才能给予人们享受的效用,而当地位商品使用得越来越广泛时,它的效用就会下降。例如郊区住宅,既有新鲜空气和田园之美,又有一切现代化的设施,但如果迁入家庭过多、居住条件拥挤,生活质量也就下降了。由此可见,郊区生活的可得性,或者说一切地位商品的可得性,都要受到它的环境情况的限制。为了获得好的地位商品,必须对社会环境进行限制,从而也就限制了经济增长①。

三、对经济增长有限论的评价

麦多斯等人的增长有限论,就实质来说,其实是在新的假设条件下的马尔萨斯人口论的再现。与反对马尔萨斯人口论的理由一样,人们对增长有限论的争议主要集中在对其假设的机械性的质疑上。随着人类对世界认识的进步和科技的发展,经济增长所需的各要素的变化也会随之进一步协调发展,而非增长悲观论者们所认为的世界是一个凝固的、不变的实体,各要素也是机械变化的。

首先,对于人口增长,人们发现它和经济增长有着密切的关系。在极不发达国家,人口出生率和死亡率都很高,人口增长并不快;随着经济的一定程度的发展,医疗条件得到改善,死亡率大幅降低,但出生率未能同步下降,人口增长加快;但经济进一步发展后,随着城市化程度的加强、文化水平的提高和节育技术的普及,出生率的降低使得人口增长趋于零,甚至成为负数。因此,人口增长并不始终具有指数增长性质。

其次,对于不能再生的资源和能源问题,一般看法不像麦多斯等人那样悲观,因为在"世界末日"模型中并没有考虑自然资源的发现率(包括回收

---

① 罗志如等:《当代西方经济学说》,北京大学出版社1989年版。

率)。有人根据麦多斯的模型,加上一些新的参数,比如假定自1970年起,自然资源发现率(包括回收率)每年增长2%,控制污染的技术能力每年增长2%,粮食产量每年增长2%,计算机模拟的结果表明,经济增长将不受限制,崩溃永远不会发生。而且随着技术的进步,低品位的矿产可以进一步开发利用,更深埋的矿藏可以发掘,等等。另外,西方经济学家索洛等人认为,对于不能再生的自然资源,市场价格机制将起重要作用。当某种资源短缺使其价格上涨到一定程度,工业就会有意识地进行节约该资源的发明,还会促进它的代用品生产的技术革新。当然,以替代品来取代稀缺资源的想法由来已久,但是限于目前人类技术的发展,有些物资像银、铬等金属尚无法替代;而且,使用替代品不过是增加了一种需求,可能会加深资源的短缺程度,这种争论并没有结束。

最后,对于生态环境问题,有的学者指出,经济增长固然是环境污染的重要原因之一,但另一方面它又是消除污染后果的手段。因为自20世纪80年代开始,以微电子、生物工程和新材料为主的科技革新已经取得了突破性的进展。尤其是以克隆技术为代表的遗传工程的发展,为我们重新构造生态结构提供了无限的可能性。以前完全是无法逆转的物种灭绝等问题,由于经济发展和技术进步,完全可能得到补救。所有这一切都将极大地促进了世界经济的发展,同时也为增长的乐观论提供了坚实的基础。

经济增长有限论者的思想,低估了科学技术进步的作用,看不到人类主观能动性的发挥,由此产生对世界经济发展前景完全悲观的态度也是不可取的。但是,当今世界经济发展的模式也确实存在一些缺陷,人口、资源和环境正日益成为阻碍经济增长的瓶颈,"人无远虑,必有近忧",把人们的目光引向这里,并对其做一些未雨绸缪的探索,推动可持续发展理论的形成,这也算是经济增长悲观论者们的有益贡献吧。

第二节 制约社会生产力增长的因素

世界人口及人力资源、自然资源和生态环境是一个相互联系、相互影响、相互依存的统一整体。它们既是世界经济体系的投入要素,同时又是经济发展的目标所在。如果它们之间的关系处理不好,就会严重制约社会生产力的发展。

一、世界人口及人力资源

人口是社会生产、分配、交换、消费的主体,是一切经济行为和经济活动的基础,因此人口现象也就成为与经济、政治、文化等各种因素有密切关系的社会现象中的一部分。世界人口与世界经济的相互关系,一方面是经济发展对人口变化的决定作用,另一方面是人口变化对经济的反作用。应该说,人口对世界经济以及世界生产力的发展具有重大影响。这里所说的人口,包括人口数量、人口质量、人口构成等等。

1. 世界人口数量变化及其分布对世界经济发展的制约

对于不同的地区来说,人口的变化可以是增加,也可以是减少。尽管欧洲有些国家的政府为人口增长率的下降而感到恐慌,但是从世界范围来看,当今世界主要问题是人口增长。

(1)最适度人口。前面在讨论世界经济增长极限的时候,学者们都把人口的过度增长作为经济增长极为重要的制约因素,地球可容纳人口数量的有限性也已经成为人们的共识。即使从经济角度来说,人口的增加固然会使劳动力相应增加,从而增大经济发展的可能性,但是由于抚养一个婴儿长大成人是有经济成本的,在边际收益递减和边际成本递增的经济规律作用下,必然存在一个最佳的人口规模及适度人口。然而,地球到底可以养活多少人?众说纷纭,莫衷一是。有的学者从生物生理性人口容量来理解,把人均消费水平压缩到人类温饱水平,只满足人们的生理必需水平。当然,按照这样估算的容量是最大的。还有的学者根据现有的消费水平,参照可预见的生活水平、生产力水平、资源储量和消耗量的情况,来估算未来某时的人口最大容纳量。这些估算方法,不具有现实意义,存在许多不确定因素,因而都不理想。

适度人口本身是一个不具体的概念,法国人 A. 索维认为,适度人口应当是以一个最令人满意的方式达到某项特定目标的人口。他列举的可能特定目标多达9项。当然,主要是经济适度人口,进而是福利适度人口。前者定义为处于最大收益点的人口,或是指一个国家不超过其农业资源即粮食所能容纳的人口,是工业潜力所能允许的最大规模生产所能容纳的人口。后者更考虑到人们的福利状况,或是定义为能保证人的最大幸福的人口,或是指提供按人均最大收益的人口。也许这样的适度人口计算方法比较合理。

(2) 从世界人口变化情况来看,过度增长的人口数量正日益成为制约当前经济发展的重要因素。历史上较大的人口增长出现过三次:第一次是人类祖先刚从灵长类进化为人的时代;第二次人口增长在 8 000 年前,发生在人类由渔猎和游牧生活为主的方式转变为定居农业社会时期;第三次增长开始于 17 世纪中叶,文艺复兴之后。每一次大增长都是由于社会发展的飞跃带来了人类生存能力的提高,出生率增加,死亡率明显下降,人均寿命延长。据估计,1492 年哥伦布发现美洲新大陆时,地球上约有 2.5 亿人,到 1650 年增加了一倍,约 5 亿人。1800 年为 8.5 亿,1900 年约为 16 亿,1930—1975 年,人口从 20 亿发展到 40 亿,只经过 40 多年时间。2011 年 10 月 31 日,全世界人口突破 70 亿,2016 年已突破 72 亿大关。

人口总量增加,超过生态容量,并接近或超过社会消费资料增长速度的状态就叫作生态经济压力,这将使得人类生存的生态环境进一步被破坏,自然资源更加短缺。随着世界人口超过 70 亿,在每年增长近 1 亿人口的情况下,为了满足其基本需求,首先被破坏的生态资源是耕地、森林、草地和水域,而恢复这些资源更新能力的投资,是生产时同时投入的生态保护费用和生产费用总和的 20 倍。正是生态经济效益的这种延迟性,又进一步限制了对其投资的数量。

(3) 世界人口增长的区域性和结构性不均衡也是经济增长的瓶颈之一。从最近几十年的情况看,人口数量的急剧增加主要集中在发展中国家。在 1950—1983 年间,发展中国家和地区人口由 16.9 亿增长到 35.2 亿,净增 18.3 亿,占世界人口增长总数的 85%,年均增长率为 22.6%。而同期发达地区只增加 3.2 亿,年均增长率为 10.1%。由于发展中国家生产力水平低下,养儿防老和靠人口致富观念的存在,使得出生率居高不下,经济停滞不前。

在发展中国家为人口增长过快担忧的同时,发达国家却在为人口出生率的持续下降而烦恼。据世界银行统计,欧洲、北美的发达国家人口出生率不到 20‰,自然增长率低于 1%。更令发达地区头痛的是人口的老龄化趋势。人口老龄化趋势主要是由人口生育率和死亡率下降、平均寿命延长等因素决定的,它们又是经济和文化发展的必然结果。1960 年,发达国家 65 岁以上人口占总人口的 8.5%,发展中国家为 3.7%;1980 年,发达国家为 11.4%,发展中国家为 3.9%;2000 年,发达国家为 13.2%,发展中国家为 4.7%。据《联合国 2004 年全球人口报告》预测,到 2050 年,这一数字将是发达国家为25%,发展中国家为14.3%。人口老龄化给经济发展带来一系列负面影响:① 从属人口负担增大;② 劳动力人口相对减少和劳动生产率下降;③ 失业危险性增大;④ 消费和储蓄以及投资关系发生变化;⑤ 经济、文化和政治进步缓慢。

2. 世界人力资源和世界经济的发展

人力资源与人口是有着紧密联系而又不同的两个概念。在与自然的长期斗争中,人类不断总结经验,体力和智能逐步发展,形成能够推动整个经济和社会发展的劳动者的能力,即人力资源。人力资源指人口中那些已经成年并且具有和保持着正常劳动力的人。

人力资源可以按职业分工、受教育程度和能力水平分类,形成各种层次的劳动者群体,这些多层次的劳动者群体又随社会经济和科学技术以及教育事业的发展不断变化,构成结构日趋合理的适应经济社会发展要求的特殊的经济资源。作为一种经济资源,人力资源具有与其他以物的形式存在的经济资源相同的某些特点,如有用性、稀缺性和可选择性。然而,人力资源作为一种以人的形式存在的特殊经济资源,又具有某些自身的特点。首先,劳动者是生产者和消费者的统一体,作为人,在生产的同时,还要不断地进行生活消费,不仅本人消费,而且要为失去劳动能力的老人和尚未具备劳动能力的孩子提供必需的生活消费。其次,作为人力资源实体的劳动者是具有思想和主观能动性的人。劳动者不仅能够认识世界,而且能够改造世界。劳动者运用劳动手段,作用于劳动对象,引发和控制社会生产过程,使社会经济活动按照人类自己的意愿发展。再次,人力资源具有再生性和可塑性,即人类不仅能够不断地繁衍后代,而且可以通过各种教育手段,培养和创造出符合社会要求的劳动者。可见,人力资源是经济资源中的核心资源,是一切资源中最为宝贵的资源,有了人类的劳动,各种自然资源才成为经济资源,才能进入生产过程而成为生产要素。也正是由于有了高智能的人类,各种经济资源才能得到深层次的开发和充分的利用,从而发挥出更大的效益,推动经济的发展。

在人类社会经济发展的漫长过程中,人力资源的结构渐渐发生各种变化,影响其变化的重要原因是产业结构的变化。当社会经济以农业和手工业为主体时,人力资源的主体是农民、渔民、牧民及手工业者,这种劳动密集型产业需要的是一种体力型的简单劳动者。机器大工业出现后,对劳动者的智能和使用劳动工具的要求明显提高,需要大量有一定科学文化知识和劳动技能的技术工人和管理者,并且需要大批资金来添置和改造机器设备。于是,大工业这种资金密集型产业的出现与发展,促使体力型的简单劳动者向体力＋智力型的复杂劳动者转变。现代工业(包括原子能、电子计算机、航天技术、生物工程等)的发展,则使人力资源的结构发生了飞跃,原有的体力型的简单劳动者(主要是从事农业劳动的部分)数量相对减少,但素质不断提高,体力＋智力型的复杂劳动者比重增加,人数增加。随着技术密集型和知识密集型产业的出现和发展,一代以智力型为特征的高技能劳动者成长起来,成为劳动者队伍中最有创造力的部分。

一般来说,日益膨胀的人口为人力资源提供了几乎取之不尽的生理学意义上的基础。但是,庞大的人口数量与符合社会生产要求的人力资源之间并不能简单地画等号。经常出现的问题是:庞大的人口数字使人力资源在数量上显得相当富裕,往往供过于求,而在高素质人才方面却显得比较贫乏,常常供不应求。这一点在经济比较落后而人口出生率又很高的发展中国家尤为突出。因此,就世界范围或一个国家来看,实现人力资源供求平衡的焦点,目前应当是降低人口出生率,较少地追求人力资源总数的增长,而致力于人口素质的提高与人力资源内部结构的调整和优化。由此可见,人力资源的开发利用,尤其是智力开发,具有十分重要的战略意义。

智力开发,当然要依靠教育,包括各级各类正规的学校教育、各级各类业余培训、函授和网络教育,提高人们的科学技术文化水平。进行智力开发,需要投资。当然,这一投资的回报也是相当高的。日本常被作为一个典型事例:正是由于其国民教育水平高,才使其从"资源小国"和第二次世界大战的战败国,在资源与资金严重缺乏的情况下,在较短的时间内实现了经济起飞,跃入世界先进的行列。亚洲"四小龙"中的韩国和新加坡也是如此。重视教育与重视人才作为"立国之本",已被越来越多的国家和地区所认同。

由于各国经济发展的不平衡,承担国民教育的能力也不一样,人口众多的发展中国家并不像理论上预计的那样会成为人力资源最丰富的地方。发展中国家高层次人才稀缺,而一般的劳动力却大量过剩;在发达国家恰恰相反,普通的高学历人才,竞争相当激烈,那些在发展中国家看来急需的人才因没有足够的余地施展才华而造成人力资源浪费。这种结构性的不平衡已越来越成为经济发展的障碍。

二、世界自然资源及生态环境

在地球上,天生万物以养人。环境给人类提供了生存与发展的空间,人类利用其中的物质资源,在改造环境的同时也成为环境的有机组成部分。

1. 自然资源与生态环境

根据人类生存与发展需求的层次性,环境的概念可以分成几个层次。第一个层次的环境,只考虑人类的自然生态环境,包括空气、水、土地、森林等,构成环境的因素是人类生活环境中最重要的自然存在物。第二个层次的环境,包括风景名胜、文物古迹及野生动物、土地利用状态及能源环境。第三个层次的环境增加了美学环境、卫生环境、住宅环境、交通运输环境及文化娱乐活动的环境,这里已包括了满足人类生存、发展、享受需要的人文设施。第四个层次的环境是指人类的自然生态和经济社会生活的一般环境,这里增加了经济发展状态、教育状态、公共安全及其他福利状态等因素。

不论从哪一个层次讨论环境问题,资源与环境总是密不可分的。什么是自然资源?严格的定义是:在现有生产力发展水平和研究的情况下,为满足人类生产和生活需要而利用的自然物质和能量。自然资源是自然环境的基本组成因素,也是人类生态环境的重要组成部分。

自然资源作为一个非常广泛的概念,根据其数量、稳定性以及再循环等方面的差异可分为以下两大类。

(1) 不可枯竭的自然资源。包括太阳能、水力、全球性水资源、大气、气候等,这类资源数量丰富、稳定,几乎不受人的影响,也不会因人的利用而枯竭,但其中某些资源,会因为人类不适当的利用而使其量受到影响。例如:大气和水因受污染,质量下降;太阳因大气污染使植物光合作用的总数量受到影响。

(2) 可枯竭的自然资源。这类资源有的经过长期使用会枯竭,如化石燃料;有的只是在不恰当利用时才会枯竭,如生物资源,如果能够适当利用,则可不断更新。因此,这些资源又可分为可更新资源和不可更新资源两类。
① 可更新自然资源。主要是指生物资源和某些动态的非生物资源,如森林、草原、农作物、野生动植物和土壤、地方水资源等。这类资源借助于自然循环或者生物的生长繁殖不断地自我更新,维持一定的储量,如果对这类自然资源进行科学的管理和合理的使用,它将会取之不尽,用之不竭。但是,如果使用不当,则会使这些资源受到损害,甚至完全枯竭,并带来十分不良

的经济和社会后果。② 不可更新自然资源。这类资源没有更新能力,但其中有的可借助回收再循环,得到重新利用;有的则是一次性消耗,不能循环回收。如金属矿物和一些非金属矿物,更新能力低,但被开采利用后可以回收重新利用;而能源矿产燃料经燃烧后变成二氧化碳气体散逸,不可再被回收利用。

应当指出,虽然资源特点各异,但所有的资源都不是孤立存在的。这些资源与人类社会各种技术因素共同组成一个相互依赖、相互联系的资源网,任何一种资源的短缺,都会通过这个网,对其他成分产生影响,并会影响整个资源网的功能。一般来说,人类所进行的资源开发的各种活动,都会对自然环境产生影响,可以说,人类环境建设是以自然环境的改变为代价的。人口、环境、资源是一个互相联系、互相依存、互相影响的整体。人类面临两种选择:人类环境与自然环境的协调发展,或人类环境与自然环境的矛盾冲突。我们所希望的当然是合理地开发利用各种自然资源,从而获得一个人类环境和自然环境协调发展的环境。

2. 人类与自然资源

(1) 人类与矿产资源及能源。人类自石器时代开始利用矿物,经过红铜、青铜到铁器,对矿物资源的利用逐步扩大,到近代,被利用的矿物资源已有 100 多种。

人类不仅由于人口的增加,对矿物需求的数量越来越多,且随着工业的发展、物质生活水平的提高,对矿物的需求量也成倍增长。二战后全世界各种矿产资源的开采和消耗量平均每年以 5% 的速度增长,近 20 年来消耗量增长更快。

在人类生态系统中,除了来自食物的体内能源外,为了生活和生产的需要,人类还要大量利用其他各种能源,即所谓体外能源,也叫辅助能。蒸汽机的发明和应用,拉开了工业革命的帷幕,木材已经不适应机器生产的需要和日益增长的能源需求,从而促进了对地下化石燃料的开发利用,直到 20 世纪前半期,煤炭始终占据着统治地位。煤炭由于比较笨重,运输不方便,燃烧过程中容易造成环境污染,因此逐步被更优质的燃料所替代。进入 20 世纪后期,石油逐渐代替了煤炭,在能源消费中跃居第一位。

当前人类使用的能源主要是化石能源,全都属于可枯竭的资源。进入 21 世纪以来,全世界的能源消耗直线上升。展望未来,国际上出现了截然不同的看法:有人惊呼"石油危机""能源危机";有人则认为"能源永不枯竭,核能是取之不尽的廉价能源"。问题不在谁是谁非,而是应该如何珍惜大自然赋予人类的宝贵财富,合理地利用化石能源,并积极开发新能源,如太阳能、核能、地热能、海洋能等。

(2) 人类与土地资源。土地是由气候、地貌、岩石、土壤、动植物等自然要素组成的自然综合体,是人类赖以生存、生活的基本物质基础,是从事一切社会实践的基地和进行物质生产过程不可缺少的生产资料。土地是人类生态系统物质的供应者和能量的调节者。

土地的基本属性是有生产能力,可以生产出人类需要的植物、动物产品。在合理利用并不断地加以改造、培育和保护的情况下,土地生产力将会提高;相反,在掠夺经营的情况下,土地生产力将会下降、衰竭,甚至恶化环境,影响人类的生存和导致野生动植物的灭绝。地球总面积为51 000多万平方千米,其中陆地约占地球表面总面积的1/4,人类耕种的土地又只占世界陆地面积的1/10。目前,人类在地球表面的分布是极不均匀的,大约90%的人口集中分布在20%的土地上,而且这种集中随着城市化的过程将有增无减,城市越来越大,人口越来越多,各种建筑、公路、机场、游乐场所等往往都占用了最肥沃的土地。最能生产作物的土地在全世界日益短缺,已经成为全球性的问题。

由于人口急剧增长,使土地承受的压力越来越大。人类对自然资源的滥用,乱砍滥伐森林,破坏草原,造成水土流失,沙漠面积日益扩大,全世界每年沙漠化的土地达5 000 000~7 000 000公顷,到目前为止,全世界已累计损失近1/3的可耕地。森林火灾每年毁灭约200万吨有机物质,大量树木用于造纸,热带森林地被用于农业耕作,几年之后变成了红土荒漠;作物连种,使土壤贫瘠,直至荒废。有的国家,片面追求土地面积的扩大,而取消田间林带和田界,使栖居在那里的许多动物及昆虫失去栖息的地方。

土地资源是宝贵和有限的。在人口不断增加的情况下,一方面要借助科学技术开发沙漠、戈壁、冻土,另一方面更为重要的是要合理地、集约地利用和保护土地,使有限的土地资源能够持续地满足人类生活不断提高的需要。

(3) 人类与淡水及森林资源。从表面上看,似乎地球上的水是取之不尽、用之不竭的。实际上,海洋储水量占了总水量的96.5%。除了海水以外,其余大部分水量都被冻结在两极和高山冰川之中,淡水湖泊、河流、地下淡水、大气中和生物体内的水量还不足全球水量的1%,但正是这一部分小小的淡水资源,构成了人类生态系统赖以生存的那部分淡水资源。淡水资源自然每年都可通过水的全球循环而得到更新,但可供利用的淡水资源的总量可以说是相当固定的,这意味着随着人口的增长,再加上生产的发展、平均淡水需求量的不断增长,供需之间必然会形成一对尖锐的矛盾。

淡水资源面临的另一威胁是水的污染。水质恶化直接威胁着人类的生命安全,同样也影响着工农业生产。淡水资源是不可替代的资源,人们没有理由去忽视这个危机。

森林生态系统占整个陆地生态系统的 20%,它不仅面积最大,而且也是结构最复杂、生产率和生物量最高的生态系统,它在整个生物圈的能量和物质循环中发挥着重要作用。森林可以保护土壤,防止风蚀和水蚀,而且是天然的水量调节器和空气调节器。森林同时也是防止环境污染的天然屏障。据测定,15 亩森林一年可吸尘 68 吨,其吸附能力比裸露的地面大 75 倍。森林又是动植物资源的宝库,许多经济价值较高的稀有动物都在那里休养生息。森林又能提供大量林产品和能源。

森林与人类有着如此密切的关系,而地球上的原始森林却随着人口的急剧增加而减少。在人类历史发展初期,整个世界有 2/3 的陆地披着绿装,面积达 76 亿公顷。19 世纪时,地球上的森林覆盖面积为 55 亿公顷,到目前已减少到大约 28 亿公顷。全世界范围按人口平均的蓄积量,1978 年为 76 立方米生物量,到 2000 年为 40 立方米生物量,下降 47%,欠发达国家的情况更加严重,1978 年为 57 立方米生物量,到 2000 年只有 21 立方米生物量,下降 63%。毁树容易种树难,森林资源的生长期极长,一旦毁坏,在短时间内难以恢复。因此,保护森林资源,发展森林资源,是人类面临的重大问题。

第三节 世界经济的可持续发展

什么是可持续发展? 世界经济可持续发展的内涵是什么? 尽管学者们尚未达成一个公认的理论体系,但以 1992 年联合国环境与发展大会通过《21 世纪议程》为标志,人们已跨出理论探讨的范畴,把"可持续发展"作为人类共同追求的目标。

一、"可持续发展"概念的提出

可持续发展涉及"发展"和"可持续性"两个概念,因此,要弄清"可持续发展",首先应明白"发展"的概念。

1. 经济发展和经济增长

经济增长和经济发展这两个词,长期以来一直被认为是可以相互替代的,然而,发展经济学的分析指出,增长不等于发展。所谓经济增长,是指国民收入以及国民生产总值的提高。不论采取何种办法,只要一个国家的商品产量和劳务量提高了,就可以把它看作经济增长,它标志着经济活动规模的扩大。而经济发展则具有更为广泛的含义。它除了包括经济增长的内容外,还包括经济结构的基本变化,其中两个最重要的变化是:工业产值在国内生产总值中的比重上升(以及农业产值比重的降低)和城市人口在总人口中所占比重的上升。此外,还有人口结构的变化和人们消费结构的转变。一般来说,经济发展会经过一个人口高速增长期和一个减速增长期,社会年龄结构随之发生相应的改变;人们也不用再把全部收入用于购买必需品,而是逐步转移到购买耐用消费品和供闲暇时间使用的消费品及劳务上。

经济发展的第三个也是最重要的因素,是绝大多数人必须亲自参与这个经济发展过程,成为使经济结构发生上述重大变化的主要参与者。参与经济发展过程是指:分享经济发展带来的好处,获得福利的增进,同时参与形成这些好处的生产活动。如果经济增长仅仅使一小部分人获利,无论这些人是该经济体内部的人还是经济体外部的人,都不能算作经济发展。

概括地说,经济发展的内容应当包括:物质福利的增进(特别是低收入的人);大多数人贫困(及与之相联系的文盲现象和疾病)的消失;收入与产出结构的变化(一般表现为工业化和城市化);广大人民参与经济以及其他方面的决策;等等。

2. "可持续发展"的提出及其基本内涵

可持续发展的提法始于20世纪60年代末期,引起国际社会的普遍关注则在进入70年代以后,因为随着科学技术的进步、生产力的发展和人口的激增,人类破坏自然的能力,远远超过了历史上的任何一个时期,构成了对人类生存和继续发展的严重威胁。80年代初,联合国三个高级专家委员会针对当时三大热点提出三份研究报告,不约而同地得出必须实施可持续发展战略的结论,并提出"可持续发展"是21世纪发达国家和发展中国家共同的发展战略,是人类生存和发展的唯一途径。1987年,在世界环境与发展委员会题为《我们共同的未来》的报告中,可持续发展作为一个关键概念被采用。1992年巴西里约热内卢世界环发大会上,可持续发展作为全世界共同的发展战略而得到确认,并有了一个较为公认的定义:"在不损害未来世代满足其发展要求的资源的前提下的发展。"1994年开罗国际人口与发展大会更明确指出:"可持续发展的中心是人","要充分认识和妥善处理人口、资源和环境、发展之间的相互关系,并使它们协调一致,求得互动平衡","各国应当减少和消除无法持续的生产和消费方式,并推行适当的政策,以便满足当代的需要又不影响后代满足自身需要的能力。"

我们认为,就实质而言,经济可持续发展是社会发展在经济领域公平性的具体体现,因此其内涵应当包括:① 要使当代人和后代人都获得同等的发展机会,做到代际公平和代内公平的统一;② 要使现有一代所有人的基本需要得到满足,向所有人提供实现美好生活愿望的同等机会,做到自己的发展机会与他人的发展机会平等的统一;③ 要使人类和自然界都享有同等的生存与发展的机会,做到人类生存发展权利和自然界生存发展权利的统一。因此,可持续发展就必然表现出公平分配资源环境、公平分配物质财富、公平承担保护自然资源与维持生态环境良性循环的责任与义务,从而达到世界各国、各地区经济和每个国家内的地区与各种经济的共同发展,人类社会和自然界的共同繁荣,人类社会财富的共同享受和共同富裕。

二、可持续发展与人口问题

"人口问题本质上就是发展问题",这一论断已得到国际社会的广泛认同。在理论上,人口作为一种特殊形态的资源,与经济乃至社会的可持续发展构成了促进与制约并存的关系。但是,可持续发展不可简单地理解为人口的可持续发展。在人口问题上,可持续发展在"空间上"和"时间上"有两个基本要求:一是人类不要以局部利益牺牲社会整体利益,不要以区域利益牺牲全球利益;二是人类不要以今天利益牺牲明天利益,即以未来子孙后代的福利为代价换取现在的福利享受。

(1)对人口数量的控制。如前所述,对于任何处于某一特定时期的经济体,只要非劳动资源的供应是固定的,为了使人均国民收入最大化,必然存在一个与之相适应的适度人口规模。当人口的增长和物质资料的生产高度发达而使社会经济可持续发展受到威胁时,我们应该关注人口变化以减少这种威胁。

(2) 以可持续发展为目标的人口再分布。当今世界展现的是一种人口的二元体系。与广大发展中国家人口压力形成鲜明对比的是,许多发达地区担忧的是没有足够的劳动力去开发丰富的资源。在那里,人口的增加可以使人均收入得到有效的提高,这就为世界人口的再分布提供了可能性。人口的再分布有助于在有限的环境中容纳更多的人,并且使每个人得到更公平的发展机会。

三、资源、环境与经济的协调发展

资源是形成一切活动的基础,在经济发展的过程中,特定的经济增长方式总是和特定的资源结构联系在一起的,并随着资源结构的变动而变化。具体地说,反映资源稀缺程度的相对价格水平的变化,会诱发出旨在以相对丰富的资源替代相对稀缺的资源的技术创新,进而改变增长的资源基础。而环境则是各种资源存在的基础,它不仅指直接或间接影响人类生存和发展的各种自然要素,即自然资源,还包括人类所创造的各种物质文化要素,如工厂、道路、城市及各项设施甚至废弃物。世界经济乃至人类社会就是这样通过资源利用与周围的环境进行着持续的互动发展。

1. 传统经济体系认识的误区

加里尼(O. Giarini)的捕鱼故事[①]可以充分说明我们过去奉行的经济增长原则的片面性,同时也折射出传统的资源、环境价值观的缺陷,以及对经济系统理解的误区。最初,由于人们在渔具等方面的投资和创新,渔业产量随之增大,但是到了一定的临界点,尽管对捕鱼的投资继续增加,鱼的捕获量却日渐减少,因为鱼群的总数和鱼的再生能力是有限的。如果继续增加捕鱼投资,以提高捕鱼能力,捕鱼产量不但不会增长反而会急剧下降。也就是说,这时捕鱼的能力越强,捕鱼工具越有效,就越倾向于摧毁鱼的总数。世界某些地区经济社会发展的可悲性就在于:为了保持经济的增长(更具体地说为了保持 GDP 的增长),人们会采用新技术和加大投资以期获得更多的产出(因为现行的宏观经济统计中投资是 GDP 的一部分),结果却相反,越高的投入,越少的产出。

从经济学角度看,这种尴尬的现象说明了什么呢?真正的问题在于:

---

① 朱启贵:《可持续发展评估》,上海财经大学出版社 1999 年版。

在现行的经济体系中,人们从来没有把资源总量(上例中是考虑了再生能力之后的鱼的总量)当作一种经济价值来计算,资源总量的减少乃至毁灭也从来没有被当作一种经济成本考虑过。在以前生产力不太发达,相对来说基本资源(上例中是鱼的总数)是无限丰富或不是处于下降状态时,传统经济的生产方式和投资行为也许并没有什么问题。但在人类活动极度扩张的今天,许多资源已然经不起如此规模的消耗,经济投资得不偿失的可能性已日渐成为世界经济发展的障碍。为了避免悲剧的发生,我们应将生态生产和经济生产、经济增值和生态增值统一考虑,将经济增长率建立在资源环境的更新率上。这正是可持续发展观对传统经济发展观的挑战。

另外,传统的经济福利观也存在一定的误区。同样以上面的捕鱼故事为例,当人类的投资超过鱼的再生能力的时候,增加的投资只会使收获的鱼的总量日渐减少,也就是说人们的福利水平在降低。但有趣的是,传统经济中用以衡量福利水平的指标GDP却可以持续增长,因为在现行的宏观经济统计中,投资也是GDP的一部分,投资的增加能拉动GDP增长。这在现实经济生活中是不乏其例的。人类的生产活动造成了环境污染,而对治理污染的投资却体现为GDP的增加,于是出现了污染促进经济增长的悖论。究其原因,是因为在当前的经济体系中,资源和环境是被作为外生变量考虑的,也就是说,传统的经济增长观是建立在人类的经济活动不影响资源和环境的假设条件上的。而现在人们越来越认识到,资源和环境是生活中不可缺少的一部分,可持续发展的实质也就是要求我们必须考虑资源和环境等变量对经济活动的影响。

2. 可持续发展的资源、环境价值观

从本质上说,可持续发展意味着维持乃至改善人类福利的自然基础,即自然资源的存量至少应当被维持在某种水平上,以使未来世代能保持与当代人同样的产出和生活水平。它不要求停止消耗可耗竭的资源,但要求这类资源储量的更新或替代;它不反对使用可更新资源,而要求资源使用以其再生能力为限;它不主张制止废物的排放,而主张在排放与环境的自净能力之间达到平衡。总之,可持续发展是一种经济上长期运行的战略模式,即基于自然资源基础对于经济发展的长期支持能力而制定的发展战略。它不仅要求具备20世纪50—60年代以前经济"增长战略"的一般内涵即经济规模的扩大(表现为GDP和人均GDP增加),还应当具备后来经济"发展战略"对经济发展的质量的要求(表现为以效率促增长,经济和社会结构改善,管理制度优化,贫富差距缩小乃至消除,教育、医疗和卫生保健事业普及,等等),此外,它还应更加注重和强调发展的质量,即指人口的生活质量特别是人类生存的环境质量。

要做到这些,现行的经济体系有许多需要重新认识的地方,尤其需要对资源和环境的经济价值进行再认识和度量。价值范畴以前一直只在商品领域内出现,人们认为,只有商品才具有价值。这种片面的观点让当前的世界经济体系存在许多误区,在生产上,试图以最少的耗费获得最大的产出,结果却是对资源的浪费和缺少基本的环境污染控制措施;在消费上,认为自然资源和能源是取之不尽、用之不竭的,结果却是能源危机和资源枯竭。

因此,必须对资源和环境价值的质和量的规定性进行深入研究,并把这些变量在经济系统中内生化,使得经济体在追求产出极大化和成本极小化的同时考虑资源和环境价值,使得在计量产出和成本时,考虑资源和环境价值的产出和消耗。

3. 资源的合理开发利用与环境管理

最初,环境问题基本上被看作一个由于工农业发展而带来的污染问题,所以解决这个问题的办法主要是运用工程技术减少污染,即认为环境保护工作主要就是治理"三废"和控制噪声。1972年在斯德哥尔摩举行的联合国人类环境会议上对环境问题进行了深入的讨论,指出环境问题不仅是一个技术问题,也是一个重要的社会经济问题,不能只用自然科学的方法去解决污染,而要用一种更完善的方法从发展过程上去解决环境问题。

对待环境问题的基本见解应该是:第一,人类应该利用自己的环境,用科技进步条件下生产日益发展的手段,去满足日益发展的一切基本需要。第二,人类在利用环境资源去满足需要时,不能超过自然界的耐度这一外部局限。协调这两个目标的方法,就是环境管理。环境管理可分为:① 环境资源管理。包括可更新资源的恢复和扩大再生产,以及不可更新资源的节约利用。针对资源使用的不合理,有必要恰当地利用现有资源,尽力采用对环境产生最小有害影响的技术。尤其重要的是,要进一步研究如何合理制定资源的长期综合利用计划,使经济社会获得最有效的协调发展。② 环境质量管理。包括环境监测和预测、环境评价以及为保证环境不受污染而进行的各种立法、执法及监督检查工作。当代环境管理开始趋向把防治局部的环境污染与保护大自然的生态平衡结合起来,同时协调人口、资源、环境与社会发展四者的相互关系,从整体上采取防治环境污染和环境破坏的政策。

4. 可持续发展的代内公平和生态外部行为

可持续发展不仅要求代际公平,即当代人的发展要以不影响后代人的发展为前提;同时要求代内公平,即同一代中一部分人的发展不应损害另一部分人的利益。从世界范围看,这一方面做得很不够,主要表现就是发达国家在对待资源环境问题时所可能产生的外部效应。

环境问题虽然是一个跨国界的全球性问题,但有效的防治措施却只能由一国政府在本国范围内实施。发达国家雄厚的经济实力为本国环境问题的防治提供了必需的财力。它们率先在国内采取一系列措施,如治理环境污染、开发环保技术、限制污染环境的化肥和农药的使用等等。这些举措大大改善了它们的国内环境。与此同时,它们还转嫁环境污染危机,以邻为壑,损人利己。主要表现为:第一,由于发达国家环境立法不断完善,产品的成本相应提高,它们的跨国公司就利用发展中国家缺乏外汇和急于脱贫的心理将高污染产业转移到这些环保意识淡薄、环境立法不完善、环境标准低的发展中国家中去。第二,将资源破坏型企业建于发展中国家,再进口其产品以满足它们国内的需求。发达国家此类自私行为从长远看是损人又不利己的,因为自然资源的破坏(如森林面积减少)将引起一系列地区性乃至全球性的严重生态恶果。

我们应当充分认识到,人类生活在同一地球上,生态环境的外部负效应都是由全人类共同承担,如"臭氧层空洞"和"温室效应"。地球的完整性和人类的相互依赖性体现了人类根本利益的共同性,地球上每一分土地以及海洋、森林、大气等都是全人类共有的,而不是哪一个国家单独拥有的。只有相互合作,人类才能共同建设美好的未来。

四、知识经济时代的可持续发展

科技革命的不断深化推动了经济领域的一场空前革命,极大地促进了世界经济的增长。那么,科技革命,或者说技术变革又是由什么决定的呢? 20世纪80年代中期,罗默(Romer)把知识增长内生化引进经济增长模型,才基本上回答了这一问题。罗默在总结前人的研究成果以后,在他的模型中引进了知识(knowledge)这个变量。由于知识既源于生产过程,又源于资本本身,即由于市场存在着不完善性,企业之间、生产活动之间存在着一定的互补性,这种互补性使知识的不断积累成为可能。又由于知识具有很强的外部性,而且它的规模收益是递增的,因此,规模递增的知识推动了技术的进步,而技术的不断进步又导致了经济的持续增长。在罗默的研究中,开创性地把知识作为一种生产要素引入生产函数,为后人认识和研究知识经济奠定了坚实的基础。随着第三次科技革命的不断推进,以信息技术为主导的高新产业的崛起,人类社会迈入了一个崭新的经济发展阶段——知识经济时代。

1. 知识、知识产品和知识经济

知识经济是一种基于知识资源的开发和运用的新型经济,因此知识和知识产品的概念是其主要的基石。那么,什么是知识? 经济合作与发展组织(OECD)专家把知识归纳为四个K,即Know-what(知道是什么),Know-why(知道为什么),Know-how(知道怎么做),Know-who(知道谁会做)。

有了知识,才会有知识产品。所谓知识产品,是人类脑力劳动的成果,也可以说是知识化的结果。在现代社会中,知识产品主要可以分为四大类:一是科学思想、理论、文化艺术,主要表现形式为著作、论文、绘画、书法等等;二是技术工艺,如技术原理、方法、设计方案等等;三是社会服务机构提供的各种服务和劳务;四是知识为其主要投入要素的物质产品,如机器人、无土培育的植物等等。

知识经济就是建立在知识和信息的生产、分配和使用之上的经济,是一种以知识为最重要的生产要素的经济。从历史形态看,知识经济是和农业经济、工业经济相对应的一个概念。知识经济时代有以下特征:一是以信息技术为主要标志的高新技术产业在全球经济中的比重不断增加。二是经济与科技的结合日益紧密,国际经济结构加速变迁,科技经济日趋全球化。信息产业作为一项全球性产业,其发展突破了地区和国家的界限,使得整个地球更加紧密地连成一体,大大推动了世界经济区域集团化和全球化的发展。三是科技革命创造了新的知识经济体系,产生了新的生产管理和组织形式,推动了世界经济的增长。四是知识人才的重要性日益明显,人力资本(即体现于人身上的劳动和生产知识的存量)日趋成为社会的主要投资领域,教育的发展受到了极大的重视。

2. 知识经济和可持续发展

科技革命极大地促进了生产力的发展,也使作为首要生产力的"人"的作用日益突出。到了知识经济时代,人对经济增长的作用更以人力资本的形式为众人所认识。

人力资本是知识经济的主要投入要素。由于人力资本作为物化的知识,可以无限地反复使用,且规模报酬递增,因此被认为是经济持续增长的关键。丹尼森和美国劳工部曾对1948—1989年间美国经济增长的源泉进行过深入的研究,结果表明,教育和知识进步对经济增长的贡献率达到了42%,超过了物质资本的贡献率(37%),若把投入生产的劳动力的数量贡献也包括进去,则人力资本对经济增长的贡献更高达63%。一个国家或地区如果人均人力资本存量太少或人力资本积累的速度太慢,则不仅难以实现经济的持续增长,甚至连摆脱经济停滞的厄运也十分困难。

就技术进步而言,一定的技术要求一定的人力资本,科技发展越迅速,对人力资本的要求也越高。一个社会拥有的人力资本存量越高,其科技转化为现实生产力的速度也就越快。因此,技术的进步最终取决于人力资本的积累。在以高科技信息为主导的知识经济时代,人力资本成为推动技术进步、促进经济持续增长的首要驱动力。

基本概念

经济增长的自然限制　经济增长的社会限制　可持续发展　人力资源　知识产品　知识经济

思考题

1. 简述麦多斯经济增长有限论的主要观点。
2. 简述希尔斯经济增长有限论的主要论点。
3. 试述经济增长有限论的内容,并做简要评价。
4. 请谈谈对世界人口、自然资源和生态环境与世界经济发展相互关系的看法。
5. 简述制约社会生产力增长的因素。
6. 试述世界经济可持续发展的主要内容。

第二篇　世界经济运行中的国际经济关系

　　世界经济运行中的国际经济关系指国际贸易关系、国际金融关系和国际投资关系。它们的产生和发展以国际分工和世界市场的形成为基础。国际分工和世界市场的最终形成，促进了国际经济关系的迅速发展。当然，国际贸易关系、国际金融关系和国际投资关系的发展又是相互影响和相互作用的。

第五章　国际分工和世界市场

国际贸易,简单来讲,就是国与国之间的商品交换活动,即国际商品流通活动。它的产生和发展总是以国际分工为基础,同时又以世界市场的形成和发展为载体。

第一节　国　际　分　工

一、国际分工的一般定义

国际分工是指世界各国之间的劳动分工,是超越国家界限的专业化分工,是社会分工的延伸和发展。当社会生产力发展到一定阶段后,一国国民经济内部分工冲破国家界限,即出现了国际分工。国际分工是国际贸易和世界市场的基础,国与国之间的商品交换是国际分工的表现形式。

二、社会分工与国际分工

社会分工是社会生产力发展到一定历史阶段的产物,是商品经济的基础。社会分工出现于原始社会时期,并存在于其他社会经济形态之中。在人类历史发展过程中,共出现过三次社会大分工:第一次是畜牧业从农业中分离出来;第二次是手工业从农业中分离出来;最后一次是商业开始出现。这三次社会大分工反映了社会生产力发展的历史进程。但是,由于生产力发展的有限水平,使分工局限于国内经济循环中,商品交换表现为国内贸易。

国际分工与资本主义机器大工业的发展联系在一起。机器产生了丰富多彩的制成品,但同时也对原材料、劳动力和土地提出需求。机器在将原材料、劳动力和土地合为一个新的产品的同时,又因机器"永无休止"的转动而滋生着对市场扩大的占有欲。市场的扩大本身表现为对原材料、劳动力、土地等生产要素需求的国际延伸,于是机器大生产在地理意义上得以扩展,国民经济的发展也就超越了国家的界限,通过国际贸易而与世界各国的经济发展相联系。同时,这种生产国际化发展必然促使社会分工发生一些新的变化。国内社会分工随着国际贸易的扩展而趋于外向型的发展格局,并进一步在国际市场上发挥作用,演变为国际分工。

三、国际分工的发展阶段

国际分工经历了五个发展阶段。

(1) 前资本主义时期分工。这个时期的特征是：生产力水平低下,自然经济占统治地位,商品经济落后,国内贸易尚不发达。这个时期主要以不发达的社会分工和地域分工为主,即使存在一些邻国之间的国际分工,那也只是因为地理上的巧合。

(2) 国际分工的萌芽阶段。15—16世纪地理大发现推动着生产力的发展,手工业与农业进一步分离,商品经济有了较快发展,国际贸易开始迅速扩大,资本进入原始积累时期。当时欧洲一些国家执行殖民政策,最终产生了宗主国与殖民地之间最初的国际分工形式,不过这时还处于国际分工的萌芽阶段。

(3) 国际分工的形成和发展。18世纪中叶到19世纪中叶的第一次科技革命是国际分工形成和发展的原动力。产业革命在英国等国家的完成,促使这些国家建立完全的机器大工业。机器的运用,迅速扩大了社会协作的规模,生产本身日益由个人行动或孤立的行动变成一系列的社会行动。机器大工业使生产更加专业化,分工日益科学化。生产规模日益扩大,许多新的生产部门不断出现。在机器大工业内部分工发展的基础上,资本主义国际分工又获得了新的发展。一方面,受地域条件或自然环境的限制,大规模生产所需的日益增多的原材料已非本国生产的原材料所能满足,这样就迫使工业发达国家不得不向国外寻找和建立原材料产地。另一方面,先进的工业国家,由于机器生产,劳动生产率大大提高,这种迅速提高的劳动生产率所提供的产品也非本国的市场所能容纳。而且,机器大工业的建立也为这个阶段的国际分工的新发展提供了可能。要发展国际分工,必须首先具备较发达的交通运输和通信联络的条件。机器大工业的建立为改进运输与通信工具提供了物质技术基础。而运输与通信技术的发展又成为国际交换与国际分工发展的物质条件。这一时期国际分工的特点是以有"世界工厂"之称的英国为中心,形成了英国和广大亚、非、拉国家之间的宗主国与殖民地典型分工形式。

(4) 国际分工体系的形成。19世纪末到20世纪初的第二次科技革命,最终导致了资本主义国际分工体系的形成。这个时期的国际分工出现了新的特点。首先,国际生产专业化进一步发展。由于第二次科技革命的发生,新的炼钢法、发电机、内燃机、电动机等得到了广泛运用,出现许多新的工业部门。原来的工业国中,重工业占据了主导地位,原来的农业国中,燃料和采掘工业有了发展,在世界范围内形成了门类较齐全的国际分工体系。其次,工业生产集中在欧美、日本,食品、原料生产集中在亚、非、拉国家。帝国主义国家通过资本输出以及强制手段,对许多经济落后的国家实行殖民统治,强迫殖民地种植供出口的经济作物,阻碍殖民地建立民族工业,不允许殖民地和其他国家发生经济联系。因此,许多亚、非、拉国家逐渐成为畸形的、发展单一作物的国家,它们的经济严重依赖工业发达国家。再次,世界城市与世界农村的分离进一步扩大。社会分工的发展造成了城市和乡村的分离,国际分工的发展造成了世界城市和世界农村的分离。随着第二次科技革命的发展,工业国的农业人口占劳动人口数的比重不断下降。工业国对矿产品和农业原料的巨大需求,把亚、非、拉国家卷入到国际分工和国际贸易中来。

(5) 第二次世界大战后,传统的国际分工格局发生了巨变。一系列政治上获得独立的发展中国家开始崛起,打破了原先以宗主国与殖民地之间经济联系为主的国际分工的旧格局;同时,一些社会主义国家的诞生并参与国际经济活动,也对国际经济联系的内容和实质产生了重要影响。这些都使战后的国际分工具有新的特征:① 工业国家之间的分工居于主导地位。战后,科学技术和经济的迅速发展改变了战前的国际分工格局,以自然资源为基础的分工逐步发展为以现代化工艺技术为基础的分工。工业发达国家的经济相似性更多地促成了相互间分工的发展和贸易的日渐频繁。② 各国间部门内部分工有逐步增强的趋势。战前,工业国家间的分工主要表现为各国不同工业部门之间的分工。战后,随着科技进步的发展,社会分工日趋细致化,原有生产部门又进一步划分为更多更细的部门,国内市场的有限性已无法容纳无限的生产细分,于是在一国国内部门间分工向部门内分工发展的同时,越来越多的次级部门开始走向世界,形成各国间的部门内部分工。③发达资本主义国家与发展中国家间的工业部门分工也在发展,而工业国与农业国、矿业国的分工在削弱。战后,随着科技革命和跨国公司的经营活动,某些工业产品的生产从发达国家向发展中国家转移,出现了高精尖工业与一般工业的分工、资本技术密集型产品与劳动密集型产品的分工。战后,国际分工的范围及其形式也日益多样化。随着一批社会主义国家的诞生、发展中国家的崛起,国际分工的范围、内容和分工格局都发生了变化。同时,国际分工从有形商品生产和贸易领域向劳务部门发展,从垂直型分工向水平型分工过渡。随着跨国公司的形成和发展,形成了众多的各种形式的跨越国界的分工,使生产和资本进一步国际化,这些都赋予战后国际分工以新的内容和形式。

由此可见,国际分工的产生和发展是科学技术革命和社会生产力发展的必然结果,它对世界经济活动产生了重大影响。

四、影响国际分工发展的因素

国际分工的产生和发展,受到许多因素的影响和制约。

(1) 社会生产力水平。首先,国际分工是社会生产力发展的必然结果。这突出表现在科学技术的作用上。18世纪中期到19世纪中期的第一次科技革命期间,欧洲各国建立了机器大工业,生产效率大幅度提高,交通通信的变革使各国的生产和消费克服了地域的限制而具有世界性,国际分工开始出现。从19世纪末到20世纪初的第二次科技革命,则以生产和资本的集中为特征,生产规模急剧扩大;生产力进一步发展,资本输出的大规模进行更使国际分工获得发展,资本主义国际分工体系得以真正建立。战后,第三次科技革命浪潮在世界各国兴起,生产国际化发展日益加深,国际分工的范围和形式也发生了巨大变化。特别是跨国公司的出现,使生产和资本的国际化有了极大进展,并使国际分工从部门间深入到部门内。其次,生产力水平的高低又决定着一国在国际分工体系中的地位和作用。在第一次科技革命中,科学技术变革始于英国,并且它最早完成工业化,成就也最大,因此其生产力获得巨大发展而成为"世界工厂",在国际分工中处于中心地位。第二次科技革命中,欧美其他一些国家率先进行变革,生产力大幅度提高,相继与英国一道成为国际分工的中心。战后,发展中国家特别是新兴工业化国家(地区)开始崛起,逐步改变着它们在国际分工中的地位。再次,生产力的发展还导致国际分工日益多样化和细分化。生产力的发展将不同类型的国家都卷入到国际分工体系中,并促成分工形式从"垂直型"向"水平型""混合型"的过渡。最后,生产力的发展还决定了国际分工的产品构成。随着生产力的不断提高,国际贸易的产品构成从最初以初级产品为主,发展到战后以工业制成品为主,高精尖产品的比重不断增加,中间产品、技术贸易和劳务贸易更多地出现在国际分工中。

(2) 自然条件。自然条件主要指多种多样的自然资源,如气候、土地、矿藏等,这是进行经济活动的重要物质基础。某些农作物只能在特殊的气候条件下或者特定的地区才能种植,而矿产品也只能出产在那些拥有大量矿藏的国家,离开了这些条件,国际分工便无从谈起。当然,随着科学技术的进步、生产力的迅速发展,替代品大量出现,自然条件在国际分工中的地位和作用也在趋于下降。但是,我们并不能据此就否定自然条件的影响因素。

(3) 国际生产关系性质。这是指以生产资料所有制为基础的各国在世界物质资料的生产、分配、交换和消费中的各种关系,它决定着国际分工的性质。既然国际分工是社会分工的国际延伸,那么社会生产关系也会超出国界形成国际生产关系。资本主义国际分工体现了资本主义生产方式的内在规律。一方面,它打破了民族闭关自守状态,使世界各国经济相互融合,促进了世界生产力的发展,这是其进步的一面;另一方面,资本的目的就是实现自身价值的最大增殖,因此,在垄断资本最大限度地追逐垄断超额利润的情况下产生和发展起来的资本主义国际分工也必然具有不平等的性质。从当今的世界经济体系来看,存在着多种生产关系,但资本主义生产关系仍占主导地位,因此当今国际分工体系的主要方面仍属于资本主义性质。正因如此,发展中国家在积极参加国际分工的同时,必须与历史上形成的这种不平等进行斗争,坚持以自力更生为主,并积极参与国际经济活动,通过自身生产力的提高来改善本国在国际分工中的地位,形成新的国际分工格局。

(4) 上层建筑。这里的上层建筑主要指具有能动作用的政府、军队和各种组织机构,它们对国际分工产生着重要的影响。在早期的国际分工中,欧洲殖民主义国家主要通过殖民统治,强迫被征服者接受不平等的条件,沦为它们的原料产地和商品销售市场,从而形成有利于殖民主义国家的国际分工。后来随着世界经济的发展,一些国际经济组织得以建立,它们运用超国家的政治经济权力,调节经济贸易政策,促进国际分工的发展。例如,在世界贸易组织(WTO)主持下的多次关税和非关税减让谈判,以及一些地缘政治经济集团的建立,都有助于战后国际分工的发展。当然,贸易保护政策的存在也反映了上层建筑的能动作用。某些国家通过歧视性的贸易保护政策来削弱和打击其贸易对象,试图人为地改变国际分工格局。

(5) 跨国公司。第二次世界大战后出现的跨国公司对国际分工的进一步发展也有着深远的影响。跨国公司资本雄厚,其业务涉及各行各业。它们利用不同国家和地区的有利条件,分工协作,并同众多国家的有关企业保持较为固定的供求关系,形成世界范围内的国际专业化分工。事实上,跨国公司的发展无疑是促使传统国际分工格局发生重大变化的直接原因之一。

五、国际分工的形式

随着科技革命的深入开展,世界生产力获得极大提高,跨国公司大量涌现,区域经济集团化发展,这些都使国际分工发生了许多变化。当今世界不仅存在发达国家与发展中国家间的国际分工,还存在发达国家之间和发展中国家之间的国际分工。还有一个突出的发展趋势,就是部门间的分工逐步向部门内部、工厂之间的专业化分工发展,不同的生产阶段在全球各地越来越分散,基于产品生产各个环节展开的价值链分工,更是成为生产全球化和分工国际化的最新形式。当然,这些国际分工的特点各不相同。

1. 国际分工的基本形式

国际分工有以下三种基本形式。

(1) 垂直型国际分工。它表现为农业、矿业和制造业的分工,是发展中国家和工业发达国家之间一种重要的分工形式。在这种分工形式中,上游国家主要进口原料和出口工业制成品,下游国家则是出口原料和进口制成品。例如日本,它是一个岛国,地域狭窄,资源贫乏,需要大量进口原料以支持其工业的发展,因此其进口额中原料占80%以上,而工业制成品却占出口的90%。日本是典型的垂直型分工中的上游国家。中东地区的石油输出国则主要出口原油,并用所得换回所需的大量的制成品,它们是垂直型分工中的下游国家。

(2) 水平型国际分工。这主要是指经济发展水平基本相当的国家之间的专业化和协作生产。20世纪70年代中期以来,发达国家之间水平型分工取得了较大的发展,主要表现为制造业内部的分工发展。它不仅包括不同产业之间的分工,还包括同产业之间产品的分工,甚至产品的加工程序的分工。水平型分工的发展不仅推动了发达国家经济的进一步发展,成为支持其对外贸易发展的主要动力,也使发达国家间的经济联系进一步加深,推动了区域性经济集团化的发展。

(3) 混合型国际分工。它是指一国在参加国际分工时,既有垂直型分工,又有水平型分工。例如欧美一些发达国家,它们与发展中国家的分工是垂直型的,从这些国家获取所需的大部分原料和其他初级产品;与跟自己发达程度相当的一些国家则是水平型分工。这一现象在欧盟内部特别典型。

以上三种国际分工形式概括了国际分工的一般发展进程。在当今世界多极化发展过程中,垂直型分工不断被削弱。首先,由于发展中国家可以以较低的成本引进发达国家的技术,接收发达国家向外转移的产业部门,因而其经济发展具有后发性优势。其次,科技的发展、替代品的大量出现,对自然资源的依赖也必将进一步削弱。当然,由于发展中国家的自然条件、劳动力素质、经济体制和发展战略的差异,其发展速度必然不同。经济发展水平的分化使垂直型分工体系进一步复杂化,不同层次发展水平的国家之间都有可能形成一定的垂直型分工格局。同一个国家可能处于各种不同类型的国际垂直型分工体系之中。由于以自然条件为基础的国际分工逐步弱化,国际分工格局日益依赖于各国在生产技术方面的优势。由于生产技术具有不断变化和可以迅速转移的特点,因而各国在国际分工中的相对优势也处于不断变动之中。这一方面加剧了各国之间的矛盾和竞争,另一方面也会促使各国加强合作,共同创造一个稳定的国际经济环境。

2. 全球价值链分工

近年来,随着交通与通信成本的急剧下降,国际分工的范围和领域不断细化、扩大,全球生产网络和价值链分工已经成为当今世界经济的一个新特点。目前,全球约60%的贸易为中间产品和服务贸易,这些中间产品和服务在不同阶段被纳入供最终消费的产品和服务生产进程。生产工序的分散化、工序中生产任务和生产活动的国际分工催生了跨国界的生产系统,这些生产系统可以是有顺序的链条或是复杂的网络,它们的范围可能覆盖全球或是区域,通常被称为全球价值链。

全球价值链分工主要指在经济全球化的背景下,随着市场准入和通信技术的进步,一种产品的创意、设计、原材料供应、中间品生产与组装、成品市场销售、品牌建设、配送以及售后服务等所有价值节点按生产流程分解且贯穿多个国家的国际分工形式。生产过程的片断化、模块化和非本地化,使得对于国与国之间比较优势的衡量不再仅仅基于传统的最终产品,而是基于某一特定环节的比较优势以至竞争优势。这种日益扩大和细化的跨境生产分解对贸易和投资具有重要意义,为各个经济体的就业、增长和发展提供了新的模式和机会。

价值链分工的特征包括:第一,跨国公司通常是主导力量。全球价值链中的增加值贸易模式在很大程度上是由跨国公司的投资决定塑造的,跨国公司协调的全球价值链约占全球贸易的80%。全球价值链分工的实质是跨国公司在全球范围内的资源整合,分工倾向于更加狭域的专业化。第二,全球价值链分工的核心依据是基于比较优势的竞争优势。比较优势是全球价值链分工得以开展的基础,但仅有比较优势已不足以确保经济主体能够参与全球生产网络,竞争优势的重要性更加凸显。第三,国际竞争程度更趋激烈。伴随国际分工朝着更加精细和专业化的方向发展,产业链越来越长,企业在国际化竞争的大环境下需要不断增强竞争力以寻获新的分工机会。大多数发展中国家越来越多地参与到全球价值链中,在全球增加值贸易中所占份额从1990年的20%增加到2000年的30%,目前已经超过了40%。但是,许多较贫困的发展中国家仍在努力进入除了自然资源出口之外的全球价值链。

区域价值链的联系常常比全球价值链的联系更加重要。这一特点在北美、欧洲以及东亚和东南亚表现明显,而在转型经济体、拉丁美洲和非洲,区域价值链则相对欠发达。此外,有证据表明:在全球金融危机之前,发达经济体和发展中经济体的全球价值链参与度均呈上升之势,而自2011年以来,全球价值链的扩散则基本处于稳定状态,且对贸易增长的促进有限。这也是国际贸易发展中一个新的特点。

六、国际分工对国际贸易的影响

国际分工是国际贸易的基础,它对参加分工的各国经济以及整个国际经济关系与世界经济格局都有影响。

(1) 国际分工与国际生产力。国际分工是社会分工在国际上的延伸和深化,它的产生和发展推动了生产日益国际化,国与国之间的专业化分工程度也不断加深,这些都带来了社会劳动的大量节约,提高了劳动生产率,从而大大增加了产品的数量。同时,国际分工的发展还促使世界各国之间的商品交换活动空前发展。国际贸易规模和范围的扩大导致激烈的国际竞争,国际企业乃至一国要在纷繁复杂的国际形势中寻求自身的经济发展,就必须不断地提高劳动生产率,这同样也带来了财富的迅速增长。因此,社会劳动的节约带来了国际劳动生产力的极大提高,这是国际分工最基本的经济利益。由此,各国参与国际分工才获得了真正的推动力。正是在这一基础上,国际生产专业化的加强才把越来越多的企业和国家联系到相关或同一生产过程中。

(2) 国际分工与国际贸易地理分布。国际分工形式影响着国际贸易的地理分布。在国际分工中处于中心地位的国家,也是国际贸易的主要对象,在国际贸易中也居于主导地位。例如英国,从18世纪至19世纪末,工业革命的提前完成和专业化分工的高度发展,使其成为世界贸易的中心。但随着第二次产业革命的发展,国际分工格局发生新的变化,欧美其他一些国家开始崛起,英国在国际分工中的地位逐步下降。于是自19世纪末之后,以英国为中心的国际分工格局演变为以众多发达国家为中心的分工格局,它们在国际贸易中一直居于支配地位。同样,战后新科技革命的开展带来了新兴工业化国家(地区)的崛起,它们充分利用自身的优势,采取适当的发展战略,积极参与国际分工,逐步摆脱旧的国际经济秩序的束缚,成为区域内乃至国际贸易的中心,这同样也改变着国际贸易的地理分布。此外,过去的贸易主要是不同国家交换国内生产的货物;今天,贸易越来越多地涉及公司在价值链和生产网络中对生产过程进行地理上的分化。

(3) 国际分工与对外贸易地理方向。国际分工的形式同样也对各国的对外贸易地理方向有着重要的制约作用。对外贸易地理方向与各国相互分工程度成正比。在以垂直型国际分工为主的时期,国际贸易关系主要发生在宗主国与殖民地落后国家之间。随着经济的发展,国际分工由垂直型向水平型发展,经济发展程度相当的国家和地区之间的贸易关系获得更多的发展,于是发达资本主义国家之间的贸易占据主要地位,而发达资本主义国家与发展中国家间贸易则退居次要地位。而在如今全球价值链分工的背景下,则有更多数量和类型的国家参与到了国际分工中,对外贸易地理的方向也呈现多元化态势。

(4) 国际分工与对外贸易结构。国际分工的发展影响着国际贸易结构的变化。首先,战前的国际分工以宗主国和殖民地落后国家间的垂直型分工为主,所以国际贸易总量中也以初级产品的比重为最大;而在战后,由于水平型分工的发展,工业制成品在国际贸易中所占比重逐渐超过了初级产品。其次,战前,发展中国家处于垂直型分工的下游,主要以出口农矿产品、原材料等初级产品为主;战后,随着发展中国家经济发展水平不断提高,它们的出口贸易中工业制成品的比重不断增长,初级产品的比重不断下降。再次,国际分工在战后的不断深化,带来了服务贸易、技术贸易的迅速发展,这是战后国际贸易结构中的又一重大变化。最后,随着全球价值链分工的出现,公司内、产品内贸易额大幅度增加,中间产品在整个工业制成品贸易中的比重不断提高,商品和服务的生产越来越多地发生在能够以具有竞争力的成本和质量获得技能和原料的地方。

(5) 国际分工与国际贸易利益。如前所述,国际分工带来了社会劳动的节约,提高了国际劳动生产力,增加了社会物质财富,推动了世界经济的发展。它使贸易参加国可以充分发挥自身优势,取长补短,实现世界资源的合理配置,这是人类社会的进步体现。但同时我们也不可忽视,国际分工源于资本主义机器大工业的诞生,其产生和发展也是在资本主义生产体系内进行的。它一方面代表生产力发展的进步过程,另一方面也体现了资本主义社会的生产关系。在资本主义的国际分工体系中,国际分工成了发达资本主义国家剥削和掠夺别国的工具。宗主国与殖民地、半殖民地落后国家的中心和外围的分工关系决定了它们之间不平等的贸易关系。战后,随着发展中国家的崛起,它们在国际分工中的地位有所改善,贸易利益也随之增加。但是,经济发展程度差距的客观存在,使发达资本主义国家常常有机会同发展中国家进行不平等交换。因此,发展中国家要增加贸易利益,还必须进一步增强其自身经济实力,从根本上改变国际分工的格局。

(6) 对自然资源的合理利用。国际分工可以充分利用各国的自然资源,使各国发挥其资源优势,提高总体的资源产出。矿产资源、土地资源等现代化工业赖以发展的基础在全世界各国的分布极不均衡,这种地域差异的永久存在必将影响世界工业的发展。因此,国际分工和国际贸易一方面使资源贫乏的国家的工业获得发展的机会,另一方面也可以使资源较为丰富的国家充分发挥其资源优势,从而实现世界自然资源的合理配置并增加专业化生产的世界产出。

(7) 对各国人力资源利用的影响。人力资源一方面指劳动力数量,另一方面指劳动力质量,即其受教育程度、知识水平、技术水平等。各国在以上两个方面不可能完全相同,而国际分工却可以促成各国劳动力资源的有效利用。那些劳动力资源较为充裕,资金、技术与自然资源缺乏的国家,可以专业化从事劳动密集型产业；那些劳动力数量较少,资金、技术和自然资源具有优势的国家,则可以专业化从事资金、技术密集型产业。这种劳动力差异决定了它们参与国际分工的条件和形式。发达国家技术水平高,劳动力质量高,因而其劳动生产率也比较高,出口产品中技术附加值随之提高；发展中国家却因劳动力质量低下,只能出口一些技术附加值低的产品。发达国家与发展中国家以劳动力资源整体素质为基础的分工,一方面实现了世界资源的合理配置,另一方面对发展中国家的贸易利益带来了不利影响。但我们也要注意到,劳动力资源的优势可以经过教育水平的提高得以强化,因此一国只要重视教育,注重科研和加强劳动技能的培养,劳动力资源条件是可以改变的。

第二节　世界市场

所谓世界市场,是指世界各国商品和劳务交换的领域,是世界商品交换关系的总和。它是商品的货币关系在世界范围内发展的结果,与国际分工和国际贸易相适应,直接地反映世界各国商品交换关系,间接地反映世界各国的生产和分配关系。世界市场由各国的国内市场和国际贸易市场组成,是联系各国商品流通领域的纽带。

一、世界市场的形成和发展

资本主义世界市场的形成是以资本主义生产方式的建立、资本主义的商品生产和交换为前提,是和新航线的开辟、交通运输工具的革新紧密相连的。在资本主义生产方式建立前,国际贸易就已经存在。15世纪的国际贸易主要发生在地中海沿岸的意大利北部城市,但由于社会分工和商品经济都不发达,其统一的国内市场并未形成,国际贸易也只能限定在一些有限区域内进行,因而当时并未形成世界市场。

15世纪末和16世纪初的地理大发现则使世界市场进入萌芽阶段。新大陆的发现以及环球航行的实现,使国际贸易的范围和内容有了空前的变化。对西欧各国而言,商品经济活动急剧扩大,统一的国内市场逐步形成。对其他市场而言,新航线的开辟为新兴资产阶级创造了新的活动场所,欧洲殖民主义者利用暴力进入了亚、非、拉国家的市场。这在客观上加强了世界各国的经济联系,推动着国际商品流通活动。这样,世界市场在一种畸形发展的国际贸易关系中开始出现。

第一次科技革命后,机器大工业建立,世界市场在扩大的空间范围内迅速发展。在这一时期,英国成为世界各国贸易和市场的中心。英国出口工业产品、进口工业原料和农产品构成了市场的主要交易活动。统一的无所不包的世界市场的最终形成则是在19世纪末至20世纪初。

二、当代世界市场的发展

第二次世界大战后,随着第三次科技革命的深入,世界政治经济形势发生了巨大变化。尤其是互联网科技和电子商务平台的蓬勃兴起,使得世界市场的发展也随之出现了一些崭新的特点。

(1) 世界市场参与国类型趋于多样化发展。在战前,世界市场参与国类型比较单一,主要是少数西方工业发达国家在世界市场上占统治地位。当时唯一的社会主义国家是苏联,其对外贸易额很小,对世界市场的影响不大。广大的亚、非、拉国家则大多还是殖民地和半殖民地化,在贸易中处于附属的地位,成了宗主国的产品倾销地和原料供应地。战后,国际形势发生了根本性的变化。亚、非、拉国家纷纷独立,殖民体系瓦解,一大批民族独立国家涌现出来,它们的国内市场也成为世界市场的重要组成部分,统一的资本主义世界市场已不复存在。发达资本主义各国在世界市场上的相对地位有了很大的变化。美国由于战争而成为世界头号强国,战后初期曾在世界市场上辉煌一时,但随着其国内经济问题的日益暴露和德国、日本的崛起,它在世界市场上的绝对优势地位逐渐削弱。德国、日本在东西方冷战的间隙中开始崛起。它们的产品以技术先进取胜,并不断蚕食美国的市场份额,从而迅速地提高了在世界市场上的地位。发展中国家作为世界经济中正在迅速成长的一股不容忽视的独立力量,在发展民族经济、改变旧的国际经济秩序中取得了突出的胜利,从而不断壮大着自己在世界市场中的实力。所有这些都导致当今的世界经济格局发生重大变化,参与国类型趋向多样化发展。

(2) 世界市场的范围和规模急剧扩大,国际贸易及国际经济合作方式多样化。战前,宗主国与殖民地、半殖民地国家之间主要是制成品出口和初级产品出口的垂直型分工。战后,随着第三次科技革命的兴起,发达国家之间相互贸易额在世界贸易额中所占比重迅速提高,发展中国家之间的经济合作不断加强,发达国家与发展中国家的经济联系有所发展。所有这些都意味着世界市场的范围获得了空前的扩大,世界各国之间的相互联系和相互依存度都进一步加深。从规模看,不论是商品贸易,还是劳务贸易,发展速度都相当快。不仅世界贸易量的增长速度大大超过战前,而且世界贸易量的增长速度也超过了工业生产增长的速度,这充分反映了战后对外贸易在世界各国经济发展中的重要性,世界各国更多地依赖于世界市场来体现自身经济的发展。在市场范围和规模扩大的同时,我们还应该注意到,对世界市场的参与更多地来自技术革命的要求。战后,科学技术革命使社会生产力获得飞速发展,国际分工也向纵深推进,现代大生产的社会化和国际化更多地要求资金、技术、劳务和知识产权实现国际的联合,共同开发市场,这就促进了国际经济合作形式的多样化和国际贸易方式的多样化。

(3) 世界市场的商品构成发生了重大变化。战前,世界市场上的初级产品交易的比重一直高于工业制成品。战后,随着技术进步的不断深入,生产力水平普遍提高,国际分工向纵深发展,国际贸易中的中间产品交易比重大大增加,而且发达国家加强了替代品的研制工作,并提高了原料的利用率和回收率,从而使制成品交易日趋活跃。从1954年起,制成品交易在世界市场贸易总额中所占比重开始超过初级产品,初级产品的价格则直线下降。在工业制成品贸易中,机械产品在各大类商品中增长最为迅速,石化产品的重要性也进一步增强。在初级产品贸易中,原料和食品等的比重都呈明显下跌趋势,燃料所占比重则趋于上升。这主要是战后农业结构的变化和石化工业的发展,以及1973年以后石油价格急剧提高的结果。同时,技术与知识密集型产品在整个商品贸易中所占比重也不断上升,第三产业以及信息产业的兴起使生产要素在国与国之间的流动加强,服务贸易迅速发展。

(4) 世界市场上的垄断和竞争更趋激烈。战后,世界市场上的垄断现象进一步加强。1958年1月1日,欧洲经济共同体正式成立;1993年11月1日,欧洲联盟诞生。欧盟对内在成员国之间取消各种贸易壁垒,达到商品、人员、资本和劳务自由流通;对外则筑起统一的关税壁垒。同时,实施共同农业政策和单一货币,并不断致力于推进欧洲统一大市场。1994年1月1日生效的美国、加拿大、墨西哥三国签署的"北美自由贸易协定",意味着一个拥有3.6亿人口和6万亿美元年产值的世界最大自由贸易区在北美大陆出现。为了发展民族经济,发展中国家也积极组织经济贸易集团。这些区域性经济组织的建立,促进了区域内各成员国之间贸易的增长,使其在世界贸易总额中所占比重迅速上升,但对区域外而言,这种封闭式的贸易方式无疑使世界市场被分割,商品流通受阻碍,自由贸易的范围和规模大为缩小。跨国公司在战后的大发展也在加强垄断的趋势。在经济集团分割市场的情况下,各主要资本主义国家都通过跨国公司在许多国家设立分支机构,绕过他国的关税和非关税壁垒,从内部控制市场。跨国公司凭借自己雄厚的资金、技术、销售网络等以寡头垄断的方式实行全球战略,直接垄断了许多产品的生产和销售。战后还有一个趋势就是:随着国家垄断资本主义的发展,国家对经济的干预也进一步加强,这里包括对私人垄断组织的干预和直接对外贸的干预等。在资本主义垄断不断加强的趋势下,世界市场上的竞争也更趋激烈。垄断不仅不能消除竞争,相反,垄断资本争夺市场的竞争在力度、广度和深度上都进一步加强了。

(5)电子商务市场的迅猛发展。随着智能手机和宽带网的普及,世界各国的电子商务也即线上交易市场获得了巨大的发展,并且对传统国际市场造成了诸多强烈的冲击。

首先,实现了全球消费互联。如果说直接投资和国际贸易带来的是生产地的跨境选择和厂商的优胜劣汰,那么跨境电子商务则以极低的交易成本为消费者瞬间接入了全球市场。在为单个厂商提供巨大潜在市场机会的同时,也使得对全球消费市场的争夺进入了一个史无前例的状态,在生产国际化的同时,真正实现了消费全球化,这是经济全球化的一个新阶段。

其次,加剧了实体与网络消费模式之间的竞争。虽然电子商务并没有完全替代传统实体消费模式,但网络消费模式所造成的冲击是无处不在的。许多零售商在网上开设旗舰店的同时,也在实体店内开展了数字化服务,消费形式的创新层出不穷。

再次,电子商务市场尤其是跨境电商市场的区域发展是不平衡的。在近几年新增的跨境电子商务中,发展中国家所占的份额最大,尤其是亚洲和大洋洲的国家。目前,发达国家跨境电子商务在电子商务中所占的规模相对一般,比如欧洲的电子商务贸易仍以本土为主。据估计到2025年,亚洲市场跨境电子商务收入约占全球总收入的40%,将成为全球电子商务的中心。

最后,电子商务市场的垄断特性显著。虽然全球的电商市场规模庞大,而且正在不断快速增长,但在互联网技术的支持下,电商市场的垄断特性也非常显著,少数几个电商巨头对全球零售电商市场的控制还在不断加强。

Internet Retailer 2016 年发布的《全球 1 000 强报告:全球电商零售的革新》称:2015 年全球消费者的电商零售支出达到了 1.74 万亿美元,过去三年,平均每年的增长速度约为 20%。如果要计算商品交易总额(GMV)的话,全球前十大电商公司,包括排名靠前的阿里巴巴集团以及亚马逊,几乎控制了全球零售电商市场的半壁江山:2015 年,阿里巴巴拥有全球电商市场 27% 的市场份额,亚马逊则占了 13%。

基本概念

国际分工　社会分工　垂直型国际分工　水平型国际分工　混合型国际分工　全球价值链分工　世界市场

思考题

1. 简述影响国际分工发展的主要因素。
2. 简述当代国际分工的基本形式。
3. 简述国际分工对国际贸易的影响。
4. 请分析电子商务市场对传统国际市场造成了哪些主要冲击。
5. 谈谈你对当代世界市场发展新特点的看法。

第六章 国际贸易关系

国际分工和世界市场的最终形成,使国际贸易在全球迅速发展起来,越来越多的国家参与到国际分工和世界市场的活动中来,国际贸易关系也随着国际政治经济形势的变化而不断地更新着。

第一节 国际贸易若干理论

随着资本主义商品生产的不断发展,以及地理大发现所带来的世界市场的迅速扩大和不断完善,西方资本主义国家的对外贸易也日益扩展。随着国际商品交易和海外投资的开展,作为统筹外贸全局的指导思想、制定外贸政策的理论基础和分析国际经济运行机制的重要思路和工具,西方国际贸易理论开始形成,其目的在于使问题抽象、简化,从理论上发现支配国际贸易的规律。

一、绝对优势说

英国古典资产阶级经济学的创始人亚当·斯密(1723—1790)代表产业资本的利益,在其代表作《国民财富的性质和原因的研究》(1776)中,提出了"绝对优势说",以指导当时的自由贸易活动,这是国际贸易纯理论的开端。

亚当·斯密的学说以经济自由主义为中心。他认为,国家整体福利并不比个人福利更为重要,个人对私利的追逐并没有同社会利益发生冲突,一切市场主体的行为都由一只"看不见的手"支配着,它自发地调节着市场供求,维持着经济均衡,并协调着市场主体之间以及国家之间的利益分配关系,推动着社会经济的稳定发展。这只"手"也就是我们今天所讲的价格机制。因此,他主张政府对经济的干预应减少到最低限度,充分的自由放任政策是最优选择。在这一政策指导下,个体的逐利行为将带来一国整体利益的最大增长。在此基础上,斯密严厉地批判了重商主义理论,他认为:① 金银货币并非财富唯一形态,衡量一国财富多寡的标准应是其劳动生产率的高低。② 反对国家对经济的干预,认为政府的职能范围应停留在产权界定、创建秩序等有限方面。③ 批判重商主义保护贸易理论,认为贸易利益对双方有利。

斯密自由贸易理论的基础是"地域分工论"。他指出,分工可以提高劳动生产率,增加国民财富。他举例说,如果裁缝擅长生产衣服,鞋匠擅长生产鞋,但他们又各自需要消费对方擅长的产品,如果裁缝(鞋匠)购买鞋(衣服)所付代价小于自己制造的费用,他们就不会自己制作而是会选择交换。可见,各人都专门生产其具有比他人有利地位的产品,然后相互交换,这样,所有的人都能获得更多利益。将这一社会分工原则推广到国际分工中同样适用(见表6-1)。

表6-1 国际分工假设表

劳动时间(小时) \ 产品 国家	一匹布	一桶酒
英国	80	120
法国	100	90

如表6-1所示,未分工以前英国生产一匹布和一桶酒需耗时200小时,法国则需190小时,世界总劳动时间为390小时。分工以后,英国专门生产具有绝对优势的布,法国生产酒,则英国生产两匹布耗时160小时,法国生产两桶酒耗时180小时,总耗时仅为340小时,比分工前少用50小时;从另一角度讲,耗时仍为390小时,英国可生产 $\frac{80+120}{80}=2\frac{1}{2}$ 匹布,法国可生产 $\frac{90+100}{90}=2\frac{1}{9}$ 桶酒,按1∶1交换以后,英国可多消费1/2匹布,法国可多消费1/9桶酒,分工以后世界总产出增加。

综上所述,斯密认为:如果一国在某种产品的生产上所花成本绝对低于他国,就称为具有绝对优势,该国就应该生产并出口这种具有绝对优势的产品,以换回他国在生产上占有绝对优势的产品。这就是斯密的绝对优势说。但斯密忽略了一点:并不是每一个国家都具有这种绝对优势。按照斯密的理论,那些不具备任何绝对优势的国家将被排除出国际贸易领域。但事实并非如此。因此,斯密理论不能完全解释国际贸易产生的原因。

二、相对优势说

1817年,大卫·李嘉图在《政治经济学及赋税原理》一书中提出了"相对优势说"。它发展了亚当·斯密的绝对优势说,从理论上证明:即使在生产上没有任何绝对优势的国家,因为它与其他国家在生产各种产品上相对成本不同,仍可通过专门生产其相对成本较低的产品以换取它自己生产相对成本较高的产品,从而得到利益。如表6-2所示,英国在毛呢和葡萄酒的生产上均处于劣势,绝对成本都高于葡萄牙,但从比例上来看,英国生产一单位毛呢的劳动成本为葡萄牙的1.1倍(100/90),生产一单位葡萄酒的劳动成本则为葡萄牙的1.5倍(120/80)。在分工以前,英、葡各投入220人/年和170人/年的劳动,各可消费一单位毛呢和一单位葡萄酒。分工以后,英国专门生产自己相对成本较低的毛呢 $\frac{100+120}{100}=2.2$ 单位,葡萄牙则专门生产葡萄酒 $\frac{90+80}{80}=2.125$ 单位,按1∶1交换后各可多消费0.2单位毛呢和0.125单位葡萄酒,可见世界总产出比分工前增加了。换一个角度,如果两国消费总量不变,仍各为一单位毛呢和一单位葡萄酒,英国生产两单位毛呢需投入劳动200人/年,而葡萄牙生产两单位葡萄酒需投入劳动160人/年,世界总劳动量为360人/年,比未分工以前节约30人/年的劳动投入。

表6-2 相对优势说

劳动时间(人/年) 产品 国家	毛呢	葡萄酒
英国	100	120
葡萄牙	90	80

由此可见,只要两国生产的相对成本存在差异,两国之间就有分工和贸易的可能性。两国都专门生产自己具有相对优势的产品,并换回所需的其他商品。相对优势理论是国际贸易理论研究的重大突破,它指出了一国应充分利用自己的优势,积极发展对外贸易,从而实现世界总产出的提高。

三、保护贸易理论

与古典经济学派的理论相反,汉密尔顿和李斯特提出了保护贸易的理论和政策主张。汉密尔顿是美国独立后第一任财政部长。他在其关于制造业的报告中指出,一国对外贸易政策应适应其自身实际经济条件。针对当时情况,他认为为使美国经济自立,必须实行国家干预,保护国内市场,以促进美国幼稚工业发展。他提出要采取关税壁垒方式来对民族工业加以保护。但这仅是一种适应性政策主张。对保护贸易作出系统而深刻阐述的则是德国历史学派先驱弗·李斯特(1789—1846)。他在《政治经济学的国民体系》(1841)一书中系统地阐述了这一观点。

李斯特认为,当时德国仍处于封建农业状态,工业基础差,从短期利益看,外国产品较本国产品廉价,进口较为合算,但这将冲击本国市场,限制本国民族工业的建立和发展,使之长期处于落后状态。从长远来看,生产力才是创造财富的能力,它的发展才是一国财富的力量源泉。因此,对民族工业实行保护贸易政策,将有利于生产力的发展。虽然关税保护会带来价格上涨并导致消费者当前利益损失,但一旦本国生产力发展后,本国产品的价格就会下跌,甚至低于进口价格,这样长期利益将弥补短期损失并有余。

同时,李斯特认为自由贸易理论和政策忽视了各国历史和经济发展的差异,因而德国无法采纳。为此,他以部门经济作为划分标准,将各国经济发展分为五个阶段:原始未开化时期、畜牧时期、农业时期、农工业时期和农工商业时期。他认为,一国在经济发展的不同阶段应采取不同的贸易政策。在前三个时期,为了尽快脱离原始愚昧状态,建立经济基础,并完成资本原始积累,应实行自由贸易政策。进入农工业时期以后,为了本国民族工业的建立和发展,应采取保护贸易政策,以避免国外的冲击。在进入农工商业的最高发展阶段后,本国工业已相当发达,足以与世界先进国家竞争,可以转而实行自由贸易政策。他认为,英国经济发展已进入农工商业时期,确应实行自由贸易政策,但是德国尚处于工业初建时期,所以为了保护国内幼稚工业必须采取保护贸易政策。据此,他提出了对外贸易政策主张:① 贸易保护应以工业的发展为目的;② 主要通过设置关税的方式来建立和保护国内工业;③ 在工业中保护对象不能一概而论,要保护的是那些对国家经济独立发展有着重要意义的幼稚工业;④ 保护期限也不宜过长,一般以30年为限,如届时仍不能自立则不应再保护下去。

四、赫克歇尔-俄林资源禀赋说

李嘉图的相对优势说以两国产品比较成本的差异来论证国际贸易产生的原因,但是为什么两国产品比较成本存在着差异呢?这一点李嘉图是作为客观存在事实提出的,而瑞典经济学家伊·菲·赫克歇尔和他的学生贝·戈·俄林则用独特观点来解释这一问题。1933年,俄林在《地区间贸易和国际贸易》一书中系统地阐述了资源禀赋说,这就是赫克歇尔-俄林学说(H-O学说)。H-O学说认为,比较成本说只解释了商品的劳动支出的差异,是片面的。他认为,除了劳动以外还必须考虑资本和土地等生产要素。为此,他提出了区别于李嘉图学说的假定:① 两国技术水平一样,即生产函数是相同的;② 生产要素在一国内可自由流动,但在国与国之间则是不可能的;③ 一国在生产不同产品上所投入的要素比例不同,但各国在生产相同产品上所使用的要素投入比例相同。由此我们来看一个简单的推理过程:相对优势←价格差异←成本差异←生产要素价格差异←生产要素禀赋差异。H-O学说认为,正是由于各国所拥有的生产资源数量不同,同时也由于不同产品生产中所使用的要素投入比例不同,造成了各国生产相同产品的相对成本不同。劳动力丰富的国家,就发展劳动力密集型产品;资本丰裕的国家就发展资本密集型产品;还有的国家自然资源比较丰富,于是就发展资源密集型产品。因此我们可以看出:一国拥有量较为丰富的生产要素其相对价格必然较低,因而密集使用这一丰裕要素的产品其相对成本也必然较低;反之则反是。根据这一理论进行推导的结果,俄林认为各国在密集使用其丰裕要素的产品生产中具有相对优势。根据李嘉图的比较成本说,各国应出口密集使用其丰裕要素的产品,以交换密集使用其稀缺要素的产品。

由此可见,赫克歇尔-俄林资源禀赋说进一步完善了李嘉图的相对优势说,生产要素禀赋的不同既决定了各国的相对优势和贸易格局,又是进行国际贸易的基本原因。但同时我们也要注意到该学说仍是一种静态分析,从长期的动态观点来看,各国拥有的资源也是在不断变化的。此外,对产品需求状况的忽视也掩藏了供求关系对价格变动的影响。

五、超保护贸易说

机器大工业在西方的建立,极大地促进了西方各国的经济发展,但同时也带来了生产和资本的集中、垄断的形成。随着自由竞争被垄断逐步代替,市场问题日渐暴露。垄断并不意味着竞争的消失;相反,国与国之间、垄断集团与垄断集团之间对市场的争夺愈加激烈。1929—1933年的世界性经济危机则是市场矛盾的总爆发。各主要资本主义国家都承受了极其巨大的损失,自由市场理论在这一系列的变化中遭到了重大挑战。1933年,罗斯福新政开始了国家干预经济的尝试。理论界的革命则始于1936年凯恩斯《就业、利息和货币通论》的出版。凯恩斯认为,资本主义自由市场的前提条件在于其完全竞争的市场机制,但是垄断的出现却开始破坏这种机制。失业严重、贫富分化加剧、外部化效应的存在、市场信息流动受阻、市场主体决策的分散化和非理性等等,最终导致了自由市场经济的失败。于是,凯恩斯主张用国家干预来代替自由竞争,试图用政府的超经济权力来弥补市场的不足。他认为,严重失业和经济危机的起因在于有效需求的不足。所谓有效需求,指的是商品总需求价格与总供给价格相等时的社会总需求,它又可分为消费需求和投资需求。而在资本主义市场经济中,由于自由市场的种种失败,在边际消费倾向递减规律、资本边际效率递减规律和流动偏好规律的作用下,消费需求和投资需求不足,从而有效需求不足,引发了严重的失业现象和经济危机。因此,凯恩斯认为救治资本主义的关键在于扩大有效需求,这就需要政府进行宏观控制,扩大消费和投资,以实现国民经济平衡($Y=C+I+G$)。于是,政府可以降低利率,大力增加公共投资和公共消费,并代替市场作出一些相关决策等,这就是政府的有效需求管理。它主要利用财政政策和货币政策来发挥其管理作用。在对外贸易方面($Y=C+I+G+X-M$),凯恩斯认为对外贸易将影响一国的有效需求,因此他也推崇重商主义的国家干预思想。他认为,贸易顺差将扩大有效需求,因为顺差所带来的黄金增加将可以扩大支付手段,降低利率,并刺激投资,这同样可以达到扩大就业的目的。逆差却会减少国民收入,加重失业,因此为了减少失业并缓和国内危机,凯恩斯主张加强国家在对外贸易中的干预作用,并保持贸易顺差,反对逆差。同时,他还提出对外贸易乘数理论。他认为,当一国外贸出现顺差时,贸易乘数的作用将导致国民收入倍增,由此凯恩斯认为贸易顺差越大,本国国民收入增加越多,从而就业和经济危机问题就能解决得越好,这就为资本主义国家的超保护贸易政策提供了理论依据。

凯恩斯的超保护贸易理论为国际贸易理论的发展提供了新的思路,把国家干预经济的职能进一步扩大到一国对外贸易中,这对资本主义经济的发展有着一定的现实意义。但是,它忽略了国际贸易发展的大趋势以及顺差所可能导致的一系列连锁反应。

六、产品生命周期假说

赫克歇尔-俄林资源禀赋理论隐含着各国生产同一产品所用技术相同的假设,而在现实生活中,技术是可变的,因此我们也有必要把技术看作一种独立的因素来考虑。技术进步对国际贸易也会发生影响。产品生命周期假说由雷蒙德·维农提出。他认为,随着技术扩散,产品也要经历一个产生、发展和消亡的过程。一般可将产品生命周期分为四个阶段。第一阶段即产品创新阶段。以美国为例,美国依靠技术优势,研制出了新产品,并开始在国内市场上销售。在这一阶段,美国垄断着这一新产品的生产和销售,产品也主要以技术密集型为主。第二阶段即产品成长阶段,这一阶段又分前后两个时期。在第一个时期,该新产品开始进入与美国经济发展水平相似、消费嗜好也相近的其他发达国家,并占有了这些国家的市场,产品也逐步成熟起来,生产规模扩大,产品成本下降,但技术扩散性使这些国家开始仿制该种新产品,并进入市场。由于运费大大减少和关税的忽略等因素,美国出口的产品逐渐处于价格竞争劣势,其出口市场逐步缩小。在第二个时期,其他发达国家参与出口竞争,由于自身生产经验的逐步丰富,并不断扩大生产规模,从而使成本下降,并因其工资相对于美国国内而言较低,因此不仅成为该产品的净出口国,而且其仿制品开始在国际市场上与美国出口品相竞争,并逐步取代美国。这一阶段产品以资本密集型为主。第三阶段,世界其他国家在进口该种产品后,也发生了产品的仿制,并且由于它们廉价的原材料和劳动力而使产品成本大幅度下降。美国则因国内生产成本的高昂,逐步放弃该种产品的生产,改从其他国家进口该种产品。至此,该产品进入了成熟阶段,又称标准化阶段。这一阶段的产品则是劳动密集型的(或称资源密集型的)。最后,该种产品的进口逐渐占据了美国市场。至此,产品生命周期在美国完结。当然,该种产品的生命周期还会继续在其他国家重复。这就是比较利益的一个动态发展过程。维农认为,成熟后的产品最后固定在不发达国家生产,并向发达国家出口,这主要是因为不发达国家工资成本较低,廉价劳动力和原材料优势将超过技术优势而使产品成本降低,从而使不发达国家在该产品的生产和出口上占有相对优势。但是,作为技术创新国的美国,由于其在产品生命周期最初阶段的技术优势,其所获益将远远超过因劳动力和原材料廉价优势而获益的处在生命周期末端的不发达国家。并且,美国技术优势将促使它不断地研究出新产品,并不断地把这些新产品引入世界市场,从而始终能站在新产品生命周期的最前端,始终处于相对优势地位。因此,其国际收支状况并不会因某种产品的衰退而恶化。当然,这同时也为不发达国家的发展指明了方向。不发达国家要努力地进行科技开发,重视教育,提高整体国民素质,在技术进步的基础上力争创新产品,改变自身在产品生命周期中所处的地位,进而改善在国际贸易中的地位。

此外,近年来由于跨国公司的迅猛发展,部门内贸易理论开始出现,这也是对国际贸易发生原因的一种新解释。

第二节 不同类型国家的贸易关系

在对国际贸易理论有了初步了解的基础上,本节主要论述第二次世界大战后世界各国之间对外贸易关系的发展。

一、发达国家经济关系的演变

1. 二战后各国经济力量对比的变化

第二次世界大战使资本主义国家之间的实力对比发生了巨大的变化,德、日是战败国,英、法两国遭到严重破坏,经济实力大大削弱,只有美国在战争中大发横财。战后初期,美国已确立了资本主义世界中的霸主地位,成为集政治、经济、军事优势于一身的超级大国。这一时期,美国出口贸易额占世界出口总额的1/3左右。但随着政治经济发展不平衡规律的作用,20世纪70年代初,美国所拥有的巨大的经济优势已逐渐被削弱。在国内,固定资本投资速度减慢,工资成本螺旋式上升,导致成本加成比率日益提高,劳动生产率优势减弱,出口商品竞争能力日益削弱。同时,日本和西欧的崛起,也使美国面临来自外部的巨大竞争压力。60年代中期,美国制成品出口仍占世界首位,但是1969年被联邦德国超过,1985年更位于日、德之后。1970年,美国出口额占世界出口总额下降到13.7%;1985年,该比率进一步降至11%,以后虽有反复,但其绝对优势已不复存在。外贸逆差急剧扩大,1987年高达1 736亿美元。1988年,美国由债权国变为债务国,并且债务比率不断扩大。总之,美国在20世纪70年代以后的经济实力已大幅度下降。

欧洲各国在二战中饱受战火摧残,二战结束后面临的首要问题便是欧洲经济复兴。1948年4月,美国国会采纳国务卿马歇尔的主张,通过了对外援助法案,这便是马歇尔计划。该计划决定向西欧各国提供大量的经济援助,但同时又要求各受援国必须保证美国在各国的各种利益,甚至要干涉各国内部预算。在美国的大力支持下,英、法、德等国经济迅速恢复。由于西欧各国地缘上接近,经济上历史性联系广泛,各国要求加强合作的呼声越来越高,并且为了摆脱美国的控制和与苏联抗争,西欧各国也希望通过联合来达到政治上的独立。1951年,德、意、荷、比、卢、法6国签订了《欧洲煤钢联营条约》,确定6国之间取消煤钢贸易关税和限额,协调运费率和价格,对生产进行干预。这其实是欧共体的前身。1958年1月1日,西欧6国进一步提高联合程度,正式成立欧洲经济共同体。按照共同体条约规定,共同体内部各成员国之间逐步降低直至取消关税和限额,对外实行统一关税率,实施共同农业政策,组成农产品共同市场。1978年,又建立了欧洲经济与货币联盟,这个联盟要求协调各成员国经济、财政、信贷政策,并发行统一货币,以大大加快西欧经济一体化进程。1973年,英国、丹麦、爱尔兰加入欧共体;1981年以后,希腊、葡萄牙、西班牙又相继加入。至1986年,欧共体已从最初的6国扩大到12国。1993年,欧共体改名为"欧洲联盟"之后,其一体化进程进一步得到发展。随着2004年5月东欧10国、2007年1月罗马尼亚和保加利亚、2013年7月克罗地亚的加入,以及2020年1月英国正式脱离该组织,欧盟现有27个成员国。

欧共体成立以后,对外贸易额迅速增长,在世界出口贸易中欧共体所占比重从1960年的33.2%提高到1988年的37.1%,远超过美国。成员国之间的贸易也增长迅速,1986年内部贸易占共同体出口总额的57.1%。在对外贸易结构中,工业制成品占主要地位,美、日一直是欧共体主要的贸易伙伴。对美贸易从1984年开始由逆差转为顺差,对日贸易则处于逆差。此外,欧共体各国还广泛发展与世界其他各国的贸易往来,这都有利于其经济发展。1988年,欧共体特别首脑会议批准将于1992年建立统一大市场,实现共同体内部商品、劳务、资本和人员的自由流动的计划。这将大大提高欧共体在世界经济中的地位和作用。《马斯特里赫特条约》的签订,使欧共体各国在政治、经济、文化等方面用一个声音讲话。随着"马约"的签订,欧洲联盟加速向欧洲统一大市场迈进。1999年1月,欧洲单一货币——欧元如期启动,标志着欧洲一体化又进入了一个新阶段。

在二战中,日本作为战败国,其经济也遭到了严重破坏,但是在美国的扶持下,日本经济恢复很快。首先,1950—1953年的朝鲜战争,使日本获得了大量的美国军事订货,这些外汇收入对日本进口原料和技术设备、重建工农业生产起了重要作用。其次,美国在日本推行市场经济改革,为日本造就了市场竞争的环境;同时,日美之间实行单一货币汇率,即1美元兑换360日元的固定比价,为日本重新进入世界市场提供了契机。日本的国民生产总值和工业生产总值分别于1954年和1956年恢复到战前最高水平;1967年,日本的国民生产总值超过联邦德国。

日本政府将"贸易立国"作为不变国策,而且一直把重点放在出口方面,这使其对外贸易额增长十分迅速,在世界贸易中的地位也显著提高。同时,日本特别重视教育、技术创新和技术引进在经济发展中的作用,这使其劳动生产率迅速提高,改变了工业结构和出口商品结构,增强了出口商品在国际市场的竞争能力。美国是日本最大的出口国,日对美贸易存在巨额顺差,同时日本在对欧盟各国的贸易中也存在着巨额顺差。日本还发展与东南亚各国以及世界其他国家和地区的广泛的贸易联系和经济合作,并不断加强其在世界经济中的地位和作用。

2. 发达国家间贸易关系的发展

二战后国际经济力量对比的重大变化,必然导致各国贸易关系的变化。

二战后至今,发达国家间的贸易发展已经历了四个时期,相互间贸易关系在不同时期有着不同的特点。第一时期即战后初期至20世纪70年代初。这一时期是发达国家经济上升时期,各主要资本主义国家贸易关系的发展主要有以下几个特点:① 各国出口贸易增长十分迅速,年平均增长速度不仅超过战前各国出口贸易的年增长率,而且还超过同期各国国民生产总值的年平均增长率。② 发达国家间相互贸易在各国贸易额中所占比重迅速提高。③ 各主要资本主义国家之间的贸易关系错综复杂,美国绝对的市场竞争能力在西欧、日本经济恢复之后日趋减弱。日、欧则想尽量摆脱美国的控制。欧共体的一致对外政策削弱了美国在欧洲的经济利益;日本经济的高速发展以及贸易立国战略也使美国的贸易地位受到了严重威胁。再看日欧贸易,其矛盾从20世纪60年代以来也不断激化,日对欧贸易长期保持顺差,并在一些主要产业部门与共同体市场发生竞争。由此可见,在经济上升时期,各发达国家间的贸易摩擦也日渐扩大。为此,在关税与贸易总协定的主持下,举行了多次减让关税的贸易谈判。通过谈判,各国间的关税水平大幅降低,对各国的贸易发展都起到了重大的促进作用。

第二时期即20世纪70年代初至80年代末。这一时期是发达资本主义国家经济缓慢增长、停滞与通胀加剧的"滞胀"时期,其贸易关系的特点主要表现为:① 滞胀对经济的威胁加剧了各国对世界市场的争夺,贸易保护主义加强。② 主要资本主义国家对外投资增长速度超过对外贸易增长速度,原因在于对外投资可以绕过贸易壁垒而获取高额利润。③ 国际服务贸易发展迅速,技术竞争成为发达国家贸易竞争的核心。④ 区域经济一体化趋势日益加强,欧共体不断加强内部合作,1993年实现欧洲统一大市场。1988年,美国也与加拿大签订自由贸易协议,协议实施之后,两国贸易额持续增长。日本也在努力希望建立一个以它为中心的亚太经济圈,以加强与亚太地区各国的交流合作。同时,在关贸总协定的主持下进行了第七轮和第八轮多边贸易谈判并取得了重大成果。这两轮回合对降低关税、削除非关税壁垒、协调各国的贸易政策、解决贸易争端起了重要作用。另外,七国首脑会议就世界经济的敏感问题和多边经济关系定期进行磋商,以协调发达国家之间的经济政策和行为。

第三时期即20世纪90年代初至2008年全球金融危机爆发前。进入90年代以来,世界经济格局发生了巨变,美国经济时冷时热,欧共体(欧盟)则进一步致力于内部经济的联合,以市场统一来提高其国际经济实力和地位,日本则加快其经济进程和对世界市场的占有。90年代发达国家贸易关系的一个最重要特点就是地区经济一体化的进程加快。① 美国和泛美经济联合。1992年8月,美国与加拿大、墨西哥共同宣布"北美自由贸易协定"最终达成协议,世界上最大的自由贸易区——美加墨自由贸易区在北美成立。同时,美国又与许多拉美国家签署了建立贸易和投资委员会的协议,尝试整个美洲地区经济一体化建设。② 欧洲一体化进程加速,货币一体化最终形成。1991年12月,欧共体12国签订的《政治联盟条约》和《经济与货币联盟条约》获各成员国通过,它确立了各成员国在经济、货币、政治、外交和安全等方面更加紧密的联系和合作。1993年11月,欧共体正式改名为欧洲联盟。随着1999年1月欧元的启动,2002年1月欧元正式流通,欧洲货币一体化正式形成。③ 日本的亚太计划。在错综复杂的国际经济关系中,日本需要寻求一个扎实的根基以集体的力量来对抗竞争,因此曾多次提出建立亚太经济圈的倡议和计划,但由于历史原因和美国的牵制,这一计划的实现条件还不成熟。

第四时期即2008年全球金融危机爆发至今。2008年金融危机的爆发是重塑国际经济关系的重要转折点,同样也带来发达国家之间的国际贸易关系重构,并主要表现在以下三个方面。① 发达国家之间的贸易遭受金融危机的巨大冲击,在危机期间出现大幅下滑。在2008—2009年的贸易大暴跌中,世界贸易的下降幅度大大超过 GDP 的跌幅。2010 年,全球贸易增长率有所回升,但之后又显著下降,贸易增长疲弱也是危机期间发达经济体和发展中经济体经济同步放缓的一个表现。② 危机之后的贸易修复显著迟缓,整体贸易增长态势疲弱。1985—2007 年,国际贸易迅速扩张,其速度大致相当于世界 GDP 增长率的两倍,然而,在 2008—2015 年却不及全球 GDP 增长率,世界贸易量的增长速度无论用实际水平衡量,还是相对于 GDP 增长率而言,在金融危机后都显著放慢,很少国家幸免。纵观二战之后的世界经济发展尤其是发达国家之间的国际贸易关系,贸易量增长相对于产出增长如此长时间的低迷是非常罕见的。③ 全球金融危机以来保护主义重新抬头造成危害,发达国家在寻求通过合作方式促进贸易增长的同时,关税削减速度和自由贸易协定覆盖率已经放慢,国际贸易体系进入明显的不确定状态。虽然到目前为止贸易政策对贸易增长放缓的影响有限,但是,如果保护主义措施更加盛行,那么它们可能对全球贸易产生严重不利影响。如何重新推进贸易自由化进程,以支持贸易增长和提高生产率,并恢复贸易与增长之间的良性循环,成为当今发达国家之间贸易关系所面临的新挑战。

二、发展中国家的对外贸易关系

1. 发展中国家的兴起

二战以后,世界范围内殖民地半殖民地民族解放运动蓬勃发展,到 20 世纪 70 年代初,亚、非、拉大多数国家已取得民族独立。为了进一步消除殖民主义的残余影响,改善发展中国家的地位,重建国际经济新秩序,1955 年亚、非 29 国在印度尼西亚万隆召开会议。在发展中国家的推动下,1964 年第一届联合国贸易和发展会议召开,共有 120 个国家的代表出席会议,会议通过了有利于发展中国家的一些规定,并成立了"77 国集团",这对旧的国际经济秩序有着强烈的冲击,标志着发展中国家已成为世界经济的一个重要力量。在发展中国家的努力下,1968 年召开了第二次联合国贸易和发展会议,会议就普遍的、非互惠的、非歧视性的关税优惠制通过了决议,于 1971 年 7 月 1 日起执行。这是发达国家向发展中国家提供的一种单向的优惠关税待遇。普遍优惠制的实施,增加了发展中国家商品流通总量,促进了发展中国家对外贸易的发展。发展中国家作为后起之秀,其增长潜力巨大。进入 70 年代以后,随着发达国家的增速减慢,发展中国家的经济增长速度快于发达国家。石油出口国依靠自身石油资源,从事大量外贸活动,人均国民生产总值甚至高出发达国家1/3以上;新兴工业国和地区,如韩国、中国台湾、中国香港、新加坡的增速更是惊人,它们由进口替代转向出口导向,并逐步建立起完整的工业体系。

进入20世纪80年代尤其是90年代中期以后,发展中国家国际贸易的发展尤其迅猛。1980—2014年,发展中国家作为一个整体,其货物与服务贸易的出口(以不变价格计算)达到了年均7.5%的增长率,远高于同期4.8%的GDP年均增长率。货物与服务贸易出口占GDP的比重(以当前价格计算)从20世纪70年代早期的平均19%上升到90年代的27%,以及2000—2010年的37%,并在2005—2008年上升到40%的峰值,之后随着金融危机的到来又有所下降(参见表6-3)。而发展中国家在世界制成品贸易中的比重更是从1980年的10%上升到了2014年的接近45%,极大改变了全球贸易的格局。当然,发展中国家的贸易增长并不均衡,不能一概而论。2000—2014年,以中国为代表的东亚、东南亚和南亚经济体占到了发展中国家制成品贸易总量的2/3,成为全球贸易增长最为活跃的地区。

表6-3 1970—2014年不同类别国家货物与服务出口占GDP的比重(%,以当前美元计算)

	1970—1979	1980—1989	1990—1999	2000—2009	2010—2014
发达国家	15.1	16.9	18.5	23.0	27.4
转型经济体	—	—	32.9	37.6	34.0
发展中国家	18.9	23.0	27.5	36.9	35.3
其中:					
非洲	22.6	21.4	24.5	31.9	31.4
拉丁美洲和加勒比海地区	13.2	16.3	15.3	22.5	21.2
东亚	14.0	26.2	35.3	42.4	37.2
东南亚	29.7	39.2	57.7	76.3	65.0
南亚	12.6	8.2	12.7	19.4	22.9
西亚	36.3	39.3	33.3	43.7	50.9

资料来源:UNCTAD, *Trade and Development Report: Structural transformation for inclusive and sustained growth*, 2016, p.102, www.unctad.org.

2. 南南经济合作

发展中国家在获得民族独立后,充分认识到要改变旧的国际经济秩序,加快民族经济的发展,必须加强发展中国家之间的经济关系。1949年1月由前苏东地区一些计划经济国家为主成立的经互会也是在这样的背景下出现的,但该组织由于自身的缺陷及国际经济形势的变化,已于1991年2月宣布解体。战后发展中国家经济关系发展的主要标志则是发展中国家之间的内部贸易的发展。1960—1970年10年间,发展中国家的相互贸易额增长了85%,20世纪70年代以后,发展中国家间的相互贸易已成为发展中国家对外贸易增长的重要动力。发展中国家制造业的迅速发展,加快了发展中国家间工业制成品贸易的发展,使其对发达国家的依赖有所降低,2000年以来,发展中国家之间的相互贸易额更是增加了一倍多。尤其是发展中国家的普通工业制成品出口,在发展中国家的内部市场占据越来越重要的地位。但是,发展中国家之间的贸易还受到许多因素的限制:① 发展中国家各国经济发展不平衡,使贸易分布不平衡,为数众多的国家仍因经济发展处于较低水平而市场狭窄;② 发展中国家的经济发展很不稳定,市场容量容易受到经济波动的牵制;③ 发展中国家工业生产结构很不完整,使得内部出口的商品结构也带有这个特征。因此,发展中国家工业品出口和进口都对发达国家的市场拥有不可替代的依赖性。但是不论怎样,发展中国家内部贸易的迅速发展正在对国际经济关系的格局产生深刻影响。

为了进一步扩展贸易,发展各国经济,发展中国家间建立了地区性经济组织和行业性的经济组织。地区性经济组织主要可分为三类:① 自由贸易区,如拉丁美洲自由贸易协会、阿拉伯经济联盟理事会等;② 关税同盟,如安第斯集团、中非关税及经济联盟等;③ 共同市场,如中美洲共同市场、加勒比共同体等。它们一般从建立关税同盟、创立成员国内部优惠贸易市场开始,逐步扩大经济合作的内容和范围。

行业性经济组织更多以区域为基础而建立,如阿拉伯石油输出国组织、非洲国家咖啡组织、东南亚木材生产者协会、加勒比食糖出口国集团。属于世界范围的,如石油输出国组织、国际铝土协会、铜矿出口国政府联合委员会、钨生产协会、可可生产者联盟、天然橡胶生产国协会等等。它们首先协调出口价格,以避免生产国之间发生价格战,以便在国际谈判中采取联合行动;其次也进行生产协调,必要时限产保价;最后还进行信息和技术交流,促进成员国的生产发展。

当然,尽管发展中国家在经济联合与合作方面采取了许多措施,取得了较大成功,促进和加强了发展中国家间的经济联系和相互依赖,但是南南合作并不能取代南北经济关系,发展中国家在资金、技术上还不能完全摆脱发达国家,发展中国家间的政治分歧和历史遗留问题干扰着它们的合作进程。

3. 南北经济关系

南北贸易关系具有特殊的意义。对发展中国家而言:① 向发达国家出口是发展中国家获得经济增长的重要动力。由于发展中国家经济发展水平低,自身消费能力弱,因此出口是生产扩大的重要基础。② 向发达国家的出口是获取外汇的主要来源,这对发展中国家的工业化进程尤为重要。因为获取外汇多少从根本上决定着设备和技术进口的规模。③ 通过进口引进设备和技术是发展中国家加快工业化步伐、取得较快发展的必由之路。而对发达国家而言:① 从发展中国家进口原料和燃料是其工业存在和发展的基础。② 国际分工使一些传统产品的生产转移到发展中国家。从发展中国家的进口既是对其整体经济结构的一种补充,又是对不可缺少的消费需求的一种满足,对发展中国家的出口亦存在着结构上的非替代性,许多产品还必须面向发展中国家,因此南北经济关系具有市场结构上的互补和不可替代性,双方贸易的增长直接牵动着整个经济增长。

总之,发展中国家随着自身实力的增强,在国际经济中的地位正逐步提高,这对南北关系的发展也起了较大的促进作用。但是南北经济关系并不是对称的,表现在以下方面:① 市场依赖结构的不对称。南方对北方市场依赖的程度远大于北方对南方市场的依赖程度,发达国家的经济变动易对发展中国家造成较大冲击。② 贸易产品结构的不对称。发展中国家出口仍以初级产品和低端工业制成品为主,进口以高端工业制成品为主,基本格局并未变化,但是初级产品价格的不稳定和长期下降趋势使发展中国家处于不利地位。可见,南北关系改善和健康发展还要依赖于各发展中国家的自身经济变革,建立起完善的民族工业体系,提高产业结构层次,加强教育和技术更新、创造,提高劳动生产率,并积极参与国际竞争。

第三节 从关税与贸易总协定到世界贸易组织的国际协调

第二次世界大战结束之后,国家间的经济合作与竞争渐渐成为经济发展的趋势,作为调节世界经济的三大支柱的国际货币基金组织、世界银行和世界贸易组织(其前身为关税与贸易总协定)应运而生,并推动了全球性的经济发展。在国际贸易关系的发展中,协调作用最广泛、影响范围最深远的首推世界贸易组织(关税与贸易总协定)。

一、关税与贸易总协定的成立及其作用

关税与贸易总协定(General Agreement on Tariffs and Trade, GATT)是美、英、法等23个国家政府间于1947年缔结的旨在降低关税和减少贸易壁垒的有关关税和贸易政策的多边国际协定。总协定经过近半个世纪的发展,其内容不断完善,缔约方也不断增加,截至1994年已有100多个国家和地区。

关税与贸易总协定的产生是有一定历史背景的。二战末期,美国已成为世界经济霸主,高关税政策既不利于其国内经济的发展,也不利于其对外扩张,称霸世界。为此,二战刚结束,美国便向联合国经济社会理事会提议召开世界贸易和就业会议并建立国际贸易组织,以实现贸易自由化。1946年2月,联合国经社理事会接受建议,成立筹备委员会。同年10月,召开了第一次筹委会,讨论美国提出的国际贸易组织宪章草案。1947年4月,召开第二次筹备委员会,并通过了宪章草案。同年10月,在哈瓦那举行的联合国贸易和就业会议上审议并通过了《哈瓦那国际贸易组织大宪章》,送交各国政府批准。由于美国等一些国家的立法机构认为,这个宪章与其国内立法存在差异,干预了国内立法,未予批准。这样,国际贸易组织宣告夭折。但原来参与联合国贸易和就业会议的国家认为,国际贸易组织宪章虽未批准,但它们仍可以就相互减让关税问题进行谈判,并达成一系列关税减让协定。这样,在关税减让谈判中达成的协议和哈瓦那宪章中有关贸易政策的内容合在一起便形成了关税与贸易总协定。经签署"临时适用协定书",于1948年1月1日开始实施。关税与贸易总协定全文包括序言和4个部分。原为34条,后增为38条。序言规定了关税与贸易总协定的目的,即"提高生活水平,保证充分就业,保证实际收入和有效需求的巨大持续增长,扩大世界资源的充分利用以及发展商品生产与交换"。又提出了要达到这个目的所采取的手段,即"切望达成互惠互利的协议,导致大幅度地削减关税和其他贸易障碍,取消国际贸易中的歧视待遇"。序言的文字虽少,但已列出了关贸总协定协调国际贸易关系的一些重要原则,如无歧视待遇原则、互惠原则、大幅度削减关税和其他各种非关税壁垒等。具体如何协调各国对外贸易关系,在关贸总协定的正文中得到了充分的体现。正文的重要内容可归纳为两个方面:一是缔约国承担的义务;二是关于这些义务的例外情况的处理。

二战后的半个世纪中,作为协调世界经济和贸易关系的关贸总协定,在国际经济生活中影响是巨大的。其作用主要表现在:① 在互惠互利基础上,大幅度降低了关税;② 消除了一些非关税壁垒;③ 为各缔约方制定了一套处理国际贸易关系的原则和方法,有利于解决缔约方之间的贸易纠纷;④ 增加了贸易透明度,促进各国经贸关系的发展;⑤ 为各国在经济贸易上的谈判和对话提供场所;⑥ 促进国际服务贸易、知识产权的保护和投资的发展。

二、关贸总协定适用的基本法律原则、例外和"灰色区域"措施

如上所述,关税与贸易总协定是一个调节各缔约方对外贸易政策措施和国际经贸关系的多边贸易协定。在其贸易自由化的目标下,各国对外贸易关系主要通过关贸总协定适用的基本法律原则来协调。当然也存在例外和"灰色区域"措施。基本法律原则包括:

(1) 无歧视待遇原则。这是关贸总协定最基本的原则之一。它规定,一缔约国在实施某种限制或禁止措施时,不得对其他缔约国实施歧视待遇。

(2) 最惠国待遇原则。即缔约方一方现在和将来给予任何第三方的优惠和豁免,也应给予所有其他缔约方。

(3) 国民待遇原则。即指缔约国之间相互保证给予另一方的公民、法人和商船在本国境内享有与本国公民、法人和商船的同等待遇。

(4) 互惠原则。在国际贸易中,互惠是指两国互相给予对方以贸易上的优惠待遇。

(5) 透明度原则。缔约方应在经贸方面有透明度,即各缔约国及时公布各种有关经济贸易的数据、法规、条例、决定等。

(6) 关税减让原则。要求各缔约方通过谈判逐渐降低关税,以实现贸易自由化。

(7) 取消数量限制原则。要达到这一目标,关贸总协定强调要消除一切非关税壁垒,如进出口许可证、配额、外汇管制等等。

关贸总协定在规定基本法律原则的同时,也允许在某些特殊情况下可以有例外。例如:在无歧视待遇原则下,政府为支持经济发展而对进口采取的紧急措施等,可作为例外;在国民待遇原则下,缔约国为维护公共道德,为保障人民或动植物的生命或健康,对进口产品实施有别于本国产品的待遇,即为例外;在关税减让原则下,对某些敏感性商品及部分农产品可在一定时期内不受关税减让的约束。关贸总协定的例外条款,体现了总协定的灵活性,但同时也要加以适当的控制,防止某些缔约方逃避国际义务。

某些国家为推行贸易保护主义,采取了"灰色区域"措施。所谓"灰色区域"措施是指成员国采取在关贸总协定法律原则的规定边缘之外的某些贸易政策措施,如自动出口限制、有秩序的销售安排等,这些措施处在总协定实施过程中为监督措施所不及的漏洞之中,它既不是合法的,也不是非法的。当然,它是与关贸总协定国际协调的做法相悖的,广大发展中国家是这些措施的最大受害者,因此必须适时适量地加以限制。

三、世界贸易组织逐步取代关税与贸易总协定的背景及其若干特点

关贸总协定经过40多年的发展,其规范领域不断扩大,在发展自由贸易、抑制贸易保护主义、促进经济发展方面起了举足轻重的作用。但是,每隔几年就出现一次多边贸易谈判新回合,这又充分说明贸易保护主义仍时有抬头的欲望和趋势,且非关税壁垒又有所增加,已达2 500余种。可见,国际贸易内涵的扩大,国际经济格局的重组,既给总协定的多边贸易体系的发展注入了活力,同时也日益凸显其职能的局限性,这一矛盾的冲撞导致了世界贸易组织的建立。

世界贸易组织(World Trade Organization,WTO)是乌拉圭回合的重大成果,它已于1995年1月1日正式生效运转,并逐步取代关贸总协定而成为国际多边贸易体制得以运转的基础和法律载体。与关贸总协定相比,它在强化和完善世界多边贸易体制职能作用和规范国际贸易竞争规则方面取得了许多新的进展。它作为一个正式的国际组织,进一步明确、规范和量化了总协定文本中的一系列模糊不清的贸易与法律概念;扩大和拓宽了多边贸易体制的协调领域与范畴;强化了现有的贸易政策与保障条款;完善了争端解决机制,建立了贸易政策审议机制;较充分地反映了发展中国家经济发展水平。

四、世界贸易组织在多边贸易体系中的作用及发展困境

世界贸易组织是根据《维也纳条约法公约》正式批准生效而成立的国际

组织,替代了原有的关税与贸易总协定,为处理和协调成员方的多边贸易关系提供了一个重要的框架机制。作为全球性的贸易机构,它致力于为全球商业活动制定规则,为成员方解决纷争,并为降低贸易壁垒提供一个用以谈判的国际平台。目前,世界贸易组织涵盖了全球98%以上的贸易,并吸引新成员不断申请加入,其原因主要就是为了获得一个全球市场的非歧视入口,以及获益于基于规则的贸易系统的安全性。

有关世界贸易组织运行最重要的文件是乌拉圭回合达成的《建立世界贸易组织的马拉喀什协议》,该协议由文案的16条和4个附件所组成,其内容包括从农业到纺织品与服装,从服务到政府采购,从原产地规则到知识产权和投资的各项内容。案文本身就世界贸易组织的结构、决策过程、成员资格、接受加入和生效等程序性问题做了原则规定。而有关规范和管理多边贸易关系的实质性原则以及规范多边贸易竞争规则的实质性规定,均体现在4个附件中。4个附件包括13个多边货物贸易协议、服务贸易总协定和知识产权保护协议(这三项构成附件一)、争端解决规则与程序谅解(附件二)、贸易政策审议机制(附件三)以及4个诸边协议(附件四)。

1. 世界贸易组织在国际贸易中的作用

世界贸易组织成立以来,通过执行乌拉圭回合协议与协定,有力地促进了世界贸易的发展,在世界多边贸易体系中起到了举足轻重的作用,主要体现在:

(1)较大幅度地降低了关税水平,有力地促进了国际贸易的发展。世界贸易组织的主要任务,就是主持举行全球多边贸易谈判,消除各种贸易壁垒,促进世界贸易的发展。目前,谈判的重点已由原来的关税壁垒向非关税壁垒转移。

(2)规定了国际贸易中的各项原则,维护着国际贸易的有序进行。世界贸易组织是多边贸易体系的法律基础和组织基础,它制订了多边贸易规则并为各缔约方普遍接受,从而为整个世界多边贸易体系的顺利进行搭建了框架。

(3)为各国在经济贸易方面提供了谈判与合作的场所。作为一个正式的国际组织,世界贸易组织的平台范围之广、影响之大是原有的关税与贸易总协定所无法比拟的。各个成员方可以通过集体辩论和谈判等形式,更好地交流、沟通和协调。

(4)为调解国际经济贸易纠纷发挥了关键性的作用。乌拉圭回合所达成的《关于争端解决规则与程序的谅解》,建立了世界贸易组织争端解决机制。该机制适用于多边贸易体制所管辖的各个领域,并克服了旧机制的缺陷,通过迅速有效地解决成员方之间的贸易争端,使多边贸易协定的遵守和执行得到更大的保障。

(5) 实施一些有利于发展中国家的条款,使发展中国家的对外贸易得到进一步发展。世界贸易组织无法使所有成员完全平等,但却在努力减少其成员间的不平等。它对发展中国家和贸易小国的利益给予足够的重视,并通过"完全协商一致""一成员一票"等决策机制有效地维护发展中国家在多边贸易体系中的利益。

鉴于世界贸易组织在建立和维护一个有序、有效、公平的多边贸易体系中所发挥的积极作用,越来越多的国家和地区正日益融入这一贸易体系,国际贸易与经济交流得到了空前的发展。我国于 2001 年 12 月 11 日正式成为世界贸易组织的一员。

2. 多哈回合谈判及世界贸易组织的发展困境

2001 年 11 月,在卡塔尔首都多哈举行的世界贸易组织第四次部长级会议启动了新一轮多边贸易谈判,它是自 1995 年 1 月 1 日世界贸易组织正式成立以来的首次多边贸易谈判。多哈回合的宗旨是推动世界贸易组织成员削减贸易壁垒,通过更公平的贸易环境来促进全球特别是较贫穷国家的经济发展,谈判包括农业、非农产品市场准入、服务贸易、规则谈判、争端解决、知识产权、贸易与发展以及贸易与环境等八个主要议题。作为多边谈判,多哈回合涉及了所有的世界贸易组织成员方,尤其是其中以美国、欧盟各国等为代表的核心发达国家,以及由巴西、印度、中国等主要发展中国家组成的"20 国协调组"起到了关键作用。

根据预设的谈判进程表,多哈回合应在 2003 年墨西哥坎昆举行的第五次部长级会议上取得实质性合意,框架谈判结束是 2004 年 7 月 31 日,而最后谈判完成是在 2005 年 1 月 1 日。但由于农业问题成为导致成员方之间尖锐对立的焦点,各方在农业市场准入、农业补贴以及非农产品市场准入等问题上分歧严重而始终无法达成合意,多哈回合谈判事实上在 2005 年之后就陷入僵局。在 2007 年美国次贷危机爆发前,随着全球失衡现象的加剧,为进一步加强多边贸易并减少贸易保护主义风险,通过贸易改革降低壁垒、推进资源有效配置,讨论恢复多哈回合多边贸易谈判的呼声就已不断高涨。但随着 2008 年全球金融危机的开始,谈判中出现更多难以弥合的鸿沟,进展更加困难。于是美国等发达国家纷纷看淡世界贸易组织的发展,对多哈回合谈判失去耐心,逐渐把重点转移到了《跨太平洋伙伴关系协定》(Trans-Pacific Partnership,TPP)、《跨大西洋贸易与投资伙伴协定》(Transatlantic Trade and Investment Partnership,TTIP)、《诸边服务业协议》(Plurilateral Services Agreement,PSA)等的谈判以及缔结双边或区域自由贸易协定方面。

但随着2013年5月巴西人罗伯托·阿泽维多当选为世界贸易组织新的总干事,多哈回合谈判出现了转机。阿泽维多认为各种区域性的贸易协定是建立在世界贸易组织规则基础之上的,因此需要强化世界贸易组织并重启多哈回合谈判。此外,虽然从全球金融危机爆发以来国际贸易领域保护主义思潮暗流涌动,阻碍着多哈回合谈判取得进展,但贸易自由化趋势仍然难以消减。在这样的背景下,2013年12月7日,世界贸易组织第九次部长级会议在印度尼西亚巴厘岛就"早期收获"达成一致,通过了被认为挽救多哈回合的《巴厘一揽子协议》。

《巴厘一揽子协议》包含贸易便利化、农业、棉花、发展与最不发达国家四项议题共10份协定,体现了各参与方在议题之间的利益平衡与农业等某些重要议题内部的利益平衡。这是世界贸易组织自1995年成立以来形成的首份多边贸易协定,为历经近13年艰苦谈判的多哈回合注入了新的动力,也为处在低迷中的世界经济创造了新的增长来源。其中,贸易便利化方面除了部长决议之外,还通过了《贸易便利化协定》(Agreement on Trade Facilitation),这是多哈回合"早期收获"所达成的唯一一部完整的协定,处于会议成果的核心地位,是发达成员关注的优先议题,也是各方妥协的结果。

《贸易便利化协定》的实施将大大推动多哈回合谈判,以及贸易进一步便利化和自由化,影响各成员方海关制度乃至贸易制度的改革,对于世界贸易组织多边贸易体制的发展有很大的意义。贸易便利化是指国际贸易程序,包括国际货物贸易流动所需要的收集、提供、沟通及处理数据的活动、方法和手续的简化和协调,涉及的内容十分广泛,几乎包括了贸易过程的所有环节,其中海关与跨境制度是问题的核心,此外还包括运输、许可、检疫、电子数据传输、支付、保险及其他金融要求、企业信息等诸方面。贸易便利化对提高全球贸易政策透明度、改善边境措施效率、降低贸易成本、提升海关等基础设施现代化与标准化水平具有重要的意义。根据世界贸易组织规定,《贸易便利化协定》从设计的一开始就被放到了世界贸易组织法律框架之中,并将在三分之二以上成员走完内部批准程序后生效,成为世界贸易组织规则的一部分。

更加自由的多边贸易体制虽然为各成员发展国际贸易带来了明显的好处,但是在谈判过程中,因为涉及发展程度、禀赋优势差异极大的各方利益的进退取舍,谈判始终十分艰难。虽然迄今已经取得了《贸易便利化协定》等重要成果,但发展目标尚未实现,发达成员和发展中成员在农业等问题上的分歧仍然难以消除。多哈回合是否能进一步取得有效突破?是否应继续存在?甚至世界贸易组织本身作为全球多边贸易体制的未来命运也成为被大家始终关注的焦点议题之一。导致目前全球多边贸易体制出现重大困境的主要原因在于以下三个方面。

首先在微观层面,发达成员和发展中成员在农业政策问题上陷入谈判僵局。由于包括美国、日本、印度等在内的相当部分成员方不愿在农产品出口竞争议题上做出让步,多哈回合虽历经多次谈判,但均未有更多进展,甚至引发关于是否取消多哈回合的争议。但2015年12月的内罗毕部长级会议也取得了一些重要进展,该会议达成一揽子协议,成员方首次承诺,全面取消农产品出口补贴。根据协定,发达成员必须立即取消它们的农产品补贴政策,发展中成员必须在2018年底前终结对农产品的直接出口支持,但一些成员方被允许放宽到2023年,这可以说是世界贸易组织历史上在农业方面最重要的成果。

其次在中观层面,受区域自由贸易安排迅速发展的影响。多哈回合谈判的长期停滞不前无疑打击了各成员方希望通过多边贸易体系推动贸易自由化并深化贸易得益的信心和耐心,这一点在2008年的金融危机后越发显著。以美国为例,它曾同时在其国土的东西两岸推动TPP和TTIP,而东亚地区也以东盟为核心,不断推进着RCEP以及亚太自由贸易区的谈判,中国在2013年之后提出的"一带一路"倡议构想,也为推进新型地区经济合作创造了条件。这些多样化区域经济合作路径的拓展,在一定程度上冲淡了对于多边贸易体制的关注和热情。

最后在宏观层面,受"逆全球化"浪潮的影响。各成员方尤其是以美国和部分欧洲国家为代表的发达成员内部,在全球化和"去工业化"过程中由收入不均等效应所带来的社会矛盾日趋尖锐,贸易保护主义的阴霾也随之再次扩散,这对于以世界贸易组织为核心的全球多边贸易体制的发展和深化显然是不利的。

基本概念

绝对优势说　相对优势说　赫克歇尔-俄林资源禀赋说　李斯特的保护贸易理论　关税与贸易总协定（GATT）　世界贸易组织（WTO）　最惠国待遇原则　国民待遇原则　透明度原则　知识产权

思考题

1. 试述绝对优势说、相对优势说和赫克歇尔-俄林资源禀赋说三种国际贸易理论的联系和区别。
2. 简述赫克歇尔-俄林资源禀赋说的主要内容。
3. 请画出雷蒙德·维农产品生命周期说的模型，并简述这一理论的主要内容。
4. 请对关税与贸易总协定的意义和作用做一历史评价。
5. 试述关税与贸易总协定的基本法律原则、例外和"灰色区域"措施。
6. 简述世界贸易组织逐步取代关税与贸易总协定的原因。
7. 与关税与贸易总协定相比，世界贸易组织有哪些新特点？
8. 发展南北经贸关系对各自经济的发展有什么特殊意义？
9. 简述世界贸易组织在世界多边贸易体系中的作用。
10. 试分析导致目前全球多边贸易体制出现重大困境的主要原因。

第七章 国际金融关系

自从发生了国际经济交往后,就产生了国际金融关系。特别是第二次世界大战后几十年内,随着国际政治、经济、文化交往的增加,人员、商品、资金的流动也越来越多。二战后国际贸易的增长速度大大超过了世界工业生产的增长速度,而国际金融交易的增长速度又大大超过了国际贸易的增长速度,国际金融关系得到了空前的发展。

国际金融关系是国际金融学研究的一部分,主要研究国际货币关系以及为调节国际货币关系而形成的国际货币体系。

国际金融关系的实质就是国际货币体系。

国际货币体系是指国际交易结算时所采用的货币制度,即关于国与国之间进行支付的一套规定、做法和制度。它一般包括三方面主要内容:① 国际储备资产的确定。为了适应国际支付的需要,一国必须保持一定数量的国际储备资产。使用什么货币作为国际支付货币,一国应持有何种国际储备资产,这会因实行的国际货币体系种类的不同而有差异。在国际金本位制的情况下,国际储备资产是黄金。第一次世界大战后,黄金与外汇共同作为储备资产。二战后,主要储备资产是美元和黄金,美元比重逐渐增大。1970年以后,特别提款权(SDR)也成为国际储备资产,不过比重较小。时至今日,欧元、英镑、日元以及人民币等都正在成为日趋重要的国际储备资产,一种多货币储备体系已经形成。② 汇率制度的确定。即一国货币与其他货币之间的汇率应如何决定和维持,才能顺利地将一种货币的购买力转化为其他货币的购买力。此外,一国是采取固定还是浮动的汇率制度,各国政府是否共同规定市场汇率波动幅度及干预汇率波动的措施等等。③ 国际收支的调节方式。当国际收支失去平衡时,各国政府采取什么方法来弥补这一缺口,各国之间的政策措施又如何互相协调。在不同的国际货币体系下,调节方式是不一样的。

理想的国际货币体系应能促进国际贸易、国际信贷和国际资本流动的发展,它主要体现在能够提供足够的国际清偿能力并保持国际储备资产的信心,以及保证国际收支的失衡能够得到稳定而有效的调节。

第一节 国际金本位制

一、国际金本位制的形成

世界上首次出现的国际货币制度是国际金本位制,国际货币体系的研究也要从国际金本位制开始。金本位制是以一定量黄金为本位货币的一种制度。本位货币是指作为一国货币制度的基础的货币。在金本位制下,黄金具有货币的全部职能,即价值尺度、流通手段、贮藏手段、支付手段和世界货币。

英国作为当时最发达的资本主义国家,于1816年开始实行金本位制。那时英政府颁布铸币条例,发行金币,规定1盎司黄金为3英镑17先令10.5便士,并允许金币的自由铸造和自由输出入,但英国实行金本位制,还不能形成国际金本位制度,直到19世纪后期,金本位制被资本主义各国普遍采用,国际金本位制才自动形成。由于当时英国是世界经济和金融活动的中心,英镑与黄金具有同等重要的地位,所以当时的国际货币体系实际上是以英镑为中心、以黄金为基础的国际金本位制度。

国际金本位制究竟在何时形成,其说法不一,但一般可以认为它大致形成于19世纪70年代,因为欧美的一些主要资本主义国家在这一时期先后在国内实行了金本位制。

二、国际金本位制的特点和作用

国际金本位制的特点及其作用体现在以下方面。

(1) 在金本位制下,各国用黄金来对它们的货币定值,币值比较稳定,给国际贸易和国际资本流动以准确的核算依据,这就促进了商品的流通和信用的扩大,从而促进了世界经济的发展。

(2) 各国货币都规定有含金量,它们之间的兑换率就由它们的含金量比例决定。例如:1美元的含金量规定为23.22格令,1英镑的含金量为113.0015格令,则英镑对美元的汇兑平价为1英镑=4.8665美元,这种兑换率叫法定平价。由于外汇供求关系,外汇市场的实际汇率围绕法定平价上下波动,其波动幅度不会超过平价加减黄金的运输成本。也就是说,汇率波动的最高限度是法定平价加黄金运输成本,即黄金输出点。当汇率超过黄金输出点时,外汇需求者则会购买黄金,输出国外,进行国际支付或套利。同样,汇率下跌的最低限度是法定平价减去黄金运输成本,即黄金输入点。如果低于这个点,黄金就会被输入。

(3) 国际金本位制能够自动调节国际收支。国际金本位制要发挥自动调节的作用,就要求各国遵守三项规则:一是各国应以黄金表现其货币价值,并以此决定各国货币的交换比例;二是各国的黄金可以自由输出入,各国金融当局应随时按官方比价无限制地买卖黄金和外汇;三是各国发行纸币应受黄金储备的限制,这就使各国的国内货币供给额因黄金流入而增加,因黄金流出而减少。在上述规则得到遵守的前提下,金本位制将自动调节国际收支。其调节过程如下:当一国发生对外收支逆差时,将引起汇率的变动,当变动幅度超过黄金输出点时,就会引起黄金外流,于是国内的货币供应量减少,导致物价和生产成本的下降,即本国产品的竞争力增强,这样就会扩大出口,减少进口,对外收支转为顺差,黄金就会流入;反观顺差国,由于黄金的输入使银行准备金增加,从而国内货币供应量增加,物价和生产成本均上升,这样会扩大进口,减少出口,对外收支转为逆差,黄金又会流向国外。最后纠正国际收支的不平衡,制止黄金流动。这就是英国经济学家休谟最先于1752年提出的"物价与金币流动机制"。

(4) 国际金本位制有助于促进国际资本流动。当一国发生国际收支顺差时外汇的供应将大于需求,外汇汇率下降,当汇率下降超过黄金输入点时,就会引起黄金流入,从而增加货币发行的准备金,增加货币发行量,于是银根放松,短期利率下降。当国内利率低于国外利率时,就会产生套利活动,促使短期资金外流。短期利率的下降一般也会促使长期利率的下降,引起长期资金的外流。如一国发生国际收支逆差,则情况刚好相反。这种资金流动,可以暂时改善国际收支,起到"缓冲器"作用,以减轻国内经济面临紧缩的痛苦。

三、国际金本位制的缺陷

国际金本位制有以下几个缺陷。

(1) 国际金本位制的自动调节机制并不像理论上所说的那么完善,其作用的发挥要受到许多因素的限制。首先,它要求各国严格遵守三项规则,而没有一个国际机构监督执行。资本主义国家的政府职能发展到一定阶段之后,就必然对经济实行政策干预,国际收支顺差的国家可以将盈余冻结,使之不影响物价水平,以便获得更多的盈余,于是调节负担全部落在逆差国身上。这样,价格与黄金之间的关系就被破坏了,从而金本位的自动调节机能难以实现。其次,一国发生顺差,不一定要输入黄金,可以利用资本输出,如对外贷款和投资来减少顺差。同样,逆差国也不一定总要输出黄金,它可以利用国外贷款来弥补逆差。这样,贸易失衡就难以通过双方货币供应量和价格的相反变动来得到纠正。

(2) 在金本位制下,国内的货币供应量要受黄金供应量的限制,而且世界黄金产量的波动直接引起价格的波动,不利于经济稳定发展。另外,由于新开采的黄金数量不足,金本位制不能保证货币供应量因经济发展的需要而相应增加,国内购买力只能在黄金增加的情况下才能增加。这就造成通货供应不足,而限制经济增长,因此金本位制带有紧缩倾向。

(3) 在金本位制下,为了实现外部的平衡,要以放弃国内经济目标为代价。比如国际收支逆差将使黄金外流,进而导致国内货币供应量减少,造成银根紧缩,从而对国内经济形成紧缩性影响,容易形成产业萧条和严重的失业。

四、国际金本位制的解体

随着资本主义国家之间生产的发展越来越不平衡,资本主义矛盾激化,破坏国际货币体系稳定的因素也日益增长起来。到1913年末,英、美、法、德、俄5国占有世界黄金量的2/3,由于绝大部分黄金由少数国家占有,其他国家的货币基础就削弱了。另外,一些国家为了备战,政府支出急剧增长,大量发行银行券,于是黄金的兑现越来越困难,这就破坏了自由兑换的原则。在经济危机时期商品输出减少,国际收支逆差,引起黄金大量外流,各国纷纷限制黄金流动,这就使黄金不能在国家间自由转移。由于维持金本位制正常运行的一些必要条件逐渐遭到破坏,国际金本位制的稳定性失去了保证。第一次世界大战爆发后,各国均实行黄金禁运和停止银行券兑现,而且实行自由浮动的汇率制度,国际金本位制暂时停止实行。

五、第一次世界大战后的金本位制

第一次世界大战摧毁了金币本位制,但美国在战后不久就恢复了黄金的自由兑换。20世纪20年代中期,尽管金币不再流通,各个主要的资本主义国家相继恢复了金本位,但此时的国际金本位制已不是战前的那种金币本位制,而是金块本位制或金汇兑本位制。英国于1925年实行金块本位制,法国于1928年也实行这种制度。在金块本位制下,货币单位仍规定含金量,但不再铸造金币和实行金币流通,只有银行券参加流通,银行券在一定数额以上才可按含金量兑换金块。例如,在英国,兑换金块的最低数量为相当于400盎司黄金的银行券(约合1 700英镑)。这种币制的最大优点在于最大限度地节约了黄金,而以储备货币作为黄金的补充,有利于摆脱黄金产量对世界生产增长的限制。

金汇兑本位制亦称"虚金本位制"。实行金汇兑本位制的国家,国内不流通金币,而只能流通银行券,银行券只能兑换外汇,这些外汇在国外才能兑换黄金。实行这种制度国家的货币,与另一实行金本位制国家的货币保持固定的比价,并在该国存放大量外汇或黄金,以备随时出售外汇。显然这种币制带有依附性,因而一般为殖民地和附属国所采用。

由于一战期间停止了黄金的兑换,并且战后各国的通货膨胀率和经济发展速度有很大差异,所以战后人为恢复的金平价和固定汇率并没有基础,它不是均衡汇率,因而很难维持。另外,随着资本主义国家危机的加深,各国往往着重国内经济稳定,不愿遵守金本位制的"比赛规则",因而国际收支的自动调节机能也失去作用。

1929年爆发的世界性经济危机和1931年的国际金融危机,终于瓦解了国际金汇兑本位制。1937年以后,世界上没有任何一个国家实行任何一种形式的金本位制。

总之,国际金本位制的崩溃有以下几个原因:一是各国政府干预经济违背了金本位制要求的自由竞争前提;二是各国经济发展不平衡导致黄金分配不均,削弱了部分国家实行金本位制的基础;三是货币黄金的供应量不能保持与世界生产同步增长。

第二节 布雷顿森林体系

一、布雷顿森林体系的建立

早在第二次世界大战结束之前,美英等国就着手制定战后的经济重整计划,希望避免两次大战之间的那种混乱的世界经济秩序。美英两国都制订了目的在于稳定汇率、促进国际贸易与投资发展的国际货币体系方案。1944年7月,44个国家的300多位代表出席了在美国新罕布什尔州的布雷顿森林镇召开的国际金融会议,讨论了这些方案,最后签订了布雷顿森林协定。由此产生的国际货币体系也被称为布雷顿森林体系。

第二次世界大战使西方资本主义国家之间的实力对比发生了巨大的变化。1945年,英国的民用消费品生产只有1939年水平的一半,出口额还不到战前水平的1/3,国外资产损失达40亿美元,对外债务达120亿美元,黄金储备降至100万美元。尽管如此,英镑仍然是一种主要的国际储备及国际结算货币。而战争结束时,美国的工业制成品占世界工业制成品的一半,其对外贸易占世界贸易总额的1/3以上,国际投资急剧增长,已成为世界最大债权国,其黄金储备约占资本主义世界黄金储备的59%。

英国想保持它的国际地位,而美国想建立美元霸权,于是,两国政府都从本国利益出发,设计新的国际货币体系,并于1943年4月7日分别发表了各自的方案,即美国的"怀特计划"和英国的"凯恩斯计划"。

凯恩斯计划希望保持汇率变动的灵活性,主张用班柯(Bancor)作为国际货币,由国际清算同盟(世界性的中央银行)进行多边清算,国际货币的数量由世界经济和贸易发展的需要来定,国际收支的顺差及逆差双方共同负担调节的责任。怀特计划主张较大的汇率固定性,用尤尼他(Unitas)作为国际货币,回到某种形式的金本位。1943—1944年,英美两国的代表团就国际货币计划展开激烈争论,最后由于美国的政治经济实力,英国被迫接受美国的方案,美国也对英国做了一些让步,双方达成协议。

1944年的国际金融会议通过了以怀特方案为基础的"联合国家货币金融会议的最后决议书"以及"国际货币基金协定"和"国际复兴开发银行协定",这三个文件总称为布雷顿森林协定,它标志着布雷顿森林体系的建立。

二、布雷顿森林体系的主要内容

布雷顿森林体系的主要内容如下。

(1) 建立一个永久性的国际金融机构,即国际货币基金组织(IMF),它给国际协商和合作提供适当的场所,促进国际货币合作。IMF是战后国际货币制度的核心,它在会员国之间融通资金,从而有利于扩大国际贸易,它的各项规定构成了国际金融领域的纪律,在一定程度上维护着国际金融的稳定。

(2) 规定以美元作为最主要的国际储备货币,实行美元—黄金本位制。

首先,美元直接同黄金挂钩,规定 1 美元等于 0.888 671 克黄金;其次,其他国家货币与美元挂钩,规定与美元的比价,比价不得随意变动。这种"双挂钩"使美元成了国际货币体系的中心。

(3) IMF 规定了各国货币汇价的波动幅度,即各国货币对美元的比价一般只能在平价上下各 1% 的幅度内波动。各国政府有责任把它们的货币汇率维持在这一波幅以内,只有在一国国际收支发生"根本性不平衡"时,才允许进行汇率调整。所以这种汇率制度叫作可调整的固定汇率制。

(4) IMF 向国际收支逆差国提供短期资金融通,以协助其解决国际收支困难。规定会员国份额的 25% 以黄金或可兑换成黄金的货币缴纳,其余部分(份额的 75%)则以本国货币缴纳。会员国在需要国际储备时,可用本国货币向 IMF 按规定程序购买一定数额的外汇,并在规定期限内以黄金或外汇购回本币的方式偿还所借用的款项。会员国认缴份额越大,投票权也越大,贷款能力也越强。

(5) IMF 协定第 8 条规定会员国不得限制经常项目的支付,不得采取歧视性的货币措施,要在兑换性的基础上实行多边支付。但有三种情况可以例外:一是容许对资本移动实施外汇管制;二是在过渡时期可以延迟履行货币可兑换性的义务;三是会员国有权对"稀缺货币"采取暂时性的兑换限制。"稀缺货币"指在 IMF 的库存下降到其份额的 75% 以下的货币。

三、对布雷顿森林体系的评价

布雷顿森林体系是国际货币合作的产物,它消除了战前各个货币集团之间互相对立的局面,保持了相当稳定的国际汇率,这为国际贸易和国际投资提供了极大的便利。在布雷顿森林体系实行的前 20 多年里,世界经济增长迅速,这段时期被称为资本主义世界的第二个"黄金时代"。这虽然是由许多客观条件造成的,但与布雷顿森林体系所营造的稳定的国际金融环境是密不可分的。

但布雷顿森林体系也有其内在的缺陷。首先是体系结构本身存在着国际清偿力短缺与信心的矛盾,即"特里芬难题"。简单地讲,日益增长的国际清偿能力的需要要求美国增加其逆差,但逆差增加又使美元的持有者怀疑美元将对黄金贬值,从而引起信用危机。其次,美国可以利用美元负债来弥补其国际收支逆差,而美元是基准货币,即使美元汇率偏高或偏低,也不便做出调整。另外,顺差国也不愿其货币升值,逆差国不愿贬值。所以国际收支失衡难以依靠市场力量自发调节。再次,在布雷顿森林体系下,维持国际收支平衡和稳定汇率都与国内经济目标相矛盾。

四、布雷顿森林体系的崩溃

布雷顿森林体系是建立在美元霸权地位之上的,美国为维护其自身利益,进行大量的对外援助和投资,而外援的后果却是美国经济和技术优势的逐渐丧失,从而导致美国国际收支逆差及美元地位的衰落。20世纪60年代以后,美元危机频繁爆发。

1960年10月,战后第一次美元危机爆发。美国为维持黄金价格和美元的地位,联合西欧7国建立黄金总库,以减轻对美国黄金库存的压力,但未能加强对美元的信心。20世纪60年代中期越南战争爆发后,美国国际收支进一步恶化。1968年3月,美国黄金储备降至大约120亿美元,只够偿付其对外短期负债的1/3,于是爆发第二次美元危机,半个月内,美国黄金流失就达14亿美元。此时美国政府被迫停止按35美元一盎司的官价向私人出售黄金。60年代末,美国经济形势进一步恶化,1971年一向顺差的经常账户首次出现巨额逆差,又引发了几次抛售美元、抢购黄金的浪潮。1971年8月15日,尼克松政府宣布停止兑换黄金。这样,不管是私人还是各国中央银行都不能向美国兑换黄金,美元—黄金本位就失去其根基,布雷顿森林体系也就崩溃了。此后的一段时间内,国际金融市场处于混乱状态,于是西方各国又进行协商,并在1971年12月达成了"史密森协议"。协议没有恢复美元与黄金兑换,而是让美元对黄金贬值,其他货币对美元升值,并扩大了汇率的波动幅度。但由于美国的国际收支持续逆差和美元储备资产的不断外流,使美元再度贬值,各国货币均对美元浮动。至此,布雷顿森林体系的固定汇率制彻底瓦解。

布雷顿森林体系由建立到垮台的过程,也是美国和它的货币由强盛到衰落、西欧和日本的重建和兴起的过程,这是资本主义国家经济发展不平衡的必然结果。

第三节 牙买加体系

针对美元危机的频频爆发,IMF于1972年7月26日成立"国际货币体系改革和有关问题委员会",简称"20 国委员会"。"20 国委员会"有 9 个发展中国家的代表和 11 个发达国家的代表,这样有利于对各个集团利益冲突进行调和,以便求得全面的解决方法。"20 国委员会"主要讨论了国际货币改革的各个方面的问题,其中主要是储备货币、汇率制度和国际收支调节等,这些问题对国际货币体系的顺利运行具有根本意义。由于这些问题涉及各国的根本利益,在这些问题上发达国家之间以及发展中国家与发达国家之间存在着尖锐的分歧和对立。经过近两年的激烈争论,"20 国委员会"才于 1974 年 6 月达成协议并发表了一份《改革大纲》。

《改革大纲》发表后,"20 国委员会"随即结束。IMF 在 1974 年 9 月决定成立一个专门研究国际货币制度问题的临时委员会来接替它的工作。

1976 年,IMF 临时委员会在牙买加首都金斯敦召开会议,并签订了"牙买加协定"。在这个协定基础上形成的国际货币体系就被称为牙买加体系。

牙买加体系实际上是以美元为中心的多元化国际储备和浮动汇率体系。在这个体系中,黄金的国际货币地位趋于消失,美元居于主要储备货币的地位,但其地位不断削弱,马克、日元的地位不断上升。

一、《牙买加协定》的主要内容

《牙买加协定》的主要内容如下。

(1) 修订 IMF 的基本份额。各会员国对 IMF 所缴纳的基本份额由原来的 292 亿特别提款权单位增加到 390 亿特别提款权单位,新增加 33.6%。增加后的份额分配使石油输出国组织所出的资金增加了一倍,占出资总额的 10%,其他发展中国家维持不变。西方国家除原联邦德国和日本略增以外,都有所降低,其中英国的份额下降最多。份额修订的结果是,发达国家的投票权与发展中国家相比是相对减少了。

(2) 黄金非货币化,废除黄金条款,取消黄金官价,使黄金与货币相分离,让黄金成为单纯的商品。各国中央银行可按市价自由进行黄金交易,取消会员国之间及会员国与 IMF 之间须用黄金支付的义务。在 IMF 持有的黄金总额中,1/6(约 2 500 万盎司)按市价出售,以其超过官价部分用于援助发展中国家。另外 1/6 按官价由缴纳的会员国买回,剩余部分根据总投票权的 85% 做出的决议处理,由会员国购回或向市场出售。

(3) 浮动汇率合法化。会员国可以自由选择汇率方面的安排,可以采取固定汇率制或浮动汇率制,两者可以同时并存。但会员国应与 IMF 合作并受 IMF 监督来保证有秩序的汇率安排和促进汇率稳定。IMF 要求各国稳定国内的经济以促进国际金融的稳定,尽力缩小波动幅度,使汇率符合各国长期基本情况,不准会员国操纵汇率来阻止对国际收支进行有效的调节或获取不公平的竞争利益。协议还规定在将来世界经济出现稳定局面之后,经过 IMF 总投票权的 85% 通过,仍然恢复稳定的但可调整的汇率制度。这部分条款是将已实施多年的有管理的浮动汇率制度予以法律上的认可,但同时又强调 IMF 在稳定汇率方面的监督和协调作用。

(4) 关于储备资产。提高特别提款权的国际储备地位,使特别提款权逐步取代黄金和美元而成为国际货币体系的主要储备资产,也就是把美元本位改为特别提款权本位。协议规定,参加特别提款权账户的国家可以用特别提款权来偿还欠 IMF 的借款,会员国之间可以自由进行特别提款权交易,而不必征得 IMF 的同意。IMF 一般账户中所持有的资产一律以特别提款权表示,并在各种业务中扩大特别提款权的使用范围,以便加强 IMF 对各会员国国际清偿能力的监督。

(5) 扩大对发展中国家的资金融通。以出售黄金所得收入设立"信托资金",以优惠条件向发展中国家提供援助,以解决它们国际收支的困难。同时,IMF 扩大信用贷款部分的总额,由占会员国份额的 100% 增加到 145%,并放宽"出口波动补偿贷款"的额度,由占份额的 50% 提高到 75%。

二、对牙买加体系的评价

对于牙买加体系,可以从以下方面做一评价。

(1) 多元化的国际储备体系。自 1973 年美元彻底脱离黄金以来,美元地位有所下降,国际储备资产的构成出现分散化趋势,形成了多元化的国际储备,这个体系中,美元仍居于主导地位。① 在国际贸易中,大部分商品是以美元计价的;在国际贸易结算中,世界进出口贸易的 2/3 以上是用美元结算,这种使用美元计价和结算的格局在短期内不容易改变。由于美元是最主要的国际支付手段,所以各国的官方外汇储备中必须持有大量美元储备。自 1973 年以来,美元储备地位不断削弱,美元在各国官方外汇储备中所占比重由 1973 年的 76.1% 下降到 1990 年的 56.4%,而同期马克和日元的比重却有很大增加,其中马克由 1973 年的 7.1% 上升到 1990 年的 19.7%;日元由 1973 年的 0.1% 增加到 1990 年的 9.1%。② 关于特别提款权和欧洲货币单位。特别提款权是 IMF 设立的一种账面资产,以一篮子货币来定值,可在 IMF 成员国之间及成员国与 IMF 之间进行结算时使用。由于任何国家的货币单独作为储备货币都会产生"特里芬难题",因此国际金融界许多人士对特别提款权寄予厚望,认为它是有希望的国际储备货币。虽然特别提款权的国际储备地位多年来不断提高,但与 IMF 的目标还相差甚大。欧洲货币单位是欧共体国家于 1979 年创造出的一种篮子货币,其价值由 11 种货币组成,币值较稳。欧洲货币单位很快被接受作为外汇储备,它在各国外汇储备中所占比重与日元差不多。欧洲货币单位除用于欧共体官方之间结算外,在欧洲货币市场上,欧洲货币单位的债券及存贷业务也发展很快,其作为国际储备货币也有很大潜力。③ 虽然黄金非货币化政策继续推行,但各国仍很重视黄金储备的持有,而且在国际借贷关系紧张的情况下,经常用黄金作为抵押品或偿债担保来获取贷款。另外,黄金可被视为二级储备资产,各国持有的黄金储备可以在紧急情况下迅速兑换成外汇来偿付国际债务。因此,虽然黄金的国际储备功能在退化,黄金仍不能被视为普通的商品。

多元化的国际储备体系在一定程度上解决了"特里芬难题",即"信心和清偿力"问题。储备货币的多元化使充当国际储备货币的好处和风险由多种货币分担。当某一储备货币发生贬值而产生信心危机时,它在外汇储备中所占比重就会下降,信心良好的储备货币便会增大其比重。当某一储备货币国长期顺差导致国际清偿力不足时,其他储备货币便会补充这个不足。因此,多元化的国际储备体系能够稳定地提供国际清偿力,使单个储备货币的危机不会影响整个国际货币体系的稳定。

但是,多元化的国际储备体系也有其弊端。在这个多元化体系下,各储备货币发行国享受着向其他国家征收"铸币税"的特权(铸币税指持有该货币的国家的实际资源无偿流入该货币发行国),存在着不公平的一面。另外,国际清偿力的增加仍不能完全符合世界经济均衡增长的需要。它不仅丧失了金本位体系下的自发调节机制,也没有形成 IMF 对国际清偿力增长的控制。由于各国外汇储备中美元比重在一半以上,美国的国际收支状况仍然左右世界外汇储备的增长。

(2) 浮动汇率制。在牙买加体系下,各国可自由选择其汇率安排。一般说来,发达国家大多采取联合浮动或单独浮动,发展中国家多数是钉住美元、法国法郎、特别提款权或自选货币篮子。由于主要国家的中央银行都经常干预外汇市场,因此可以把目前的汇率安排称为有管理的浮动汇率制。

浮动汇率制能比较灵活地适应世界经济形势多变的状况,浮动汇率可根据市场供求状况及时调整,这有利于国际贸易和国际金融交易。同时,浮动汇率制能使各国充分考虑本国的客观经济条件,不必为了稳定汇率而放弃国内经济目标,从而使国内经济政策具有连贯性和有效性。

浮动汇率制下,汇率波动剧烈,这就增加了汇率风险,给国际贸易和投资带来消极影响。由于发展中国家进出口商品的价格弹性不大,汇率波动对其国内经济往往造成不良影响,而其自身的外汇风险防范能力又差,因此发展中国家希望实行比较稳定的汇率制度。

(3) 对国际收支的调节。在牙买加体系中,国际收支的不平衡是由多种调节机制相互配合来进行调节的,主要通过汇率机制、利率机制、国际金融机构调节和动用国际储备资产来进行。

汇率机制调节,即当一国经常账户收支出现逆差时该国货币汇率下调,从而有利于出口而抑制进口,使经常账户得到改善。若出现顺差,则正好相反。但实际操作中汇率调节机制受到一些约束。首先是发展中国家普遍存在很低的进出口需求弹性,出口供给弹性也小,货币贬值对改善国际收支逆差的作用不明显。其次,顺差国家一般不愿让其货币升值而减少出口,因此各国中央银行的干预也会使汇率调节机制失效。另外,由于存在"J曲线效应",货币贬值对国际收支的调节也不会立即产生效果。

利率机制其实是通过国际收支资本账户来平衡经常账户,即通过调节各国间的实际利率差异来引导资金流动以改善资本账户,从而平衡国际收支。但利用资本账户平衡经常账户时会有副作用,比如20世纪80年代初美国高利率在吸引大量资金流入的同时,使外汇市场上美元的需求大于供给,因而美元汇率大幅上升。美元汇率的上升更不利于美国商品出口而有利于进口,美国经常项目收支更趋恶化。

国际金融机构调节主要指IMF和世界银行的调节。IMF的贷款主要是帮助逆差国解决其短期失衡,世界银行则侧重于援助发展中国家形成合理经济结构,从根本上解决国际收支失衡问题。它们在提供贷款援助的同时,还在商业银行和债务国之间做了大量的协调,促进国际债务的重新安排和减免。

由于牙买加体系的各种调节机制都有其局限性,而国际金融机构的贷款能力又有限,所以自1973年以来,国际收支失衡的局面一直没有改善,反而日趋严重。

综上所述,牙买加体系只是将布雷顿森林体系崩溃后实际发生的深刻变化部分地予以合法化,并没有进行重大的改革。牙买加体系提供了最大限度的汇率安排的弹性,却没有建立稳定货币体系的机构,没有制定硬性的规则或自动的制裁方法,各国可以根据自己的考虑和责任来履行它们的义务。因此,一些理论家认为,牙买加体系是一种"没有制度的体系",而实际上它是靠浮动汇率制和多种储备体系来运转的。

由于牙买加体系在储备货币、汇率机制、国际收支调节等方面还存在不少缺陷,所以关于国际货币体系改革的讨论一直都在进行。

第四节　国际货币体系的现状与改革方案

布雷顿森林体系于1973年崩溃以后,自然形成了以美元为中心的多元储备和浮动汇率体系,《牙买加协定》只是对既成事实的承认。因此当时许多人都认为牙买加体系只是过渡性的体系,不久便会形成新的国际货币体系。但是自从广泛实行浮动汇率制以来,外汇市场情况良好,金融管制不断放松,没有出现竞争性的贬值。在浮动汇率制下,同在布雷顿森林体系下一样,世界贸易比生产增长得快,牙买加体系在世界经济和国际金融的剧烈动荡中,还没有显示出解体的迹象。然而,它的缺陷也比较明显,如汇率的剧烈波动和国际收支的严重失调等。这就迫切需要发展中国家和发达国家加强合作,平等地参加国际货币改革的谈判,以便建立一种更为健全的国际货币体系,在2008年全球金融危机爆发之后,这样的努力就在不断被推进,并取得了一定的实施效果。

一、国际货币体系的现状

以下从汇率、国际储备、国际收支等方面介绍国际货币体系的现状。

(1) 汇率。布雷顿森林体系崩溃后,全球主要货币汇率开始浮动。赞成浮动汇率的人士认为在浮动汇率制下,各国对国际收支可以进行连续的、自动的调节来保持平衡;各国可以比较自主地推行国内政策目标而不必考虑国际收支问题。事实上,美元汇率一直动荡,给有关国家带来严重危害,汇率大幅度波动增加了国际贸易中的不确定因素,对世界经济带来不利的影响。

(2) 国际储备。近20年间,全球的外汇储备规模呈现不断扩大、快速增长之势,并且巨额的国际储备中以美元为主的外汇储备占绝大部分,黄金储备比重较低且分布不平衡。布雷顿森林体系崩溃后浮动汇率的实施,以及国际资本流动规模和速度的迅速上升,都加剧了储备体系的潜在风险。当前国际储备体系不稳定性的根源依然在于"特里芬难题",即以主权信用货币作为主要储备货币,储备货币发行国难以平衡国内经济目标和国际储备体系稳定的双重目标。由于储备货币缺乏稳定的币值,储备持有国面临资产价值缩水的风险,储备货币发行国则担心储备持有国抛售本币资产而对本国经济产生负面影响。

(3) 国际收支调节。一些逆差国长期逆差,同时一些顺差国却长期顺差,外汇储备不断增加。在这方面,困难最大的是非产油发展中国家,它们被迫大幅度削减进口并实行紧缩政策,这影响它们的经济增长和人民生活水平的提高。IMF的监督职责迄今为止对主要的工业国家在很大程度上是无效的。结果造成国际收支调整的不对称,其负担过多地落在发展中国家。另外,许多发展中国家靠外债来弥补贸易逆差,有的成为重债国,虽然经过一些补救措施,债务危机有所缓和,但债务国的经济困难并未解决。

总之,目前的国际货币体系基本是布雷顿森林体系的延续。美元尽管已经与黄金脱钩,但依然扮演着核心国际货币的角色。而当前国际货币体系的主要缺陷,则依然是布雷顿森林体系不能克服的"特里芬难题",IMF仍然无力扮演真正的最后贷款人角色。

二、国际货币体系的改革方案

自牙买加体系形成以来,国际信贷和外汇交易等"虚拟经济"已经脱离"实体经济"而急剧增大,国际资本大量流动,主要汇率剧烈波动,这对世界经济和国际贸易的发展都是不利的。由于当前世界经济发展不平衡,各国经济实力相差甚远,国际收支不平衡也不能在短期内解决,因此从根本改变现行的国际货币制度是不可能的。只有在当前体系下,加强国际合作,才能稳定金融,维持国际货币秩序。所以,国际的协调和合作将成为国际货币体系改革的方向。

实际上自20世纪60年代美元危机不断爆发以来,有关国际货币改革的方案和建议就层出不穷。以下介绍几种有重大影响的方案。

(1) 国际商品储备货币(ICRC)。1964年,艾伯特·哈特、尼古拉斯·

卡尔多尔和杨·廷贝尔根等一些经济学家提出创立 ICRC,以便解决初级商品价格波动对发展中国家的影响及国际储备货币不稳的问题。该方案建议成立一个世界性中央银行,发行 ICRC,其价值由一个选定的商品篮子来决定,商品篮子由一些基本的国际贸易产品,特别是初级产品来构成。各种商品比重要根据它们在国际贸易中的份额来调整。理论上,该方案能提供稳定的与世界贸易增长相适应的国际清偿能力,但实际上很难付诸实施。

(2) 特里芬的《2000 年的国际货币制度》。这是伯特·特里芬教授于 1982 年发表的论文,主张在 2000 年建立集中的国际信用储备制。其要点有三:① 国际储备货币应是真正的国际储备资产,而不是黄金或其他贵金属或任何国家的货币,各国应将其持有的国际储备以储备存款形式由 IMF 掌管,国际的支付活动就反映为不同成员国储备存款账户的增减;② 该储备的总量应共同决定并按世界贸易及生产发展潜力的需要进行调整,以减轻通货膨胀和通货紧缩对世界经济的影响;③ 贷款将由国际社团自己集体决定,这种集中储备制能更自由地运用贷款权来做长期或短期的投资而不会冒不能清偿的风险。特里芬设想集中储备制将在 2000 年完成,储备中心建立后,就可能创立国际中心货币,并使之成为唯一的国际储备资产。特里芬的主张很有见地,在国际金融领域引起很大反响,但他低估了建立中心货币的艰巨性,高估了各国中央银行放弃使用本国印钞机主权的愿望,因此这一方案在目前看来还不现实,具有很浓的空想色彩。

(3) 库珀的"单一通货制"。理查德·库珀在其《国际货币体系》第 13 章中提出了实行单一通货制的建议。其要点包括:① 建立一个货币发行银行(Bank of Issue),作为单一通货制的货币当局,其执行董事会由各国政府代表组成,各国投票权根据它的 GNP 占全部成员国 GNP 总额的比重予以加权,这种加权 5 年变动一次;② 货币的发行和储备信用的控制掌握在发行银行手中,而不是由任何一个国家政府来控制;③ 发行银行通过行使最终贷款人的职责,来稳定宏观经济环境。库珀还建议先实现汇率目标区制,然后在 2010 年前后实行美、日、欧三极的单一通货制,最后才实行所有国家都参加的单一通货制。库珀方案的特点是建立一个超国家的金融机构来控制单一通货的发行,实行统一的货币政策,因此它的实现与否就取决于发达国家能否放弃国内经济政策的主权来进行广泛深入的国际货币合作。罗森斯威格于 2009 年提出的"单一全球货币"(Single Global Currency,SGC)方案与库珀方案类似,他认为采用单一全球货币可以有效降低国际贸易成本,并彻底消除外汇储备,同时让各国都能享受到单一全球货币的收益。可以看出,这是一种相当激进的改革方案,它将使主权货币消失。

(4) 十国集团报告。这是指十国集团代表于1984年向IMF提交的一份"国际货币体系的运行"的报告。由于主要发达国家货币之间汇率的剧烈波动对世界经济和国际金融的稳定产生了严重的影响,发达国家提出要协调各国经济政策,以促进汇率的稳定。报告认为:IMF协定中所体现的现行货币体系的基本结构是健全的,没有必要进行重大改革,只是要改善IMF的监督作用;特别提款权对今后长期的全球储备是必要的,对今后特别提款权在国际货币体系中的作用应进行全面检查;支持IMF向国际收支暂时有困难的会员国提供资助。西方各国协调政策的建议得到各国官方和学术界的普遍欢迎,尽管政策协调不能从根本上解决当前国际货币体系的内在稳定性问题,但仍有助于汇率和世界经济的稳定。

(5) 蒙代尔的"全球金融稳定三岛"构思。蒙代尔于2000年提出在承认现有国际货币体系基本架构的基础上,通过国际货币的多元化来改善现有的国际货币体系,构建一个由美元、欧元和日元组成的G3货币联盟并最终形成新的国际货币体系,其实质是基于最优货币区理论的区域货币合作。G3货币联盟首先应减少彼此汇率的波动,然后逐步从浮动汇率制过渡到固定汇率制度,使全球货币体系稳定下来,并最终在此基础上创造基于单一国际货币的国际货币体系。鉴于美元在现行国际货币体系的支配地位在短期内还将继续存在,建立一个多元化的渐进演变的国际货币体系所受到的政治与经济阻力会相对较小,因此这曾被认为是未来国际货币体系改革比较可行的方案。

(6) 发展中国家的改革方案。发展中国家为了建立国际货币新秩序,曾提出一些积极的建议和方案,主要有24国"蓝皮书"计划、《阿鲁沙倡议》、勃兰特报告、24国集团报告等等。这些方案中,发展中国家一般的改革要求是:① 发展中国家应以平等地位参加关于货币体系改革的谈判;② 建立一种灵活的而又足够稳定的汇率制度;③ 新的国际货币体系必须使国际清偿能力通过真正的国际集体行动来创设,以适应世界经济发展的要求和发展中国家的特殊需要;④ 在特别提款权的创造和发展援助之间建立联系,以增加实际资源向发展中国家的转移;⑤ 在调整国际收支不平衡的同时要考虑到各国经济发展的水平和保持高速增长的需要,另外要增加IMF等机构的资金,对发展中国家国际收支提供支持。总体上来看,发展中国家提出的改革方案,方向是正确的,要求是合理的,办法也是可行的,但要使这些改革逐步实施,还要经历很长的时间,做出艰苦的努力。

(7) 设立汇率目标区。最早提出这一建议的是美国的经济学家魏福德·依赛尔,其主要倡导者是美国国际经济研究所的约翰·威廉森。汇率目标区是指在主要工业国家的货币之间确定汇率波动的幅度,作为目标区,其他货币则钉住目标区随之波动。这一建议的基本内容是选择一组可调整的基本参考汇率,制定一个波动幅度并由各国政府加以维持,目标汇率应随经济情况变动而调整。目标区主要可以分为"软目标区"和"硬目标区"。软目标区的汇率变动幅度较宽,而且经常修订,目标区的内容不对外公开,要求各国政府用货币政策在一定时期将汇率保持在目标区内。硬目标区的汇率变动幅度很窄,不常修订,目标区的内容对外公开,一般要各国政府通过经济政策或干预外汇市场将汇率维持在目标区内,其实硬目标区很接近可调整的钉住制,即欧洲货币体系所实行的汇率制度。

主张目标区的人们认为目标区综合了固定汇率制的稳定性和浮动汇率的灵活性,有助于汇率的持续稳定,避免大规模的外汇投机行为,促进各国宏观经济政策的协调。但反对意见也不少,主要认为实际均衡汇率很难确定;官方干预外汇市场的能力有限;运用货币政策来维持汇率会损害国内的经济目标。尽管目标区的实施有不少困难,它毕竟为稳定汇率提供了一种思路或途径,如果西方国家能够加强它们宏观政策的协调,确定各国货币的中心汇率还是有希望的。

三、发达国家和发展中国家的分歧

随着生产的日益国际化,各国经济的相互依赖关系日益加强,这就要求发达国家不仅在它们之间而且与发展中国家都要加强国际合作,协调宏观经济政策,建立一种健全的国际货币体系。但由于南北双方对于国际货币改革问题存在着严重的意见分歧,始终未能达成实质性的协议。发达国家对国际货币体系现状的评价及前途的估计反映在十国集团代表提交的一份"国际货币体系的运行"的报告上;发展中国家的立场反映在1984年的24国集团的报告上。这两份报告表明了一些重大的分歧点。

(1) 对现行货币体系的评价。发达国家认为现行货币体系基本上还是有效的,只需进行一些局部的修改,没有必要进行大规模的改革。发展中国家则因汇率频繁波动和债务危机,认为现行体制缺乏对付国际金融危机的金融实力和执行手段,要求对现行国际货币体系进行根本的改革。

(2) 关于国际清偿能力。发达国家认为在各国主要靠借入储备的体制中,特别提款权对于满足长期的全球储备需要仍是有用的。现在国际清偿能力充足,无须进行重大改革。发展中国家则认为国际清偿力不足,而且分配不均,国际货币基金组织应通过更加有效的创设和分配特别提款权来满足世界清偿能力的需要。分配特别提款权的主要目的是满足日益增长的世界需要和使非储备国家不通过国际收支盈余而获得储备,从而促使实际资源流入发展中国家。

(3) 关于汇率制度。发达国家认为现行汇率制度在世界经济十分动荡、政治经济形势不稳定的情形下,能促进国际收支的调节,维持自由贸易和支付,有利于国内货币政策的推行。但也承认它有一些不足之处,如没有充分促进各国的政策协调,造成汇率大幅度波动、外汇投机增加等。发展中国家则指出汇率制度需要向相对稳定的方向改进,减轻汇率波动对它们的影响。发展中国家倾向于以建立促进各国政策协调的汇率目标区的方式来改革现行汇率制度。

(4) 关于国际货币基金组织(IMF)。发达国家认为一旦债务国恢复正常的债信情况,IMF 就应恢复其传统的作用,只对国际收支困难的会员国提供短期资金融通,资金的长期使用会损害 IMF 贷款的周转性质和 IMF 的融通能力。提出 IMF 要以对称和平等的方式,基本上用磋商说服的方法来进行监督。发展中国家认为 IMF 在国际货币体系的运行中要起主导作用,对短期性收支不平衡,补偿贷款须降低贷款条件;对于持久性的结构性不平衡,IMF 要延长贷款期限,增加贷款数额,从需求紧缩转向增长导向的结构调整。另外,发展中国家提出 IMF 要制定施加压力的程序,以便监督能够收到实际的效果,不仅要监督汇率政策,还要监督国际收支的调节。

第五节 2008 年全球金融危机后的国际货币体系改革实践

自从浮动汇率合法化以来,外汇市场的发展情况良好,没有对外汇实行大规模管制,也不曾发生竞争性的货币贬值。但汇率的发展也不像主张弹性汇率的人们所预料的那样稳定,有几段时间发生了剧烈的波动。可以说,浮动汇率加剧了世界经济的动荡。

上一节我们介绍了几种比较重要的国际货币体系的改革方案,但改革方案的探讨往往只从理论上进行分析,而实际的经济运行又有其客观的选择。20世纪70年代初布雷顿森林体系的崩溃使国际货币体系进入了实质上是"无体系"的"牙买加时代",由此国际储备体系逐渐开启了多元化的进程,但美元始终处于全球储备体系的中心。美元作为国际货币的前提就是贸易逆差输出美元,但逆差累积到一定程度会削弱美元的价值和作为国际货币的地位,这种周而复始的循环在找不到更好的新体系的情况下只能继续运行。然而,2008年全球金融危机的爆发集中暴露了当前国际货币体系的内在缺陷,也使国际货币体系改革再次引起了国际社会的广泛关注,并且,随着新兴经济体的崛起,国际货币体系改革的焦点逐渐集中到美元本位制问题上来,改变美元在当前国际货币体系中的特权成为核心问题之一。从目前已经取得的改革成果看,主要集中在以下几个方面。

第一,建设与提高国际货币体系的风险防范和危机应对能力。衡量国际货币体系好坏的标准之一是其面对危机时的韧性,而金融安全网则是危机发生时给予各国保护的重要屏障。IMF执董会于2009年通过了对IMF危机应对处置,特别是对贷款职能进行系统性改革的方案,其主要目标就是为了提升IMF应对危机的机制、资源、能力和弹性。

第二,改革国际货币体系的关键性制度,尤其是特别提款权和全球多边金融机构的治理等。其中,IMF的特别提款权改革正在不断推进,2016年10月已经正式将人民币纳入特别提款权篮子,目的就在于提升特别提款权作为储备资产组成部分的作用,尝试在美元为外汇储备主导货币的背景下,使特别提款权更加充分有效地发挥作用。

第三,体现世界经济格局的变化,将国际货币体系的代表性和投票权向新兴经济体倾斜。为了体现新兴经济体在全球经济中不断上升的权重,IMF董事会于2010年11月达成了关于IMF份额与治理结构改革的新方案。改革内容主要包括三项:一是增加特别提款权,提高IMF可利用的金融资源。二是将6%以上的份额转移到有活力的新兴经济体以及代表性不足的成员方。根据此方案,中国、印度、巴西和俄罗斯等金砖国家的份额均得以上升,跻身为国际货币基金组织的前十大股东,尤其是中国从第六位跃升至第三位。三是来自欧洲国家的执行董事减少2名,而新兴市场和发展中国家增加 2 名执行董事席位。2015 年 12 月,在阻挠和拖延了五年后,美国国会终于有条件通过了 IMF 的 2010 年份额和治理改革方案。

第四,从更长远的眼光来看,则需要推进多元国际货币体系建设。如果在全球能够形成美元、欧元与亚洲货币三足鼎立的多极储备货币格局,那么由此引入的竞争机制将会约束特定储备货币发行国的货币超发行为,从而增强国际货币体系的稳定性,缓解国际货币体系的"特里芬难题"。

基本概念

国际货币体系　法定平价　金本位制　金块本位制　金汇兑本位制　布雷顿森林体系　怀特计划　凯恩斯计划　国际清偿能力　特别提款权（SDR）　牙买加体系　特里芬难题　有管理的浮动汇率制　"物价与金币流动机制"

思考题

1. 简述国际金本位制的特点及其缺陷。
2. 简述国际金本位制自动调节国际收支的过程。
3. 为什么说金块本位制和金汇兑本位制是削弱了的金本位制？
4. 简述布雷顿森林体系的主要内容。
5. 请对布雷顿森林体系做一评价。
6. 简述牙买加体系的主要内容。
7. 简述牙买加体系的特点及其双重作用。
8. 为什么说多元化的国际储备体系在一定程度上解决了"特里芬难题"？
9. 为什么说布雷顿森林体系为美国输出通货膨胀开了方便之门？
10. 试比较国际金本位制、布雷顿森林体系和牙买加体系所实行的汇率制度。
11. 请你谈谈对发达国家和发展中国家在国际货币体系改革问题上的分歧的看法。
12. 简述国际货币体系改革目前已经取得了哪些方面的主要成果。

第八章 国际投资关系

第二次世界大战结束后,特别是20世纪80年代以来,国际投资获得了巨大发展,已突破了长期以来围绕国际贸易运转的旧格局,一跃成为影响世界经济发展的最活跃因素之一。新兴经济体在国际投资活动中的积极表现和上升趋势,更是成为改变世界经济格局的重要因素。

第一节 国际投资关系概述

一、国际投资的概念

国际投资,一般是指某国的企业、个人或政府机构以资本增值或其他经济目的所进行的超出本国疆界的投资。这种经济活动从国际角度看,即称为国际投资。从接受外国投资的东道国角度看,即为利用外资,或引进外资。

广义的国际投资,泛指各种形态的资源的跨国界的流动,包括资本、物质、设备、智力、技术、信息等形式。在时间上,国际投资可以分为长期投资和短期投资,长期投资一般指投资期在一年以上的投资,短期投资是指投资期在一年以下的投资。从目的来看,国际投资是以获取资本增值为主要目的的资本流动,因此商业性资金流动和赠予性资本转移等都不属于国际投资。

二、国际投资方式

在国际投资关系密切交错的当今世界,国际投资方式是多种多样的,而且随着新技术革命的推进,国际经济区域化、一体化的发展,国际投资的方式将不断创新和拓展。

目前通行的国际投资方式,一般可以分作三大类型:① 国际直接投资;② 国际间接投资;③ 国际灵活投资。国际直接投资主要有三种形式:

一是在国外创办新企业包括建立合资企业、独资企业和跨国公司。二是购买外国企业股权达到控制的比例。三是以利润进行再投资，即投资者把通过直接投资所获得利润的一部分或全部用于对原企业的追加投资。国际间接投资的主要类型包括公司股票、公司债券、政府债券和国际信贷等。国际灵活投资方式多种多样，主要有贸易信贷、国际租赁、信托投资、项目贷款、技术转让、补偿贸易、对外加工装配与合作开发、国际工程承包、劳务输出等等。上述国际投资方式的具体展开，我们将在以下各节进行。

三、国际投资的发展

国际投资是随着金融资本的逐渐形成而出现的。伴随着金融资本的形成，以追求资本迅速增值为目标的资本输出取代了商品输出，国际投资开始出现并迅速发展。国际投资的发展大体经历了四个发展阶段。

1. 国际投资出现、形成阶段

这一阶段即从19世纪70年代到第一次世界大战时期，也就是资本主义自由竞争过渡到垄断资本主义阶段。由于产业革命的巨大推动，生产力得到进一步发展，开始出现和形成国际垄断组织与帝国主义殖民体系相结合的世界经济体系，它促进银行资本和工业资本的相互融合，从而形成了具有巨大渗透能力的金融资本。这一阶段的国际投资主要是资本输出，资本流向主要是从先进工业国向殖民地经济落后国家扩张。由于这一阶段国际投资的形式为借贷资本和证券投资等占主导地位，因此又称作间接投资阶段。

2. 国际投资成熟阶段

这一阶段即第一次世界大战后特别是第二次世界大战后至20世纪80年代。随着战后科技革命的开展和社会生产力的飞速发展，为大规模资本输出提供了物质条件；同时，一些资本主义国家为了医治战争创伤，推进本国经济建设，迫切需要资本；而殖民地国家为争取经济独立、发展民族经济也迫切需要资本；各国参与国际分工、开展国际经济技术合作交流的愿望不断加强。在这些条件与国际背景下，国际投资终于得到突破性的发展。这一期间的国际投资以各种形态在生产、流通、金融、技术等各个领域扩张，但却以生产领域为主导，即直接投资形式逐渐占据了主导地位，因此这一阶段也称直接投资阶段。这一阶段尤其是二战后，国际投资的流向日益错综复杂，出现了各种形式的相互投资和多边投资，如发达国家之间的投资、发展中国家之间的投资、发达国家与发展中国家之间的投资等。国际投资方式日益多样化,如国际金融机构信贷、政府信贷、银团信贷、国际债券、银行投资、私人投资、租赁信贷等。

3. 国际投资大发展阶段

这一阶段即20世纪80年代至2008年全球金融危机。随着信息通信技术的发展和经济全球化的扩散,国际投资活动获得了新的生命力,成为重构世界经济格局和提高全球范围资源配置效率的重要途径。这一时期国际投资总额在不断增长的同时,国际资本输出的增长在国别和形式上都很不平衡。就国别而言,除西欧各国的对外投资保持一定增长外,日本异军突起,对外投资持续上升,在20世纪80年代中期就成为纯债权国。从形式来看,直接投资发展迅速并逐渐取代证券投资成为国际投资的主要形式。同时,国际投资的投向从"外延性投资"为主转向"内涵性投资"为主,即以用于研究和开发型的投资和用于发展高科技附加值的产品的投资为主。由于跨国公司的迅速发展,使得国际资金来源也变得广泛而且方便,不仅有常规的自有资金、折旧基金、国外利润等,也包括在世界各地吸收的投资和信贷资金,以及筹措的其他市场资金等。并且,国际资本流动出现脱离商品劳务运动的趋势,国际投资市场呈全球一体化趋势,而发展中国家的对外投资则从以发展中国家为主要对象,转向日益重视对发达国家的投资。总之,这一阶段国际资本迅速增长及其频繁流动成为国际经济活动中的重要力量,促进了生产要素的国际交流,对全球化和区域经济一体化起了重要的推动作用。

4. 国际投资多元化阶段

这一阶段主要是指2008年全球金融危机后至今。2008年全球金融危机的爆发,极大地改变了世界经济的增长格局,以中国为代表的发展中新兴经济体的活力与重要性不断上升,更加主动而全面地参与了国际投资活动。同时,国际投资在互联网技术和新经济业态的带动下,在投资主体、投资领域、投资方式和投资目的地等方面都呈现出更加多元化的特点。

(1) 发展中国家在外国直接投资的流入和流出中所占的地位都越来越重要。一方面,发展中经济体成为重要的外国直接投资流入地,占全球FDI流入量的比重不断上升。2017年,发展中经济体的FDI内流量达6 710亿美元,占全球外国直接投资内流量的47%,其中,发展中亚洲的外国直接投资流入更是达到4 760亿美元,这进一步加强了该区域作为世界上最大的外国直接投资接受者的地位。外国直接投资十大东道主中现在有一半是发展中经济体,中国、巴西、印度成为其中的佼佼者。另一方面,2008年金融危机后来自发展中国家跨国公司的对外投资虽然有所波动,但总体保持高位,在全球外国直接投资流出量中所占比例从2007年的13%增加到2017年的接近30%,其中发展中亚洲目前对国外的投资高于其他区域,而中国的对外投资总体呈现快速上升的趋势。2017年,在全球20个最大的FDI输出经济体中,有7个是发展中或转型经济体,中国更是位列第三。

(2)服务业成为吸引外国直接投资的重要部门。近10年来,外国直接投资继续向服务业转移。2012年服务业占全球外国直接投资存量的63%,几乎是制造业占比(26%)的2.5倍,是第一产业占比(7%)的9倍。这一比例是从2001年的58%涨上来的,持续了全球外国直接投资向服务业较长期的相对转变。由于服务业占全球附加值的70%,因此原则上服务业外国直接投资在全球外国直接投资中的比额可能会进一步上升。除了缘自世界经济结构变动的长期趋势以外,在服务业外国直接投资额和比例增加的背后还有一些其他因素,其中包括:东道国服务部门自由化程度提高;使服务更易于交易的信息和通信技术发展;全球价值链的兴起推动了制造业领域的服务国际化,等等。

(3)国际资本流动规模空前,呈现出流动方向快速变化的特点,发展中经济体成为国际资本流动的重要目的地。自从20世纪90年代中期开始,随着发展中经济体与国际金融体系的融合度加强,并且在国际金融体系中地位上升,发展中经济体也逐渐成为一个主要的资本外流源。而2008年全球金融危机的爆发,进一步将发展中经济体置于极具波动性的全球资本流动大潮之中,随着国际经济环境的变换而承受资本快速在境内外流转的考验。其中,2010—2014年由于以美国为首的发达国家大规模实施定量宽松货币政策,导致国际资本大量流入发展中经济体,而2014年之后随着美国量宽政策退出预期的加强,这样的资本流动又开始迅速反转,加速流出发展中经济体。国际资本流动方向和规模的快速变换已经成为国际投资活动的一种新趋势。

(4)主权财富基金、私募股权基金等也开始积极参与跨境并购,成为对外投资主体。2014年,私募股权基金的跨境并购总额增加到2 000亿美元,相当于全球并购总额的约17%。有些主权财富基金通过外国直接投资,包括跨境公司收购和海外房地产采购等从事长期投资。

(5)各国投资政策措施着重于促进投资的自由化、便利化和可持续发展。2008年金融危机之后，虽然保护主义思潮有所抬头，但投资政策措施的80%以上仍然是以改善准入条件和减少限制为目标的，其中的重点往往是投资便利化和具体部门，如基础设施和服务业的自由化，另外就是将投资促进与地区的可持续发展相联系。此外，国际投资协定改革的各种方案中也包括扩大国际投资协定关于投资促进和便利化的内容以及国内政策工具，将促进措施对准可持续发展目标。2012—2017年，已有150多个国家采取步骤，制订以可持续发展为导向的新一代国际投资协定。

（6）对于国际直接投资的国际治理仍然是碎片化的。在过去的20多年时间里，FDI在全球GDP中的份额已经从10%上升至35%，但是相对国际贸易在二战后一直处于一个有序的国际框架之中而言，国际直接投资的全球治理却包括超过3 000份双边投资协定和300多份国际投资条约。可见，对于国际直接投资的国际治理是相对零散而缺乏统一体系的。

第二节　国际直接投资

国际直接投资是指投资者在国外创办企业或与当地资本合营企业，涉及生产要素诸如资本货品、管理技术的直接卷入，投资者对所投入的生产要素的使用和生产过程的管理拥有直接控制的权力。它和国际间接投资相区别的特征在于投资者直接与企业的控制权或经营管理权相联系。

国际直接投资是现代国际投资的主要形式之一。国际直接投资的兴起是科技革命和生产国际化趋势共同推动的必然结果。现代科学技术革命的范围之广、内容之深刻，使很多技术已不能通过产品这一形式来进行转移，也无法以专利的形式来保护。大规模的生产国际化趋势需要大批熟练工人和专业管理人员协同合作，共同组织生产过程。由此，进行外国直接投资成为国际经济发展的必然。

一、国际直接投资的形式

国际直接投资有以下三大类形式。

（1）在国外创办新企业，包括独资开办新工厂或设立分公司、子公司和同东道国联合创办合资式合营企业，主要包括独资企业、股份制合资企业和合同制合资企业。

独资企业是指外国投资者提供全部资金,创办或购买企业,独立经营并获取全部利润的国际直接投资形式。独资企业一般所需投资量大,风险也较大。投资者之所以选择独资,一方面是为了获得最大的自主经营管理权,以克服合资企业下管理方法、目标市场等不协调的问题;另一方面是为了保持其新技术和占有技术领域内的国际领先地位,不愿和东道国分享技术,形成潜在竞争者。所以,从全球竞争战略的角度,许多跨国公司宁愿冒风险,不惜大量投资在国外建造自己的专有设施(生产基地、研究开发中心和销售网络等),而不愿合资。

股份制合资企业是指外国投资者和东道国投资者共同投资而形成的企业。合资双方根据所在国法律规定按其资本份额比例(股份)共同组成董事会。董事会负责任命企业管理人员。企业利润按双方投资份额分配。外国投资者采用股份制合资企业的国际投资形式可以减少投资成本和降低风险,也可以通过合资加强与东道国的合作。但股份制合资企业容易受市场状况、生产技术发展、双方的战略目标以及政治气候等多种因素变化的影响。

合同制合资企业是指跨国投资者按照合同投入资本并获取一定利益,但不以持有股份为主要目的,生产活动主要由当地企业负责。订单生产、合作制造、合作研究开发、合作销售等都可以归纳为这一模式。合同制合资企业的优点是比较灵活,容易适应客观环境的变化。其主要缺点是,由于双方的合作关系难以长期化,短期行为的倾向比较严重。

(2) 控制外国企业的股权,这是指购买外国企业的股票并达到一定比例,从而拥有对该企业控制的权利。在国际投资的股份购买行为上,直接投资与有价证券(非直接)投资的区别集中在控制权上。至于控股率达到多少才算直接投资,目前国际上尚无统一的标准。美国规定拥有外国企业股权达10%以上者,即算直接投资。而国际货币基金组织把拥有25%以上的股权定为直接投资。

(3) 以利润进行再投资,这是指投资者把通过直接投资所获得利润的一部分或全部用于对原企业的追加投资。随着国际投资的深入发展,海外利润再投资已越来越成为直接投资的重要形式。有时,子公司完全是在东道国借取创办企业的金融资本,只是再加上它的商标牌号、经营准则,以及较少属于有形资产的其他一些资产而已。这个子公司一旦成为获利的企业,就可以通过内部利润再投资和新借入资金来发展了。而母公司最终会积累起一笔数额庞大的股份资本,同时把每年利润的一部分送回国内。

二、影响直接投资的基本因素

影响国际直接投资的因素很多,除了政治、文化因素以外,经济因素可以归纳为宏观因素和微观因素两大方面。

宏观因素主要是指投资输入国的生产要素成本、市场规模和特性、外资政策以及汇率稳定与否。生产要素成本是指资金、劳动力、原材料等生产要素的价格。劳动力价格因素是促使发达国家跨国公司广泛投资于劳动力相对便宜的发展中国家的重要动力。资金要素价格则决定于国际金融市场、东道国的银行体系和金融市场的完善程度,以及政府的财政金融政策。因此,东道国的金融条件也是跨国公司直接投资的重要考虑因素。

东道国市场规模的大小和特性,是决定能否吸引直接投资的另一个重要因素。市场规模大,消费层次高,投资项目容易有良好的销售和增长前景,对直接投资有较大吸引力。如美国国内市场不仅规模大,而且层次高,是吸引直接投资最多的国家。中国巨大的市场潜力也是众多跨国公司争相抢滩的重要原因。又如瑞士和瑞典虽然国内市场规模相对较小,但消费水平却比较高,因此,这两个国家都吸引了许多世界驰名的跨国公司。事实上,正是由于消费市场结构的差距,经济落后国家无法从数量和质量上容纳和消化发达国家的大量投资。相反,国民收入高的国家与发达国家的市场结构相对接近,为外国资本的流入提供了极大的方便。

资本输出国和输入国政府的外资政策影响和制约国际投资行为。资本输出国的贸易政策、税收政策和反垄断法,影响资本的流出和投资者的投资战略。如美国严格的反垄断法迫使美国工业公司到国外寻求新市场。从资本输入国这方面来讲,政府对外国企业税收、信贷、外汇管理和所有权等方面的有关政策和法令,以及政府政策的稳定性,是影响外国投资者的重要因素。良好、稳定的政治经济环境,健全的法律法规,以及在税收、融资、外汇管理和关税方面的优惠政策,是吸引外国投资者的有效手段。

汇率因素对国际直接投资的影响虽然不如对国际间接投资那样重要,但汇率稳定仍是影响跨国公司国际直接投资的重要因素。外国直接投资的企业,其财务核算都以东道国的货币计价,所以投资国与东道国之间的汇率变动直接影响着对外投资价值的确定、股权及收益的确定。这类风险的影响程度取决于东道国货币汇率的波动对外资企业的资产、负债、损益价值的变化,生产经营变化,以及产品价格变化、需求变化等的影响程度。

影响国际直接投资的微观因素主要是指东道国的行业利润率、项目的资本收益率和风险率以及投资者本身的特点。利润率是任何投资者首先关心的问题,但是,吸引国际直接投资的利润率不是一个国家的平均利润率,而是该国的某一行业(部门)的行业利润率。跨国公司的对外直接投资与其所在的工业的特点分不开。它并没有在所有的工业领域出现,而是相对集中在某些资本密集型和技术复杂型的工业。因此,东道国这些行业的利润率是影响直接投资的重要因素。这也可以用来解释为什么发达国家并不把它们的全部资本投到平均利润率高的发展中国家去获取高额利润,反而把大部分直接投资投到了发达国家。

资本增值是对外直接投资的根本目的和动力源泉,因此,投资者最终的注意力将集中在微观的项目本身的资本收益率和风险上,即每投资一单位资本所能产出的效益以及其中的风险。这两点也是投资项目可行性报告的必备内容之一。由于高收益高风险的投资原理,一般投资者会在资本收益率和风险率之间选择合适的平衡点,以尽可能地追逐高利润低风险的经营项目。

国际直接投资是一种跨国界的投资行为,其风险较国内投资更大,且涉及因素非常复杂、繁多。在影响国际投资的诸多风险因素中,投资环境对国际投资风险起决定性影响。国际投资环境包括潜在东道国的政治环境、经济环境以及自然环境等。政治环境是指东道国政局的稳定性以及各种政策是否有利于外国投资者。东道国政府对投资方的态度直接影响政府对投资企业的政策措施。比如政府需要保护本国工业,会对外方企业实行限量生产、增加税收等政策。如果政府鼓励该行业的外商投资就会实行税收减免、优惠贷款等优惠政策。东道国政局的稳定性非常重要,不正常的政府换届会引起各项政策的变化,甚至可能出现对投资者实行资金封锁,禁止将资金汇出以致没收外国企业资产的风险。一国政局越动荡,在该国的投资风险越大。经济环境是指东道国现实和潜在的经济状况。一国经济状况的好坏对外资的盈利能力至关重要。有时,激烈的经济变动会促使东道国采取保护措施限制外资企业的经营活动,以保护本国经济的发展。评价一国经济环境的主要指标有国内生产总值增长率、利率、汇率和通货膨胀率。国内生产总值增长率标志着经济发展速度,高增长率是企业增长的良好前提。高利率会减缓经济发展速度,低利率能刺激经济发展,增加对商品的需求。汇率对进出口贸易影响巨大。通货膨胀率通过对消费者购买力的影响,影响对商品的需求。此外,国际投资的经济环境分析还应考虑东道国政府的财政预算情况、对外贸易平衡情况、对外出口依赖程度以及失业率等。国际投资的自然环境是指东道国的地理位置、资源状况、交通、气候等自然和物理的所谓硬环境。不便的交通,恶劣的环境,如水灾、台风、地震等会令投资者望而生畏,给实业投资造成困难。因此,自然环境也是直接投资者考虑的现实因素之一。

三、国际直接投资的动因理论

1. 马克思、列宁关于资本输出的论断

马克思指出,资本过剩是资本主义积累的一般规律作用的必然结果,而过剩资本是资本输出的物质基础和必要前提,资本输出则是过剩资本的一条必要的出路,是资本主义生产方式发展的内在要求。

随着资本的积聚与集中,最终导致国内垄断。在垄断不断发展的条件下,一方面生产和资本积累的规模不断扩大,另一方面,有支付能力的需求相对狭小,这就必然造成生产过剩。在大量商品卖不出去的情况下,一部分积累起来的资本,会由于找不到有利可图的场所,而成为过剩资本。所谓"资本过剩,实质上总是指利润率的下降不能由利润量的增加来抵消的那种资本……的过剩"①。可见,资本输出到国外,并不是因为它在国内已经绝对不能使用,而是因为它在国外能够按更高的利润率来使用。

列宁发展了马克思的资本输出理论。列宁认为,国家垄断和国际垄断的发展,加速了生产的集中和资本的积累,也加速了过剩资本的形成。工业资本和银行资本相互融合、相互渗透而形成一种新的资本形式——金融资本,使资本输出在更大范围内展开,从而推动世界范围内的国际生产关系和国际经济关系的进一步发展。

2. 西方现代国际直接投资理论

(1)海默-金德尔伯格:垄断优势论。1960年,海默在他的论文中第一次论证了国际直接投资不同于一般意义上的国际金融资产投资,从理论上开创了以国际直接投资为研究对象的新领域。海默认为国际直接投资不仅仅是简单的资产交易过程,它包括非金融和无形资产的转移,是跨国公司使用和发挥其内在组织优势的过程。他的基本论点是:市场不完全竞争和以

---

① 马克思:《资本论》第3卷,人民出版社2004年版,第279页。

垄断资本集团独占为中心内容的"垄断优势"是战后国际直接投资急剧上升的关键所在。金德尔伯格强调市场结构的不完全性和垄断优势。他认为，企业不以出口或技术转让的形式获取利润而在外国投资经营，承受其生产组织成本，其原因在于市场结构，尤其是技术和知识市场结构的不完全性。比如技术市场存在信息不对称现象，造成买卖双方交易的不确定性，提高了交易成本。这样，就使拥有垄断技术的跨国公司进行国际直接投资成为可能，并且成为市场机制不完善的重要补充。

海默和金德尔伯格认为，跨国公司之所以存在，是因为它们拥有垄断优势。这些垄断优势可以是：① 对某种专门技术的控制；② 对原材料来源的垄断；③ 规模经济优势；④ 对销售渠道的控制；⑤ 产品开发和更新能力等。具有某些垄断优势是开展国际直接投资必要的主观条件。而当国际投资环境又具备赚取超额利润的因素时，就能使国际直接投资的动机成为现实。这些因素是：① 某些部门的不完全竞争足以证实其垄断优势的存在；② 在国外生产销售比在国内生产然后出口更为有利；③ 利用技术优势转换为产品优势比转让技术专利权更为有利。

(2) 市场内部化理论。市场内部化理论是英国学者巴克莱和卡森提出并应用于分析国际直接投资的。市场内部化理论认为外部市场机制的不完善造成中间产品（如原材料、半成品、技术、经验等）交易的低效率。跨国公司通过其有效的组织手段，变市场上的买卖关系为企业内部的供需关系——市场内部化，使中间产品在公司内部自由流动，提高了交易效率。

市场内部化理论强调生产过程中中间产品市场的非完全性。这里中间产品的含义不仅包括生产过程中的基本要素——原材料、资本、半成品等，还包括与生产过程相关的知识、技术、技术诀窍、生产与管理经验、市场声誉等等。市场内部化使买卖双方对这些商品的质量和价格有准确认识，避免因交易不确定性而导致的高交易成本。内部化贸易还可以减少贸易壁垒的影响，可以通过"转移价格"使税收支出最小化。巴克莱等认为，正是市场内部化的动机，促使企业进行国际直接投资。

(3) 邓宁：国际生产折中理论。邓宁抽象出决定跨国公司行为和外国直接投资的三个最基本要素：① 所有权优势；② 位置优势；③ 市场内部化优势。这就是所谓的OLI模式。所有权优势包括对有价值资产的拥有，如对原材料或生产技术的垄断；有效的行政管理能力等。位置优势是指不同的国家或地区的劳动力、能源、原材料等生产要素具有不同的价格结构和质量,通信和交通设施状况也不一样。市场内部化优势是指为避免不完全市场给企业带来的影响,而保持的组织管理上的优势。跨国公司通过国际直接投资将不完全的市场内部化,以减低交易成本。

邓宁归纳出外国直接投资两个基本必要条件:① 国外生产成本比国内生产成本要低;② 跨国公司的生产成本比当地企业低。当跨国公司具备三大优势,又符合这两个基本条件时就倾向于国际直接投资生产。

(4) 小岛清:比较优势理论。20 世纪 70 年代中期,日本学者小岛清从国际分工原则出发,系统阐述了他的对外直接投资理论,即比较优势理论。比较优势论的主要内容是:从国际分工原则出发,以比较成本、比较利润率为基础的比较优势指导一国的对外直接投资为核心。他认为具有比较优势的企业可以通过出口贸易的发展保持其市场份额。而失去比较优势的企业则应当利用其标准化技术和雄厚的资金来开拓对外直接投资。

小岛清认为美国的直接投资是贸易替代型的,就是说美国从事直接投资的企业正是其具有比较优势的产业部门。把生产基地移到国外,导致出口被直接投资所替代,贸易恶化。而日本对外直接投资重视比较优势原则,是"贸易创造"的。日本企业在国外投资,一般均为国内生产已丧失比较优势的部门,而东道国则有劳动成本、资源等比较优势。因此,日本的对外直接投资实际上是补充日本比较优势的一种手段。总之,小岛清认为垄断优势并不是进行直接投资的必要条件,直接投资也应遵循国际贸易中的比较利益原则。

四、国际直接投资的作用与影响

国际直接投资由于涉及资本、专利技术和管理技能的国际转移,因此对经济发展具有广泛而深刻的影响和作用。

(1) 国际直接投资加速了生产和资本国际化的进程。国际直接投资是生产和资本国际化的产物,而国际直接投资规模的扩大又进一步推动了生产和资本国际化的进程。大规模的直接投资带动了各种生产要素在国际间转移和结合,使一国的经济越来越成为世界经济的一部分。各国资本的相互渗透,不仅加深了彼此之间在经济上的相互依赖,而且促进了国际化分工的深化。

(2) 国际直接投资促进了国际贸易的发展。一方面,如前所述,直接投资的实质是生产要素的国际移动。因此,国际直接投资必然会带动设备、零部件、原材料和半成品的出口,促进国际贸易。另一方面,投资接受国由于引进先进技术设备和管理经验而提高了劳动生产率,增强了出口产品的竞争能力,还能利用跨国公司的销售网络使产品迅速进入国际市场。二战后国际贸易的迅速发展与国际直接投资的发展、生产国际化的发展是分不开的。

(3) 从外资引进国角度考虑,国际直接投资的主要作用在于使东道国获得一种长期稳定的资金来源,弥补国内资金的不足;同时通过引进外资可以引进先进技术和管理经验,从而促进生产、增加外汇收入和资金积累,加速经济的发展。这一点在发展中国家的表现尤为突出。

国际直接投资对东道国国际收支的影响较为复杂。一般而言,如果投资项目是出口导向型的,由于产品的主要市场在国外,会引导国际收支向改善方向发展。如果投资项目是进口替代型的,由于长期进口初级投入品,而成品的销售在国内,可能会引致国际收支的恶化。而外资企业生产替代进口的产品,以减少外汇支付,则有利于改善国际收支。

国际直接投资对东道国也有消极影响。国际直接投资必然以东道国主权的部分丧失为代价,而跨国公司的活动使一国经济更容易受到外部经济的干扰。一些重要的经济部门将控制在外国投资者手中,从而影响到本国经济政策的实施。对于发展中国家来说,还有资源被廉价开发、工业布局和结构难以合理化、受到国际剥削等问题。

(4) 从资本输出国的角度看,国际直接投资的利益是不言而喻的,它为国内过剩资本找到了出路,带来了丰厚的海外投资利润。它能使投资国充分发挥自身的优势而利用他国的比较利益。然而,国际直接投资对母国的影响也有不利的一面。如前面理论中所提到的直接投资可能会由于优势输出,而阻碍母国的出口贸易发展,从而使母国的国际收支受到不利影响。又如国际直接投资的过度发展会造成母国产业的空心化,对母国经济带来不利影响。

第三节　国际直接投资和跨国公司

在当今科学技术和国际经济各个领域,跨国公司已成为最有影响、最活跃的经济力量。目前全世界跨国公司达 2 万家左右,其拥有的海外子公司有 10 万家以上,对外直接投资总额达 6 500 亿美元。跨国公司的产值已超过资本主义世界国内生产总值的 1/4,销售额接近世界出口贸易总额。它的演变和发展对世界经济变化和政治格局产生重大的战略影响。直接投资成为国际投资的主要动向,其组织载体就是跨国公司。直接投资的迅速发展促成了跨国公司的产生和发展,而跨国公司的飞速发展又带动了直接投资的不断扩大。国际直接投资是跨国公司实行其"全球战略"的最主要手段。由于跨国公司的重要性和独特性,我们专辟一节来介绍。

一、跨国公司的概念

根据联合国跨国公司委员会 1980 年 5 月第六次会议的决议,跨国公司的定义可以表述如下:① 跨国公司是指一个工商企业,组成该企业的实体在两个或两个以上的国家经营业务,而不论其采取的法律形式如何,也不论其在哪一部门经营。② 这种企业有一个中央决策体系,因而具有共同的反映企业全球战略目标的政策。③ 这种企业的各个实体分享资源、信息并分担责任。

从以上跨国公司定义可见,跨国公司作为国际化生产的企业组织,与一般国内企业及其他国际经济组织相比有以下几个特点。

(1) 生产经营活动的跨国化。这是跨国公司经营方式的最基本特征。跨国公司对再生产周期的所有环节都实行国际化的安排。它通过直接投资,在海外新建或收买现有企业,利用当地资源就地进行生产经营活动,从而使再生产过程在国际范围内实现。跨国公司不同于国际卡特尔,后者的经济活动只限于再生产周期的完成阶段,即仅是瓜分世界商品销售市场的国际垄断同盟。

(2) 实行"全球战略"。跨国公司在做经营决策时,不是孤立地考虑某一子公司所在国的市场、资源等情况和某一子公司的局部损失,而是从多国或全球的角度考虑全公司的发展,制定"全球经营战略",以使整个公司取得最大限度的利润和长远的利益。同时,跨国公司通过制定严密的全球经营战略,可以做到在世界上劳动力最便宜的国家雇佣劳动力,在资源最廉价的地方采购原材料,在利息率最低的地区筹措资金,在税率最低的国家缴纳税金,从而最终达到获取最大限度利润的目的。

(3) 公司内部一体化原则。跨国公司的"公司内部一体化"原则要求实行高度集中的管理体制,以母公司为中心,把遍布世界各地的分支机构和子公司统一为一个整体。近年来,跨国公司日益向混合型多种经营发展,国外经营业务更为复杂,这就更加要求把跨国公司的经营管理权集中在母公司手中,统一安排各子公司的组织生产、产品销售、利润分配、资金筹措、人事安排等。现代化的交通工具和通信设备为跨国公司实行内部一体化经营管理提供了有利的物质条件。

跨国公司从公司内部经营结构分类,可以分为以下类型。

(1) 横向型。跨国公司的母公司和子公司经营产品相同,经营业务相似,因而可以不通过国际市场,而是在公司内部完成生产技术、营销技能和商标专利等无形资产的转移,充分利用各国有利条件,增加产量,提高规模效益。

(2) 垂直型。跨国公司内部母公司和子公司制造不同的产品,经营不同业务,但相互之间有密切联系。具体有两种形式:一是经营不同行业的相互关联的产品,另一种是经营同行业的不同加工程序的产品。这类公司的主要特点是投资多、分工复杂、联系密切,便于按各子公司优势,安排专业化生产和协作。

(3) 混合型。这类公司的母公司和子公司经营不同业务,制造不同产品,产品间没有有机的联系,也互不联结。其主要特征是加强生产和资本的集中,有利于公司发挥规模经济的作用。

一家跨国公司的发展一般都经历出口阶段、国外生产阶段、跨国企业阶段三个阶段。一个企业最初的国外联系是从出口开始的,随着出口销售的增长,公司开始考虑直接到国外市场内部去生产,然后把产品提供给该市场,于是进入国外生产阶段。到了国外生产阶段的后期,公司可能拥有若干分布于不同国家的子公司或分支机构,要协调管理这些机构以发挥公司的资源、技术、市场优势,建立起新的管理中心,这时才真正地进入了跨国公司阶段。我们看到,不单是单个跨国公司,整个跨国公司的发展历史就是这么从"商品转移"向"资本转移"发展而来的。

二、跨国公司国外投资的参与形式

跨国公司国外投资有股权参与和非股权安排两种形式。

(1) 股权参与的形式。跨国公司的股权参与,是指母公司在国外子公司中占有一定的股权份额。取得股权的方式主要有两种,即收购企业和股权式投资。收购企业能使投资者迅速进入国外市场,并利用现成的生产设备、技术、管理和品牌、销售渠道,短时间内推出产品,形成规模效益。但收购方式的不利之处在于难以准确估算收购企业的资产和后续投资规模,经营风险模糊。股权式投资能以有限责任减少风险,并利用股权优势取得经营控制权。跨国公司根据本身的实力,可以选择不同的股权参与形式。① 对于规模大、技术水平高,具有很强市场竞争优势的大型跨国公司而言,由于它们在市场的所处地位,如果对东道国没有什么特殊要求,那么在对子公司的股权要求上一般比较强烈,要求建立拥有全部股份的子公司比较普遍。② 技术较先进、规模略小的跨国公司,其产品在市场上不处于垄断地位,对东道国又有原料、市场等要求,这一类公司除建立全资子公司外,也可能建立多数股权拥有的公司,或与东道国举办合营企业。③ 技术不太先进、销售能力不太强的跨国公司,一般在子公司的股权要求上不很强烈,比较容易接受多数股权或合营的安排。④ 规模较小、产品相对过时的中小型跨国公司,或新进入国际市场的跨国公司,为在激烈的竞争中站稳脚跟,一般较愿意接受小数额股权的参与形式。

(2) 非股权安排形式。非股权安排是20世纪70年代以来逐渐被广泛采用的投资形式。它是指跨国公司在东道国的公司中不参与股份,因而不能凭借股权对企业进行控制和管理,而是通过对技术、管理、销售渠道等各种资源技术的控制,并通过签订一系列合同,为东道国提供各种服务,与东道国的公司建立起密切联系并从中获利。非股权安排对跨国公司来说,既大大降低公司的经营风险,又可以通过若干合同形式获得可观的利润和一定程度的实际控制权,是一种灵活的投资方式。非股权安排的主要形式有:① 许可证合同。它是允许许可证获得者按合同采用某种技术的合同。许可证合同可以分为两种:一种是跨国公司与东道国按一定价格,就某种技术知识的转让达成协议。偿付方式是一次或分期付清。这种方式又称许可证贸易。另一种是对转让的某种技术知识的补偿采取提成支付的方式,即在一定年限内,按产品的产量和售价,根据协议规定的百分比提取。跨国公司不参与股权,但对产品的产量和质量可以进行监督。② 管理合同。它的特点是只管理不投资。授权跨国技术公司管理企业,而企业的重大问题仍由董事会批准。管理合同有两类:一类是全面经营管理,包括技术管理、商业管理和行政管理。另一类是技术管理,即仅由外国技术公司和人员管理技术。③ 产品分成合同。东道国与跨国公司在一个预先商定的分配方案的基础上分享企业的产品,外国公司购买的全部设备在一定期限后归东道国所有。

此外,非股权安排还有技术协作合同、销售合同等。各种安排形式利弊不一,东道国必须从本国具体情况出发,灵活采用。

三、跨国公司的经营策略

跨国公司以世界市场为角逐目标,在世界范围内实施生产力配置。它的全球战略使之能够享受各种一体化效果,如生产一体化,新技术、新产品一体化,营销一体化等效果。为了使这些效果最大化,跨国公司采用产品多样化策略、产品生命周期策略、出口带动投资策略、转移定价策略等。

(1) 产品多样化策略。跨国公司的产品多样化是资本高度集中和竞争激化的必然结果。多种经营有利于针对不同市场的需要推出产品,也可以分散跨国公司的风险,还可以同时发展长线和短线产品,使公司在资金上取得较大的回旋余地。跨国公司运用产品多样化策略把产品的市场(即销售的地理方向)、产品的技术(即公司掌握的先进技术和控制技术的能力)、产品的生产(即合理生产使产品富有竞争性)三者紧密地结合在一起。

产品多样化策略在满足消费者多层次、多方位需求方面,可把产品划分为三个层次:① 核心产品,指产品提供给顾客的基本效用。② 形式产品,指呈现在市场上的产品的具体物质形态或外观,通常反映在产品的质量、形态、包装等方面。③ 附加产品,指跨国公司为客户提供的附加服务和利益,包括修理和维护服务、安装、交货等。以上三个层次构成了产品的整体概念,也反映了跨国公司开发、生产、销售产品的策略。

(2) 产品生命周期策略。该策略是雷蒙德·维农的国际产品生命周期理论的运用(如图 8-1 所示)。

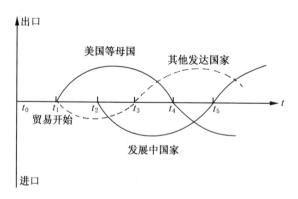

图 8-1 国际产品生命周期理论

产品从 t_0 投入商品生产开始,至 t_1 开始出口到消费偏好相似的发达国家。产品不断成熟,并吸引更多厂商进入市场。到 t_3 其他发达国家开始掌握技术并出口。到产品进入标准化阶段 t_4,母国逐渐失去技术的相对优势,成为该产品的进口国,生产逐渐转移到工资率较低的国家中去。到 t_5 发展中国家成为净出口国。产品从成熟走向衰落。

在产品生命周期的不同阶段,跨国公司的策略是不同的。在产品的成长和成熟初期,主要依靠出口,只做小规模的投资,在进入产品成熟期以后,跨国公司在国外集中投资进行大规模发展,同时增加营销宣传。

(3) 出口带动投资策略。该策略和产品周期策略紧密联系。跨国公司最初的出口是委托国外经销商的,由于业务的扩大,公司必须在国外设立一系列销售服务机构。随着市场扩大和竞争加剧,并且产品走向成熟,公司开始到国外装配或直接制造产品,就近在当地市场销售以取得更大利润。这样,跨国公司随着出口把投资带到各个新市场,形成全球一体化的生产经营。

(4) 转移定价策略。该策略是跨国公司独有的一种经营策略。它是指跨国公司内部、母公司和子公司、子公司之间出售或采购商品、劳务和技术时相互约定的价格。这种定价在一定程度上不受市场供求法则制约,而是根据公司的全球战略制定。

跨国公司运用转移定价可以达到以下目的:① 减轻税负。如运用转移定价将公司利润由高税区转到低税区,减少所得税。② 调拨资金。转移定价可使国外子公司分担母公司的研究管理费用,也可用以提前收回投资。③ 增强子公司竞争力。通过高价收购子公司产品等扶持创建的子公司。④ 规避风险。转移定价会损害东道国和母国的利益。因此,各国政府通常采用"比较定价原则"或"公平交易价格"来审核跨国公司的转移定价。

四、各国对跨国公司的政策

跨国公司的跨国经营活动,往往和东道国或母国的利益和管理目标发生冲突。各国政府从本国的利益出发,对跨国公司采取了不同的政策。

(1) 发展中东道国的政策。跨国公司对发展中国家经济的发展有正反两方面影响。一方面,跨国公司能弥补发展中国家的资金不足,提供先进技术和管理方法,提供国际销售渠道,增加出口等,促进发展中国家经济发展。另一方面,跨国公司投资有不利于东道国的地方,如汇款回国,会导致发展中国家国际收支恶化,转移价格会损害东道国利益,对本国企业发展产生竞争压力,操纵东道国经济等等。

因此,发展中东道国对跨国公司活动采取了既限制又利用的政策。主要的限制措施有:① 行业限制。外资不得进入少数基础工业和战略工业部门、国内批发和零售部门、易于垄断部门等。② 股权限制。一些国家规定,外资股权比例必须低于50%,特殊部门除外。③ 利润汇出限制。将利润汇出额限制在投入资本的一定百分比内。④ 当地成分限制。即限定在最终产品中使用一定的当地生产的原材料。

随着发展中国家谈判地位的提高以及吸引外资发展经济需求的增加,许多发展中国家的跨国公司政策表现出较大的务实性、灵活性和成熟性。许多国家采用了鼓励外资的政策,主要有:避免征用;提供财务援助和税收优惠;放宽外汇管制和行政管理;国民待遇;保障水电及原材料供应等政府支持。

目前,发展中国家对跨国公司的管理主要表现出以下特点:① 侧重于规划和促进外资和技术向特定重点部门流动。② 越来越重视对外国企业在实际贡献方面的要求,特别是要求增加本地附加值,承担出口义务和转让技术等。③ 采取必要的政策和规划,以增加本国技术与管理能力。

(2) 发达母国的跨国公司政策。发达国家对本国企业对外投资,基本持鼓励态度。这是因为跨国公司海外投资,能促进生产专业化,提高劳动生产率;对外投资可以成为出口的必要补充;海外利润的汇回会对母国的国际收支带来极有利的影响。发达国家鼓励对外投资的措施主要有:① 风险担保。由政府对私人海外投资的政治风险进行担保。② 资本援助。主要是向跨国公司提供信贷。③ 税收激励。主要是通过双边税收协议来消除双重征税问题。④ 对高科技部门提供支持,以增强企业竞争力。

母国对跨国公司也有一些监控措施,以保证母国利益不受损害。这是因为跨国公司过度扩张可能造成不利影响:① 技术外流,培养了海外竞争对手。② 资本输出,使国内资金短缺,造成国内生产停滞和失业。③ 生产活动向海外迁移,造成国内产业空心化,使母国进口增加,加剧了贸易不平衡。母国的监管措施主要包括:① 对外流投资的审查,尤其是技术出口的审批。根据能否保护现有国外投资、投资目的地、投资部门及对母国影响决定是否批准资本外流。② 对就业的关心。根据资本输出是否会减少母国就业机会控制对外投资。③ 对跨国公司偷税避税的管理。目前,比较受欢迎的办法是联合审计。

第四节 国际间接投资

国际间接投资主要是指用于购买外国公司的股票和其他证券的投资,也包括国际长期与短期贷款。国际间接投资是传统的国际投资形式。它早在自由资本主义时期就已出现,并随着资本主义发展到垄断阶段迅速发展起来。在 19 世纪末 20 世纪初,资本输出的主要形式就是国际间接投资。二战后,随着生产国际化和国际直接投资的发展,其对世界经济的作用和影响也相对减弱,但是,国际间接投资在国际资本流动中仍然占有相当重要的地位。

一、国际间接投资的类型

1. 公司股票

公司股票是资本市场重要的长期信用工具之一。股票是股份公司发给股东作为入股凭证并借以取得股息收入的有价证券。股票持有者就是公司的股东,享有盈利分配权、出席股东会议权、资产分配权等权利。公司股票可以分为优先股和普通股:优先股享有按规定固定利率的股息和比普通股优先分配的权利;普通股则按公司业绩在优先股之后分配利润。股票实质上是代表对一定的经济利益分配请求权的资本证券,是一种虚拟资本。公司股票之所以具有价格,在于凭借股票可以向该股份公司获取一定的股息收入。

股票价值可以分为:① 票面价值,就是企业发行股票上所标明的金额,没有重大实际意义。② 账面价值,是股票所含的实际资产额,账面价值 = $\frac{公司资产-负债}{股票股数}$,账面价值可以作为估计股票实际价值的一个根据,但和实际价值也往往相差甚远。③ 内在价值,是分析了公司的财务状况、盈利前景及其他影响公司增长的因素以后,认为股票真正代表的价值。它是一种理论价值。④ 市场价值,又称市场价格,即股票在股市上实际买卖的价格。影响股价的因素很多,宏观的如经济周期、利率等,微观的如公司经营状况等。

2. 公司债券

公司债券是企业对外举债并承诺在一定期限还本付息所发行的借款凭证。公司债券通常都载明承诺按固定利率支付利息,并在确定日期归还本金。债券持有人每年可以从公司获得固定的利息收入,但不享有企业管理权。公司债券是要式证券,其持有风险相对小于股票。公司债券的质量正如它的价格和收益所反映的一样,依赖于公司经营管理的效益和信守契约的程度。债券的基本要素包括面值、价格(溢价或折价)、还本期限、利息率。

3. 政府债券

政府债券又称公债,是一国政府或政府有关部门为弥补财政赤字,平衡国际收支,支持资源开发和经济规划,以政府信用为保证在国际债券市场上筹集资金的一种方式。

购买外国政府债券是重要的对外间接投资方式。这是因为外国政府债券不仅有政府信用作保证,而且每种公债在发行、利息的支付、本金的偿还、偿债基金的设置、管理机构的建立等都有具体的安排。因此,政府债券在各种证券投资中,其安全性、收益性、流通性都优于其他债券,享有最高的信誉。以美国的政府债券为例,可以分为可转让债券和不可转让债券两大类。可转让债券指持有人可随时在市场上转让的债券,具有良好的流通性,包括国库券、国库负债证、中期债券、长期债券等。不可转让债券又称储蓄公债,不能在市场转售或流通,其价格低于市场价格。

4. 国际信贷

国际信贷是指一国银行或企业向外国银行和工商企业提供贷款,是一种普遍、简易的国际间接投资方式。重要的国际信贷方式有以下三类。

(1) 国际银团贷款,是指由若干家商业银行组成的贷款集团联合向一个借款者提供相当数额资金融通的一种贷款形式。国际银团贷款在20世纪60年代后期发展起来,现在已成为国际中长期贷款市场的一个重要组成部分,国际银团贷款的迅速发展在于它有借款成本低、手续简便、能适应借款者的不同需求等优点。

(2) 联合贷款,是20世纪70年代以来国际金融市场发展起来的一种对发展中国家提供发展资金的贷款形式。这里的联合是指商业银行和下列各种机构的联合,如世界性国际金融组织、地区性国际金融组织以及许多国家设立的发展基金和对外经济援助机构等。联合贷款在形式上类似于银团贷款,在性质上是官方外援信贷与商业银行贷款的组合。

(3) 项目贷款,是贷款人为某一特定项目提供的贷款,是20世纪70年代发展起来的利用外资和国际投资的重要方式。它的资金来源除国际金融市场外,主要有国际金融机构、外国政府或外国政府支持的金融机构。

二、影响国际间接投资的因素

影响国际间接投资的因素可归纳为以下四个。

(1) 利率。利率是影响国际间接投资的规模和流向的主要因素。国际间接投资的主要动因在于追逐较高的资本利息收入。国际间接投资的流向往往是从利率低的国家流向利率高的国家。理论上,这种流动会促使资金流入市场的利率下降,资金流出市场的利率上升,最后达到平衡,停止流动。一国的政府为使资本流动朝着有利于本国经济的方向变化,往往采取政策限制或鼓励资金流入。在不同的利率种类中,长期利率和实际利率对国际间接投资的影响较大。

(2) 汇率。汇率是一国货币与另一国货币交换的比率。汇率的变动会直接引起资本的流动。一国的国际收支大量顺差,对外债权相对增加,外汇供过于求,汇率将上升,而国外对该国货币的需求增加。在这种情况下,将促使该国资本外流。相反,假如一国国际收支长期持续逆差,对外债务相对增加,外汇供应短缺,汇率下跌,而为偿付对外债务必然会增加对外汇的需求,这将促使外国资本流入。

汇率的稳定性也会引起国际间接投资流向的变化。一国汇率长期稳定较易吸引资金流入该国。目前国际上大量游资特别是短期资本的流动方向,在很大程度上是视汇率的稳定状况而定的。墨西哥金融危机,实际上就是汇率不稳引起大量间接投资撤走而形成的金融危机。

(3) 风险。风险是影响国际间接投资的一个重要因素。各种证券或者贷款的风险是不同的。在相同收益率的情况下,投资者当然愿意持有风险较小的证券或贷款项目。随着国际间接投资规模越来越大,对投资风险的分析和评估也越来越重要。目前,一些国际金融组织和各国的跨国银行都有各自的风险预测方法。

(4) 国家偿债能力。偿债能力是吸引国际间接投资的基本条件。由于各国的经济发展水平不同,自然条件、经济基础各异,因而形成了偿债能力的差异。发达国家由于经济实力雄厚,有较多外汇储备,偿债能力强,因而能吸引大量的国际资本。在发展中国家的国际间接投资也多是集中在新兴工业国(地区),因为这些国家和地区相对来说经济发展比较快,有较强的出口创汇能力,偿债能力也较强。而拉美债务国的债务危机曾使它们的偿债能力普遍下降,这极大地影响了西方债权国在拉美的投资。

三、国际间接投资对经济的影响

1. 国际间接投资对世界经济的促进作用

(1) 国际间接投资为各国经济发展提供了资金来源,尤其是为广大发展中国家的经济发展提供了重要的资金来源。二战后初期,西欧国家急于恢复和发展经济,又苦于资金短缺,而美国以"马歇尔计划"为主的对欧援助和贷款弥补了西欧资金的不足,对西欧经济的迅速恢复和发展起了重要作用。一些发展中国家对国际间接投资的依赖程度也很大,国际金融市场上的信贷资金和证券投资是它们发展民族经济的重要来源。拉美等国的经济发展都极大地依靠发达国家的资金支持。

(2) 国际间接投资促进了国际金融市场的一体化。国际信贷资金和有价证券投资规模日益扩大,资金在各国间频繁移动,使各国的资金市场在利率、交易方式、交易条件等方面越来越趋于一致,从而使各国在资金市场上的业务联系也越来越密切,并通过世界主要金融中心把各国资金市场联结成一个有机整体。因此,国际间接投资在世界范围的迅速发展,促进了国际金融市场一体化的过程,这为各国资金在国际间正常移动提供了便利条件。

(3) 国际间接投资在一定条件下能促进资金在国家间的合理配置。信贷资金、证券在国家间的频繁流动,在很大程度上是同国际资金的供求状况相联系的。资本不断以间接投资形式从相对过剩的地区流向相对不足的地区,最终将使资金的国际配置逐渐趋向合理。

2. 国际间接投资对经济发展的消极影响

(1) 国际间接投资加剧了外汇投机。在一定条件下,生息资本和证券的流动会迫使一些国家货币汇率发生变动。如大量资本从美国流出,改投他国。这需要在外汇市场大量抛出美元以获得投资国货币,就会引起美元的贬值。在升值、贬值前景确定的情况下,外汇投机会随着国际间接投资的增加而更迅速地发展。

(2) 国际间接投资加剧了国际信贷市场的波动。国际间接投资中的大部分信贷资金投放是通过国际货币市场进行的。信贷资金经常地通过货币市场从一种货币变动为另一种货币,从一个国家流向另一个国家,从而使国际信贷资金的流量常处于不规则变动之中。这同各国对信贷资金的需求相违背,不利于世界经济的稳定。

(3) 国际间接投资削弱各国货币政策的效力。当一国试图提高利率以实行国内通货紧缩政策时,利率的上升会引起大量外资内流,结果使国内货币供应量无法下降,不能达到预期的紧缩目标。而当一国试图降低利率而实行货币扩张政策时,利率下跌又会诱发本国货币外流,使货币扩张政策无效。历史上,"欧洲美元"就曾长期困扰美国的货币政策制定者,使他们的货币政策难以达到预期效果。

基本概念

国际直接投资 小岛清的比较优势理论 海默-金德尔伯格的垄断优势论 市场内部化理论 国际间接投资 跨国公司 转移定价 出口信贷 租赁信贷

思考题

1. 简述对外直接投资主要形式。
2. 试从宏观和微观两个角度分析影响国际直接投资的基本因素。
3. 简述邓宁的国际生产折中理论。
4. 试述国际直接投资的作用和经济影响。
5. 简述跨国公司的几种经营策略。
6. 简述跨国公司国外投资的参与形式。
7. 试述影响国际间接投资的主要因素。
8. 试述国际间接投资对经济的影响。

第三篇　世界经济发展的一般趋势和全球性问题

区域经济一体化和经济全球化是20世纪90年代以来世界经济发展的两大趋势,对世界经济格局产生了重大影响。在经济全球化和区域经济一体化的发展过程中,全球贫富差距拉大、石油危机和国际大宗商品价格的剧烈波动、英国脱欧、全球性气候和环境保护、全球化退潮等问题已为世界各国所关注,也对世界经济的发展产生巨大影响。

第九章 经济全球化与区域经济一体化

经济全球化和区域经济一体化是当今世界经济发展的主要趋势。经济全球化相继经历了贸易全球化、生产全球化和金融全球化三个既相互联系，又层层推进的发展阶段。经济全球化过程对世界经济的发展产生了深刻而广泛的影响。区域经济一体化是经济全球化的具体发展模式之一。经济全球化与区域经济一体化既有区别又有联系。

第一节 经济全球化

一、经济全球化含义及综述

生活在现实中的人们时时刻刻能感受到经济全球化过程的冲击，总是不知不觉地置身于经济全球化的大潮之中。其实，世界经济全球化过程早就开始。有人认为，自从1492年哥伦布远航美洲使东西两半球会合之时起，经济全球化过程就已经开始。又有人认为，世界经济出现全球化联系的初始阶段可以追溯到16世纪初西方资本主义国家的殖民扩张。也有人认为，经济全球化过程开始于18世纪资产阶级革命首先在英国取得胜利的时候。

经济全球化过程究竟开始于何时，人们尚未形成统一的看法。但是，可以肯定的是，在18世纪资本主义市场诞生之日起经济全球化过程就已经进入了第一个发展高潮。当时，人们主要用"国际性""世界经济""世界市场"等词描述比较早期的经济全球化过程。20世纪60年代后，经济全球化过程加速向深度和广度发展。80年代中期，人们开始用"经济全球化"描述这一不断深化的世界经济运转过程。我们目前正在经历的世界经济正处于向成熟的经济全球化迈进的关键阶段。可以预期，完成的经济全球化过程就是各国经济政策基本一致的状态。完成的经济全球化是全球经济的一体化：世界经济在一个为各国所普遍接受的规则下运行，资源在全世界配置的成本降到尽可能低的水平，并不比在一国国境以内配置成本更高。

不过，不论理论界还是实业界对经济全球化的深刻含义至今仍旧缺乏明确而统一的认识。有人认为，经济全球化是指生产、贸易、投资、金融等经济行为在全球范围的大规模活动，是生产要素的全球配置与重组，是世界各国经济相互依赖和融合的表现。T. 莱维于1985年给经济全球化下的定义是：经济全球化指商品、服务、资本和技术在世界性生产、消费和投资领域中的扩散。1997年国际货币基金组织在《世界经济展望》中给经济全球化下的定义是：经济全球化是指跨国商品与服务交易及资本流动规模和形式的增加，以及技术的广泛迅速传播使世界各国经济的相互依赖性增强。这些定义有以下几点不足之处：第一，混淆了生产、投资、金融三者关系，其实投资行为既可以归为生产范畴，又可以归为金融范畴。第二，到底达到什么程度才能叫作大规模活动，定义中界定得不够清楚。第三，生产要素在全球配置或重组，本身就是生产全球化或者金融全球化的核心内容。第四，整个定义仅仅是经济全球化的现象描述，缺少理论抽象，因为定义或概念本身必须是问题本质的概括与总结，具有普遍性。

美国哈佛大学经济学家杰弗雷·D. 萨克斯在《对外政策》(Foreign Policy)发表文章，认为经济全球化有四个层面的含义：第一，促进经济更快增长；第二，对宏观经济稳定的影响；第三，对收入分配的影响；第四，对各国和国际政治的影响。这个论断，显然没有给出经济全球化明确的定义，仅仅是几个方面的概述，不过它可以给我们准确定义经济全球化提供一些思路与启发。

本书综合学术界研究成果将经济全球化定义为：经济全球化是指世界各国和地区的经济相互融合日益紧密，逐渐形成全球经济一体化的过程，包括贸易全球化、生产全球化与金融全球化三个阶段，以及与此相适应的世界经济运行机制的建立与规范化过程。经济全球化也指这样一种状态，即各国和地区的经济都融合到国际经济的大循环中，对外经济交往中的对外贸易比重大大提高，生产领域中跨国公司占据着举足轻重的地位，金融市场上外国货币大量流通，资本跨国流动加快，各国金融市场由先进的通信工具、发达的交易网络系统联结成为一个整体。

就总体和长远来看，经济全球化有利于世界经济的发展。从经济全球化对世界经济的实际影响来看,经济全球化显然是一把双刃剑,它既加快了世界经济的发展,又在全球范围内扩大了贫富差距。

经济全球化对发展中国家而言既有机遇,又有挑战。一方面,全球化为发展中国家吸引发达国家的资金、技术和管理经验,缩小与发达国家的差距,进而为赶超发达国家提供了机遇,因而有利于缩短发达国家和发展中国家间经济差距。但是,已经形成的世界经济格局是阻碍发展中国家利用经济全球化发展本国经济的重要障碍。另一方面,经济全球化使发展中国家的民族工业、国家安全和国家主权受到挑战,稍有不慎,就有可能为经济全球化付出沉重的代价。

二、经济全球化基本成因

1. 社会生产力高度发展是经济全球化的根本原因

马克思早就说过,生产力是最革命、最活跃的因素,它已经和必将摧毁一切阻止其前进的障碍和壁垒。资本主义的诞生,极大地解放了生产力,也使特有的以国境作为边界的一国国内市场难以容纳堆积如山的商品。于是,资本主义生产力创造的不计其数的商品纷纷走出国门,走向世界各个角落,使以贸易全球化作为主要特征的早期的经济全球化过程进入了第一个快速发展时期。

进入经济全球化的高级形式后,生产要素应完全自由流动,使用同一货币,建立同一中央银行,统一各国所有的财政政策等经济调节手段。不论是近现代经济全球化,还是完成形式的经济全球化,都如早期的经济全球化一样,是社会生产力不断发展的必然要求。尤其需要指出的是,经济全球化反过来又大大地解放了社会生产力,使得社会生产力获得了更加广阔的发展空间。因此,社会生产力以前所未有的速度向前发展,于是又推动经济全球化过程向更高级的形式推进。社会生产力这种不断放大的正反馈效应,是经济全球化过程获得持久动力的最根本原因。

2. 微观经济行为主体追逐利润的动机是经济全球化过程持续发展的重要原因

所有微观经济行为主体都存在追求利润的动机,而获得利润的手段不外乎两个:一是不断开辟新的市场,凡是可以获得较高利润的领域都成为经济行为主体追逐的对象。二是降低经营成本,保证在市场价格不变甚至下降的情况下,仍旧有利可图。比如,跨国公司运用共同控制下的内部协调机制,降低市场机制中的交易成本,使企业获得内部化优势。由于各国市场的分割以及各主权国家政府所采取的不同政策,国际市场上结构性扭曲现象十分严重,使跨国界的经营活动遭遇许多障碍,承担较高的成本。因此,各国政府通过签订各种协议,参与经济全球化过程,从经济意义上讲,正是对这种市场不完全所做出的反应,目的也是为了降低经济主体跨国界经营成本。

3. 当代经济全球化的现实原因

当代经济全球化过程从时间上讲是从二战后初期直到现在为止。在这个相当长的时期里,经济全球化过程除了贸易全球化获得长足发展外,生产全球化、金融服务全球化也得到了全面发展。以跨国公司为主体的生产全球化,与以资本流动尤其是短期资本流动为主要特征的金融服务全球化(以下简称金融全球化)成为这一阶段引人注目的现象。而与此相适应的经济全球化游戏规则的完善和跨国性经济协调组织机构的建立则成为这一阶段经济全球化的主要内容。

当代经济全球化之所以如火如荼有其现实原因。① 发达国家与发展中国家不约而同的经济自由化道路的选择,引起世界各国经济体制趋同与经济全球化的持续升级、扩散。② 布雷顿森林体系崩溃后,资本高度流动引起了史无前例的金融创新活动。③ 跨国公司在资本市场、商品市场的双向套利活动,奠定了经济全球化的微观经济基础。没有跨国公司的永不停息地追逐利润的活动,就没有经济全球化的持续发展。④ 以信息产业为主的技术革命,进一步消除了全球的时间与空间距离障碍。如同海运的发展加速了商品跨国界流动一样,信息技术加速了资本流动、生产国际化,并进一步对国际贸易的规模产生影响。

三、经济全球化特征

经济全球化最早开始于经济的交换领域,逐步扩展到生产全过程,以及为生产过程服务的金融领域。可以这么说,从资本主义诞生以来世界经济全球化过程就从来没有停止过。不过,各个阶段经济全球化呈现不同特征。19世纪,世界经济全球化过程以武力扩张配合商品和资本输出为主要特征。20世纪特别是20世纪80年代以后,世界经济全球化主要以信息技术和各国经济自由化程度提高为动力,整个生产过程国际化,各种服务经济全球化的组织和游戏规则以惊人的速度完善,以区域经济一体化为主要特征。

从历史和现实出发,我们不难发现,整个经济全球化过程包括这样的趋势:经济行为主体跨国界活动规模越来越大,速度越来越快,成本越来越低,障碍越来越小。一般来说,经济全球化主要有以下特征。

(1) 国际贸易是经济全球化不断深入的动力。国际贸易作为经济全球化的火车头,在整个经济全球化过程中处于先行地位。与贸易全球化相联系的世界贸易组织在经济全球化过程中处于管理全球经济顺利一体化的关键地位,世界贸易组织及其前身所达成的所有双边或者多边协议,都是围绕最大可能降低国际贸易壁垒展开的。随着国际贸易成本的降低,真正的全球性市场逐渐形成,商品、服务以及资本、劳动力等生产要素市场已经超出国家和地区的界限在全球范围内迅猛扩大,其发展速度与规模可谓史无前例,贸易和投资自由化已经成为全球市场难以逆转的发展趋势。贸易全球化的发展推动了生产全球化和金融全球化的发展,促成了有关经济全球化国际协调机制的建立。

(2) 跨国公司是经济全球化过程中的微观主体。二战后,跨国公司如雨后春笋般蓬勃兴起。跨国公司根据其全球战略和经营策略,在世界各地配置生产要素,建立生产据点和销售网络,在跨国公司内部加强子公司之间分工协作,大力开展公司内贸易。与此同时,利用合资、合作、共同研究开发等多种资本输出与技术合作方法,不断扩大和密切与各国、各地区之间的联系。它们一方面呼吁有利于跨国公司不断扩张的投资环境,另一方面又不断利用自身优势与影响力,规范跨国生产、投资经营的游戏规则,几乎所有的国际性经济协调机构都处于跨国公司直接或者间接支配之下。这些跨国公司控制了全世界生产的 40%,商品贸易的 50%~60%,技术贸易的 60%~70%,对外直接投资的 90%,技术专利的 80%。如果把贸易全球化作为经济全球化的火车头的话,跨国公司就是驾驶这列火车头的司机,它们在全球范围内组织生产和流通,一直是经济全球化的主导力量和主要载体。

出于降低贸易成本和生产成本考虑而诞生的跨国公司使得国际贸易在世界经济中的地位相对下降,贸易全球化过程的重要性逐步让位于生产全球化和金融全球化。跨国公司的高度发展正在把整个世界变成一座工厂,并带动劳动力资源和管理要素跨国界自由流动,同时使得跨国公司本身逐渐丧失原有国籍身份,其股份由各个国家的法人、自然人持有,已经越来越难以说清楚跨国公司属于何国了。

(3) 经济行为跨国界活动成本降低是经济全球化过程不断深入与拓展

的重要保证。世界经济全球化过程,就是国别经济跨国界活动成本逐步降低的过程。交通运输的飞速发展,计算机、通信技术在市场交换等经济领域的应用,大大缩短了各国、各地区市场的时间与空间距离,极大地降低了商品、资本、劳动及其他生产要素跨国境交易与流通费用,降低了经济信息获得成本,使得经济全球化有了强大的硬件支持。比如,从纽约到伦敦的电话通信费从1990年的每分钟1美元降到了2017年的20美分,如果加入特殊的国际通信套餐,通话费更是低至每分钟5美分,使得跨越大西洋的通信费用几乎降为零。网络技术不仅使经济全球化成为可能,而且成为必然。据统计,1993年只有300万人使用国际互联网,1997年增至1亿人,到2015年全球网民数量已突破30亿人。网上信息流量每100天就增加1倍,这种技术使世界缩小,经济活动随之全球化。

科学技术的发展客观上降低了经济全球化成本。人们积极降低经济全球化主观成本的努力,则从另一方面保证了经济全球化过程的不断深入。

目前人们正努力将阻碍贸易全球化的关税与非关税壁垒降低到最低限度,同时也在不断探索降低阻碍生产要素跨国境流动的包括货币兑换成本以及其他阻碍经济全球化成本的途径。可以预期,经济全球化过程的一个重要阶段就是国际货币体系逐步统一。国际货币体系统一的过程,首先表现为国际金融工具不断创新,货币兑换速度提高,规模扩大,各国金融市场逐步融为一体,采取统一交易规则,产生许多跨国(或无国籍)金融机构直至由一家或数家金融机构共同出面创造一种或者认可一种被世界各国广为接受的"世界货币",并且诞生专门负责"地球货币"发行的"地球中央银行"。

四、经济全球化的发展阶段

贸易全球化、生产全球化、金融全球化是经济全球化的主要内容和形式,它们构成了由低级到高级的经济全球化的三个阶段。这三个阶段是层层推进的关系。

贸易全球化是经济全球化过程的起点,从19世纪开始,到冷战结束,一直是经济全球化过程的主要形式。生产全球化主要是20世纪70年代以后的事情。随着贸易品种和贸易规模的扩大,各国对外开放程度的提高,以及贸易成本的存在,世界范围内买方市场的形成,生产全球化在跨国公司的推动下日益成为一种潮流。与此同时,贸易全球化逐渐出现行业内贸易、公司内贸易等新的形式。

如果说贸易全球化对国际金融服务提出了一定要求,那么生产全球化则大大促进了金融服务全球化的进程。生产全球化加剧了国际资本流动,尤其是短期资本流动规模日趋扩大,在贸易全球化与生产全球化的合力推动下,国际货币兑换、金融风险防范都提出了前所未有的要求。金融从来就是为生产和商品交换提供服务的,所以贸易全球化与生产全球化直接催生了金融服务的全球化发展。

1. 贸易全球化

一般认为,贸易全球化过程开始于1870年资本主义首先在英国取得胜利的时期。随着社会生产力的蓬勃发展,企业已不满足于占领其所在的城镇或者附近的区域市场,全国的市场狭小得难以容纳其生产的全部商品,市场需求的限制几乎成了生产规模进一步扩大的唯一障碍。于是,早期的商品开始走出国境,出现在全球的各个角落,这种情况一直延续到今天。不过,国际贸易正在不断发生巨大的变化:国际贸易额以惊人的速度发展,贸易品种不计其数,贸易方式不断创新,几乎所有的生产企业都卷进了贸易全球化的旋涡。到20世纪末,管理和推动贸易全球化的国际协议适用范围扩大到了服务业、农产品、纺织品等新领域,完善了市场准入、反倾销、知识产权等方面的内容,新的国际贸易机制正式成立,世界贸易组织取代了延续40多年的关税与贸易总协定。这些都是贸易全球化获得高度发展的重要标志。正如1848年马克思、恩格斯在《共产党宣言》中所说:"世界市场使商业、航海业和陆路交通得到了巨大的发展。"[1]贸易全球化的过程,又进一步推动了社会生产力的发展,使国际交往成本与费用大幅度降低。

贸易全球化过程可谓坎坎坷坷。1870—1914年,贸易全球化经历了一个迅速扩张时期,这一进程因第一次世界大战的爆发而中止。20世纪20年代开始,随着以美国为首的资本主义经济的强劲发展,贸易全球化过程获得了新生,但是随即被1929年的经济危机所打断。二战后社会主义和资本主义两种制度的对抗,限制了国际交往的发展,也就限制了贸易全球化过程的发展与深化。从1945年二战结束到1991年苏联解体40多年的冷战局面,一度使贸易全球化过程陷于停顿状态。社会生产力总是最活跃的因素,一旦突破了人为限制,就会以常人难以想象的速度到处扩张,并带动与之相关

---

[1] 马克思、恩格斯:《共产党宣言》,《马克思恩格斯选集》第1卷,人民出版社2012年版,第401页。

的生产过程、金融服务，或者说整个社会化大生产过程全方位的一体化发展。

20世纪90年代以后，世界商品贸易更是连年快速发展，1994年全球商品贸易额首次突破4万亿美元大关，到2014年更是突破了19万亿美元。由于早期以先进技术为基础的工业国与以自然资源为基础的农业国之间的垂直型国际分工逐渐被以生产部门与企业内部生产工序的分工为特征的水平型国际分工代替，早期的行业之间的贸易逐渐让位于产业内贸易与企业内贸易。国际贸易中的产品日趋多样化、复杂化。

贸易全球化的持续发展，已经使全球商品市场形成一个整体。随着贸易全球化过程的基本完成，生产全球化正成为当代世界经济的重要特征。

2. 生产全球化

生产全球化是指跨国公司跨国经营的分支机构在数量和地域覆盖上极大地扩展，并借助于跨国公司及其分支机构间多种形式的联系，实行组织和管理体制上无国界规划，逐步建立以价值增值为基础的跨国生产体系的过程。

跨国公司是生产全球化的微观基础，它将资本、技术和管理合为一体，推广到世界各地，形成全球性的生产、交换、分配和消费。跨国公司的发展一定程度上改变了传统的国际贸易的形式，丰富了国际贸易的内容，使得公司内贸易成为贸易全球化的一个崭新形式。跨国公司进入某一国从事生产活动，一般先与东道国企业进行合资、合作生产。在熟悉东道国基本情况和掌握基本经营经验后，它便独立从事生产经营，或者兼并东道国企业的股权，直接控制东道国的某些产品生产。

生产全球化包括微观层面和宏观层面两个基本内容。随着企业生产全球化的深化，跨国公司通过内部控制体系将不同国家的经济活动进行分工，并有机结合，使分布于不同国家和地区的生产过程之间建立起高度依存的关系，而形成生产全球化的微观层面。当以所有权为特征的国际直接投资的迅猛发展使得国与国经济联系不只是停留在商品和不涉及控制权的资本流动之中，整个生产过程的国际关联和国际分工构成了国与国经济联系的新纽带时，生产全球化的宏观层面得以形成，生产全球化也就得以确立其在经济全球化过程中的关键地位，并呼唤金融服务全球化的不断发展和深入。所以说，跨国公司一直是经济全球化的倡导力量，但是随着生产全球化过程的逐渐完成，跨国公司将被无国籍的全球公司所取代。

衡量生产全球化的指标有四个：国际直接投资额、跨国公司海外分支机构的生产值、海外分支机构的销售额、海外分支机构出口额。国际直接投资额是生产全球化的核心指标。一般包括跨国公司母公司向海外的投资额、海外分支机构所得收益的再投资额和海外分支机构向母公司的借款额。

生产全球化在20世纪80年代中后期以来获得长足发展，有其特定的历史背景。

首先，现代信息和通信技术的发展有利于降低跨国生产成本，特别是全球通信费用的大幅度降低，大大降低了跨国经营各个环节的交易和管理费用，便于跨国公司生产各个环节的协调，有利于生产信息在极短的时间内到达分布在全世界各地的生产分支机构。因此，科学技术，尤其是信息网络技术的发展，为生产全球化发展提供了良好条件，使跨国公司在世界各地统筹生产安排有了技术保证。

第二，各国政府放松外国直接投资管制及有关国际投资自由化双边多边协议的谈判则为生产全球化提供了制度保证。自20世纪80年代中期以来，发达国家广泛开放金融、电讯行业，鼓励服务贸易。而在发展中国家，逐步从严格限制外资流入向鼓励外资流入转变，它们除了广泛开放保护性行业外，积极订立、颁布多种形式的国际投资保障与投资促进协议，减少国有垄断行业的数目，同时大幅度取消70年代用于保护民族经济的对外资的股权比例限制，甚至还推出大量财税优惠措施，鼓励外资进入本国从事生产经营活动。据统计，1991—1996年，各国政府共对外国直接投资管理体制进行了约600次调整，其中95％是放松管理的调整。近年来，有关国际直接投资的双边和多边协议谈判不断有所突破。在多边层面上，经合组织的全球多边投资协议谈判（MAI）正在进行之中，目标是确立一个具有法律约束力的多边规则，从而鼓励及保护全球国际直接投资行为。世界贸易组织则达成了与贸易有关的投资措施（TRIM），以保障全球投资机制的顺利运行。

第三，企业在更广泛的市场范围内追求利润最大化动机是生产全球化的微观基础，使参加生产全球化的经济主体有了保证。20世纪90年代以来，科研成果层出不穷，新产品、新技术不断进入生产线，进入人们的生活，以至于人们将这个时代称为知识经济时代。技术的蓬勃发展，使产品的生命周期明显缩短，从黑白电视机到彩电花了几十年时间，从一般彩电到高清晰度彩电仅仅用了几年时间。个人计算机从最初的286升级到386、586，再到奔腾Ⅱ代，一直到最新的酷睿第九代处理器，几乎每年上一个新台阶。

人们的消费习惯随着知识经济时代的到来,也加快了更新的节奏,从而使产品生命周期进一步缩短。加上新技术、新产品的研究开发费用日益增长,企业的产品在某一个目标市场上往往成本还未收回,就进入了生命周期的衰退期。为了生存和发展,企业必须将研发成果向全球各地输送,以利用各地市场生命周期不完全同步的规律追求利润最大化。由于涉及技术诀窍,企业往往不愿意通过专利买卖形式转入研发成果,而公司内贸易则可以有效控制专利和技术诀窍的传播路径,从而成为较优的选择。这一切是企业积极参与生产全球化过程的根本动力。

3. 金融全球化

金融全球化是经济全球化的重要发展阶段之一,是世界经济和金融发展的必然趋势。正如金融是现代经济的核心一样,金融全球化也是经济全球化的核心。从金融本身的发展规律来看,推动金融全球化的主要动因是西方国家20世纪80年代以来金融自由化、信息技术、融资证券化和金融创新等的发展。经济全球化要求金融全球化,金融全球化过程导致金融市场向全球开放。在经济全球化大潮冲击下,亚洲、拉美的发展中国家和地区,以及东欧等新兴转型国家纷纷实施对外开放战略,大量引进外资,由此产生了大批的新兴金融市场,如中国香港、新加坡、巴林、巴拿马、开曼群岛等都已经成为世界上重要的离岸金融市场。这些新兴金融市场与发达国家或地区的金融市场相互联结,构成了全球化的金融市场运作体系,使得国际金融市场在时间上和空间上缩小了,并形成24小时不间断的连续运行。

以国际货币体系剧烈变动为标志,金融全球化过程已经经历了多个高潮,而以布雷顿森林体系崩溃与欧元诞生最为引人注目。在布雷顿森林体系崩溃前的四次大规模的国际资本流动,是金融全球化达到第一个高潮的标志。第一次大规模的国际资本流动是在1957—1958年,当时由于美国爆发了较严重的经济危机,西欧建立了共同市场,恢复了货币兑换,形成了巨大的资本预期收益差距,刺激了美国资本大量外流,使得美国黄金储备低于美国对外短期负债,逐步形成第一次美元危机。第二次是在1968年3月,仅半个多月时间,美国黄金储备就流失14亿美元,并爆发了第二次美元危机。自此,布雷顿森林体系进入"黄金双价制"时代。第三次大规模资本国际流动是在1971年,由于美国在该年8月15日宣布实行"新经济政策",对内冻结工资和物价、对外征收10%进口附加税并停止履行美元可兑换黄金的业务,引发了大量的投机性资本进入国际金融市场,许多国家开始实行浮动汇率制。第四次是在1973年,由于该年2月12日美国宣布将美元对黄金贬值10%,导致大量国际美元资本流向黄金,再一次使世界主要外汇市场纷纷关闭。在这种情况下,西欧一些国家实行联合浮动汇率制度,另外一些国家实行单独浮动汇率制度,布雷顿森林体系崩溃。因此,布雷顿森林体系瓦解是金融全球化达到第一个高潮的重要标志。

1999年,欧盟成员国的共同货币——欧元正式诞生。金融全球化过程经过20多年的快速发展,国与国之间不同货币的兑换成为阻碍金融全球化过程进一步发展的主要成本。经济全球化过程进一步向前推进就强烈要求消除各国间的货币差异性。为此,金融全球化进入了第二个发展高潮,即货币一体化阶段,欧元的诞生是这一高潮的重要标志之一。

金融全球化有如下特征:

(1) 金融自由化是金融全球化的主要内容。金融自由化包括放松或取消银行利率管制,降低强制性的准备金要求,减少政府在信贷配置决策方面的干预,对银行和保险公司实施私有化,积极发展股票市场,鼓励外资金融机构的进入。在许多国家,金融自由化还伴随着减少或取消对国际资本流动的管制。这一过程以政府在国际上筹集外币资金,然后再贷给国内借款人的方式,为刚刚获得自由的金融中介机构承担外汇风险。金融全球化的不断发展必将导致各国银行业的自由开放、资本市场的自由竞争与开放,以及代表资产价格的利率市场化,否则面临带着"核裂变"能量的国际金融资本的巨大冲击,任何一个试图保持独立与稳定的金融体系都难以有立足的基础。西方国家纷纷解除利率管制和银行业务种类限制的实践证明了金融全球化的威力所在。1980年和1982年,美国"新银行法"的制定标志着二战后美国金融管理的指导思想顺应金融全球化的需要从保守转向开放,从重视政府干预转向鼓励和强化竞争。继美国之后,1986年10月27日英国伦敦证券交易所发生了一场规模空前的自由化改革,实行利率的自由化和金融业务的自由化。

(2) 资本大规模、高速度跨国界流动。据国际清算银行(BIS)统计,全球外汇市场日平均交易量1989年为5 900亿美元,1992年为8 200亿美元,1995年为11 900亿美元,1998年又增加到15 000亿美元左右。另据经济合作与发展组织1998年3月6日发表的《资本市场动向》半年度报告提供的数据:尽管亚洲部分地区发生了金融动荡,但是1997年国际资本市场上融资总额仍超过1.77兆亿美元,创下了历史最高纪录,比1996年增长

10%;1997年全球债券发行额高达8 316亿美元,高于1996年的7 110亿美元;全球股票发行也连续3年刷新纪录,1997年达850亿美元,远高于1996年的580亿美元。国际资本流动不但规模大,而且速度快,借助计算机和金融技术可以在几秒钟内把上亿美元资金在全球范围内调来调去,全球每天约有1.5万亿美元完成跨国界流动。

(3)金融全球化使国际货币制度不断发生变革。金融全球化必然伴随着各国外汇管制的放松与资本流动的加强,并要求各国改革本国的汇率制度,改革传统的国际货币体系。在金融全球化过程中,汇率不再取决于购买力平价或者经常项目的收支变化,主要取决于投机者资产组合变化而导致的国际资本流动引发的资本项目余额的变化。此外,随着金融全球化的深入发展,存在于不完全竞争的国际金融市场上的实力雄厚的投资基金(如对冲基金)一下子获得如此广大的活动空间,格外活跃,像强烈风暴一样,蜂拥于全球各地金融市场,赚取投机利润,使固定汇率制度风雨飘摇,不得不逐步退出历史舞台。因此,20世纪70年代初期,以美元与黄金挂钩、其他国家货币与美元挂钩的双挂钩为特征的固定汇率制度为主要内容的布雷顿森林货币体系的崩溃,标志着金融全球化获得了第一次大发展。

(4)金融全球化加速了金融创新过程。金融市场全球化拓展了国际资本活动空间,加快了资本国际流动速度,但同时也加大了资本流动风险。发展新的金融工具是防范和降低资本国际流动过程中风险的重要方法。新技术特别是计算机网络技术,诸如"电子数据交换"和"电子资金转移"等又为衍生金融工具的发展提供了技术上的支持和保证。因此,金融全球化过程中,新的金融工具尤其是衍生金融工具获得了广阔的发展空间,期权、期货等通过合约的方式来加大金融资产的流动性和锁定价格、分散风险的市场交易行为得到了长足的发展。

(5)以金融资产为特征的虚拟经济日益发展。自20世纪80年代中期开始,以场外交易和交易所交易为形式的衍生工具得到了迅速发展,平均增长率为40%。国际清算银行对26个国家衍生工具交易市场进行第一次调查后得出的估计是:未结清的外汇、利率、股票和商品衍生工具场外交易合约的名义价值在1995年3月底为47.5万亿美元,而上述合约中的98%属于利率合约和外汇合约;并且还发现:中介机构除了从事衍生工具的场外交易,还参与了17万亿美元的衍生工具交易所交易。全球金融衍生工具总值目前已经比世界产出的2倍还多,在众多情况下已超过了作为衍生工基础的金融现货市场规模。

在金融全球化过程中,资本流动方式的变化,以及前述金融工具的创新特别是金融衍生工具的不断推出,网上交易等手段的出现,使国际资本流动的投机色彩加重,金融活动在相当程度上与生产、贸易等实际经济活动脱离。目前全世界每天的金融交易规模巨大,其中仅外汇市场交易就有5.1万亿美元,其中与生产、贸易活动有关的不足2%,98%以上是以投机为目的的交易。全球资本流动的加快和投机的加剧,对一些经济结构性矛盾突出、宏观调控体系不健全、金融体制上有缺陷、监管能力不强、过度开放金融市场的国家和地区造成了严重冲击。

(6) 非银行金融机构成为国际金融市场上的重要角色。随着国际金融市场的扩大、金融衍生产品的增加,国际金融市场的结构亦发生了重大的变化。最为突出的是,非银行金融机构,特别是各类基金,诸如套利基金与共同基金的地位显著增强。这些基金一般具有以下特点:一是大多在境外注册,受到较少的管制,在制定投资决策时有更大的灵活性,对操作的约束主要来自自身的风险管理行为;二是这些基金的投资者比一般公众更富有,因而对风险有更高的承受能力;三是这些基金的大多数都进行杠杆交易,杠杆率多在5~20倍。这些规模庞大、承受风险程度较高、敢于运用杠杆率进行投机的基金作为金融市场中的垄断力量,一方面使金融全球化过程不断深入发展,另一方面又给处于经济全球化较高阶段的金融全球化带来严重危机,包括金融危机、货币危机甚至全球性经济危机。

(7) 国际性金融机构兼并增多,跨国金融业务活跃。金融全球化使得全球金融机构竞争加剧,不但面临国内同行竞争,而要面对来自国外同行的竞争。在竞争过程中,必然有一些弱小的金融机构不适应金融全球化的需要,纷纷败下阵来。同时,金融机构之间的竞争加剧,使得金融业平均利润趋于下降,这就迫使金融机构不断开拓新的业务领域,寻找新的利润增长点。通过兼并收购其他金融机构,扩大了原有业务范围,拓展了新的业务品种。因此,在金融全球化过程中,同业金融机构的兼并重组不断增加。比如,1998年4月6日,花旗银行与旅行者集团合并组成新的花旗集团,资产总额达到7 000亿美元,成为当时世界上最大的金融服务公司。1997年12月,瑞士联合银行与瑞士银行公司合并组成新的瑞士联合银行,管理着13 200亿瑞士法郎的资产,成为全球最大的银行。除了同业联合之外,跨业务范围兼并则成为金融全球化过程中的又一突出的现象。比如,1997年年初,摩根士丹利与以零售证券业务为主的添惠(Dean Witter Discover & Co)合并,组成摩根士丹利添惠。同年,美国另一大金融机构旅行者集团宣布收购所罗门兄弟公司,将所罗门与旅行者本身的零售证券公司美邦合并,组成所罗门美邦。

此外,金融机构纷纷从事跨国界兼并收购活动。比如,1997年11月,日本第四大证券公司山一证券宣布破产后,美国美林证券公司立刻出动,选拔、聘用山一证券公司2 000余名优秀员工,1998年2月12日,成立美林日本证券公司。2000年,伦敦、法兰克福两大证券交易所合并。金融机构跨国界从事的金融活动也在金融全球化过程中得到不断拓展。

(8) 传统的国际金融中心得到进一步发展。世界上最大的国际金融中心伦敦是国际上最大的银行业中心,目前集中了国际业务总额的1/5以上,并设有600多家金融机构,总额为64 000多亿美元的欧洲货币约有1/3在其银行账户上。作为欧洲债券市场的发源地,65%的欧洲债券初次发行在伦敦,2/3的二级市场交易在伦敦进行。目前世界上已经形成了九大债券交易中心,即美国纽约、英国伦敦、日本东京、德国法兰克福、法国巴黎、瑞士苏黎世、卢森堡、中国香港及新加坡。在现代发达的市场经济中,生产社会化程度的提高使得大规模的集资越发必要,资讯技术的发展也极大地方便了资本在国际范围内的流动,金融市场成为整个市场体系的核心,金融市场的发展又促进了国际金融中心的进一步发展。

(9) 金融监管与协调全球化。资本流动、货币体系、金融市场和金融机构的全球化必然要求有相应的国际金融协调、监管机构和机制,于是金融协调和监管的全球化便应运而生。国际货币基金组织是典型的国际金融协调机构,成立于1930年的国际清算银行也是如此。由国际清算银行发起拟定的《巴塞尔协议》及《有效银行监管的核心原则》为越来越多的国家所接受,标志着全球统一的金融监管标准趋于形成。

五、经济全球化的影响

经济全球化过程对整个世界经济,对身处其中的每一个国家和地区已经并将继续产生深远的影响。经济全球化过程对世界经济的影响包括以下六个方面。

(1) 经济全球化促进了世界贸易、就业和投资的增长。正如许多双边、多边与贸易、生产有关的国际协定中强调的,所有消除贸易壁垒以及影响经济行为跨国界活动的措施旨在促进世界贸易、就业和投资的增长,通过帕累托改进提高全人类的福利水平。经济全球化的实践也证明了这一点。经济全球化以其技术扩散效应、示范效应、学习效应以及规模经济效应等功能正在改变着每一个人的生活。

(2) 经济全球化增加了世界各国经济运行的风险。随着经济全球化特别是金融全球化的发展,国际资本流动方式发生了巨大变化。金融工具不断创新,使国际资本流动规模增大,速度加快,投机色彩加重。全球资本流动的加快和投机的加剧,对一些经济结构性矛盾突出、宏观调控体系不健全、金融体制上有缺陷、监管力量不强、过早开放金融市场的国家或地区造成了严重冲击。亚洲、俄罗斯、巴西的金融危机无情地表明,经济全球化特别是金融全球化是一股巨大的力量,它可能会汇成来势凶猛的洪流,冲向那些经济体制不健全的地区,使世界经济活动风险加大。

此外,全球化经济是全球规模的市场经济,它的运行机制是世界市场机制。各国经济都有本国政府的某种宏观调控,而全球经济迄今还缺乏有力的全球宏观调控。正因为如此,随着经济全球化的发展,世界经济的运行呈现无序状况,风险更多更大,易于在世界经济生产和流通的各个领域发生种种失衡、动荡和危机。

(3) 经济全球化过程使世界各国贫富差距拉大。对于发达国家来说,它们在经济全球化过程中能够利用自身强大的实力,在全球争夺市场,竭力追求扩大本国利益。发达国家及其跨国公司是经济全球化的最大受益者。而对发展中国家来说,虽然它们可以利用人力和自然资源的优势,在经济全球化过程中发展自己,但它们面临的挑战远大于机遇,在全球化中它们的得益仍旧是有限的。当国际经济出现波动时,它们往往受到很大的冲击,甚至要付出沉重的代价。因此经济全球化常常并不能保证落后国家赶超发达国家,反而会使世界贫富差距拉大。以人均国民生产总值比较,1965 年,占世界人口 20% 的富人与占 80% 的穷人相比,前者为后者的 30 倍,1990 年扩大到 60 倍。世界贫富差距随着经济全球化过程的发展已经十分惊人。联合国开发计划署 1998 年 9 月 9 日发表的一份报告显示,占世界人口 20% 的富人享用世界财富的 80%,48 个最不发达国家的人口占世界总人口的 10%,它们的国民生产总值在世界总产值中所占比重不到 1%,对外贸易在世界贸易中所占比重从 20 世纪 70 年代末的 0.8% 下降到 20 世纪末的 0.4%。

(4) 国家经济主权逐渐弱化是经济全球化过程的直接影响。当今世界绝大多数国家都实行对外开放政策,并以市场经济作为主要特征。市场对垄断行为无能为力,难以提供公共产品;对于社会边际成本(收益)与私人边际成本(收益)背离而产生的外部经济,市场无能为力;面对信息失灵以及失业与收入分配问题,单纯依靠市场难以达到经济活动最优化。因此,在世界经济全球化过程中运用市场调节的同时,应在一定程度上依靠国际经济组织机构的参与和协调。可以预见,随着经济全球化过程加深,国际性经济组织结构将日趋完善,国际经济游戏规则也将日趋规范,国际性经济组织在世界经济运行中的作用将日趋加强。经济全球化本质上是跨国境的无国界经济逐渐发展的过程,它要求国家减少干预甚至交出部分经济决策权,由国际性经济协调和仲裁机构去实行。因此,主权国家将不得不放弃部分甚至全部经济调节手段。

国家经济主权曾经发动了经济全球化过程,并促使经济全球化过程不断进入更高阶段。但是,不同国家经济主权的存在,直接阻碍经济全球化过程向完成阶段发展。所以,经济全球化过程正在和必将否定国家对经济主权的控制,国家将最终成为没有具体经济主权的整体。所以,经济全球化过程伴随着国家经济主权加强到鼎盛,直至转移和消亡的全过程。

(5) 经济全球化使世界市场实现真正一体化。产品生命周期在全世界范围内趋同,且周期日渐缩短,产品创新频率以惊人的速度提高。经济全球化程度进一步加深后,生产要素跨国流动速度加快。随着信息技术日新月异,互联网络迅速延伸与扩展,信息获得成本大幅度下降,世界经济在四通八达的网络社会中运行,任何高额利润都会使全世界的生产要素趋之若鹜,商品价格、汇率差别将日益缩小,趋利动机导致要素的过度跨国界流动,产生某些商品全球性绝对过剩。

(6) 经济全球化加剧了国际竞争,增加了国际投机因素,增加了国际经济行为的风险,各国经济安全随时受到挑战,面临考验。经济全球化使民族经济受到无情的冲击,直接威胁到国家产业安全。金融服务全球化使资本投机机会时刻都有可能发生,使一国货币制度受到强烈的破坏。在经济全球化过程中,西方的超级跨国资本集团正通过兼并和资产重组手段,进一步扩大资本综合实力,增强它的竞争优势。这些拥有全球市场支配势力的国际资本集团左右着全球经济的发展趋势:一方面,它们不断进行科学发明、产品开发和服务创新,推动全球经济走向更高的发展阶段;

另一方面，又利用它们的金融实力，进入发展中国家的金融市场、股票市场、货币汇兑市场、期货市场、金融衍生商品市场，实施垄断，操作市场运转，谋取暴利，摧毁东道国经济的正常运转体系，频繁酿成世界性金融危机。经济全球化过程中出现的另一个特点是繁荣和危机的连锁反应，在一国出现经济危机造成的损害后，可能像瘟疫借助空气一样传播，从一国迅速传染给全世界。

第二节 区域经济一体化

一、区域经济一体化含义与成因

"一体化"一词最初来源于企业的组合。20世纪50年代，当国家之间的经济联合开始出现时，这一词被赋予新的含义。在1990年以前，我国学术界大部分学者所说的一体化主要是指地区经济一体化；随着冷战结束和世界经济逐步呈现高度国际化倾向后，一体化又被用来描述世界经济的相互融合现象。

区域经济一体化是指地理位置相邻近的两个或两个以上国家（地区），以获取区域内国家（地区）间的经济集聚效应和互补效应为宗旨，为促使产品和生产要素在一定区域内的自由流动和有效配置而建立的跨国性经济区域集团。

区域经济一体化出现于20世纪50年代，到80年代逐渐形成一种不可抗拒的潮流。其主要原因是：① 世界各国之间的经济联系日益密切、相互依存日益加深。② 科技革命推动生产力极大提高，客观上需要跨越国界、走向经济联合。③ 国际市场竞争激烈，贸易保护主义加剧。因此，从某种意义上说，世界经济全球化的过程直接催生了区域经济一体化，没有经济全球化就没有区域经济一体化。

生产要素在国家间、地区间分布的不平衡性，决定了生产要素在国家间、地区间是流动的而不是静止的。生产要素的跨国流动是实现区域经济一体化、形成跨国经济区域的客观基础。区域经济一体化的目的是为了促进产品和要素的流动，将有关阻碍经济最有效率运行的人为因素加以消除，通过相互协作与统一，创造最适宜的国际经济结构，保证产品和生产要素的流动受到的限制降低到最低的程度。

二、区域经济一体化形式

各种形式的区域经济合作组织遍及欧洲、亚洲、非洲、拉丁美洲、北美洲以及大洋洲。区域经济合作形式也包括共同开发、利用自然资源或论坛性质的经济组织。按照成员国经济联合的程度或共同调节、干预的深度,一体化的形式可分为自由贸易区、关税同盟、共同市场、经济同盟、完全的经济一体化等几种。

(1) 自由贸易区(free trade area)。自由贸易区是一体化水平较低的组织形式,指在每个成员国间废除关税和数量限制,实现商品的自由流通。但每个成员国仍保持对非成员国的贸易壁垒。欧洲自由贸易联盟(European Free Trade Association,EFTA)即属于此种类型。

(2) 关税同盟(customs union)。关税同盟在一体化程度上比自由贸易区进了一步。除包括自由贸易区的基本内容外,还规定了成员国对非同盟国家的统一关税率和外贸政策,这方面的经济调节已经带有超国家因素。

(3) 共同市场(common market)。共同市场是比关税同盟高一层次的一体化国家集团。在共同市场上,不仅商品,还包括资本、劳动力等生产要素都实行自由流通,各成员国也采取统一的对外关税率。

(4) 经济同盟(economic union)。经济同盟是指成员国间不但商品和生产要素可以完全自由流通,建立对外共同关税,而且要求成员国制定和执行某些共同经济政策和社会政策,逐步废除政策方面的差异,使一体化的程度从商品交换扩展到生产、分配乃至整个国民经济,形成一个庞大的经济实体。

(5) 完全的经济一体化(complete economic integration)。完全的经济一体化是一体化的完成形式。此时,区域内各国在经济、金融、财政等政策上完全一体化,商品、资本、劳动力等生产要素自由流动的障碍均已消除,成员国经济在各个主要方面已实现联合。

三、世界三大区域经济一体化的形成与发展

1. 西欧

发达国家经济一体化首先在西欧地区获得了广泛的发展,20世纪50年代末先后形成了两个不同形式的一体化经济集团:欧洲经济共同体和欧洲自由贸易联盟。

西欧疆域不大,国家林立,高度发达的生产力同狭小的国家市场之间的矛盾表现得特别尖锐。打破国家壁垒,扩大市场,加强经济联合,成为西欧国家的共同要求。同时,二战后在美国和苏联争夺西欧的形势下,经济实力下降的西欧各国唯有联合起来,才能有效地抗衡苏联,摆脱美国的控制,争得世界一极的地位。而西欧国家垄断资本主义空前发展,各国经济发展水平和经济结构相近,历史文化渊源相似,地理上紧密相连的客观条件,又为西欧地区走向经济联合提供了可能性和极为有利的条件。这一切都促使西欧地区率先走向经济联合。

(1) 欧洲经济共同体的形成和发展。早在1944年,比利时、荷兰、卢森堡就签订了关税同盟协定,于1948年生效。1952年,比利时、荷兰、卢森堡、法国、联邦德国、意大利6国组成了欧洲煤钢共同体,就煤钢两项产品取消关税和进出口限制,对外采取共同关税和贸易政策,并协调两项产品的运费、价格和有关生产过程达成了协议。上述6国于1957年3月缔结了《罗马条约》,组成欧洲经济共同体,又称"西欧共同市场",于1958年1月1日正式生效。同时,建立了欧洲原子能联营。1967年7月,欧洲经济共同体、欧洲原子能共同体、欧洲煤钢共同体联合签订协议,进行机构合并,组成欧洲共同体。主要机构有:部长理事会、执行委员会、欧洲议会、欧洲法院和欧洲理事会。总部设在比利时首都布鲁塞尔。1973年英国、爱尔兰和丹麦3国加入共同体,1981年希腊加入,1986年葡萄牙、西班牙加入,使共同体成员国扩大到12个,面积达226万平方千米,人口增加到3.2亿,国民生产总值达4万亿美元。

关税同盟是欧洲经济共同体一体化的起点,也是其巩固和发展的一大支柱。关税同盟适用于全部商品的交易,禁止在成员国间征收进出口关税以及与关税具有相同作用的任何捐税,禁止具有与数量限制有同等效力的措施。按照《罗马条约》的规定,关税同盟应从1958年1月1日起,分三个阶段减税,于1970年1月1日完成,结果提前一年半完成计划。在取消内部关税的同时,1968年7月,共同体以6国对外关税率的平均数作为共同关税率对非成员国工业品实行统一的关税。1973年,英国、丹麦、爱尔兰加入共同体,也分期减税,于1977年7月建成9国关税同盟。1986年,希腊与9国实现了关税同盟。西班牙和葡萄牙正式加入共同体后,从1986年3月1日起逐年调整关税,多数产品的过渡期为7~10年。

共同农业政策是欧洲共同体组织农业共同市场和推行农业一体化的计

划和政策,是共同体经济一体化的又一大支柱。在共同体预算支出中,用于实施共同农业政策和计划方面的支出比重达 2/3～3/4,实施的范围涉及各成员国农业生产总值的 95％以上。1961 年 12 月至 1962 年 1 月,通过了"共同市场第一个农业一体化计划"。内容包括:第一,统一各成员国农产品价格是共同农业政策的中心。制定了三种价格:目标价格或称指导价格,这是欧共体农业生产者可望得到的最高价格,在一定程度上具有保护消费者利益的作用,每年由部长理事会规定一次;干预价格或保证价格,这是农业生产者保证可以得到的最低价格,具有保护生产者利益的作用,同样每年由部长理事会规定一次;门槛价格,这是外来农产品到达欧共体港口的最低进口价格,由欧共体委员会每年估算一次。对于需要从世界市场上进口的短缺农产品,欧共体发放短缺补贴,鼓励各成员国的农业生产者增加这一类产品的生产。第二,建立共同的农产品关税壁垒。把征收关税改为征收差价税。差价税就是共同体对最低到岸价低于门槛价格的进口农产品所征收的进口税,以补足两者之间的差价,使外来农产品只能以目标价格出售。同时对出口实行差价补贴。第三,建立共同农业基金,1971 年纳入预算。农业基金的支出分为"保证部分"和"指导部分"。保证部分用于农产品的干预收购、出口补贴和因汇率变动引起的货币补贴,指导部分用于改进生产设施、改革农业生产结构、协调地区经济发展。共同体农业政策的实施,使欧洲农业发生了深刻的变化,过去一直依靠进口的食品,现已自给自足而且有余。过去经常大幅度变动的市场,现在已相当稳定,农业人口的生活水平也比过去有了大幅度的提高。

  1969 年 12 月,欧共体各国首脑在海牙会议正式决定筹建经济与货币联盟。1971 年 2 月,部长理事会通过了"关于在欧共体内分阶段实施经济与货币联盟"的报告,报告提出在 1971—1980 年的 10 年时间里分三个阶段实现货币联盟的目标。1971 年 3 月 22 日,货币联盟计划开始实施,后因货币体系出现危机,加上世界性的经济危机,计划中途夭折。1978 年 12 月,共同体各国首脑在布鲁塞尔达成协议,决定建立欧洲货币体系。最初参加的有法国、联邦德国、意大利、荷兰、比利时、卢森堡、爱尔兰和丹麦 8 个国家。英国直到 1990 年才完全加入,西班牙和葡萄牙也先后加入。欧洲货币体系于 1979 年 3 月开始实施,其内容是:第一,创建"欧洲货币单位"(ECU),它是欧洲货币体系的核心,其比值和结构与欧洲计算单位相同;第二,继续实行并扩大汇率的联合浮动体制,稳定西欧货币之间的比值关系;

第三，逐步设立"欧洲货币基金"，加强干预货币和提供信贷的能力。欧洲货币基金的信贷按期限可分为超短期信贷、短期信贷和中期信贷，期限不同，贷款的用途和条件也不同。由此可见，欧洲货币体系实质上是一种货币稳定区，一种地区间的汇率联盟。它的成立，是欧共体在货币一体化道路上迈出的一个重要步骤，也是欧共体走向货币联盟的一个重要环节。

在经历了1973年和1979年的两次石油危机，以及1973—1975年和1979—1982年两次世界性经济危机后，欧共体各成员国纷纷设立起各自的新的非关税壁垒，这样，到了20世纪80年代上半期，欧共体的关税同盟离《罗马条约》的规定反而更远了，欧共体依然是12个分割的市场，这种市场分割给欧共体的经济产生巨大的消极影响。为了在世界范围内同美国、日本相抗衡，摆脱自70年代以来困扰欧共体国家的"滞胀"，必须消除这种贸易壁垒，加强区域内市场的结合，推进自由竞争，刺激经济增长。于是，建立内部大市场提上了欧共体的议事日程。标志性的行动便是在1986年5月签署了《欧洲一体化文件》。该文件规定，在1992年12月31日，正式实现12个成员国之间以商品、资本、劳务和人员的自由流动为主要内容的统一大市场。欧共体为此制定了286项立法，通过立法的形式消除阻碍上述"四大自由"的有形壁垒（边界限制）、技术壁垒和财政壁垒。据估计，统一大市场建成后5～6年内，欧洲共同体的经济增长可望达到4.7%，工业生产成本可下降7%，企业利润可上升1.8%，消费物价将下降5%～6%，减少失业200多万人。整个欧共体的经济实力将得到显著增强。1993年1月1日，统一大市场开始运行后，欧共体开始走向完全的经济联盟。

(2) 欧洲自由贸易联盟的形成。在欧洲经济共同体成立后不久，英国、丹麦、挪威、瑞典、瑞士、奥地利和葡萄牙等7个西欧国家于1960年1月缔结了《斯德哥尔摩公约》，组成欧洲自由贸易联盟。欧洲自由贸易联盟成立之后，其成员国变动较大。芬兰、冰岛、列支敦士登先后加入了该经济集团，而英国、丹麦、葡萄牙则在20世纪70—80年代相继退出该组织而加入了欧共体。按公约规定，成员国之间工业品贸易分阶段逐步减免关税，同时取消进口限额；农产品贸易不在自由流通之列，可由成员国通过双边协定另行协调处置；在对非成员国的贸易上不实行统一税率，也不制定共同外贸政策，而由各国自由处置。该联盟虽设有一整套机构，包括理事会、常设秘书处和关税、贸易、经济等六个委员会，但这些机构仅有协商职能，对成员国的经济和社会政策基本上不拥有超国家的国际调节和干预的职能。联盟建立后，根据形势发展的需要,也显示出进一步加强成员国经济合作的趋势。在一体化发展进程中,联盟已突破一般自由贸易区的界限,不仅把某些加工农产品列入免税范围,而且加强彼此经济协调,着手在消除非关税壁垒和缩小成员国间经济发展差距等方面开展活动。此外,在运输、科研和环境保护方面也进行了合作,有关经济和货币金融政策问题的协商也扩大了。1972年,法国、联邦德国、意大利、荷兰、比利时、卢森堡、英国、爱尔兰、丹麦、挪威、奥地利、葡萄牙、芬兰、冰岛、瑞士、瑞典、列支敦士登等17国,在布鲁塞尔签署建立自由贸易区的协议。协议规定在经过5年的过渡期之后,到1977年7月1日止,完全取消相互之间的工业品关税,从而形成一个包括17国的西欧大自由贸易区。这个自由贸易区的建立促进了欧共体和欧洲自由贸易联盟国家的贸易发展。

(3) 欧洲区域经济一体化的新进展。

① 欧洲经济区。随着欧共体经济一体化的深入发展,其周边国家不断被其吸引并向其靠拢,不仅欧洲自由贸易联盟国家强化同欧共体经济联系的意愿不断加强,而且东欧国家在其经济向市场经济转轨中也迫切要求同欧共体加强联系。另外,还有一些国家如土耳其、塞浦路斯、马耳他甚至已提出正式加入欧共体的申请。经济一体化有向全欧推进的趋势,特别是欧共体与欧洲自由贸易联盟签订欧洲经济区协定以及同东欧一些国家签订联系国协定后,欧洲经济区的建设更显得引人注目。时任欧共体委员会主席雅克·德洛尔将欧洲经济区概括为三个同心圆,最核心是欧共体,紧密层是欧洲自由贸易联盟,外围是东欧等诸国。

欧洲自由贸易联盟与欧共体建立欧洲经济区经历了两个阶段。第一阶段为建立自由贸易区,始于1972年。到20世纪80年代初,欧共体与欧洲自由贸易联盟国家相互间的工业品贸易关税和数量限制最终全部取消,西欧形成了人口超过3.5亿的世界上最大的自由贸易区,区内的贸易额占世界贸易总额的25%以上。第二阶段为建立欧洲经济区,始于1984年。双方就建立一个单一的欧洲经济区发表了《卢森堡宣言》,双方的正式谈判从1989年开始,经过旷日持久的谈判,直至1992年5月两大组织签订了《欧洲经济区条约》,其中心内容是在欧共体和欧洲自由贸易联盟成员国之间实现商品、人员、资本和服务的自由流通,建成一个北起北冰洋,南至地中海,人口达3.8亿的超级共同市场,即欧洲经济区。此外,还有一些侧翼和辅助政策,涉及非经济领域中的合作,如教育、研究与开发、消费者政策、环境和社会政策等,又建立了各方都能接受的立法体系。条约原定于1993年1月1日生效,因各种原因拖延整整一年,于1994年1月1日正式生效。由于瑞士和列支敦士登不参加,欧洲经济区的运作涉及欧共体12国和奥地利、芬兰、冰岛、挪威、瑞典等欧洲自由贸易联盟的5个国家。欧洲经济区建立了一整套体制机构,包括理事会、联合委员会、联合议会委员会和一个协商委员会。它将向欧洲自由贸易联盟5国提供欧共体统一市场,同时欧洲自由贸易联盟5国也将接受欧共体除农业和政治条例外的大约70%的条例。欧洲经济区本质上仍是自由贸易区。欧共体同其他国家经济关系的规则不适用于经济区,欧洲经济区也没有共同的对外贸易政策、渔业政策和农业政策。欧洲自由贸易联盟国家既不参加欧洲货币体系,也不参加欧洲货币联盟,同时,在欧共体朝着政治联盟发展、建立共同的防御政策和外交政策过程中,欧洲自由贸易联盟国家也不参加。对于中欧、东欧国家,欧共体决定采取联系国方式促进其加入欧洲一体化进程。欧共体已同波兰、匈牙利、捷克和斯洛伐克签订了联系国协定。协定内容包括:第一,逐步实现商品流动的自由化,直到十年内建立计划中的自由贸易区;第二,欧共体给联系国提供财政援助;第三,政治、交通、技术规范化、文化等方面合作以及信息交流。欧共体有意与东欧国家在双方努力的基础上建立一个自由贸易区。在建立自由贸易区方面,由于经济力量相差悬殊,双方采取不对称措施,即欧共体加快拆除包括关税和数量限制在内的贸易壁垒。

② 欧洲联盟。经过三年的艰苦准备,1991年12月在荷兰马斯特里赫特举行的欧共体12国首脑会议上,欧共体各国签署了《政治联盟条约》和《经济与货币联盟条约》,一般称为"马斯特里赫特条约"("马约")。这是欧洲一体化向纵深发展的又一个里程碑,其主要内容是为建立经济货币联盟确定了具体的时间表和步骤。条约提出全球贸易和投资活动的发展水准、建设货币联盟、适用的单一货币、成立共同的欧洲中央银行并执行统一的货币政策。条约规定:1990年7月1日至1993年12月31日为第一阶段,要求:第一,实现资本流动的自由化;第二,所有成员国都加入欧洲汇率机制,其浮动幅度不超过2.25%;第三,加强财政、货币金融政策的协调一致。第二阶段从1994年1月1日至1998年12月31日,主要是建立欧洲中央银行的雏形——欧洲货币机构,固定各成员国货币在欧洲货币单位的"货币篮子"中的比重。第三阶段最迟于1999年1月1日生效,将逐步建立一种"真正的"单一货币和独立的欧洲中央银行,将参加欧洲货币联盟国家的货币相

互之间以及同欧洲货币单位之间的汇率固定下来。此外,该条约还就共同的外交、安全、社会政策等方面提出了新的努力目标,为建立欧洲联邦奠定了基础。"马约"是对《罗马条约》的重要修正,它的签署标志着欧共体一体化进入了一个新的发展阶段,其重要性在于"欧洲将改变性质,由共同体市场过渡到一个处于萌芽状态的联邦"。政治、经济与货币联盟的建立意味着成员国将让渡更多的主权。

1992年,欧共体各国又联合签订了《欧洲联盟条约》,将使欧共体各国不仅在经济方面,而且在安全、外交和法律等方面实现一体化。

经过一番曲折,1993年11月1日"马约"终于正式付诸实施,从而使欧共体向实现欧洲联盟方向又跨出了一大步。

此后,欧洲联盟进行了新一轮扩大。1994年11月,欧洲议会批准奥地利、芬兰、瑞典加入欧盟。从1995年起,欧盟成员从原来的12国增加到15国。欧盟的扩大既有重要的经济意义,又有重要的政治意义。新加入的三国都是富国,经济发展高于欧盟平均水平,它们加入欧盟后使欧盟的国民生产总值和北美自由贸易区大体相当,从而有助于加强欧盟在国际竞争中的地位和分量。三国加入又为欧盟向东扩展创造了有利条件,为西欧与美国争夺欧洲主导权加了分,有利于提高欧洲在未来世界多极格局中的地位。

进入21世纪后,欧洲联盟新一轮扩大继续进行,2004年5月接纳了波兰、捷克、匈牙利、斯洛伐克、斯洛文尼亚、爱沙尼亚、拉脱维亚、立陶宛、马耳他和塞浦路斯,2007年1月罗马尼亚和保加利亚入盟,2013年7月克罗地亚正式成为欧盟成员国,使当时的欧盟成员国扩大到28个(2020年1月英国正式脱欧后,欧盟共有27个成员国),向"大欧洲"的格局又迈出了重要一步。

③ 欧元成功启动。1999年1月1日,欧元启动,第一批参加欧元区的共有11个欧盟国家:奥地利、比利时、德国、法国、芬兰、爱尔兰、意大利、卢森堡、荷兰、葡萄牙、西班牙。以后陆续加入的有:希腊(2001年)、斯洛文尼亚(2007年)、塞浦路斯和马耳他(2008年)、斯洛伐克(2009年)、爱沙尼亚(2011年)、拉脱维亚(2014年)和立陶宛(2015年)。欧元区成员国已由最初的11国增加到19国。欧元成功启动,这是自布雷顿森林体系崩溃以后,世界货币结构最为重大的变化,表明欧洲经济联盟向货币联盟迈出了重要一步,为建立真正的欧洲联盟奠定了重要基础。货币联盟的主要特点是确定一个以共同政策实现宏观经济目标的货币区域。它要求货币可完全自

由兑换、资本交易充分自由化、银行业和其他金融市场的一体化,消除由于汇率不稳定造成的货币波动、协调包括具有预算约束力的预算政策的宏观经济政策。

欧元从启动到成为完全意义上的货币一体化,欧元和区域内各国货币的调整过程是分阶段进行的。按照欧盟的进程表,自1999年1月1日至2001年12月31日为第一阶段。此阶段为欧元区内各国货币向欧元转换的过渡期,欧元汇率于1999年1月1日固定下来,金融市场的业务以欧元进行,企业、个人可以在银行开立欧元账户,欧元的收付可以在账户之间进行,欧元的纸币和硬币不投入流通。2002年1月1日至2002年6月30日为第二阶段。此阶段欧元的纸币和硬币投入流通,欧元在欧元区内与各国原货币的纸币和硬币同时流通。自2002年7月1日起,欧元转换进入第三阶段。此时,欧元区内各国的原货币完全退出流通,欧元成为欧元区内所有国家唯一的货币,欧洲统一货币正式形成。

由于欧盟参加国经济状况参差不齐,这就要制定一些共同标准来约束各国经济的发展,这就是"马约"规定的"趋同标准"。这些趋同标准包括:第一,通货膨胀率不高于成员国中通胀率最低三国平均数1.5个百分点;第二,政府财政赤字不超过本国GDP的3%,累计公共债务不超过本国GDP的60%;第三,长期利率不超过上述三国长期利率平均水平2个百分点;第四,该国货币在前两年的汇率波动不超过欧洲货币体系规定的幅度,且未发生贬值。只有符合上述货币、财政、汇率趋同标准的成员国才能完全使用欧元代替本国货币。

可以说,欧元的启动向传统的国际货币美元提出了强有力的挑战,也为经济全球化过程的国际货币体系建设进行了开拓性尝试。

2. 北美

(1) 美加自由贸易区的建立。从20世纪70年代开始,欧洲共同体和日本在世界经济领域内与美国争夺商品和资本市场加剧,贸易摩擦不断。亚洲、拉美一些新兴工业国家和地区经济相继起飞,也成为世界经济和贸易领域的一支重要力量。在世界经济多极化的新格局下,面对其他地区区域联合趋势的不断加强,经济地位相对下降的美国终于也和加拿大走向了联合的道路。

美国和加拿大是世界上最大的贸易伙伴。加拿大每年进出口总额的75%以上都集中于对美贸易。外贸是加拿大的生命线,加拿大出口贸易额占其国内生产总值的1/4。因此,20世纪80年代中期,当美国的贸易保护主义有所抬头的时候,加拿大制造商为了保住他们在美国的市场,敦促加拿大政府同美国进行贸易谈判。加拿大早在1983年就提出了关于建立美加自由贸易区的设想,从1986年开始正式与美国进行自由贸易谈判,历时一年半,终于在1988年1月达成协议,正式签订了《美加自由贸易协定》。根据协定,从1989年1月1日开始的10年之内,双方将逐步完全取消相互贸易关税,建成统一的北美市场。协定的内容,不仅包括撤销商品和劳务贸易的种种壁垒,建立解决贸易纠纷的机构和程序,并将放松对各自金融市场的管制,改善投资环境,实现投资自由化。《美加自由贸易协定》已经不只是一个单纯的贸易协定,而是包括劳务、投资、人员流动等在内的全面经济协定。协定实施以来,两国间贸易得以持续增长,1990年美国对加拿大的商品出口达840亿美元,比1989年增长18%。美国对加拿大直接投资净额在协定生效后的第一年即1989年已达12亿加元,比1988年的1.48亿加元猛增了7倍。据美、加两国政府预测,在协定有效期内,将使加拿大国民收入增加5%,对美国出口增加120亿美元,将使美国国民收入增加1%,对加出口增加440亿美元。

(2)北美自由贸易区的建立。区域经济集团化的发展使国家间的竞争发展为国家集团之间的竞争。为了保持美国在西欧与世界的影响力,增强与欧共体抗衡和竞争的能力,美国在继续与加拿大加强合作的同时又与墨西哥加强了联系。

1991年2月5日,美、加、墨三国首脑共同声明:同意就建立北美自由贸易区问题开始谈判。正式谈判始于1991年6月,经过长达14个月的谈判,美、加、墨三国于1992年8月12日共同宣布就《北美自由贸易协定》达成协议。1994年1月1日,《北美自由贸易协定》正式生效。自此,世界上最大的自由贸易区在北美宣告诞生。

《北美自由贸易协定》确定了原产地规则,保障仅在北美地区制造的商品享受优惠。来自北美的产品大部分立即取消关税,有的产品的关税在5~10年逐步取消,若干敏感产品的关税可在15年内取消。为了取消关税,三国同意采用1991年7月1日已在美、加生效的税率。三国还将取消边境上进出口的配额、许可证的禁令和限制,但为保护人类生命健康、环境、能源、农牧业生产而做出的特殊规定例外。协定还规定了三国相互放宽金融服务和投资的限制,成立一个三边委员会以解决三国之间在商业、环境、捕鱼权等问题上的纠纷。

北美自由贸易区成立以来,取得了许多重要的成果。到2017年5月,北美三国的贸易额已由成立初的1 500亿美元,迅速增加到9 820亿美元,净增2.46倍。三国之间在私人投资方面增长很快。以墨西哥为例：1994年美国和加拿大对墨西哥私人直接投资为80亿美元,到2015年已上升到1 076亿美元,通过21年的时间,美国和加拿大对墨西哥私人直接投资共增长超过了12倍。此外,北美自由贸易区的成立也促进了墨西哥劳动生产率的提高,促使美国和加拿大的失业率进一步下降。

(3) 美洲区域经济一体化的发展前景。早在1990年6月,时任美国总统布什就正式提出了关于地区贸易、减免债务和增加投资的"美洲经济合作计划",他试图通过加强美国与拉美国家的经济联系,在20世纪90年代末建立起以美国为中心的美洲自由贸易区。尽管当时拉美各国对此建议都持谨慎态度,但人们普遍认为,布什的计划推动了美洲经济一体化的进程。

1994年12月上旬,在美国南部城市迈阿密举行的美洲34国领导人首次会议上,美国再次正式向与会国家提议,在加快美洲经济一体化步伐的基础上,准备在2005年正式建立美洲自由贸易区,并将其写入大会决议。这个决议的执行一度因1994年底墨西哥金融危机和1998年巴西货币危机的影响而放慢了节奏,但是仍然取得了重要的进展。1995年8月,智利与墨西哥、加拿大达成了自由贸易协议,一旦美国同意,智利将成为北美自由贸易区成员。拉美国家南方共同市场的建立,以及安第斯共同体的顺利运行,都有助于美洲区域经济一体化的进行与深化。现在,美国已制定了比较明确的"全美洲经济联盟计划"。根据该计划,美国要以自己为核心,以北美自由贸易区为基础,把经济一体化的范围推向整个美洲,组建一个北起阿拉斯加、南到阿根廷的全美洲的经济集团。

3. 亚太地区

亚太地区的地域概念有大有小。大可包括整个亚洲和环太平洋地区,连北美自由贸易区也在其中,如亚太经济合作组织成员就包括组成北美自由贸易区的美、加、墨三国。小则指西太平洋地区,主要包括中国、日本、俄罗斯东部地区、亚洲"四小龙"、东盟和印支国家(有时还延伸到大洋洲的澳大利亚和新西兰等国)。

(1) 次区域合作。目前,亚太地区的区域经济合作以次区域经济合作为主,主要发展多形式、多层次的经贸合作。其中东南亚、东北亚等次区域范围的经济合作进展迅速。东南亚国家联盟（Association of Southeast Asian Nations，ASEAN）简称"东盟"，其前身是1961年7月马来西亚、菲律宾和泰国三国成立的东南亚联盟。1967年8月，印度尼西亚、新加坡、泰国、菲律宾和马来西亚在泰国首都曼谷举行会议，发表了《东南亚国家联盟成立宣言》，正式宣告东南亚国家联盟成立。同年，马来西亚、菲律宾和泰国在吉隆坡举行部长级会议，决定由东南亚国家联盟取代东南亚联盟。东盟发展到目前共有10个正式成员国。除了印度尼西亚、新加坡、泰国、菲律宾和马来西亚之外，文莱于1984年、越南于1995年、老挝和缅甸于1997年、柬埔寨于1999年先后加入东盟。巴布亚新几内亚为东盟观察员国。此外，东盟还有10个对话伙伴国，它们分别是：澳大利亚、加拿大、中国、欧盟、印度、日本、新西兰、俄罗斯、韩国和美国。

根据《东南亚国家联盟成立宣言》的精神，东盟的宗旨主要包括以下七个方面：① 以平等与协作精神，共同努力促进本地区的经济增长、社会进步和文化发展；② 遵循正义、国家关系准则和《联合国宪章》，促进本地区的和平与稳定；③ 促进经济、社会、文化、技术和科学等问题的合作与相互支援；④ 在教育、职业和技术及行政训练和研究设施方面互相支援；⑤ 在充分利用农业和工业、扩大贸易、改善交通运输、提高人民生活水平方面进行更有效的合作；⑥ 促进对东南亚问题的研究；⑦ 同具有相似宗旨和目标的国际和地区组织保持紧密和互利的合作，探寻与其更紧密的合作途径。

东盟的组织机构主要有首脑会议、外长会议、常务委员会、经济部长会议、其他部长会议、秘书处、专门委员会以及民间和半官方机构。首脑会议主要就东盟发展的重大问题和发展方向做出决策，原先每三年召开一次，2000年以后每年召开一次，其他组织机构发挥相应的职能。

东盟成立40多年来，已经发展成为东南亚地区以经济合作为基础的政治和经济一体化组织。随着经济实力和国际地位的不断提升，东盟在地区和国际性事务中发挥着越来越重要的作用。早在20世纪90年代初，东盟就率先发起东亚区域合作进程，并在此基础上逐步形成了以东盟为中心的一系列区域合作机制。1994年成立东盟地区论坛，1999年成立东亚—拉美合作论坛。东盟与中、日、韩三国的"10＋3"以及分别与中、日、韩的三个"10＋1"合作机制堪称东亚合作的经典模式。1997年12月15日，首届东盟与中、日、韩领导人"10＋3"会议在马来西亚举行。东盟各国和中、日、韩等国领导人就21世纪东亚地区的前景、发展与合作问题坦诚、深入地交换了意见,并取得广泛共识。2001年在文莱第5次东盟与中国领导人"10＋1"会议上,双方达成一致,并于2010年1月1日正式启动建立中国—东盟自由贸易区。该自由贸易区建成后将形成一个拥有18亿人口、GDP达2万亿美元、贸易总额达1.2万亿美元的大市场。它将是仅次于欧盟和北美自由贸易区的世界第三大自由贸易区。此外,东盟还积极与美加、澳新、欧盟以及印度等南亚次大陆国家形成对话伙伴关系。

东北亚经济合作的范围通常包括日、韩、朝、蒙、中国东北地区和俄罗斯远东部分。目前提出的合作项目主要有:第一,交通、通信合作。较具体的是航空领域的合作,开设联系有关国家主要城市的国际航线。第二,贸易合作。建议参加国指定若干港口为自由贸易港,在这些港口设立合资、合营企业,其中以图们江三角洲开发计划最为引人注目。在联合国开发计划署赞助下,中、蒙、朝、韩将在中、韩、俄三国交界的图们江三角洲地区,用20年时间,投资300亿美元,在1万平方千米的土地上,以农业、能源及环境为优先开发项目,兴建一个多国经济技术合作开发区,使之成为第二个鹿特丹或香港。第三,企业合作。建议利用日、韩两国的资金和技术,俄罗斯的自然资源,中、朝两国的劳动力和工业基础,兴建合资、合营企业。第四,建立合作基金。

亚太地区另一个重要而且较有成效的自由贸易区是澳大利亚与新西兰于1990年7月1日建立的澳新自由贸易区。澳大利亚和新西兰均处于西南太平洋,地理上相邻,政治、经济和社会传统相近,在国际事务中也有传统的共同利益,两国的经济往来历来比较密切。早在1983年,两国就正式签署了《更加密切经济联系协定》。20世纪80年代下半叶,在世界经济区域化集团化浪潮的推动下,两国政府重新修订和扩充了这个协定,并于1988年8月签署了新的《更加密切经济联系协定》,规定从1990年7月起,各自取消出口补贴,全部解除相互出口禁令(目前仅保留碎铜料出口一项),放弃针对对方的反倾销政策。两国的银行、保险、咨询等行业从1989年1月起实行无限制的自由竞争,并且简化报关手续等等。协定实施以来,双方贸易额大大增加。目前澳大利亚是新西兰第一大出口市场,新西兰是澳大利亚第二大出口市场和工业制成品的最大买主。

(2)亚太经合组织。除了次区域合作外,亚太地区大区域的经济合作组织主要有两个:一个是在1980年建立的、现有20个成员的由官、商、学三方人士组成的太平洋经济合作理事会,即PECC。它作为全地区高层次的非官方论坛,在推动区域经济合作中发挥了积极作用。另一个是亚太经济合作组织,即 APEC,这是亚太地区最重要的一个区域经济一体化组织,在世界范围内也处于举足轻重的地位。

亚太经济合作组织简称"亚太经合组织",根据其英文名称 Asia-Pacific Economic Cooperation 的缩写,又称为 APEC。APEC 成立之初只是亚洲太平洋地区的一个区域性经济论坛和磋商机构,如今已经成为与欧洲联盟、北美自由贸易区相提并论的区域合作组织。作为亚太地区最重要的经济合作形式之一,APEC 在推动区域内和区域间贸易及投资自由化、加强成员间经济技术合作等方面发挥了不可替代的作用。

回顾 APEC 的发展历程,可追溯到 1989 年 1 月,澳大利亚总理霍克访问韩国时提出召开亚太地区部长级会议,讨论加强相互间经济合作问题。这一倡议立即得到美国、加拿大、日本和东盟诸国的积极响应。1989 年 11 月 5 日至 7 日,澳大利亚、美国、加拿大、日本、韩国、新西兰和东盟六国在澳大利亚堪培拉举行亚太经济合作会议第一届部长级会议,这标志着亚太经济合作组织的成立。1991 年 11 月,在韩国汉城(今首尔,下同)亚太经合组织第三届部长级会议上通过《汉城宣言》,正式确定该组织的宗旨和目标是:相互依存,共同受益,坚持开放性多边贸易体制和减少区域内贸易壁垒。亚太经合组织经过多年的发展,形成了领导人非正式会议、部长级会议、高官会议及其下属委员会和工作组、秘书处等工作机制。

亚太经合组织的性质为官方论坛,秘书处对其活动起辅助作用。其议事采取协商一致的做法,合作集中于贸易投资自由化和经济技术合作等经济领域。亚太经合组织 21 个成员的总人口达 25 亿,占世界人口的 45%;GDP 之和超过 19 万亿美元,占世界的 55%;贸易额占世界总量的 47% 以上。这一组织在全球经济活动中具有举足轻重的地位。

亚太经济合作组织现有 21 个成员,其中,澳大利亚、文莱、加拿大、印度尼西亚、日本、韩国、马来西亚、新西兰、菲律宾、新加坡、泰国、美国等 12 个成员作为首创国于亚太经济合作组织成立时加入;1991 年 11 月,中国以主权国家身份,中国台湾和香港(1997 年 7 月 1 日起改为"中国香港")以地区经济名义正式加入亚太经合组织;1993 年 11 月,墨西哥和巴布亚新几内亚加入;1994 年 11 月智利加入;1998 年 11 月,秘鲁、俄罗斯和越南加入。环顾太平洋沿岸诸国,除了朝鲜之外,其他国家和地区,包括美国、中国、日本和俄罗斯四大国都参加了这一区域经济合作组织。

回顾 APEC 发展历程,大致可以分为三个阶段。

第一,发展初期。1989年,亚太经济合作会议第一次部长会议在澳大利亚堪培拉举行,APEC宣告成立。1990年,在新加坡举行第二次部长会议,呼吁早日结束GATT乌拉圭回合谈判,并确定亚太经济合作为非正式磋商论坛。1991年,在韩国汉城举行第三次部长会议,发表《汉城宣言》,确定APEC发展目标。1992年,在泰国曼谷举行第四次部长会议,APEC成立"名人会议"。1993年,在美国西雅图举行第五次部长会议,同时召开APEC第一次领导人非正式会议,并确定该会议机制的基本格局。此次会议还发表了《经济展望声明》和《贸易和投资框架宣言》。

第二,实质性发展阶段。1994年印度尼西亚雅加达会议,发表了著名的《茂物宣言》,即《亚太经济合作组织经济领导人共同决心宣言》,提出亚太经济合作的长远目标,宣布在亚太地区实现贸易和投资自由化。这是APEC发展上的一个重要里程碑。这次会议以后,除根据当时的国际经济和政治形势讨论应急问题外,主要落实《茂物宣言》中提出的长远目标。1995年日本大阪会议,再次发表了题为《亚太经济合作组织经济领导人行动宣言》的《大阪宣言》,宣布APEC三大支柱:贸易和投资自由化、便利贸易和投资自由化的措施以及经济合作。1996年,在菲律宾苏比克召开第四次非正式首脑会议,制定单边行动计划和集体行动计划,发表《马尼拉宣言》,并通过《马尼拉行动计划》和《亚太经合组织经济技术合作原则框架宣言》。1997年加拿大温哥华会议,主要讨论应对亚洲金融危机事宜。1998年马来西亚吉隆坡会议,通过《走向21世纪的亚太经合组织科技产业合作议程》以及《吉隆坡技能开发计划》,在加强经济技术合作方面取得了重大突破。1999年新西兰奥克兰会议,针对加强市场功能制定了"APEC加强市场功能路线图"。2000年文莱会议,围绕加强成员国经济法规建设等问题展开讨论。

第三,国际形势急剧变化后的新时期。2001年中国上海会议,主要讨论"9·11"事件后的全球和区域形势以及人力资源能力建设等问题。2002年墨西哥洛斯卡沃斯会议,发表《亚太经合组织领导人经济宣言》。2003年泰国曼谷会议,就加强伙伴关系、推动贸易和投资便利化等内容展开讨论。2004年智利圣地亚哥会议,主题是"一个大家庭、我们的未来"。2005年韩国釜山会议,审议了茂物目标的中期报告,提出"釜山路线图",并敦促WTO多哈回合谈判取得进展。2006年越南河内会议,发表《河内宣言》,通过了《河内行动计划》,并呼吁重启并及时结束多哈回合。

四、区域经济一体化的经济影响

区域经济一体化是世界经济发展的一大趋势,各类区域性经济集团纷纷涌现和发展,对世界经济产生了越来越大的影响。

(1) 区域经济一体化促进了集团内部贸易的增长。在各区域经济集团内部,由于贸易、投资等各方面的障碍减少和消除,生产要素能够不同程度地得到自由流动和配置,从而增强了成员国相互间的经济交流和合作。例如,1989年1月1日《美加自由贸易协定》生效后,加拿大产品出口对美国的依赖程度不断提高,加拿大对美国出口占其出口总额的比重1988年为72.8%,1989年为73.3%,1990年为73.7%,1991年为74.9%。同样,美国对加拿大的直接投资也在迅速增长,从1989年的12.49亿加拿大元增加到1990年的14.37亿加拿大元,到1991年仅上半年就多达13.84亿加拿大元。再如欧共体,20世纪50年代末到70年代初,共同体内部的贸易额占成员国外贸额总和的比重,从30%提高到50%以上。

(2) 区域经济一体化加速了成员国资本集中和垄断的发展。一体化集团形成后,集中和垄断趋势加强的重要原因在于,成员国间市场界限基本消除,使各国企业面临激烈的竞争,大企业趋向于结成或扩大一国的或跨国的垄断组织,成员国政府也都运用国家垄断资本主义的政策措施,在资本供应、税收政策等方面提供优惠,以促进企业规模的扩大和企业之间的合并,从而加强本国企业的竞争力量。集中和垄断的发展并不限于企业的合并,集团内部激烈的市场竞争,也会导致建立共同价格、分割市场、划分范围、交换专利等方面的垄断协定。欧洲经济共同体成立以来,集中和垄断的加速发展是极为明显的。20世纪60年代中期,共同体内部就开始出现了企业兼并和合并的浪潮。首先是与本国企业的合并,然后是成员国之间的企业合并,再后是第三国所属企业也加入了兼并与合并的行列。资本集中和垄断发展的结果,使这些国家出现了一些规模极为庞大的垄断企业,1957年西欧地区资产或销售额在10亿美元以上的大企业只有9家,而1977年仅欧洲经济共同体内就有这样规模的企业126家,其中销售额在50亿美元以上的有25家,100亿美元的有10家。

区域性经济集团内部资本和生产的集中,一方面带来中小企业破产的严重社会后果,另一方面也有利于企业的技术改造和生产专业化。

(3) 区域经济一体化促进了集团内部生产分工、专业化协作及国际技术合作的发展,极大地提高了劳动生产率,促使经济较快增长。20世纪70年代初,欧共体成员国间贸易往来中,工业制成品和半制成品占贸易总额的3/4左右,欧洲自由贸易联盟则占4/5左右。这说明,这两个经济一体化集团内部,工业部门的劳动分工和专业化生产的水平已有很大的提高。在欧洲共同体建立后的整个60年代,按成员国平均计算,劳动生产率年平均增长5.4%,而50年代的相应数字为4.0%。《美加自由贸易协定》签订,加拿大市场向美国开放后,各种企业将面临美国公司的激烈竞争,迫使加拿大企业增加新技术、新设备的投资,推动研究和发展,从而提高劳动生产率。据估计,美加自由贸易可以使加拿大制造业劳动生产率提高30%,使国民生产总值按不变价格计算在10年之内增加2.5%,使就业机会增加37万个。

(4)区域经济一体化影响集团成员国的部门结构,促进了新工业部门的发展。由于产品的自由流通和市场的扩大,一般说来,在竞争加剧和生产技术提高的条件下,各成员国的工业生产中同先进技术相联系、在国外市场上竞争能力较强的部门增长较快,比重提高。例如,一些一体化集团成员国的化学工业、电子电器工业、航空工业、汽车工业、石油制品工业,特别是这些工业部门内部那些在部门内分工和专业化生产中占优势的分支部门,在工业结构的变化中地位提高了。而一些国家的旧的工业部门或主要为国内市场生产、对外竞争能力较弱的部门,如煤炭工业、纺织工业、烟草工业、服装工业等,面临危机。例如,联邦德国和法国的煤炭工业比重大大下降,瑞典参加欧洲自由贸易联盟后,原来在保护主义庇护下的纺织工业因失去了关税保护而发展缓慢,有1/5左右的企业停闭。丹麦参加自由贸易联盟的10年中,许多新的工业部门都有能力面向出口,20世纪60年代末,机器制造部门产品出口比重接近50%。

(5)区域经济一体化的发展改变了世界经济格局,使世界经济领域的竞争日益发展为区域性经济集团之间的竞争。西欧两个一体化经济集团的建立和发展,推动了西欧的联合趋势,增强了西欧的经济实力及其对抗美国和苏联的能力。而美国在经济实力不断相对衰落的情况下,面对欧共体和日本咄咄逼人的经济攻势,也不得不一改过去坚决反对区域经济集团的态度,也加入到积极营造区域经济集团的行列。从欧共体到北美自由贸易区再到亚太地区的一些次区域合作组织,世界经济区域一体化的发展趋势使区域性经济集团越来越取代国家经济成为国际经济中的主体,彼此竞争、抗衡,又相互联系、协调,构成国际经济关系的新框架。

第三节　经济全球化与区域经济一体化的关系

经济全球化与区域经济一体化是既相互联系又相互区别的两个范畴。区域经济一体化所表达的是各国经济在机制上的统一,而经济全球化所表达的是世界经济在范围上的扩大;区域经济一体化所指的是世界各国经济高度融合的状态,而经济全球化则反映了各个相对独立的国民经济之间的联系越来越密切的事实。可以形象地将区域经济一体化与经济全球化比喻为纵向深化与横向扩张的关系,也可以将区域经济一体化看成是经济国际化发展的质变,经济全球化则是经济国际化过程中的量变。

一、经济全球化与区域经济一体化的联系

1. 区域经济一体化是实现经济全球化的一个必经过程

世界上为数众多的国家和地区不可能同时实现贸易一体化,更不用说更高层次的生产一体化和金融一体化了。而一些在地域上、文化传统上、经济上密切相关的国家和地区首先实现区域经济一体化,这有助于推进经济全球化进程。因为与分散孤立的各国经济联系相比,组成区域经济一体化组织不仅在实际上已在全球经济的不同部分、不同层次上实现了经济一体化,而且也更有可能和更容易通过联合或合并的方式向经济全球化的完成形式——全球经济一体化——过渡。正如欧洲的经济一体化组织不断扩大,最终将形成全欧洲的经济一体化一样,全球经济一体化也将以同样的形式得到实现。此外,区域经济一体化的发展为经济全球化进一步发展提供了范例和模式,也有助于推动经济全球化进程。未来的全球经济将向何处发展?全球经济一体化包括哪些内容,能够实现到何种程度?区域经济一体化的组织,特别是欧共体(后来的欧盟)所做出的巨大努力和尝试,为其探索了发展方向和实施步骤。无论是统一大市场的建立,还是单一货币的设想与启动、区域性中央银行的建设,都是由欧共体(后来的欧盟)首先提出和实施的,并已取得重大进展。这些都为经济全球化过程的发展指明了一个可供借鉴的发展方向。因此,经济全球化过程最终发展为世界经济一体化,首先是在全球的各个经济区域实现的。正是区域经济一体化的出现,才有实际的、超出国界的经济全球化过程的不断发展。

2. 区域经济一体化和经济全球化是相互适应的

最初的经济全球化是以贸易全球化作为核心内容,此时区域经济一体化也处于起步阶段,主要采取自由贸易区或关税同盟形式,基本目标是解决一定范围内的贸易自由化问题。早期的区域经济一体化理论与经济全球化理论也是基本一致的。比如,与经济全球化理论一样,区域经济一体化理论中也包括对资本和中间产品流动的分析,并且基本上不涉及从事跨国经济活动的基本单位——企业。当经济全球化进入生产全球化、金融全球化阶段时,区域经济一体化理论也就把国际直接投资以及跨国公司、经济全球化过程中有关国际宏观经济政策协调作为自己的研究范畴。

3. 区域经济一体化和经济全球化是相互促进的

从某一个角度看,经济全球化与区域经济一体化所追求的目标是一致的,即实现规模经济、提高经济效率和增强产品竞争力,只不过是范围大小的不同而已。区域经济一体化既是经济全球化的一个过程,又是经济全球化进一步发展直至形成全球经济一体化的基础。

世界贸易组织所倡导的经济全球化和众多区域经济一体化组织倡导的区域经济一体化,实质上都是世界经济向一体化发展的过程,即超出国界而进行的各国间国际分工、国际投资、国际贸易等使各国经济成为一个相互依存的整体过程。

区域经济一体化对经济全球化的促进作用表现在:区域经济一体化内部实行生产要素的自由流动,必将加速资本的相互渗透,深化成员国之间的相互依存和国际分工,从而进一步推动全球的生产和资本一体化的过程。此外,各区域经济一体化组织除了追求区域内要素自由流动外,还追求从整个世界贸易中获得更多的好处。以北美自由贸易区为例,北美地区的内部贸易只占美国、加拿大和墨西哥三国贸易总额的36%。所以,区域经济一体化会加速世界经济全球化过程,最终形成全球经济一体化。

尽管区域经济一体化组织具有某些内向性和保护主义的色彩,但如果区域经济一体化组织的成立不对区域外国家和地区形成额外的经济自由交往的壁垒,那么,它在世界经济全球化过程中就起着积极而不是消极的作用。况且,区域经济一体化组织接受着世界贸易组织(前身为关税与贸易总协定)的领导,因此,在全球多边经济合作体系的保护、协调、控制和管理之下,其消极作用得到限制,而积极作用得到肯定和支持。因此,经济全球化的努力,将保障日益兴起的区域经济一体化浪潮健康发展,并使之成为全球经济一体化发展的推动力。

二、经济全球化与区域经济一体化区别

1. 国家主权在区域经济一体化与经济全球化过程中的地位不一样

区域经济一体化是区域内各国突破了主权国家的界限,以国家出面签订的协约为基础而建立起来的一种国际经济合作的组织形式。它以主权国家为核心,还渗入了政治因素。与区域经济一体化不同的是,经济全球化是一种自发的市场行为,是一种超国家主权的概念。市场经济无限高度发展的结果,就是经济全球化。因此,经济全球化要求最低限度的政府干预。经济全球化的超主权性质决定了它缺乏区域经济一体化中那种有效的政府间的协作与对市场的监督。

2. 区域经济一体化某种程度上与经济全球化过程背道而驰

区域经济一体化趋势与经济全球化发展趋势也不完全一致,区域经济一体化经济组织的某些规定在一定程度上不利于经济全球化的发展。如欧共体(后来的欧盟)对亚洲产品实行配额制和反倾销措施,使日本等国深受其害。北美自由贸易协定对成员国商品的免税待遇实行原产地规则,导致其贸易具有内向性,并对区域外贸易产生排他性。

3. 推动区域经济一体化与经济全球化不断发展的动力不一样

经济全球化以跨国公司为微观经济行为主体,是在市场力量作用下的贸易、投资、金融等经济行为在全球范围内的大规模活动,是生产要素的全球配置与重组,是世界各国经济逐渐高度互相依赖和融合的过程。因此,经济全球化主要由企业带动,是一种从下到上的微观经济行为,有人称之为企业逐步走出原有国境的离心运动。区域经济一体化要求成员国之间消除各种贸易壁垒以及阻碍生产要素自由流动的政策,通过一系列协议和条约形成具有一定约束力和行政管理能力的地区经济合作组织,因此,它主要由政府出面推动,是一种以政府参与制定双边或多边协定、经济主体在协定框架内活动的向心运动。所以,经济全球化又叫功能性一体化,是现实经济领域中各种壁垒的消除,形成市场的扩大和融合,是各国市场经济在生产力发展的推动下向外扩张的内在要求。而区域经济一体化又叫制度性一体化,是通过签订条约和建立超国家组织的主观协调,由国家出面让渡那些阻碍经济行为跨国界活动的主权,以保证该过程顺利进行的高级形式。可以说,区域经济一体化已经造就了维护自己存在的上层建筑,而经济全球化的上层建筑仍在进一步探索、形成之中。

4. 经济全球化与区域经济一体化的理论依据不同

经济全球化的主要理论依据是李嘉图的自由贸易理论,区域经济一体化的主要理论依据则是产业结构相似理论、关税同盟理论。

基本概念

经济全球化　贸易全球化　生产全球化　金融全球化　区域经济一体化　自由贸易区　关税同盟　共同市场　经济同盟　欧洲联盟　EFTA　北美自由贸易区　APEC　马斯特里赫特条约

思考题

1. 简述金融全球化的主要特征。
2. 简述经济全球化的基本成因。
3. 试述经济全球化的影响。
4. 试述区域经济一体化的客观基础和经济影响。
5. 试述欧洲经济共同体(现为欧盟)的发展(提示:从国别的扩大和内涵的深化加以考虑)。
6. 简述欧共体(现为欧盟)的共同农业政策。
7. 简述建立欧洲单一货币的时间表和步骤。
8. 试述欧洲货币一体化对世界经济的影响。
9. 试述区域经济一体化和经济全球化的联系和区别。

第十章　经济全球化过程中的世界性问题

随着经济全球化过程的发展，许多全球性或区域性的新问题、新现象不断涌现，如全球化退潮、贫富差距拉大、贸易保护主义兴盛、世界石油和大宗商品价格剧烈波动、英国脱欧、气候与环境保护、"一带一路"倡议等，这些问题和现象极大地影响了世界经济格局的变化和发展。

第一节　全球化退潮

一、全球化退潮现象

全球化指的是商品、资金、技术、服务、信息、人员以及观念等各种要素超越国境限制，在世界范围内自由流动与组合，包括经济、政治、文化不同领域的全球化，其中经济全球化是现阶段全球化的核心。

但是近年来，欧美发达国家都出现了带有反全球化倾向的现象。2016年6月23日英国举行脱欧公投，掀起世界范围内全球化退潮的一波浪潮，欧美国家普遍对全球化表现出抗拒情绪，转而倾向于贸易保护主义。

全球化退潮，可以简单概括为要素自由流动受阻、贸易保护主义兴盛和国家间对抗性增强。不可否认的是，当前的这股全球化退潮正在冲击全球化的进程与世界经济的发展。

二、全球化退潮的原因

全球化的反对声音其实很早就已经产生，但是相关政策的真正实施，却是始于欧美日等发达国家。倡导全球化的中心转身变成了鼓吹反全球化的中心，这背后的原因是复杂多样的。

首先，从经济方面看，全球化带来了企业的世界性竞争。发达国家大规模在海外设厂、经营跨国公司,资本与技术流向发展中国家,这使发达国家国内出现产业空心化,造成了看似互有因果关系的失业。同时,有学者指出,全球化也是导致发达国家内部贫富差距日益扩大的原因之一。据估算,全球排名最靠前的1%的富豪拥有的财富超过了全球财富总量的一半。失业与贫富差距激化了普通民众的反全球化思潮。

其次,从文化方面看,全球化浪潮下的文化冲突和摩擦也日益显著,难民问题是这一冲突的最好体现。从2015年开始,大量难民持续性地涌入欧洲国家,难民的安置给发达国家的财政支出带来巨大的负担,同时由于宗教、民族、历史等多重因素,难民使社会问题也更加突出,恐怖主义的阴影笼罩着今天的整个欧洲大陆。难民问题激起了欧洲人民的不满,反全球化的呼声越来越大。

最后,从政治方面看,右翼民粹主义利用全球化带来的种种经济、社会问题而迅速崛起,在全世界造成巨大影响。所谓右翼民粹主义,主要特征为极端民族主义和威权主义。2008年全球金融危机后,右翼民粹主义似有在全世界蔓延之势。欧洲极右翼政党——英国独立党,刺激了英国的脱欧公投。荷兰右翼政党自由党得到了荷兰民众的拥护,美国大选中特朗普胜选也反映出美国国内右翼思想的泛滥。这些右翼民粹主义反对自由化,推崇贸易保护主义,极大地推动了反全球化的浪潮。

三、应对全球化退潮的对策

全球化退潮虽然对国际贸易进程造成了影响,但是不妨把全球化退潮看作全球化进程的调整期,从而去分析这股全球化退潮对全球化的调整与修正作用。在世界经济论坛2017年年会开幕式上,习近平主席发表主旨演讲时引用英国文学家狄更斯的话指出:"这是最好的时代,也是最坏的时代。"习主席认为,把困扰世界的问题简单归咎于经济全球化,既不符合事实,也无助于问题解决。我们要适应和引导好经济全球化,消解经济全球化的负面影响,让它更好惠及每个国家、每个民族。

同时,现有的全球化框架往往让各国很难顺利达成共识,所以各国必须寻求新的合作机制和合作形式才能实现互利共赢。中国在这时候提出的建设亚投行以及"一带一路"倡议正是人类命运共同体的展现,全球化的未来需要更多"一带一路"这样的新动力。

第二节 世界贫富差距拉大

一、世界贫富差距现状

经济全球化以来,全球经济都得到了迅速的发展,但是发展中国家在经济发展的同时,却面临着与发达国家的差距进一步扩大的严峻现实。瑞信研究院发布的《2016年全球财富报告》称,底层广大群体(占总人口的73%)仅拥有全球财富的2.4%,但最富有的10%却拥有全球资产的86%。图10-1显示的正是这种贫富差距的扩大,最不发达国家与高收入国家人均GDP的绝对差距,除了在2008年全球金融危机时期有所缩小外,总体呈现出的是一个不断增大的趋势。

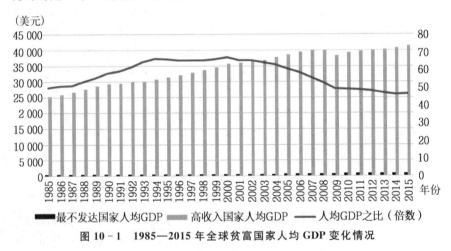

图 10-1 1985—2015 年全球贫富国家人均 GDP 变化情况

二、原因分析

第一,财富增长率高于经济增长率。

托马斯·皮凯蒂在《21世纪资本论》中指出,贫富差距的不断扩大是因为财富的增长率总是比经济增长率大。其背后的原理如下:资本的回报率高于经济增长率,富裕投资者有更多的资本,通过杠杆操作可以获得高额的回报;穷人的工资则与经济增长有着很高的相关性,这导致资本匮乏的穷人只能获得较低的工资。也就是说,富裕投资者的平均收益率要远高于普通人。从全球视角来看,发达国家拥有雄厚的资本,这使得它们拥有更强的资产管理能力和抗击风险能力；对于穷国而言，它们更容易产生债务危机，进一步拖累经济增长。

与此同时，虽然发展中国家有着高于发达国家的经济增长率，但从历史上来看，发展中国家经过一段时期的高速增长后，极易陷入"中等收入陷阱"，之后的经济增长速度可能大幅放缓。而此时的发达国家仍然能够凭借丰裕的资本在国际竞争中立于不败之地，进一步拉开与穷国的差距。

第二，经济全球化的负面影响。

全球化进程加快在使世界各国间的联系日益加强的同时，也带来了使人忧心的利益分配问题。发达国家凭借各种优势占据主导地位，而发展中国家只能屈居被支配地位，利益分配的不均衡导致国家间的贫富差距似乎在朝着更不理想的方向发展。

全球化导致各国间贫富差距拉大的原因主要有两点。一方面，国际贸易领域的不对等极大地侵害了发展中国家的利益。发达国家实力强大，实际上主导了国际贸易规则的制定，发展中国家在国际贸易中则受到了不公正的待遇。对发展中国家的优势产业征收保护主义关税，以及打着"反倾销""反补贴"的旗号对发展中国家进行贸易制裁，这些举措无疑都会对发展中国家的产业发展造成巨大打击。另一方面，发达国家拥有技术开发与销售等高价值的上游产业端优势，而发展中国家在产业链中从事的是中间产品的生产、零部件组装等低价值的产业。虽然发展中国家的经济因为订单的扩大得到了增长，但产品大部分的利润仍然被分配到了发达国家，世界贫富差距依旧被拉大。

第三，制度缺陷。

制度问题也是造成世界贫富差距难以缩小的原因。高收入国家中，大多数市场经济体制较为健全。根据西方经济学理论，自由竞争市场能实现社会福利的最大化，健全的市场经济体制能够促进经济的良好运行。而考察世界上的最不发达国家，就会发现这些国家大多数没有建立完善的市场经济体制，有的还饱受战火之苦，这些状况决定了许多国家并不能平稳地发展经济，与发达国家之间的差距也越来越大。

总之，过去几十年在世界各国经济联系日益密切、国际贸易与经济交流不断增加的同时，全球的贫富差距也在扩大，但这并不意味着发展中国家应当以闭关锁国的态度对待世界经济发展的新兴趋势。事实上从1984年至2013年，按每天1.90美元衡量（以2011年的购买力平价计算）的绝对贫困人口比例从 38.88% 降至 10.67%,这说明了过去 30 年的经济全球化在加剧不平等的同时,也推动了贫困问题的解决。

所以,发展中国家应该立足于自己国家的实际,正视贫富差距,采取相应稳健的经济政策,发展本国经济。发达国家则应对发展中国家提供基于人道主义的帮助,缓解日益悬殊的世界贫富差距,同时尽量避免容易引发世界经济不稳定的极端事件的发生。

第三节 贸易保护主义及其新形式

2008 年全球金融危机之后,在世界经济增长速度放缓的同时,贸易保护主义也悄然抬头。在世界经济普遍低迷的情况下,发达国家出于提高国内产品竞争力和保护国民就业的目的,正在通过各种手段和措施来加强贸易保护。

一、新贸易保护主义

20 世纪 80 年代,世界经济的发展呈现出全球化的大趋势,各国的贸易政策也不得不随之而改变,由传统的明显的贸易保护政策转向新型的隐蔽的贸易保护政策;90 年代世界贸易组织(WTO)正式更名成立之后,发达国家开始利用 WTO 的规则漏洞,以"反击遭到的不公平待遇"的名义,实施贸易保护政策;2016 年前后,更是掀起了又一轮的新贸易保护主义的浪潮。

所谓新贸易保护主义,即贸易保护的实施者采取不同于以往单纯的限制配额、进口许可、反倾销等方式的贸易保护政策。新贸易保护主义多以安全保护、环境保护和技术保护作为理由或借口,通过设置检验检疫程序、建立行业标准等方法,配以提高关税壁垒,达到限制国外商品进入国内的目的。这种方法既可以规避多边贸易体制限制,又可以保证国内就业及自己在国际分工中的优势。

相比于传统的贸易保护政策,新贸易保护主义政策呈现出新的特点:
(1)新贸易保护主义的实施主体由发展中经济体转向了发达经济体。
(2)新贸易保护主义所采取的形式越来越隐蔽。
(3)新贸易保护主义的保护手段越来越新型化和多样化。

二、新贸易保护主义的案例

以下是新贸易保护主义的几个例子。

（1）钢铁紧固件案。2007年11月，欧盟决定对原产于中国的钢铁紧固件进行反倾销立案调查。2009年1月31日，欧盟委员会发布公告，对原产中国的钢铁紧固件做出反倾销终裁，征收的反倾销税率为26.5%～85%，涉案金额达7.6亿美元。随后中国按照WTO争端解决机制的规定向欧盟提起磋商请求，在问题不能得到解决后中方要求建立专家组，最后双方还上诉至WTO的上诉机构。经过一年多的审理，最终裁定中国在与欧盟关于紧固件的贸易争端中胜诉。此案是中国诉欧盟的第一起案件，在这起案件中，反倾销法被滥用，欧盟调查机关明显缺乏公正性和透明度，严重损害了中国相关行业的经济利益。

（2）特朗普式贸易保护。特朗普于2017年1月20日正式出任美国第45任总统。特朗普一直极力反对《北美自由贸易协定》（NAFTA）和《跨太平洋伙伴关系协定》（TPP）等贸易协定，提出将就NAFTA重新进行谈判，并退出TPP。他多次提到中国对美出口造成了美国失业率上升，扬言对所有自中国进口的产品征收45%的关税；同时，以产业政策升级促进就业为主要目的提出"产业回迁"战略。总体看来，特朗普式的贸易政策具有十分明显的贸易保护主义倾向，并且矛头直指中国，如果这些政策得到完全执行，中美两国之间的贸易摩擦无疑会再度升级。

（3）技术性贸易壁垒。技术性贸易壁垒（TBT）是一种新型非关税壁垒。2016年，WTO成员技术性贸易措施的实施力度继续增大，TBT通报措施达2132项，为历年之最。据统计，当今世界贸易壁垒的80%来自技术性贸易壁垒，而在20世纪70年代这一比例仅为10%～30%，技术性贸易壁垒已成为影响当前国际贸易发展的重要因素。技术性贸易壁垒是现代国际贸易中商品进口国在实施贸易进口管制时，通过颁布法律、法令，建立技术标准、认证制度等方式对外国进口商品制定繁杂的技术标准，从而调高进口产品的技术要求，增加进口难度，最终达到限制进口目的的一种新型非关税壁垒。

目前我国面临的技术性贸易壁垒压力主要来源于美国、日本和欧盟等发达国家和地区。针对以上具有代表性以及对全球技术贸易壁垒具有导向性作用的国家和地区，我国应当给予高度的重视，采取有效措施应对。其中最根本的应对措施是技术上的超越，通过自主创新实现技术进步是跨越技术贸易壁垒的根本途径。

三、TPP 与 TTIP

TPP 全称是"跨太平洋伙伴关系协定",包括北美、亚太地区的 12 个国家;TTIP 全称是"跨大西洋贸易与投资伙伴关系协定",包括美国和欧盟国家。两个协定均由美国主导,旨在削减关税和降低非关税壁垒,促进贸易自由化。但同时这两个协定却有着非常严苛的准入规则,包括中国、印度、俄罗斯和巴西等新兴经济体全都被排除在外,具有强烈的排他性,事实上形成了对中国一定程度的贸易孤立。

究其原因,TPP 与 TIPP 的签订主要是由于新兴经济体的发展让美国的霸主地位受到了挑战。美国曾经全力推动 TPP 和 TTIP 议程,力求巩固其在大西洋和亚太地区的话语权,确立垄断地位。不论是 TPP 还是 TTIP,其中涉及的市场开放水平都高于目前作为多边体制代表的 WTO。贸易区内部壁垒降低了,贸易区对外门槛则被抬高,这将使中国的外贸环境恶化。同时,美欧日等国在贸易协定中制定的一系列新的技术标准和监管规范,意味着中国在制定标准的阶段可能晚他人一步,以后就不得不成为有关世界贸易规则的跟随者。

不过,随着特朗普的上台,其签署的第一个行政命令就是宣布美国退出 TPP,而余下的 11 国则于 2017 年 11 月 11 日就继续推进 TPP 达成一致,并将其改名为 CPTPP(全面与进步跨太平洋伙伴关系协定)。与此同时,TTIP 经过多次谈判,欧美双方在削减关税壁垒、消除服务贸易壁垒、消除双边投资壁垒以及消除政府采购壁垒等方面并未取得实质性进展。双方的僵持不下以及标准的不统一造成了谈判的障碍,且在一定时间内,这种僵持的局面很难被打破。相应的,特朗普政府则意在更多与美国盟友和其他国家发掘双边贸易机会。

第四节 石油危机和大宗商品价格波动

石油危机是世界经济或各国经济受到石油价格的变化的影响所产生的经济危机。1960 年 12 月,伊朗、伊拉克、科威特、沙特阿拉伯和南美洲的委内瑞拉等国成立了石油输出国组织(OPEC),从此石油输出国组织控制着世界市场石油价格,其间则造成了几次石油危机的爆发。

一、20 世纪的三次石油危机

迄今被公认的三次石油危机,分别发生在 1973 年、1979 年和 1990 年。第一次石油危机的爆发是由于第四次中东战争,导致阿拉伯国家对支持以色列的国家实施涨价以及禁运,造成石油价格的暴涨,在这场危机中,所有的工业化国家的经济增长都明显放慢。第二次石油危机则是由于 1978 年伊朗政变导致亲美的伊朗国王下台,石油对外出口量从每天 580 万桶下降到 100 万桶以下,导致价格暴涨,最终于 1980 年底突破了 40 美元/桶,此次危机成为 20 世纪 70 年代末西方经济全面衰退的一个主要原因。1980 年底,经过国际能源机构对能源消费国家的政策协调,石油需求趋缓,危机逐渐平息。第三次石油危机发生在 20 世纪 80 年代以后,随着石油输出国组织团结力量的瓦解以及新兴产油国的出现,原油定价的主导权开始分散。1990 年初伊拉克攻占科威特,遭受国际经济制裁,使得伊拉克原油出口大幅度下降,仅数月原油价格就从 14 美元/桶上涨至 30 美元/桶以上。但是,由于有关石油输出国迅速增加石油出口,此次危机得以缓解。

二、新石油危机

20 世纪的三次石油价格大涨导致了西方发达国家的三次石油危机,而最近的石油危机是指石油价格的一蹶不振。布伦特原油价格从 2014 年 115 美元/桶的高点一路下滑,2016 年 1 月 19 日更是跌到了 27.88 美元/桶,引发了一场"新石油危机"。

究其原因,主要分为供给和需求两个方面。从供给看,一方面,产油国的开采率不断提高,勘探技术的发展也使得更多的油田被发现,导致油价不断走低;另一方面,石油消费国也在本国寻找新的石油开采地或者可替代能源。页岩油气开采技术的成熟,美国原油出口禁令的放宽,同时减产稳定石油价格的会议失败,都使石油供给量不断增加,加速了油价的下跌。从需求看,一个国家石油的需求量受到其经济形势、新能源产业发展状况等影响。以欧盟为例,由于欧盟近些年大力支持风能和太阳能产业的发展,水电和核电产业原本就比较发达,所以其对于石油的需求量不断降低。

供给和需求的相互作用导致了石油价格的急速持续下跌,而石油价格的暴跌对石油出口国的打击是巨大的。以俄罗斯为例,受到国际石油价格大跌的影响,俄罗斯同期的GDP总额出现急剧减小,失业率大幅增加,出口大幅下降,国际收支长期逆差。

三、对石油危机的应对方式

从石油危机产生的原因不难看到,对石油危机的应对也可以从供给和需求两方面考虑。

供给方面,首先是要寻找新能源、提高能源使用效率。在自身自然要素禀赋不充裕的情况下,除了进口以外,应该大力推动科技进步,努力进行能源结构的更新换代,降低对于石油进口的依赖,同时,趁世界市场石油价格较低,增加石油储备。另外,为防止原油供应中断和保障价格安全,建立适合国情、具备一定规模的战略石油储备既是国际惯例,也是参与以国际能源机构为核心的国际能源集体安全体系的基础。

需求方面,工业社会汽车保有量大,构成对石油需求的重要组成部分。因此,一方面要合理规范汽车增长,淘汰落后汽车,提高汽车燃油效率;另一方面要鼓励新能源汽车的开发和应用。同时,通过倡导绿色出行、调控燃油价格等手段减少人们对石油的消费需求。

四、大宗商品价格运行情况

大宗商品是指在市场上流通的、可以大量合法买卖、用于工农业生产的非零售商品。伴随经济规模扩大和经济结构调整等因素,目前大宗商品的种类包括石油、煤炭、天然气、农产品、工业原材料、化学产品、金属矿产等50余种。

整体来看,大宗商品价格在持续暴跌后出现了反弹回升的迹象。2014年6月开始,大宗商品价格出现一轮暴跌。此轮大宗商品价格下跌幅度之大、速度之快创下了历史纪录。到了2016年年初,国际大宗商品价格在低区域震荡的同时又低位回升,年中加速上升,年末又缓慢趋平。

从各品种来看,价格走势分化明显。这一轮大宗商品暴跌中,各品种走势呈明显的分化态势,其中原油跌幅最大。在2016年的上涨中,石油和金属是2016年以来表现最抢眼的商品,而小麦、玉米等主粮依然受到供应过剩的重压,成为为数不多的几种价格下跌的商品。

五、大宗商品价格剧烈波动的原因分析

大宗商品价格波动,主要有供需和美元汇率波动两个方面的原因。

(1) 供需关系异常导致价格暴涨暴跌。实体经济增长对原材料的消耗决定了对大宗商品的基本需求。当前,发达经济体增长缓慢、制造业疲软、需求不旺,新兴经济体发展不均衡,增速普遍低于过去 20 年的平均水平,部分国家甚至陷入深度衰退。有效需求的不足导致了大宗商品价格的持续下跌,2016 年以来,各经济体中,基础设施建设等公共投资成为拉动经济增长的重要力量,带动能源原材料的需求。同时,供给规模减小,持续低价使得主要油矿产区收缩产能,同时受相关产油国限产协议等影响,世界原油供应减少,而具有极端天气影响的厄尔尼诺效应又给巴西和印度的糖产出造成严重减损,两者相互作用,一定程度上带动了大宗商品价格的上涨。

(2) 美元汇率波动影响国际商品价格。美元是最主要的国际储备货币,国际上主要的商品交易、投资和资本品的交易,大多数采用美元计价,因此美元汇率的升值一般都会造成商品价格的下跌,这有历史统计数据可以证明。2014 年下半年以来,美国就业、消费等经济数据稳步回升,经济复苏进程不仅好于发达经济体,也好于新兴经济体。随着美国经济好转和量化宽松政策逐步退出,美元也自 2014 年初开始持续大幅升值。美元作为定价货币连续大幅升值,对大宗商品价格构成了沉重的打压。

(3) 其他影响因素。首先,随着大宗商品市场需求疲软和各国对商品投资监管的加强,大宗商品市场的投机力量逐步减弱,大量投机资金流出也对大宗商品价格构成打压。其次,前期大宗商品价格高企,刺激了各国在能源、矿产、农业领域的大量投资,导致了部分品种的供给过剩,对价格下跌造成了影响。同时,原油价格暴跌是多方政治、经济博弈的结果。一方面,OPEC 采取"增产、降价、保份额"策略,试图用低价打击新型能源产业,维护自身垄断地位;另一方面,原油价格成为西方国家打压俄罗斯的重要筹码。

第五节 英国脱欧对欧洲一体化的影响

从 1951 年《欧洲煤钢共同体条约》签署,到 1958 年《罗马条约》通过、欧洲共同体建立,以及欧盟成立和多轮东扩,从经济一体化延伸到政治、安全一体化,发展至今,欧盟被视为全球高水平、深度融合的区域经济合作典范,从20世纪50年代起,其进程一直引领全球区域一体化的发展。然而,近年来,随着欧洲主权债务危机的发展,持续低迷的欧洲经济形势让欧洲一体化的内在矛盾逐渐暴露出来,特别是2016年6月23日英国全民公投,51.9%的英国民众选择脱离欧盟,这一结果令世人震惊,却又在一定的情理之中。2020年1月31日,英国正式脱离欧盟,随后进入脱欧过渡期。

一、动机分析

英国脱欧曾被普遍视为小概率事件,然而其最终成真并非偶然,背后既有自身的历史渊源,又有与欧盟密切相关的实际经济和政治影响。

(1) 从历史上看,英国对欧洲大陆的事务参与热情不高。相较于与欧洲大陆建立友好合作关系,英国更倾向于对欧洲大陆保持警惕。英国在历史上对于欧洲大陆采取的主要是离岸平衡的生存之道,英国人对欧共体(欧盟)更倾向于持一种怀疑的态度,认为其带来了不必要的管制、官僚主义以及对各国立法主权的侵蚀。在1975年英国历史上第一次脱欧公投结果中,曾有高达30%多的民众选择了脱欧,这也体现出英国对欧洲一贯的怀疑态度。

(2) 从经济上来看,首先,欧盟的高额会费是此次公投中欧盟剥削的象征。早在1984年,撒切尔夫人就对当时欧共体的高额会费表示了不满。2015年的欧洲委员会统计结果显示,英国贡献占欧盟总预算的12.57%,这一巨额的欧盟会费激化了英国民众对欧盟的不满,促使脱欧趋势的出现。其次,欧债问题的爆发把整个欧盟拖入了一个深不见底的泥潭,这对于与欧盟各国有深入经济交流的英国来说,无疑是极大的负担。面对欧盟部分成员国严重的债务危机以及欧债危机需缴纳的高额救济款,英国极力想要脱离这些经济出现严重问题的国家,脱欧趋势就此蔓延。

(3) 从政治上看,首先,随着贸易全球化的飞速发展,收入差距日渐拉大,精英阶层和普通民众的隔阂也越来越大,普通民众只好借脱欧公投表示抗议。其次,东欧移民的到来不仅进一步拉大收入差距,越来越多的社会问题以及恐怖暴力事件也在不断增加,难民的涌入给英国的社会秩序带来了极大的麻烦。最后,极右翼的英国独立党迅速崛起,和保守党内部脱欧派联合,通过宣传攻势挑起普通民众对欧盟的反感,削弱保守党和留欧派的影响力。三者结合在一起,促成了公投脱欧的最终结果。

二、影响分析

1. 英国脱欧对英国的影响

从积极方面看,英国脱欧直接意味着为英国节省了一大笔欧盟的财政预算摊派费,同时也解决了移民问题,摆脱了欧盟劳动者自由就业的限制,将直接增加本国国民的就业岗位,提升国民就业率,增加了中低阶层国民的收入,且国家负担降低后,也可以从源头上提升社会福利,增加中低阶层国民的满意度。

从消极方面看,英国脱欧后将面临很多新的挑战。一方面,英国经济将承受巨大的压力。金融业是英国的支柱产业,脱欧后受到一些不确定因素的影响必将引起金融市场的动荡,可能带来英镑贬值、资本外流、资产价格下跌等风险,伦敦作为欧洲和世界金融中心的地位将受到欧洲其他国家的挑战。另一方面,英国的政局及国际地位也受到了极大的冲击。脱欧的结果,使得主要政党保守党、工党均内讧不已,政局动荡不安,甚至英国的分裂势力也开始借机蠢蠢欲动。脱离了欧盟保护的英国,其国际地位也将受到极大的影响。

2. 英国脱欧对于欧盟的影响

首先,英国作为欧盟第二大经济体、世界第五大经济体,脱欧将会严重影响英国和欧盟之间的经济交流、贸易往来以及投资关系,这将重创欧盟经济。同时,英国的联合国安理会常任理事国身份和大国地位也同样为欧盟现在的国际地位做了巨大的贡献。英国脱欧,将使得欧盟的国际地位下降,在国际上的话语权减弱,对于欧盟来说,发展前景面临着前所未有的挑战。

其次,英国脱欧给欧洲一体化带来了极大的挑战。在成员国之间的矛盾日益凸显的当下,英国通过公投脱欧,会使得原本就不稳固的成员国关系面临更大的挑战,可能会导致欧洲一体化进程的后退。

3. 英国脱欧对于中国的影响

首先,在中英关系方面,英国一直承认中国的市场经济地位,支持建立中欧自贸区,英国脱欧后,将不再受到欧盟的约束,可以加快与中国的经贸合作。近年来中国投资者和企业相当青睐英国市场,看重其身后巨大的欧盟市场,英国脱欧将迫使中国公司重新考虑投资合作模式,通过调整获取更大的发展。

其次,英国脱欧在短时间内可能会引起全球金融市场的动荡,人民币短期内可能会面临一定的冲击,对于人民币国际化有一定负面影响。但是从长远来看,英国脱欧进一步体现出了欧元区的劣势,必然会打击投资者对于欧元稳定性的预期,而人民币也可以在此期间寻求更多的机会,欧元地位可能的削弱将对人民币的国际化起到一定的推动作用。

4. 英国脱欧对于世界政治经济格局的影响

首先,英国脱欧后必然引起英国的一系列经济问题,英国经济的衰退、英镑和欧元的贬值将对欧盟的投资贸易产生很大的负面影响。而世界其他地区也会受到连累,降低世界经济增长的潜力,一定时间内将减慢全球经济增长速度。其次,英国脱欧可能会冲击世界范围内区域经济的一体化进程,增加人们对于深度区域经济一体化形式前途的担忧。最后,英国脱欧无疑也是对以开放和融合为特征的经济全球化进程的挑战,使得现有的世界经济和政治格局遭遇新的变数,平添不确定性。

第六节 全球性环境问题

环境问题始终是人类所必然面对的事关生存与发展的重大事项,而且近年来愈加引人关注。

一、巴黎协定

第21届联合国气候变化大会通过的《巴黎协定》涵盖了所有国家及其对气候治理问题的一致认同,首次明确了发达国家与发展中国家不同的义务与贡献。此次大会也因此成为国际社会推动气候变化多边进程的一个历史性会议,对世界及中国的气候治理都将产生深远的影响。

首先,《巴黎协定》以法律文书的形式,正式确定了"自主贡献+评审"的全球应对气候变化合作模式。新的合作模式也有效地将治理义务自主化、公平化、法律化、制度化,有利于国际环境治理进程的推进。

其次,《巴黎协定》首次将发展中国家纳入强制减排的行列,我国也包括其中。通过强制性的减排压力,短期来看可能导致国内经济发展的减速及就业问题。

二、美国退出《巴黎协定》

特朗普上台后多次否认气候变化的事实,认为《巴黎协定》将使得美国失去大量就业机会。退出《巴黎协定》是其"美国优先"政策的顶峰表现,协定失效后,政府即能通过降低成本、放松管制来鼓励制造业回归美国本土,加大基础设施投资建设,达到提振高碳产业的经济效益的目的。

不过,从长期角度分析,退出《巴黎协定》存在着众多不利影响。其一,退出《巴黎协定》将影响美国企业在绿色生产方面的创新动力,挫伤低碳经济的投资信心,同时导致可再生能源部署的减速。其二,产业的国际转移具有一定的不可逆性,即使将工厂迁回美国,但失去了它过去的整套生态系统,没有生存的土壤,也就无从创造有效的就业和效益。其三,美国单方面退出《巴黎协定》,破坏了国家间的公平原则,作为世界碳排放第二大国,对碳排放治理的消极态度无疑意味着其自身造成的污染将会转嫁给其他国家,由它们来承担更多治理的任务。成本与收益在国家间分配不均,使全球环境治理进程倒退。

三、中国的态度和应对

虽然在全球环境治理上出现了美国退出《巴黎协定》的倒退现象,但是在第21届联合国气候变化大会上,中国国家领导人提出要建立"奉行法治、公平正义"的未来全球治理模式。从中国国内情况考虑,应首先将《巴黎协定》所确定的内涵与国内各项基本政策对接,从国家层面渗透协定意识,从而保障减排任务的顺利完成。

其次,政策的具体实施则需要法律的保障。从法律设立与完善的角度来看,借鉴发达国家成功经验,分析其有效的法律行动,能够为中国提供有效的指导。激励机制方面,我们应进一步强化新能源和可再生能源发展,鼓励技术创新,提高资源利用率并鼓励合理开发新能源。惩罚机制方面,对于高污染高排放的企业应提高惩罚力度,各地政府也应根据各地方的情况制定减排计划。监督机制则决定了激励与惩罚机制的有效运转,相关法律应涵括减排行动中的每个阶段,为气候治理提供全面的法律支持。

与此同时,在协定之外的气候治理之中,中国还需要进一步扩展气候治理领域,同样也应积极履行自愿性质的国际义务,为气候治理的国际体系出谋划策。中国必须在多方国际舞台上不断发挥大国能力,除完成应负义务之外,还需不断提高中国在气候治理方面的国际地位,形成正面积极的国际形象。只有在此基础之上,中国才能在气候谈判中拥有更多的话语权和自主权,为广大发展中国家争取更多的利益,增强发展中国家的凝聚力,也能够有效地抵御来自发达国家的权力压制。

第七节 "一带一路"倡议

"一带一路"是近年来中国所提出的有关区域经济以至全球经济发展的重要倡议。

一、"一带一路"倡议的提出

"一带一路"是指"丝绸之路经济带"和"21世纪海上丝绸之路"。2013年9月,中国国家主席习近平在访问哈萨克斯坦期间提出构建"丝绸之路经济带"。同年10月,习近平在出席亚太经济合作组织领导人非正式会议期间,提出中国愿同东盟国家加强海上合作,共同建设"21世纪海上丝绸之路"的倡议。

在"一带一路"倡议中,有中巴经济走廊、孟中印缅经济走廊、新亚欧大陆桥、中蒙俄经济走廊、中国—中南半岛经济走廊和中国—中亚—西亚经济走廊六大经济走廊。这六大经济走廊对未来的区域安全、国家间和平共处以及经济繁荣都具有重要的意义。

总的来说,"一带一路"倡议由中国提出并得到了各国的广泛支持,正逐步在各个方面发挥重要的作用。

二、对"一带一路"的评价

对于"一带一路"的理解和判断,海外存在着一些不和谐、甚至错误的杂音。

(1) 有的认为中国此举是在践行"新殖民主义"路线,指出中国在非洲建立双边关系只是为了达到攫取这块大陆的自然资源,把债务强加在贫穷国家的身上等目的。一方面,中国通过实施"一带一路"倡议,获得了石油和矿产资源;另一方面,中国不仅仅是产品输出,更多的是产能输出。

(2) 有的声音则把"一带一路"倡议与美国战后复兴欧洲的"马歇尔计划"相提并论。冷战时期,美国发起"马歇尔计划",帮助欧洲国家战后重建,一方面使受援国恢复到了战前水平,另一方面消化了自身的过剩产能,让美元成为全球货币。有的西方学者和媒体因此认为"一带一路"倡议是在国际力量中心转移背景下,中国经营势力范围、争夺地区主导权的政治安全战略。

但是，这些显然都是主观和片面的不实评价。事实上，"一带一路"对我国经济、政治以及欧亚区域经济的发展都有着重要的积极意义。经济方面，激发我国经济发展潜力，加快"走出去"步伐，为经济稳步增长注入新鲜活力。首先，"一带一路"能构建我国对外开放全方位新格局，促进我国区域经济协调发展。其次，"一带一路"倡议顺应国际要素流动的趋势，提高中国国际贸易乃至世界国际贸易的水平。再次，"一带一路"能推动中国产业结构优化升级。最后，"一带一路"不同于以往的国际合作形式，是区域经济合作的新思路。

政治方面，"一带一路"的建设为我国的外交提供了助力。通过"一带一路"建设，我国与"一带一路"沿线国家之间的交通更加便捷，联系更加紧密。"一带一路"沿线各国的经济交往历史悠久，沿线民众互通有无、互学互鉴，逐渐形成了沟通中华文明、印度文明、波斯文明、阿拉伯文明、希腊文明的经济文化交流的友谊之路。"一带一路"有助于我国文化软实力的增强。我国可以通过"一带一路"向周边国家甚至是整个世界宣传我国的文化，扩大我国文化的影响力。

三、风险与应对策略

建设"一带一路"面临着国际和国内的双重风险。

(1) 从国际上来看，首先，"一带一路"沿线所分布的国家和地区有许多长期处于动荡、战乱的政治环境中，属于高风险国家与地区，缺少安稳的政治体制与和平的发展环境来发展经济。其次，"一带一路"部分沿线国家存在严重的贸易保护倾向。有些国家将中国视作竞争对手，针对中国的出口产品频繁发起反倾销和反补贴调查；有些国家进出口手续繁杂，时间成本高昂。最后，在金融方面，没有有效的政策来促进这些国家的贸易自由化和构建更加安全稳定的金融体系，"一带一路"的贸易投资政策的实施面临着一定的问题。

(2) 从国内看，首先，建设"一带一路"带来的竞争效应可能会对国内的经济和企业产生负面影响。在我国的人口红利逐渐消失的情况下，建设"一带一路"在为中国产品拓展市场的同时，也提高了沿线国家产品的国际竞争力，如果中国产业不能进行积极应对，国内经济有可能会出现产业空心化。其次，中国为"一带一路"建设所进行的基础设施投资回报率存在不确定性。如果无法保证稳定的投资回报率，中国作为主要的融资方将陷入债务负担持续加重的风险，最终可能引发债务危机。而且，随着中国企业在"一带一路"建设中对外投资规模的大幅提升，所带来的投资风险和资金风险都不容小觑。

面对国际国内的双重风险，中国应该准备好相应的应对措施。首先，可以针对"一带一路"沿线不同国家建立国别分析和风险评估机制。其次，在建设过程中增加国际资源的引入，亚洲基础设施投资银行的建设就是一个非常成功地引入国际资源的范例。然后，可以建立投资金融风险管控机制，比如中国出口信用保险公司，就是我国为了减少企业"走出去"开展对外投资的风险而设立的政策性金融机构。最后，还是要从根本上依靠科技创新提高我国企业的核心竞争力以及国际竞争力。

总之，自从20世纪90年代以来，多边化已经成为区域主义发展呈现的主要趋势。在经济全球化趋势不断增强的背景下，通过单边、双边、区域以及多边途径，追求更高层次和质量的经济开放与自由化，从而抓住经济全球化带来的机遇，几乎已经成为所有国家和地区的战略选择。当今世界正发生复杂深刻的变化，全球金融危机深层次影响继续显现，世界经济缓慢复苏、发展分化，国际投资贸易格局和多边投资贸易规则酝酿深刻调整，各国面临的发展问题依然严峻。

整体而言，"一带一路"倡议虽然面临着许多挑战，但相关设施和机制的确立旨在促进经济要素有序自由流动、资源高效配置和市场深度融合，推动沿线各国实现经济政策协调。在此基础上，开展更大范围、更高水平、更深层次的区域合作，共同打造开放、包容、均衡、普惠的区域经济合作架构。

基本概念

全球化退潮　新贸易保护主义　技术性贸易壁垒　TPP　TTIP　新石油危机　石油输出国组织　大宗商品　英国脱欧　巴黎协定　"一带一路"倡议

思考题

1. 简述全球化退潮的原因。
2. 简述全球贫富差距拉大的原因。
3. 简述新贸易保护主义的成因。
4. 简述新石油危机的成因。
5. 试述英国脱欧及其影响。
6. 试述《巴黎协定》的内容以及美国退出《巴黎协定》带来的影响。
7. 试述"一带一路"倡议及其影响。

第四篇　世界经济中不同类型国家经济发展模式的选择

当今世界经济发展的趋势之一是市场经济化。结合本国的经济发展实际，选择市场经济不同的发展模式，这是各国经济发展的首要任务。

发达资本主义国家具有高度发达的市场经济，并继续在整个世界经济中居于主导地位。新兴工业国（地区）市场经济的发展非常迅速，在世界经济中的影响日益上升。众多的发展中国家正处在市场经济发展的较低阶段，在不断地探索和成长。原计划经济国家纷纷以不同的方式向市场经济转轨，有些国家已经取得了良好的转型绩效。

第十一章 发达的市场经济国家
——发达资本主义国家

发达资本主义国家,是指具有发达的市场经济体系、较高的生产力发展水平、成熟的宏观调控机制,国家垄断资本主义生产关系在经济生活中占据统治地位的资本主义国家。当前主要包括美国、日本、德国、法国、英国、加拿大、意大利等国。

第一节 发达资本主义国家的基本经济特征

发达资本主义国家的市场经济,一般都有一个长期发展的历史,形成了不同的特色,但透过纷繁复杂的表面现象,可以发现各国的市场经济具有以下共同的基本特征。

一、比较成熟的市场经济和完善的市场体系

经过数百年的探索、发展和完善,发达资本主义国家的市场经济都比较成熟。市场通过价格机制在资源配置中起主导作用,使资源得到有效的利用,因而使生产力得到较快发展并达到较高水平。已建立起成熟而有效的宏观经济调控机制,由国家对市场运行实行导向和监控,弥补市场经济本身的弱点和缺陷。还建立了完备的经济法规体系,保证经济运行的法治化。迄今为止,世界上经济发达国家都是市场经济发达的国家,这促使整个世界掀起市场经济化的浪潮。

完善的市场体系是发达市场经济的最主要环节。这一体系借助于市场交换关系,依靠供求、竞争、价格等市场机制,组织社会经济运行,调节社会

资源配置。在发达资本主义国家,资源配置的基本问题,即生产什么、如何生产和为谁生产,是通过市场机制来解决的。发达资本主义国家不仅有高度发达的消费品和劳务市场,而且有高度发达的生产要素市场,包括劳动力市场、生产资料市场、资本市场(股票、债券等)、货币市场、外汇市场、技术市场等。价格机制正是通过这一完善、有效的市场体系来发挥作用的。发达的市场体系是市场经济顺利运行的前提。

二、国家通过宏观调控来干预经济

各发达市场经济国家无不力求在市场体系充分发育的基础上逐步建立较为完善的宏观调控体系,2008年全球金融危机后,各国又纷纷把审慎的宏观政策作为实现金融稳定的一种新型工具。在全球化不断深入的背景下,为应对一国经济政策可能会产生的多渠道国际性传导,如何实现国与国之间宏观政策协调也成为各国政府关注的重要领域。

从其宏观调控的目标来看,追求"公平和效率"是各国政府宏观调控的出发点。其具体目标则包括充分就业、物价稳定、经济持续增长、社会平等、国际收支平衡等方面。当然,不同国家宏观调控目标的重点会有所不同。从其宏观调控的手段来看,发达国家在实现宏观经济管理目标时,一般都慎用直接性的行政干预,而是在尊重企业自主权和发挥市场机制作用的基础上,利用各种宏观调控手段,因势利导地促进经济协调发展。常用的调控手段有以下六种。

(1)财政政策。作为宏观经济政策的核心,利用财政手段进行宏观经济调节,主要是以税收和财政支出的变化,直接影响消费总量和投资总量,促进总供给与总需求的动态平衡。当总需求水平非常低,即出现经济衰退时,政府通过削减税收、增加支出来刺激总需求,这称为扩张性财政政策;当总需求非常高,即出现通货膨胀和经济过热时,政府应增加税收或削减开支来抑制总需求,这称为紧缩性财政政策。

(2)金融政策。发达国家常与财政政策配套实施的是金融政策,即政府通过中央银行限制货币供应量,提高或降低利率,调整法定存款准备金率和贴现率,控制信贷规模等来达到协调经济发展的目的。政府使用金融政策调控经济主要表现在两个方面:一是紧缩银根政策,提高利率,紧缩货币供应和信用,以达到限制投资、抑制消费的目的;二是放松银根政策,降低利率,增加货币供应量和信用,以刺激经济增长。

(3) 宏观审慎监管。"宏观审慎"一词源于20世纪70年代,但直到最近宏观审慎政策才在全球范围内被采纳,宏观审慎监管的合理性源于有限负债、有限约束以及信息不对称带来的外部性。其中,单个的金融机构可能出于自身利益最大化考量,增加杠杆、扩大资产负债表和依赖短期流动性融资,从而造成风险集聚。由于"合成谬误",个体的理性会带来集体的非理性,导致系统性风险在金融体系内形成甚至促进传染。美国早期的宏观审慎政策不仅包括实现金融稳定,还要实现平滑经济和金融周期、价格稳定以及一些具体的产业政策。欧洲实施的宏观审慎政策大致可以分为三类:控制信贷的工具、流动性和准备金要求,以及对银行部门的建议。2008年全球金融危机之后,宏观审慎政策成为各国普遍使用的政策,旨在识别和防范整个金融体系的风险或者系统性风险,是金融危机后金融稳定框架的重要组成部分。

(4) 产业政策。广泛运用和推行产业政策,是20世纪80年代以来发达国家宏观调控的一个重要特点。其基本内容由产业结构政策、产业组织政策和产业地域政策组成。产业政策的根本任务就是对产业发展施加影响,实行指导和调节。它所强调的是部门之间、地区之间及部门内部资源的合理配置和改善供给能力,把追求宏观经济的协调与平衡、实现经济的高效增长作为主要目标,从而使国家对经济活动的干预与调节导入更深层次,即触及对部门、地区内部等微观领域经济行为的诱导,成为国家与市场的结合点。在传统的发达国家中,日本是实行产业政策最成功的国家。2008年全球金融危机后,为了重振本土经济,美欧等发达国家也将"再工业化"作为重塑竞争优势的重要战略,推出鼓励制造业提效与回流、推动科技与新兴产业创新等一系列政策和措施。比如,2009年12月,美国奥巴马政府提出著名的《制造业复兴框架》。2013年4月,德国政府明确提出了"工业4.0"战略,其目的是为了提高工业竞争力,在以智能制造为主导的新一轮工业革命中占领先机;2014年9月,德国又通过"高科技战略3.0",强调优先发展数字经济和可持续经济等与社会财富和个人生活质量相关的项目。

(5) 利用计划指导和调节。发达国家的经济实践表明:市场经济并不排斥政府的宏观计划指导和调节,相反,后者在一定程度上起着引导市场经济发展的作用。这方面较为典型的是法国、日本等国家。但这种计划绝不是计划经济国家所实行的指令性行政命令为主的计划,因而在其编制和运行上有鲜明的特点:① 计划在协商的基础上形成,内容基本上是预示性的；② 计划的执行有比较灵活的形式,组织上非官僚化；③ 计划与市场有机地结合,偏重于引导与协调。

(6) 利用经济立法进行调控。市场经济并非无秩序的混乱经济,市场经济越发达的国家,越需要建立一个公平竞争的秩序和环境。而要实现这一点,就要靠大量严密的经济立法。发达国家的经验证明,法律作为非经济调节手段能补充经济调节的不足,为经济的有效运行提供法律保证机制。发达国家的经济立法一般包括以下几个方面的内容：总体经济发展的立法；针对某行业或某事的立法；调节经济关系的立法；规范企业行为的立法。如法国的主要经济法有《反垄断限制法》《经济稳定和增长法》《信贷法》《外贸法》等,这些法规都有效地规范了法国经济运行的秩序。

三、科学技术和生产力高度发达

第一次科技革命和第二次科技革命,都发生在发达资本主义国家。二战后新的科技革命,也主要发生在发达资本主义国家,其科学技术代表着世界最先进的水平。从科学水平看,科学类诺贝尔奖的95%以上被发达资本主义国家的科学家获得,基础科学研究的重大突破绝大多数发生在发达国家。发达国家初等、中等教育的普及程度和高学历者在人口中的比例都高于其他类型国家。英国QS集团发布的"2018年世界大学排名"中,前10位的大学全部分布在美、英和瑞士三国,其中5所在美国。从技术水平看,二战后世界应用的主要技术革新成果有40%是美国取得的,而日本则在新技术的商品化、产业化方面居世界领先地位。

发达资本主义国家也是工业化的起始国,并早已完成工业化。从20世纪50年代中到70年代初,又经历了一个飞速发展的黄金时期。随后的发展速度虽然不高,但由于基数很大,绝对量的增长仍很可观。这些国家的生产,从国内生产总值或工业产量来看,都已达到很大规模。其生产力的发展,也可从生产工具这一生产力发展主要标志的变革中看出。近三四十年,发达资本主义国家的生产工具急剧变革,其中最有意义的是计算机和网络的发明和应用。它使人类由机器时代跃进到自动化时代,能用机器来操纵机器。它不仅代替人的体力劳动,更部分地代替了人的脑力劳动,使人从一部分脑力劳动中解放出来,使生产工具发生了质的飞跃。

四、产业结构先进

二战后西方主要发达国家随着科学技术进步和本国经济发展,其产业结构也发生了明显的变化。主要表现在第一产业即农业在国民经济中的比重日趋下降,第二产业比重在20世纪50—60年代有所扩大,至70年代中期后趋于平稳或下降,而第三产业所占比重则不断扩大。1880年,美国从事农业的就业人口占全部就业人口的半数,1980年降到3%,农业劳动力不足500万人。农业产值在国内生产总值中的比重也从20世纪初的15.2%降到1987年的2%,2016年则为1.1%。而第一产业占德国国内生产总值的比例,2016年只有0.7%,同期法国占1.9%,英国占0.6%,日本占1.2%。农业产值和农业劳动力的比重日趋缩小,绝不意味着发达资本主义国家农业落后、退步;恰恰相反,二战后发达国家的农业实现了全面的机械化、化学化、电气化,目前正在向生物化、智能化方向发展。农业已成为高度资本、技术密集型的产业,而不是劳动密集型产业。1975年,美国农业资本投资已达到平均每个农业工人98 000美元,大大超过同期制造业资本投资平均每个工人55 000美元的水平。高效率的现代农业不仅为发达国家提供了丰富的食品和工业原料,而且改变了它们进口农产品的历史,美国、澳大利亚、法国、加拿大等已成为世界最大的几个农产品出口国。

第二产业,一般包括工业、矿业和建筑业,在二战后比重迅速上升。这是由于充分利用最新的科技成果,工业生产出现了巨大的飞跃。其中最突出的是制造业。从20世纪40年代后期到60年代中期的20多年中,美国制造业占国内生产总值的比重一直保持在27%~30%,法国制造业的比重由32%上升到60年代中期的42%,联邦德国60年代初制造业比重达到55%。但60年代中期以后,制造业比重的上升趋势开始变化。美国制造业的产值和就业人数所占比例不断下降,到1987年,制造业在GDP中的比重已降到20%左右,目前基本保持在这个水平。法国制造业比重在1986年降至33.7%,2016年进一步跌至18.3%。发达国家中该比重相对比较高的是德国和日本,2016年时分别为30.2%和27.5%。值得关注的是知识产权资产的变化,该类资产包括软件、研发以及文化产品等等。20世纪70年代末至80年代初美国制造业知识产权资产占全社会的比重曾接近60%,后来该比重逐渐下降,到2007年为43.5%,去工业化进程使研发资源向其他行业转移。但2008年全球金融危机之后该比重出现反弹,到

2014年已经稳步回升到46.4%。这种变化符合知识经济发展趋势,也符合危机后美国制造业复兴的趋势。

第三产业,即服务业、商业、交通运输、金融、保险等,在国民经济中的比重迅速增长。2016年美国第三产业占GDP的比重已经高达79.5%,同期法国约为79.8%,英国78.4%,德国也达到69.1%。第三产业之所以迅速发展,一方面,是生产力的发展和劳动生产率的提高,为非物质生产部门的存在和发展提供了可能性;另一方面,生产力的发展客观上也要求非物质生产部门的存在和扩大。随着新技术在物质生产部门的推广,同时也创造了许多为企业服务的行业,如软件设计、工程咨询、计算机安装与维护等。人们在获得愈来愈丰富的物质产品之后,也愈来愈重视精神方面的需求,如娱乐、旅游、文化、教育、保健等,这也推动了第三产业的发展。

第二节　发达资本主义国家市场经济的不同模式

资本主义市场经济是随着资本主义生产方式的产生、发展和演变而发展变化的。大致说来,西方的市场经济至今经过了两个发展阶段,即自由市场经济阶段和现代市场经济阶段。自由市场经济阶段,大致相当于17世纪中叶到第二次世界大战以前较长的一个历史时期。企业是市场经济运行的主体,股份资本所有制成为大多数企业的法定组织形式。市场机制是调节自由市场经济中资源配置的主要的(甚至是唯一的)方式。指导自由市场经济运行的是古典和新古典经济学中的自由竞争理论。其政策就是主张自由放任,反对国家干预,把政府的作用限制在必不可少的范围之内。

第二次世界大战后,西方市场经济发展到了现代市场经济阶段。现代市场经济的本质就是国家干预下的市场经济。其资源配置一部分由私人和私营企业决定,一部分由政府和国有企业决定,即市场机制和政府共同决定资源的配置,所以又叫混合经济制度。现代市场经济有一些共同的基本特征:① 公私并存的产权结构;② 计划与市场并用的资源配置方法;③ 有规模巨大的组织,包括巨型的企业、规模大且组织良好的工会和组织庞大的政府;④ 国家与市场、企业职能上各有分工,凡是市场和企业能解决的问题就由市场解决,市场解决不了的问题就由政府解决;⑤ 个人决策与公共决策相结合的决策机制。

但是，由于各国经济发展的水平、社会政治结构以及各自历史文化和意识形态的不同，政府干预的途径、方法和程度在不同的特定国家中是很不相同的，这就使现代市场经济表现为政府与市场关系有不同组合和各具特色的模式。其中有代表性的有四种现代市场经济模式。

一、现代市场经济的四种模式

1. 美国的宏观需求管理模式

美国无疑是现代市场经济的典型。美国的市场经济制度就是以私有制为基础，以自由企业经营为主体，同时辅以国家宏观调控的市场经济制度，政府干预仅限于对若干重要的宏观经济目标加以控制，这些目标是：就业、经济增长、物价稳定与国际收支平衡。干预的重心是需求方面，这是为了避免因为对供给的干预而导致政府过多地卷入市场过程。

（1）美国政府的宏观调控体系。这一宏观调控体系包括财政政策、货币政策、产业政策、社会福利制度。

第一，财政政策。美国财政政策的目标在于调节社会总需求以影响国民收入、就业和物价等总量水平。财政政策的手段则是政府根据经济情况的变化主动地改变政府的支出和收入来影响总需求水平。如1961年，为刺激经济和减少失业，肯尼迪政府全面地削减税收，增加政府支出，促进了美国经济的快速增长，使失业问题基本上得到了解决。20世纪90年代，克林顿政府则一方面增加税收，以图缓解长期巨额财政赤字对经济的不利影响；另一方面扩大公共事业投资，用于教育、培训、交通和环保等方面，以促进经济增长。自2008年之后，美国的主权债务急剧上升，债务负担对其他财政措施产生了挤出效应。

第二，货币政策。美国的货币政策主要是通过货币政策措施调节流通中的货币数量和信贷，影响利率的高低，从而达到间接调节总需求进而影响国民收入和就业的目的。货币政策的手段主要有三种：公开市场业务、再贴现率和法定存款准备金比率。

第三，产业政策。美国产业结构的变化与政府政策有密切的关系。尽管美国没有统一的全国性产业政策，但在具体的产业部门的发展过程中，政府政策起着重要作用。美国政府对农业的干预由来已久，既注重稳定农产品价格和产量，更注重采取各种措施扩大农产品的国内外市场。美国的工业政策，主要是通过反托拉斯法反对垄断，鼓励竞争；通过降低公司税率、加速折旧来促进工业发展；重点支持企业的科研开发，促进工业现代化。

第四，社会福利制度。市场机制并不能解决一切问题，大量失业和贫困的存在就是一个突出的表现。这些也需要政府进行调节。美国的社会福利制度比较完善，主要包括：社会保险、福利补助、就业培训和联邦住房津贴等。社会福利制度的建立和发展，保证了市场经济在一个相对稳定的社会环境下顺利地运行。

(2) 美国的微观经济运行。美国微观经济的决策权全部交给个人、家庭和企业，并借助于市场制度来组织社会的生产过程，完成资源与收入的分配。美国实行的是自由企业制度，只要具备一定的条件，任何人都可申请开办企业。企业的组织形式分为业主制、合伙制和股份制，有众多充满活力的小企业与大企业并存。虽然美国的跨国公司占据美国所有公司数量的不足百分之一，但自1990年至2010年前后，它们贡献了美国实际GDP增长的三分之一、全要素生产率增长的一半和贸易总额的约43%，其社会、经济的重要影响力可见一斑。

(3) 美国选择"宏观需求管理模式"的决定因素。第一，这是由历史传统决定的。美国历来崇尚自由竞争的企业制度。第二，美国经济发达、民间势力强大，有完整的市场体系，国家所有制从未成为主要的所有制形式。第三，工会力量相对较弱，劳资冲突没有欧洲国家那样尖锐。第四，国际上，西方国家也要求美国采取较为自由的经济政策，以保证整个资本主义世界经济的正常运行。

(4) "宏观需求管理模式"的缺陷。由于强调新自由主义的观点，美国模式的政府调控作用与日本、德国等模式相比显得不足，尤其是忽略供给的需求管理，给美国经济运行埋下了一定的隐患，如供给方面易受经济波动的冲击，过热时产生巨大的通胀压力，萧条时形成较长时间的低迷。在里根执政时，美国政府就已意识到仅靠宏观需求管理已不足以使美国摆脱在国际和国内两方面的困境，对经济活动的干预已逐步扩大到供给方面，在对外贸易中也越来越采取保护主义的立场。

近年来，随着美国国际竞争力的下降和霸主地位的动摇，以及2001年经济衰退、2007年次贷危机，尤其是2008年金融危机的扩散，美国也在反思其传统的"宏观需求管理模式"是否和经济运行中的股市泡沫、私人部门债务膨胀、国际收支逆差、财政赤字扩大等现象有关。2017年初特朗普入主白宫后，提出了"美国优先"的经济发展理念和大胆的减税计划，并力图对奥巴马的"平价医疗法案"进行重大改革,美国模式也正在做出调整。

2. 日本的政府主导型模式

所谓政府主导,就是政府具有制定社会经济计划和经济政策的决策权,对企业决策实行诱导。在日本政府主导型的市场经济中,国家干预与市场机制能够协调统一,做到既发挥竞争机制作用和私人企业的活力,又实行各种行政限制;既进行宏观导向干预,又进行严格的微观监控;既有重点地保护国内市场,扶植民族工业的发展,又逐步开放国内资本与商品市场,促进企业增强国际竞争能力;既积极引进国外先进技术,又迅速发展国产技术;既鼓励私人企业展开竞争,又组织企业进行协调与合作。

(1) 以产业政策和经济计划为导向的政府干预。日本的政府导向型市场经济体制,突出地表现为政府通过产业政策和经济计划的实施,对经济特别是对企业决策进行强有力的干预和诱导。

日本的产业政策是世界公认的最为系统、成功的产业政策。其侧重点是干预资源在产业间的配置与实现产业结构转换的目标。在二战后恢复时期,以煤、钢这两种产业为优先发展产业,带动整个工业和国民经济的恢复与发展。20世纪50年代初,提出以结构调整和资源合理配置为目标的产业合理化政策。50年代后期,制订了以培育出口产品和经济起飞为目标的产业振兴政策。在高速增长期,则提出产业结构高级化的政策体系。石油危机后,日本政府大力鼓励发展节能技术和高技术产品,将资本密集型的"工业化结构"转换成技术和知识密集型的"后工业化结构"。1982年之后,由于日元升值和贸易摩擦,日本政府开始采取结构调整措施,实行"内需扩大主导型"战略。

政府还根据市场规律,以强有力的经济计划来协调经济运行。日本政府的经济计划基本上是诱导型的。这种计划在很大程度上是宏观经济预测,计划的宗旨是指明经济的走向,表明政府的政策主张,向企业提供可靠的信息,协调各方的利益关系,统一各界的认识,引导企业的投资方向。日本政府的经济计划大体有三种:中长期计划、年度经济预测、国土开发及地区开发计划。

(2) 以财政政策和金融政策为主要手段的宏观调控。日本政府对于经济的宏观调控,也依靠财政和金融这两大政策手段,只是调控的具体方式和侧重点不同于美、英等国。

日本的财政政策主要包括:税收政策,体现为增减所得税和租税特别措施；支出政策，主要体现为对财政支出的增减；公债政策，指政府为了扩大有效需求而增加财政支出时，将发行公债作为资金的主要来源；有偿性财政资金，是政府以信用方式集中，并以有偿方式加以运用的特殊形式的财政资金。1992—2008年间各届政府都提出了财政刺激计划，2008年全球金融危机后日本政府更是持续批准了一系列刺激计划，以拯救本国疲软的经济，但效果有限。

日本在二战后重建并逐步完善的金融体制，是一种典型的政策金融体制。这种体制使得金融成为政府对经济进行宏观调控的重要手段。主要内容包括：第一，"窗口指导"。它是日本银行根据当时的经济情况，对民间金融机构每季度的贷款增加额给予指导和告诫，以此来调节银行信用的总量。第二，官定利率。它是日本银行为商业银行办理抵押贷款或未到期票据再贴现时规定的利率。第三，公开市场业务。

（3）日本特色的企业制度。日本的企业制度是日本经济具有巨大活力的一个主要因素，也是日本经济高速增长的基础。其特色在于：第一，相互持股的垄断竞争型企业集团，是日本企业的主要形式。第二，以经营者为主导的企业权力制度。日本企业股东作为企业的所有者，对企业经营的影响很弱。企业经营者在企业中拥有至高无上的权力。第三，发展目标优先。日本企业把企业的生存和最大限度的发展，即市场占有率的提高、新市场的开辟、新产品与新技术的开发以及确保企业在国内和国际的竞争地位放在首位。第四，终身雇佣制和年功序列制。日本大企业普遍实行终身雇佣制，小企业的固定工也很少被解雇。年功序列制，就是不按能力而按年龄、学历、本厂工龄支付工资或晋级的制度。这两种制度使职工与企业建立起一种长久稳定的关系，每一个职工都要为企业的生存和发展而奋斗。

（4）日本实行"政府主导型"模式的决定因素。这些因素包括：一是政府能利用民族主义和潜藏在政治制度、家庭原则等后面的文化上的团结，来培植民族的团结，以作为发展目标的后盾。二是企业通过法人持股和横向、纵向的联合生产体系实现企业界决策权的集中，方便了政府对企业进行干预。三是国内很高的储蓄率与和平的劳资关系，也使政府的干预目标易于实现。四是政府计划与产业政策比较重视教育与基础设施的发展。

（5）"政府主导型"模式面临的挑战。日本的"政府主导型"模式随着国际、国内形势的发展也日益显露出弊端。第一，政府的过度保护使一些企业缺乏创新精神，竞争能力日益下降。第二，政府对不同企业的保护妨碍了公平竞争,造成了资源的严重浪费。第三,政府在实施保护的过程中,要支付巨额的财政资金,造成财政赤字。第四,日本对贸易进行干预以保证贸易顺差的做法,引起各国不满,并引致日元升值而给本国经济带来不利影响。这些弊端导致了20世纪90年代日本泡沫经济的形成并在破裂后陷入了经济增长的长期停滞。进入21世纪后,日本经济依然没有明显起色,一直在低迷中徘徊,2008年之后受金融危机的冲击,更是长期处于持续缓慢复苏的状态。这些都和"政府主导型"模式在新时期、新环境下显现的种种弊端及未能及时调整密不可分,同时,也意味着对后工业化时代的日本而言,"政府主导型"经济增长模式的难度在不断加大。

鉴于全球化、信息化、自由化等客观环境变化对日本模式提出的严重挑战,日本也不得不顺应时代的要求,对该模式进行调整。如20世纪末,日本政府提出并实行的所谓"规制缓和"战略方针,对本国金融和企业内部终身雇佣制进行改革等等,都是进一步调整和完善"政府主导型"模式的举措。2012年底首相安倍晋三上台后,加速实施一系列刺激经济政策,其中宽松的货币政策、灵活的财政政策和结构性改革,包括以刺激民间投资为中心的经济产业成长战略等更是成为"安倍经济学"(Abenomics)的三个主轴,政府希望在给金融市场注入活力的同时,也让企业和消费者振作起来,以实现持续增长。

3. 德国的社会市场经济模式

社会市场经济不是自由放任的市场经济,而是社会指导的市场经济。自由放任的市场经济会引起垄断,引起分配不公和社会不稳定。解决的办法是:在国家和法律的制约下,限制垄断,实现竞争,促进社会公平、稳定和有效率。社会市场经济体系就是依此设想设计的,包括有效的竞争秩序、政府的有限干预和社会公平。

(1) 有效的竞争秩序。有效的竞争秩序是社会市场经济的最重要原则,被当作社会市场经济体系的核心。因为竞争是保证取得最大经济效益的必要条件,又是实现各方利益和权力分配的重要经济手段。竞争秩序至少包括两方面的内容:一是公开的市场,二是价格的自由协定。当然,竞争原则是不会自行贯彻的,必须由法律的原则加以保护。德国的《反对限制竞争法》《反不正当竞争法》《折扣法》等法令使社会市场经济中的垄断行为受到约束,竞争秩序相对稳定。

(2) 政府的有限干预。在国家和市场的问题上,德国社会市场经济的原则是国家要尽可能少干预而且只给予有限的干预。国家的有限干预在市场经济中主要起调节作用，并为市场运作规定总的框架。

首先，政府致力于货币的稳定。稳定的货币政策是经济单位理性行为的保证，是社会市场经济运行的重要前提。德意志联邦银行作为德国的中央银行，享有在其他国家少见的相对于政府的独立性，并把保卫币值稳定作为首要职责，特别注意控制通货膨胀。其次，谨慎使用扩张性的财政政策，基本上保持收支大体平衡。最后，利用积极的、以间接调节为主的产业组织和产业结构政策调节产业转型。

（3）社会公平。社会市场经济在强调效率的同时，也重视社会平衡与社会进步。在经济增长的目标上追求社会公平、进步是社会市场经济的真谛。在德国，社会公平作为一项制度原则得到较充分的体现。通过财富分配促进社会人人公平；人人享有社会保障。德国有庞大的社会保障制度，几乎所有的社会成员都享有社会保障方面的福利。

（4）社会市场经济下的微观经济运行。在社会市场经济体系中，企业所有制以私人占有为主、多种形式并存。政府保护私有制，但也不排斥其他所有制形式，当然也不实行大规模的国有化，而是按照市场竞争原则优胜劣汰。

参与市场供给活动的主体仍是私人企业，其中尤以大企业作用最大。国有企业在市场中也占有重要地位。合作社力量亦很大，有信用、供销、住房等各种合作社。工会所有制在经济中起补充作用。社会市场经济体系中，劳动工资原则上按市场竞争的原则加以确定，即工资自治。国家则以立法的方式减少双方的矛盾冲突，并保证合同顺利执行。

（5）社会市场经济模式受到的挑战。20世纪90年代，德国的内外环境条件都发生了相当大的变化。具体包括：科学技术的巨大进步，经济全球化和区域化的迅速发展，德国统一和欧洲大变局所带来的沉重负担，为实现欧洲单一货币所做的努力，西欧经济普遍增长趋缓等。原有的"社会市场经济模式"在已经变化了的环境下，显现出不少缺陷，受到了极大的挑战。

第一，随着经济的全球化、欧盟的扩张，以"高工资、高福利、高税收"为特征的德国经济竞争力日益下降，传统产业发生转移，产生了较多的失业人群，失业率一直在10%左右徘徊，高于大萧条以来的任何时期。

第二，由于德国模式对"公平"的强调，高标准的社会保障使得用于社保的支出越来越高。德国每年用于社会保障的费用约占GDP的三分之一，经济的不景气又使庞大的福利开支难以为继,成为拖累经济增长的负担。同时,高福利政策一定程度影响了人们工作的积极性,使经济增长失去动力。

第三,政府货币政策实施的捉襟见肘。德国"社会市场经济模式"中的政府干预首先强调的是货币的稳定,尤其注意控制通货膨胀。随着2002年1月1日起欧元的正式流通,德国已经不能像以前那样,通过本国货币供应量来干预经济的运行。欧洲货币一体化意味着欧元区内各国都必须让渡部分经济权力,对各国政府实施经济政策提出了巨大的挑战。

第四,德国的企业组织和管理机制退化,产业结构调整缓慢,政府规制僵化,缺乏灵活性,在信息化快速发展的背景下,难以及时调整,跟上时代的步伐。

以上这些挑战造成的结果就是,德国的经济增长一度萎靡不振,2000年到2003年的经济增长率分别为2.9%、0.6%、0.2%、-0.1%,大大低于主要工业化国家的平均水平。严峻的经济现实迫使德国社会市场经济模式不得不做出变化。

(6)社会市场经济模式的变化。1998年,艾伯特基金会未来委员会的14位专家在集体撰写的《三个目标,一条道路》一书中指出,要在"有活力的经济、协调的社会和生态的持久性三个目标"平衡的基础上寻求一种"新的德国模式",以此作为未来10年德国改革的基本战略。

按照这一战略,德国模式的改革朝着"引进效率机制,削减不必要的福利"方向进行。2003年10月17日,德国联邦议会通过了"2010议程"一揽子改革计划,这标志着改革在税收、劳动力市场、医疗和养老保险市场等领域全面铺开。"2010议程"的主要内容包括:医疗保险制度改革、调整联邦劳动局、合并失业和社会救济金、税收改革、取消补贴、改革地方财政和修订手工业者规则等,旨在减轻过多的社保支出给经济造成的负担,增加创新能力和经济活力。

虽然由于"高工资、高福利、高税收"的经济运行模式根深蒂固,改革遇到了社会各方尤其是民众的巨大阻力,但此次改革仍在很大程度上释放了劳动力市场的弹性和企业活力。同时得益于欧元持续走软等外部利好,即使之后受到全球金融危机的冲击,作为制造业出口大国的德国其经济依然表现强劲。2011年失业率维持在6%,2017年则低至4.2%,GDP增长率接近2%,且已连续多年保持较快增长。出口受世界经济向好的拉动明显增加,建筑业得益于低息政策增长强劲,联邦政府也基本实现财政盈余。

4. 法国的指导性计划模式

法国的市场经济在西方各国的市场经济中独具特色,其特点最突出的有三条:市场经济基础上的双重调节机制;国民经济宏观计划调节;国有企业在国民经济中有相当大的比重。

(1) 市场经济基础上的双重调节机制。法国在二战后确立了以市场机制和计划机制共同引导资源合理配置的经济体制,这种双重调节机制的思想基础,就是当时戴高乐总统所提出的一个观点,即"计划能够补偿自由的缺点,而同时又不使它失去优点"。市场机制并不能自动使宏观经济趋于平衡,因此就要求国家成为经济和社会生活中的积极行动者,用国家的力量去努力促成各种社会势力的通力合作,使社会经济在稳定中协调发展。

(2) 国民经济宏观计划调节。实行宏观调控是西方市场经济共有的特征,但是制订全国性的指导性计划并在实际中得以有效实施,却是法国市场经济独有的特征。指导性计划是一种间接性计划,计划内容只规定某些总量经济指标和优先发展的部门或项目,不涉及企业本身的经营决策。计划对大多数企业不具有强制力,政府只是通过一些间接手段如提供信息、投资优惠、价格补贴等来引导企业参与计划的实施。法国的宏观经济计划还具有广泛的社会协商性。在制订计划的过程中设有专门的协商机构——现代化委员会,其会员具有广泛的社会代表性。作为计划咨询机构的经济和社会委员会也由社会各界代表组成。每一计划的制订要花费一年半之久的时间反复磋商和协调。

(3) 国有企业在国民经济中有相当大的比重。国有企业在整个国民经济中占有重要的地位,国有企业的建立和发展为国家调节宏观经济提供了物质基础;同时,国有企业的管理构成法国政府宏观经济管理的重要内容之一。国有企业分布的部门和经营范围很广泛,几乎涉及所有重要的部门和行业,不仅在交通、邮电、军品生产、公用事业及金融部门占有重要地位,而且在制造业如汽车制造、化学、宇航、电子、电气、原子能、医药、计算机等新兴工业中也占有相当大的比重。对国有企业的管理,则把国有企业按性质区分为不同的类型,对垄断性企业和竞争性企业实行不同的原则;国家不干预国有企业的内部管理;国家通过计划合同方式把国有企业行为纳入国家宏观经济管理轨道。

(4) 法国选择指导性计划模式的原因。第一,法国有政府干预经济的传统,公众对政府的作用也比较重视。第二,二战中法国遭受严重破坏,以至对国家经济的恢复来说,某种协调计划几乎是必不可少的。第三,法国从本国的实际情况出发,认为对于法国来说,最重要的是供给的恢复,而不是需求的控制。第四,法国左翼政党力量强大,社会民主党长期执政,为此模式的实行创造了政治条件。

(5) 指导性计划模式面临的挑战。由于经济发展及其复杂性的增加,要想制定目标详尽的计划并使其发挥作用,已经越来越不可能了。国有化导致了低效率,为实现计划目标而不断增加的限制措施又抑制了市场和私人企业的作用。各个利益集团为使计划目标优先满足本集团利益而进行的争斗,也影响了计划工作的效率。事实上,经济学家们发现,没有多少证据可以证明法国经济在二战后取得的成就是因为实行了指导性计划。

事实上,法国的计划工作已经在发生重大的转变,日益从"协调"转变为"咨询"。

二、不同市场经济模式的比较

1. 不同市场经济模式的区别

(1) 计划因素的多寡。法国和日本的市场经济模式中,计划有重要的作用,但德国和美国的市场经济模式中,计划的作用较小。

(2) 国有经济成分比重的大小。现代市场经济国家都有国有经济成分,但在国民经济中的作用和所占的比例则各不相同。法国的国有经济成分比例最高,德国和日本的国有经济也占重要地位,美国的国有经济比例最低。

(3) 经济目标的差异。美国宏观经济的目标是充分就业、经济增长、低物价稳定和国际收支平衡。而日本则以经济增长和贸易成功为主要目标。德国则在重视经济增长的同时追求社会公平、稳定和有效率。

(4) 政府和个人决策权力的大小。美国市场经济模式的微观决策权完全给予企业、家庭和个人,国家只限于控制若干宏观经济目标。法国指导性计划模式则是国家通过计划间接指导和影响企业的微观决策。日本的经济决策权高度集中于政府的高级官员和企业的巨头,由政府和企业共同协商决策。

2. 各市场经济模式区别的原因

(1) 各国经济发展水平不同。市场经济模式是随着经济发展和演变而发展变化的。政府对经济发展的功能有两类:确保市场秩序;推动经济发展。

这两类功能产生两种导向：秩序导向，重视制订规则，保证秩序，不注重市场活动的内容；发展导向，注重发展和计划，把具体的社会经济目标放在第一位。一般来说，经济原先比较落后、起步较晚的国家发展导向较明显，如日本；经济发展到一定水平的国家，其政府功能转向秩序导向，如美国、德国。

（2）社会政治结构的影响。如果工会力量强大，低收入阶层选举力量增强，则会导致政府对就业、经济增长和社会分配较多的干预。一国的左翼政党如工党、社会党上台，国家干预的倾向就上升；反之，保守党、自由党等偏右政党上台，自由发展的倾向就上升。法国、英国都曾因政党更迭而使经济政策转向。

（3）价值观念不一样。不同国家不同时期的价值观念不一样，也会影响一国经济模式的选择。如法国、瑞典受社会主义思潮影响大，比较重视国家干预和计划，建立国有企业，注重社会公平；美、英则是传统的资本主义思想观念根深蒂固，更注重经济的自由发展；日本的体制与其受儒家思想影响的文化和民族传统的团结精神有很深的联系。

通过对发达国家市场经济模式的比较，可以发现，一国要发展市场经济，既要使经济体制具备现代市场经济的共同的基本特征，又要结合本国的经济水平、社会政治结构和意识形态的独特性，走出具有本国特色的市场经济发展道路，建立适合本国情况的市场经济模式。

第三节　发达资本主义国家在世界经济中的地位

发达市场经济国家生产力水平高，经济实力强大，在整个世界经济体系中处于优势地位，在相当程度上支配着世界经济的运行和发展。

一、拥有世界最高的生产力水平和最强大的经济实力

发达资本主义国家最早走上工业化道路，经济发展先于其他国家，近代以来又长期对落后国家进行殖民主义、新殖民主义的不平等的掠夺和剥削，实现了经济发展所需的原始资本积累，为经济腾飞提供了原料和市场，其生产力水平长期处于领先地位。

一个国家或一类国家的经济地位主要是靠实力取得的，二战后发达市场经济国家在经济实力上始终占有显著的优势。根据国际货币基金组织 2015

年的测算,发达国家拥有全球名义GDP的60.8%,实际人均GDP基本都在2万美元以上,远远高于世界平均水平。以联合国的发展指数(HDI)衡量,发达国家几乎全部位列前茅,挪威、日本、加拿大和冰岛更是先后居于全球首位,享有优越的经济发展质量、技术领先水平和人居生活状态。

二、在一定程度上制约着世界经济的发展,对世界经济发展既有推动作用,又有阻碍作用

由于雄厚的经济实力和先进的科技水平,发达市场经济国家在一定程度上制约着世界经济的发展速度。这不仅是因为这类国家GDP总量在世界经济中的比重最大,而且是因为其经济增长速度的快慢还影响着世界经济中其他类型国家的增长速度。

1960—1970年是发达国家经济增长的"黄金时期",其间发展中国家也有着年均6%的高增长率。1973年经济危机后,发达国家经济陷入"滞胀"状态,发展中国家经济增长率也出现降低,并且由于出口收入减少,初级产品价格低迷而导致国际收支恶化,陷入严重的债务危机之中。20世纪90年代头3年,由于发达国家经济衰退,甚至连持续增长多年的日本也出现零增长、负增长,以致整个世界经济的平均增长率在1%上下徘徊。而1994年是世界经济转折的一年,主要标志是发达国家经济的全面复苏。1994年发达国家经济增长速度达到2.7%,带动世界经济增长达到3.1%。到了21世纪初,发达国家普遍出现的经济增长趋缓和经济衰退又导致整个世界经济的不景气。

发达国家生产力先进,科技水平高,资金雄厚,又有完善的市场经济体制,所以它们在一定程度上对世界经济的发展有推动作用。许多发展中国家纷纷从发达国家引进资金、技术和先进的管理经验及市场经济体制,获得了较高速度的发展。

但是,发达市场经济国家也有阻碍世界经济发展的一面。它们竭力维护对其有利的不合理的现行国际经济秩序,致使发展中国家的经济发展成就无法在国际治理体系中得以充分体现。它们在向发展中国家转让技术时,总是转让相对落后、在其本国已不太适用的技术,利用发展中国家廉价劳动力和原料,让这些技术设备继续为其赚取利润,将发展的资源成本、环境成本外部化,而对高新技术、关键技术控制严格。某些发达资本主义国家,还干涉其他国家的内部事务,动不动就对别国实行"经济制裁""贸易禁运",阻碍其他国家的经济发展。

三、在国际分工体系中处于优势地位

发达国家在现代服务业部门具有强大的竞争优势,而农业、矿业等初级产品部门仍然大多集中在发展中国家。在制造业中,以高科技、创新性为特征的"未来产业"和知识密集型、技术密集型产业也大多集中在发达国家,其中有些甚至在互联网经济的支持下发展成具有全球垄断特征的产业部门,而发展中国家则主要从事劳动密集型和资源密集型的低端加工制造产业。这种国际分工决定了发达国家输出的主要是科学技术和知识产权、高附加值的产品和劳务,输入的主要是初级产品(尤其是原料、燃料)、低技术低附加值的产品和劳务。例如日本,进口额最大的产品依次是原油、液化气、煤、木材、汽油、铁矿石、有机化合物、金属、衣服,出口额最大的产品是小汽车、电器、钢铁、半导体元件、计算机及其配件、船舶等。传统东亚地区以日本为领头的"雁行模式"就是这种国际分工的典型。

四、在国际经济事务中起支配作用

这主要表现在两个方面:① 控制和操纵着世界银行、国际货币基金组织、世界贸易组织等国际经济组织的活动。在世界银行和国际货币基金组织中,仅美国就拥有 1/5 和 1/4 的表决权,发展中国家在其中的发言权非常微弱。② 支配着世界经济主要因素的变动。例如国际大宗商品价格、利率、汇率等的变化,很大程度上受发达国家的支配和操纵。

五、在世界经济中相对地位有所下降,并且发达国家之间增速不均衡

发达市场经济国家在整个世界经济中处于优势地位,但必须看到的是,随着二战后世界经济多年的发展,发达市场经济国家在世界经济中的相对地位已经明显有所削弱。其占世界 GDP 以及工业产出的比重在 20 世纪 80 年代达到峰值后,均逐年趋于下降,尤其是 2008 年全球金融危机放慢了所有发达经济体国内生产总值的增长步伐,这是近几十年所未有的。与 1995—2007 年的水平相比,美国和欧盟的人均真实 GDP 增速都显著下降,更为雪上加霜的是,经济增速的放缓还伴随着劳动生产率水平的下滑。经济下行会给发达经济体带来多种后果,既可能使得出口下滑,同时也可能拖累技术进步的速度。但这也意味着低利率的时代可能长期持续下去,同时资本也会从发达经

济体更多地流向投资机会广阔的新兴市场,这对于后进国家的经济赶超乃至全球经济的共同发展有着积极的意义。

此外,发达国家内部经济增长的水平也是不均衡的。从20世纪90年代开始,日本经济就已陷入长期增长乏力的困境,而2008年全球金融危机后,欧洲经济落后于美国的趋势同样愈益明显。发达国家内部经济增速和发展要求的差异化,也导致了其应对政策的非同步性,在全球化日益深化的背景下,这些政策的外溢交互作用使得世界经济的整体运行更趋复杂。

总之,发达市场经济国家仍然是当今世界最为重要的经济力量,对世界经济的运行和治理具有决定性影响。但近20年来,新兴和发展中国家也表现出非常良好的追赶能力和潜力,增长速度大都快于发达国家。它们的经济实力显著上升,在国际事务中的作用日渐增强,由此带来的挑战是发达国家正在面对的。

基本概念

宏观需求管理模式　政府主导型模式　社会市场经济模式　指导性计划模式

思考题

1. 简述发达资本主义国家经济的基本特征。
2. 发达资本主义国家宏观调控常用的手段有哪些?
3. 美国宏观需求管理模式的主要特点是什么?
4. 简述日本政府主导性模式的主要内容。
5. 简述德国社会市场经济模式的主要内容。
6. 20世纪90年代以后德国社会市场经济模式遇到了哪些挑战?
7. 法国指导性计划模式的主要特点是什么?
8. 法国选择指导性计划模式的原因何在?
9. 简述不同市场经济模式的区别及其产生的原因。
10. 简述发达资本主义国家在世界经济中的地位。

第十二章 迅速崛起的市场经济国家(地区)
——新兴工业化国家(地区)

新兴工业化国家(地区)的迅速崛起,成为20世纪世界经济中最为引人瞩目的变化之一。虽然受到债务危机、经济危机和金融危机的一系列冲击,新兴工业化国家(地区)仍在世界经济中扮演着越来越重要的角色。尤其是20世纪90年代中期以来,新兴工业化国家(地区)在国际经济活动中的份额急剧上升,已经全面融入全球贸易、投资和金融。

第一节 新兴工业化国家(地区)的形成及基本经济特征

一、新兴工业化国家(地区)的形成

新兴工业化国家(地区)的概念从20世纪70年代末就开始出现,主要是指在工业化进程中快速增长但经济发展程度尚没有达到发达国家水平的发展中经济体,其中尤以亚洲"四小龙"(韩国、新加坡、中国香港和中国台湾)为典型。进入90年代后,以中国、印度等为代表的部分大型发展中国家又相继进入了经济增长的快速通道,它们成为当前的新兴工业化国家,也被称为新兴经济体。可见,新兴工业化国家(地区)或者说新兴经济体这一指称所内含的国家(地区)是随着时间的推移不断变化的。

从20世纪五六十年代起,拉美地区一些已经在政治上取得独立的国家以发展民族经济为核心,在强调民族保护主义的基础上,采取加强政府干

预、实行企业国有化和增强基础设施建设等手段,经历了一个经济高速增长的时期。各国的经济实力显著增强,工业化水平极大提高。70年代和80年代初,这些国家的人均国民生产总值已达到了中等发达国家和地区的水平,从而被认为是新兴工业化经济的代表,其中首推巴西、墨西哥和阿根廷这三个新兴工业国。但从80年代起,拉美新兴工业化国家的经济开始衰落,经济发展速度明显放缓。世界经济的增长热点开始从拉美地区转移到了西太平洋地区的新兴工业国和地区——韩国、新加坡、中国香港和中国台湾。它们的经济发展起步虽然晚于拉美新兴工业化国家,但从60年代中期起,它们利用有利的国际经济条件,取得了经济的高速增长。其增长速度之快,持续时间之长,在世界范围内绝无仅有,从而被国际社会称为"东亚奇迹",韩国、新加坡、中国香港和中国台湾则被称作亚洲"四小龙"。随着"四小龙"的崛起,最初的东盟四国——马来西亚、泰国、印度尼西亚和菲律宾也开始步入经济快速增长的轨道,至80年代末,除印度尼西亚之外,其余三国均已从低收入国家进入中等收入国家之列。新兴工业化经济在西太平洋地区已呈现梯度扩散效应,从而构成了举世瞩目的东亚经济体。

进入21世纪前后,随着中国、印度等大型发展中国家的迅速崛起,以"金砖国家"为代表的新兴经济体概念应运而生。2001年,"金砖国家"(BRICS)一词最早由高盛首席经济学家吉姆·奥尼尔提出,意指巴西、俄罗斯、印度和中国,后来南非加入进来。金砖国家包括了目前世界上最大和增长最快的新兴工业化国家,蕴藏着重塑世界经济体系的巨大潜能。它们的人口规模达到36亿,约占全世界的42%,如果用购买力平价计算,金砖国家在2015的GDP总和已超过G7国家,达到世界的三分之一。庞大的经济规模和活跃的经济表现深刻影响了国际贸易、投资和金融格局,而崛起的中产阶级群体更是推动了有效需求增长。虽然这些国家禀赋条件、历史文化、制度形态等各不相同,也面临着许多类似的国内挑战,如体制改革、政府稳定、社会公平以及福利教育等,但日益增长的经济实力和对于在全球治理中扮演更重要角色的共同追求,已经使之形成对传统西方主导国际体系的直接挑战。

二、新兴工业化国家(地区)的基本经济特征

新兴工业化国家(地区)是在基本相似的社会经济制度和经济发展战略条件下实现经济起飞的。尽管它们起步时间不一,外部和内部发展环境存

在着差异,经济发展战略的具体政策也不尽相同,但只要我们把新兴工业化国家(地区)同其他发展中国家以及发达国家相比,就不难发现其与一般发展中国家和发达国家相区别的一些共同的经济特征。

(1) 经济增长的时间长,速度快。从 20 世纪三四十年代起,拉美的巴西、墨西哥、阿根廷开始了为期四五十年之久的进口替代工业化。在这一阶段,它们的发展速度很快,到 80 年代前的 40 年时间内取得了年均 8%~10% 的超高速的经济增长,一举完成了工业化进程。经过 80 年代的债务危机和经济改革,进入 90 年代后,这些国家的经济进入适度增长时期,1990—1997 年的年均经济增长率达到 3.5% 左右,仍高于 2% 的世界平均增长率。

20 世纪 60 年代起,亚洲"四小龙"的经济先后步入起飞期,在 60 年代和 70 年代的 20 年间,平均经济增长率达到 9% 左右,大大超过发达资本主义国家 60 年代的 5% 和 70 年代的 3% 的平均经济增长率。70 年代末 80 年代初,发达资本主义国家相继陷入经济危机,大多数发展中国家和地区也深受影响,经济增长率急剧下降。然而,亚洲"四小龙"面对这次世界性经济危机的冲击,仍显示出相当强的活力,1980—1988 年的年均经济增长率继续保持在 6%~9%。进入 90 年代后,尽管它们面临的内外部经济发展环境不如七八十年代那样有利,经济发展的总体速度低于周边一些经济体,但还是明显高于其他发展中国家和地区。1990—1997 年,中国香港年均经济增长率为 5%,中国台湾为 6.4%,韩国为 7.5%,新加坡为 8.3%。与此同时,1990—1996 年东盟四国的经济增长率除菲律宾略低以外其余都高于 8%。以金砖国家为代表的新兴经济体在 21 世纪延续了新兴工业化国家(地区)的增长奇迹。其中,中国的 GDP 在过去近 40 年的平均增长率达到了约 10% 的惊人幅度,并让 6 亿人走出了贫困。在 2010—2014 年,世界经济增长中近 60% 是由新兴经济体贡献的。2015 年后,虽然新兴经济体增速普遍放缓,但正转向更可持续增长模式的中国仍保持 6% 以上的稳健增速,印度也在实施重大改革的同时,经济以超过 7% 的速度持续增长。

(2) 出口贸易增长迅速,经济对外贸依赖程度高。20 世纪 60 年代后,新兴工业化国家(地区)大多由内向型经济转向外向型经济,并实行与之相适应的出口导向经济发展战略,其对外贸易对经济的持续高速发展起到日益重要的作用。这种作用在不同区域、不同国家(地区)和不同时期的表现有所不同。首先从亚洲"四小龙"考察,外贸对其经济的牵引作用尤为突出。在"四小龙"的进出口贸易中,相对于进口而言,出口贸易得到了更为迅速的发展。1965—1973年,中国香港和新加坡的出口贸易年均增长率在11%以上,中国台湾为33%,韩国为32%。尽管1973年第一次石油危机后它们的出口贸易增长速度有所下降,但1973—1983年中国香港增长率仍达10.3%,新加坡为17.9%,中国台湾为18.7%,韩国为14.8%,继续高于世界其他国家和地区。1983年以后,除个别年份外,出口贸易的强劲增长势头持续不减。随着出口贸易的增长,其对经济发展的积极影响与日俱增,以至成为带动经济发展的火车头。这种出口对经济增长的影响明显表现在出口扩张和经济增长的同向性上,而且,一般来说,出口增长幅度要大于经济增长幅度,致使经济增长依赖出口的增长。

拉美新兴工业化国家在20世纪80年代之后开始重视发展对外贸易,出口贸易有长足的发展,其对经济增长的重要性日益明显。1982年起,墨西哥的经济转向以"开放贸易"为主要内容的外向型发展模式,把扩大出口作为推动经济增长的中心环节。至1992年,其出口量已从1980年时的世界第35位跃升到第20位,1990—1993年的出口增长率平均达15.5%,大大超过7.5%的世界平均增长率。1998年,其全球出口排名进一步上升至第13位,出口额达1 175亿美元。

在金砖国家中,中国的出口表现最为抢眼。2001年中国加入世界贸易组织,当时中国的出口大约占全球出口总额的4%。随着"入世"后国际贸易成本的降低,更由于产品自身的巨大竞争力,中国出口总量迅速上升并在2008年的全球衰退中实现了赶超,2009年成为全球出口第一大国,2013年成为全球第一大商品贸易国,出口份额稳定保持在全球出口总值的10%以上。

(3) 工业化程度较高,产业结构不断升级。拉美新兴工业化国家地域广阔,资源丰富,属资源开发型的产业贸易结构。二战后几十年来,它们在工业化过程中一直致力于产业结构的改变。过去历史上形成的一两种或少数几种初级产品生产和出口的产业贸易结构发生了显著变化。第一产业生产和出口在国内生产总值中的比重不断下降;工业尤其是制造业在国内生产总值中的比例逐步提高。20世纪80年代以后,这些国家把经济结构调整作为经济改革的一个重要方面,产业结构日趋完善。例如,进入90年代,墨西哥已形成比较现代化的工业体系,初步改变了过去向石油业倾斜的产业结构,实现了商品出口的多样化和高级化。1985—1992年,初级产品出口占出口总额的比重从11%下降到6.4%,石油从38%下降到34.7%,制造业则由 46.5% 上升到 58.2%。并且,受益于区域贸易自由化进程,2000年以来,墨西哥在汽车制造、电子行业等现代制造业领域都有了很大发展。汽车制造目前成为该国最重要的制造业部门,而电子行业也已经占到其出口的 30%,使其成为全球第六大电子行业产品出口国。

同拉美新兴工业化国家比较,亚洲"四小龙"的产业结构不仅变化大,而且这种变化由低向高循序演变。20 世纪 60 年代至今,亚洲"四小龙"的经济结构和产业结构的升级大体经历了三个阶段。第一次产业结构调整是从 60 年代至 70 年代初,基本上是以劳动密集型产业为主。如中国香港主要发展纺织、服装、鞋帽、玩具等产品,中国台湾和韩国以电子组装、鞋类和体育用品等为主,新加坡着重发展电器和炼油等工业。这一时期,随着国际市场的变化,产品档次不断提高,以加工制造业为出口主导产业的格局基本形成。第二次产业结构的全面调整是在 70 年代至 80 年代中期。这一时期产业结构开始由劳动密集型的轻纺工业转向资本和技术密集型产业。为此,韩国提出"科技立国"的口号,将电子、机械、生物工程、信息产业和原子能利用五个部门列为"国策战略产业",大力推动这些产业的发展。新加坡提出"第二次工业革命",中国台湾提出"工业升级",中国香港提出"经济多元化",发展新兴产业,推进产业结构的升级。80 年代末至 90 年代进入第三次产业结构调整。这一阶段的特点是大力发展高科技,使工业由中等资本和技术密集型向知识技术密集型方向发展,重点发展高附加值的新型产业,扶植第三产业尤其是国际金融及商业服务业。1965—1985 年,韩国第三产业的比重由 37% 升至 52%,中国香港由 58% 升至 68%,超过美、日、德等西方国家。1989 年中国香港和新加坡的第三产业占 GDP 的比重分别达到 70.9% 和 63%。进入 90 年代后,这一特点更加突出。第三产业已代替制造业成为中国香港重要的经济支柱之一,2008 年在 GDP 中的占比就已超过 90%。新加坡同样明确提出第三产业将是主要发展目标,其在亚太地区金融和贸易中心的地位也不断得到加强,2014 年第三产业在 GDP 中的比重是 75%,就业比重则高达 83.9%。

金砖五国在快速工业化的同时,产业结构的优化和升级也是明显的。2015 年,第一产业占 GDP 的比重在巴西、俄罗斯、中国和南非已基本降到了 10% 以下,在印度虽仍高达 19.6%,但相较 2000 年的 25.3% 下降明显。第二产业在巴西、俄罗斯、印度、中国和南非这五国所占的比重分别达到了 22.7%、32.6%、27.1%、40.9% 和 20.7%,第三产业的产值比重则全部超过50％,其中在南非和巴西更是高达68.9％和72％。中国目前已是世界最大、最具活力的制造业中心,生产了全球25％以上的汽车,工农业的生产体系都非常完整而且规模庞大。"世界知识产权组织"(WIPO)的数据显示,中国在全球专利申请中所占的比重从2004年的4％快速上升到了2014年的30％,当年专利申请数已经接近美、日两国的总量。

正是由于亚洲新兴工业化国家(地区)能不断顺应国际、国内(地区内)形势需要,及时使产业结构转型,因此当西方资本主义世界经济衰退、国际市场动荡不定时,它们能较快渡过难关,其经济增长速度仍处在较高的水平,表现出很强的适应能力和应变能力。比较而言,拉美新兴工业化国家在遇到国际、国内发展环境不利情形时,经济发展往往受到挫折,这在一定程度上与它们产业结构转型相对缓慢有关。中国等金砖国家目前正处于全要素生产率增速下降、产业结构亟须转型的关键时期,经济增长模式逐渐从投资拉动转向投资与效率共同拉动,完善的金融体系、技术创新对于新兴工业化国家(地区)经济结构的调整始终至关重要。

(4) 广泛参与国际经济活动,对西方国家的依赖程度减轻。新兴工业化国家(地区)以其具有竞争力的制成品生产为基础,正在逐步由被动变主动地参与国际分工。它们通过进出口贸易、资金的国际融通等经济活动,同世界各国发生越来越广泛的联系。亚洲"四小龙"均属资源贫乏、市场狭小的经济体。因此,自实行经济对外开放以来,它们重视同世界各国的经贸往来,其GDP的50％以上都是通过对外贸易来实现的。拉美新兴工业化国家有广阔的国内市场和丰富的自然资源,但它们也重视同世界各国间的经济联系。不过,无论是亚洲"四小龙",还是拉美新兴工业化国家,它们早期的贸易对象主要是以美国为主的西方国家,尤其是亚洲"四小龙"的经济主要是依赖美、日等国的资本、技术和市场迅速发展起来的。但随着经济的增长和产业结构的变化,它们不仅需要解决原料供应问题,还要设法扩大出口市场,单靠美国为主的西方国家的市场,已不能满足自身经济发展的需要。另外,20世纪70年代特别是80年代以来,亚非拉及中东地区广大发展中国家大力发展民族经济,需要大量的资本和技术。因此,近年来新兴工业化国家(地区)同广大发展中国家在技术贸易、经济合作方面不仅有明显的互补性,而且发展速度很快,这符合各自的经济发展特点和要求。

2000年以来,新兴经济体尤其是金砖国家间的跨境贸易显著增长。2014年,新兴经济体的出口对象有30％都是其他新兴工业化国家(地区),

而在1990年这一数字仅为12%。中国作为世界第二大经济体,已经吸纳了越来越多来自其他新兴工业化国家(地区)和发展中国家的原材料、中间品和最终消费品,与世界经济的双向溢出效应日益明显。

但必须看到,2008年全球金融危机后新兴经济体面临的外部环境变得越来越复杂。发达经济体复苏进程缓慢,削弱了对新兴市场经济体出口的需求。2014年起大宗商品周期出现拐点,大宗商品出口国的增长率随之下降,而美国货币政策正常化也导致外部金融状况渐趋收紧,发达经济体实行保护主义的风险又在上升。因此,相比过去,新兴工业化国家(地区)从外部环境中获得的增长动力正进一步衰减。尽管内外条件更为复杂,但这些经济体实现追赶型增长和趋同性发展的空间依然很大,如何提高自身的应对能力尤为重要。

第二节 新兴工业化国家(地区)的经济发展战略

任何一个国家(地区)的经济发展战略都对经济发展具有方向性、长远性和综合性的指导意义。新兴工业化国家(地区)也不例外。它们的经济保持持续高速增长,首先应归功于实行的经济发展战略所起的重大作用。从总体上看,二战后新兴工业化国家(地区)的经济开始走内向型经济发展道路时普遍实行进口替代经济发展战略,转向外向型经济发展道路后实行出口导向经济发展战略。只有中国香港是个例外。中国香港是一个完全开放的自由港,一直发展外向型经济,发展的动力主要来自市场机制的自发作用,因而无严格意义上的经济发展战略。

一、进口替代经济发展战略

进口替代经济发展战略一般又称内向型经济发展战略,是指发展中国家和地区有意识地推动国内和地区内工业的建立,以本国和本地区生产的工业制成品取代原来依靠进口的产品,以满足国内(地区内)市场的需求,并逐步实现工业化。进口替代又可分为两个阶段:第一阶段是消费品工业的进口替代,一般先是日用消费品的进口替代,然后是耐用消费品的进口替代;第二阶段是资本货物或生产资料的进口替代。20世纪30年代,拉美的巴西、墨西哥、阿根廷率先实行进口替代经济发展战略。这是拉美新兴工化国家经济发展中最为重要的阶段。这一战略经历的时间也最长,从30年代至80年代初将近50年,而且这一时期它们强调进口替代的升级,即从一般消费品的进口替代转向耐用消费品的进口替代,从轻工业品的进口替代转向部分重工业品的进口替代。而亚洲"四小龙"中的韩国和中国台湾于50年代、新加坡于60年代开始实施的进口替代,主要是进口替代的第一阶段。这一阶段经历的时间不过10年左右,之后便相继转入出口导向经济发展战略阶段。

为实施进口替代经济发展战略,新兴工业化国家(地区)重构经济管理体制,实行一系列政策措施。主要有:① 通过提高关税,限制进口,保护国内(地区内)的市场。② 建立外汇管理制度,通过外汇控制,将农产品出口收入投资到工业部门。③ 政府或地区当局采取强制手段改变落后的农村封建生产关系,实行土地改革,打破庄园经济的地方封锁状况,建立统一市场,提高资源配置的效率。④ 建立宏观经济管理体系,在财政、税收、外汇等方面给私营企业以各种优惠,借以激励私人资本投资于工业企业的积极性。⑤ 借助于国家或地区当局力量,直接建立国有或公营企业,运用经济计划指导企业的生产和销售活动。

实施进口替代经济发展战略,对新兴工业化国家(地区)实现自主工业化,改变原先形成的单一的经济结构,发展民族经济起到了良好的促进作用。但是这种促进作用因进口替代经济发展战略本身的弊病而难以长期持续。其弊病主要有两个方面:① 进口替代阶段,工业化是在高度保护下发展的,进口替代产品的出口竞争能力较弱,而大量工业原材料和中间产品又要依靠进口,影响对外收支平衡。② 进口替代阶段,把经济发展的基点仅仅放在本国(地区)有限的人力、物力和财力上,无法积极参与全球经济活动,丧失了利用外部条件发展本国(地区)经济的可能性。特别像亚洲"四小龙"市场狭小,又缺乏资源,随着经济的发展,它们国内(地区内)的市场逐渐饱和,经济发展同市场狭小的矛盾变得更加突出。在这种情况下,进口替代经济发展战略逐渐失去它曾经有过的积极作用,日益成为经济发展的羁绊。于是,从20世纪60年代后半期起,亚洲"四小龙"相继进行经济发展战略的调整,即由进口替代经济发展战略转换到出口导向经济发展战略。此时恰逢世界各国经济向国际化发展,跨国公司广泛兴起。亚洲"四小龙"经济的对外开放,顺应了世界政治经济形势的发展,从而为它们的经济发展创造了极为有利的外部条件。而此时拉美的巴西、墨西哥、阿根廷却墨守经济民族主义理论思想,强调保持和争取民族经济的独立性,片面追求进口替代的升级,依靠大量举借外债来推动经济的增长。例如,1975年墨西哥的债务相当于国内生产总值的12%,到了1982年则一跃成为53%,达到876亿美元,由于经常项目的恶化,拉美新兴工业化国家无力偿还高额外债,从而引发了一系列的债务危机和经济危机。直至80年代,拉美各国才开始经济发展战略的转轨,实行外向型经济,而整个80年代则被拉美各国称作"失去的十年"。

二、出口导向经济发展战略

出口导向经济发展战略着重发展出口导向工业,从而使工业品代替初级产品成为出口的主要项目。这一经济发展战略的基本内容,可以概括为建立以出口贸易为中心的经济体系,把经济活动的重心由以本国(地区)市场为主转向以国际市场为主,集中力量扩大出口,由此带动整个经济的发展。因此,这一战略同进口替代经济发展战略比较,有着很大的区别。具体说来,主要有以下几个方面。

(1) 战略目标上由内需带动经济发展,转向由外需促动经济发展。在进口替代经济发展战略时期,经济的发展主要是以满足内部需求来带动经济的发展。而在出口导向经济发展战略的条件下,满足外部需求成为促进经济增长的主要动力。从20世纪70年代起,在亚洲"四小龙"的经济发展中,可以清楚地看到,国际市场需求特别是美国市场需求的不断扩大,大大刺激了"四小龙"出口导向型经济的快速发展。其出口增长与经济增长之间呈现出规律性的变化:出口增长,整个经济也跟着增长;出口下降,整个经济也随之受到影响。而且,在通常情况下,出口的增长幅度大于经济发展的幅度,这已成为它们的共同趋势。

(2) 战略措施上由保护内部市场转向鼓励面向国际市场。在进口替代经济发展时期,新兴工业化国家(地区)均实施保护内部市场的政策措施,特别是关税政策,对国内(地区内)的产业实行保护,以利于民族工业的发展。但转入出口导向经济发展战略后,鼓励出口政策成为其政策的核心,包括降低关税、减免出口税、给予出口补贴、加速折旧、货币贬值等一系列政策,旨在确保出口导向经济发展战略的实现。

(3) 制造业为主导的产业侧重点不同。进口替代经济发展战略和出口导向经济发展战略都是工业化战略,因而制造业首先成为主导产业,但两者的侧重点有所不同：前者着重发展一般消费品工业；后者主要根据市场变化，在扩大工业品出口、参与国际竞争中，由外向型制造业发展来带动产业结构的升级。

三、实施出口导向经济发展战略的宏观调控措施

实施出口导向经济发展战略，主要采取以下几类宏观调控措施。

（1）发挥政府（或地区当局，下同，不一一说明）对经济的干预作用，弥补市场机制的不足。新兴工业化国家（地区）基本上属于利用市场机制，并与政府较强经济干预相结合的发展中市场经济国家（地区）。但是在不同国家（地区），政府干预经济的程度和方式很不相同，发挥市场机制的作用也不同。中国香港是个自由港，是世界上开放度最高的地区之一。它按自由港方式管理，但其对经济生活并不是放手不管、任其自流。在遇到通货膨胀、出口受阻、股市波动等重大经济问题时，政府还是要出面干预，只是其干预的程度很低，一般称不干预型或积极的不干预型。进入20世纪80年代后，中国香港的外向型经济遇到越来越多的麻烦，政府对经济的干预采取比过去更加积极的态度，干预的范围和规模也不断扩大。除中国香港外，其他新兴工业化国家（地区）基本上都是政府主导型的市场经济国家（地区）。政府主导型的特征是：① 政府拥有一定数量的经济实力雄厚的国有或公营企业以控制经济命脉，维持经济的正常发展和稳定局势。② 政府制定经济发展计划，但不论是短期还是中长期，基本上都属于指示性质，不是强制性质。它们具有两个显著特点：一是确定整个经济发展的方向，规定各个时期重点发展的部门和项目，提出部门发展的指标以及为此采取的相应措施。二是通过规定诸如税收、汇率、利率、优惠信贷、进口控制、农产品和能源价格等各种政策措施，对国有或公营企业、私营企业和合资企业的决策发生影响，起着指导企业生产和经营的作用，以促进计划的实施。③ 政府通过各种经济杠杆指导市场，推动经济发展，并以此预防和克服经济的不景气，抑制通货膨胀，改善投资环境，拓展对外关系渠道，平衡对外收支。

政府主导型市场经济国家（地区）中的政府经济干预政策对市场机制的作用在不同国家（地区）和不同时期有所不同。二战后初期，亚洲"四小龙"的经济几乎处于崩溃边缘，政府曾一度实行过统制经济，扭曲了市场机制。20世纪60年代进口替代工业化时期，市场机制过于薄弱，缺乏政府有效指导。政府通过加强干预经济，有意识地调节市场，调节社会再生产过程。特

别是宏观计划调节作为政府调节机制的有机组成部分,在合理配置生产资源、弥补市场机制自发调节的缺陷等方面,都不同程度地发挥了积极作用。但自80年代后,亚洲"四小龙"的政府干预经济作用开始呈减弱的趋势,趋向实行政府干预与市场调节相结合、以市场调节为主的政策。这一趋势更适应外向型经济向国际化自由化的发展,因为外向型经济的进一步发展要求国内(地区内)经济按市场经济的客观规律办事,以利于与世界经济接轨,过多的行政干预容易造成对市场经济的扭曲,造成人为的失衡。而同一时期,拉美新兴工业化国家却一直采取对国内市场的高度保护政策,使政府的行政干预难以削弱,直到80年代中后期在经济改革中才有明显的改变。其结果,亚洲"四小龙"的市场经济发展较为充分,拉美新兴工业国的市场体系很不完善,市场机制未能充分发挥作用。

(2) 采取灵活诱导措施大力吸引外资,把外资纳入经济建设的轨道。新兴工业化国家(地区)在吸引和使用外资的政策措施中,最突出的有以下几个方面。

第一,对外资的股权从限制较严到趋于放宽。股权问题历来是发展中国家外资政策中最为敏感的,也是外国投资者最为关心的问题之一。20世纪70年代前,拉美新兴工业化国家同大多数发展中国家一样,对外国投资可能主导或操纵东道国的经济命脉存在颇多顾虑,一般倾向于对外资的股权采取较严的限制。直至80年代后,在经济改革过程中才逐步消除这一顾虑。如墨西哥在1989年宣布的外国投资者法条例中取消对外资的种种限制,允许1亿美元以下资产的外国投资者占有的股权可达100%,外国资本基本上可与墨西哥私人资本享有同等权利。比较而言,亚洲"四小龙"对外资的开放显然要比拉美新兴工业化国家早得多。在"四小龙"中,中国香港由于实行自由港管理方式,对外国投资没有多少限制,对外资的股权基本上不做任何限制,甚至对外国银行和金融机构也基本上是开放的。韩国和中国台湾在70年代后就相继修改外资相关规定,放宽对外资股权的限制。如原来韩国的外资法规定,合资企业中本地资本一般不得少于50%的股权,1993年经修改的《外国资本说明法》则允许外资在能源、食品、电子等大部分行业的合资企业中占多数的股权,有的项目甚至可由外资独资生产和经营。

第二,实行低税率的优惠。这是新兴工业化国家(地区)尤其是亚洲"四小龙"对外资制定的最有吸引力的措施。中国香港长期以来实行低税率政策,在亚洲地区属税率最低的地区。新加坡的低税率则是仅次于中国香港。韩国在20世纪60年代后陆续颁布的一系列有关法令中规定,对外国投资企业在所得税、法人税、财产税方面实行"免五减三"的待遇。对外资企业经批准后引进的资本货物和消费物资免收关税。外国投资者还可以免税购买当地的原材料、设备及出口产品。拉美新兴工业化国家80年代后同样纷纷制定对外资的税收优惠政策。从理论上讲,税率是同资本市场回收率和利润率成反比关系的,所以低税率政策必然给投资者带来较高的利润。1975—1985年,中国香港的资本市场年均回报率达19.3%,居于世界首位;新加坡为18.3%,列世界第二;韩国和中国台湾以及巴西、墨西哥、阿根廷也排在全球前10~30名之列。而同一时期,美、法、英则分别为6.3%、6.0%和7.5%。可见新兴工业化国家(地区)特别是亚洲"四小龙"具有吸引外资的最佳投资环境。

第三,外资的使用方向与重点产业保持一致。新兴工业化国家(地区)虽然对外资逐步趋向全面开放,但并不是对外资不加选择和限制。在对外资使用和管理方面最突出的是亚洲"四小龙",它们大都能坚持在维护民族经济利益的前提下,根据各个时期经济发展的需要,通过对不同部门、不同行业和不同领域的不同鼓励政策,来调节外资的投向和规模,使其同经济调整中的重点产业的发展相一致。在进口替代工业时期,引导外资流向国内(地区内)保护的日用消费品工业。在由进口替代经济发展战略转向出口导向经济发展战略后,引导外资流向重点发展的出口加工工业。近年来由于经济向国际化、产业高级化发展,则引导外资流向重点扶植的高科技产业。这种在不同时期鼓励外资投入不同重点产业的灵活诱导措施,便于把外资纳入自己的经济发展轨道,从而产生很好的效果。在利用外资的方式中,新加坡和中国香港以外国直接投资为主,韩国则在较长时期内以对外借款为主。20世纪80年代中期后,韩国注重控制借债规模,增加外国直接投资在利用外资中的比重,更带动其经济进入良性循环。相比之下,拉美新兴工业化国家同样采取像韩国那样的利用外资形式,但由于对外资的管理使用不当,有的国家将借款大都用于周期长、收效慢的工程,有的国家则用于非建设性开支,结果未能及时创造清偿能力,终于在80年代酿成债务危机。利用外资政策的频频失误,是拉美新兴工业化国家经济增长比亚洲"四小龙"不稳定的重要原因之一。

(3) 全力促进对外贸易的发展。新兴工业化国家(地区)在实行出口导向经济发展战略后,随着制成品出口的大幅度增加,进出口贸易额有了迅速扩大。墨西哥进出口贸易总额由1971年的36.2亿美元增加到1990年的400多亿美元。据世界银行估计,1990—1995年间,拉丁美洲发展中国家的年均贸易增长率为5.5%,而巴西、墨西哥则高达10%以上。亚洲"四小龙"在20世纪60—90年代年均贸易增长率高达30%以上,远远高于其他发展中国家。外贸之所以会出现持续增长的势头,原因在于它们能够根据国际经济贸易环境的变化,因势利导,通过产业结构的转型来实现出口商品结构的战略性改变,并积极引进外资和先进技术,建立外商投资加工出口区,把全力发展出口加工工业作为出口贸易迅速增长的重要手段。但是,要在私人资本无力进行巨额投资的情况下建立起在当时尚无优势的新的出口工业部门,需要借助于政府财政金融上的大力支持。而且,发展以工业制成品为主的出口贸易,风险大,国际市场上竞争激烈,更需要政府给予各种鼓励措施。在发展中国家(地区)中对发展外贸高度重视的首推新兴工业化国家(地区),尤其是东亚地区的经济体。它们鼓励出口的政策主要有:① 加强对出口工作的领导。为加强出口工作,韩国的出口贸易由总统亲自来抓,从政府到企业,上下协作,全力以赴,促进对外贸易的发展。② 提供优惠的税收减免和出口信贷,这一直是鼓励出口的两项重要措施。③ 灵活运用汇率政策。④ 广泛建立和加强出口推销和服务网点。

(4) 发挥金融货币政策调节宏观经济发展的功能。新兴工业化国家(地区)的金融货币政策与经济发展战略是一致的,是为发展经济服务的。首先,金融政策服务并有利于产业结构的转型和出口的扩张。政府根据不同时期的产业政策,调节银行对各产业的信贷比重,对产业贸易结构的转型起到了不可低估的促进作用。其次,金融货币政策的重要目标是平衡国内(地区内)各区域之间的经济发展水平,重视对边远落后区域的开发和对中小企业的扶持。最后,协调国内(地区内)的经济与外部经济的关系。尤其是对于贸易依存度很高的亚洲"四小龙"来说,国内(地区内)物价水平和汇率的稳定状况如何,不仅影响国内(地区内)经济的正常运行,而且影响到对外贸易的发展。因此,金融货币政策的一个重要方面就是如何稳定本国(地区)的汇率,严格控制货币的发行量,抑制通货膨胀。这里值得一提的是,如何处理经济发展与通货膨胀问题,始终是广大发展中国家和地区经济发展中的难题。从宏观角度讲,通货膨胀与政府的经济行为、信贷规模、收入分配和社会福利等有着密切关系。亚洲"四小龙"都以财政信贷等手段间接控制通货膨胀,其中主要是借助于金融货币手段,其具体做法是:① 把严格控制货币发行作为制止通货膨胀的基本途径。② 调节利率。实行浮动利率,通常根据资金需求调节利率。③ 控制信贷规模,特别是控制贷款。上述这些金融货币政策对稳定经济、抑制通货膨胀起了很好的作用。韩国是东亚地区通胀最高的国家,1973—1979年年均通胀率曾达到18%,但该国通过调整经济、降低增长幅度来控制通胀,同时采用控制货币发行、提高利率、管制公共事业费和冻结物价等措施,到1983年后消费物价上涨率已降到个位数。相比之下,拉美新兴工业化国家的通货膨胀现象日趋严重,从20世纪50年代的个位数上升到80年代末的四位数,大大超过了社会和公众可以承受的程度,造成了社会经济的波动。通胀长期居高不下的原因之一,是拉美新兴工业化国家金融货币政策运用不当,表现在人为地采取通货膨胀去刺激经济增长,片面强调所谓的增长速度。

第三节 新兴工业化国家(地区)的发展模式与金融危机

一、新兴工业化国家(地区)的金融危机

新兴工业化国家(地区)由于其经济的高速发展,被认为是发展中国家和地区经济起飞的成功典范,世界银行1993年正式提出了"东亚模式"的概念。政府主导与市场经济的结合,加大对外开放度,吸引外资,金融自由化以及出口导向战略被归纳为新兴工业化经济成功的经验,被广大发展中国家效仿。由于地理位置接近以及历史文化传统的相似性,东南亚一些发展中国家紧随亚洲"四小龙"的腾飞而步入经济高速发展期。尤其是东盟四国在经历了20世纪六七十年代的经济调整之后,出口贸易大大增加。1980—1990年,菲律宾、印度尼西亚、泰国和马来西亚的年均出口增长率分别为3.5%、2.9%、14.0%和10.9%,1990—1995年则进一步提高到10.8%、9.4%、14.2%和14.4%。1996年四国出口值分别达到235亿美元、528亿美元、569亿美元和782亿美元。同时,出口也带动了本国经济的发展。80年代初到1996年,东盟四国的GDP年均增长率为6.8%,其中泰国为8.9%,马来西亚为8.3%,印度尼西亚为7.1%,菲律宾为3.0%,而同期发

达国家年均GDP增长率仅为2.4%。与此相对应,"拉美模式"也被学术界不断加以归纳总结,与"东亚模式"一起作为新兴工业化国家(地区)经济发展的经验,为发展中国家发展经济提供样板。

然而,新兴工业化国家(地区)的经济发展并未像人们所预期的那样一帆风顺。1982年和1994年,墨西哥发生了两次严重的金融危机,1997—1998年金融危机席卷东亚和东南亚,1999年巴西又爆发了金融风暴。其中数1997—1998年的亚洲金融危机波及面最广,影响最大,持续时间也最长。

直至1997年的上半年,东亚和东南亚的一些主要国家和地区的经济增长仍继续保持世界领先水平,金融市场运作基本正常。但1997年7月,金融危机爆发于泰国,继而在东盟四国产生连锁反应并波及中国台湾、韩国、中国香港和日本。危机彻底打乱了这一地区的金融和经济秩序,使其货币平均贬值30%~50%,其中泰铢贬值50%以上,印度尼西亚盾贬值了50%,受其波及的韩元最高也贬值了40%,我国台湾地区货币贬值了20%以上。进入1998年,东南亚国家货币又出现了新一轮下跌,在不到一周的时间里,印尼盾、菲律宾比索和泰铢在1997年大幅贬值的基础上继续下跌了10%以上。与此同时,东南亚各经济体股市也大幅度下挫,跌幅高达30%~50%。货币与股市的双双暴跌,迫使这一地区经济进入衰退期和调整期。东亚和东南亚地区1997年的实际经济增长率还保持在3.6%~6.0%,除泰国降至-0.4%外,印尼为4.6%,马来西亚为7.7%,菲律宾为5.2%,韩国为5.5%,中国香港为5.3%。到1998年,韩国、新加坡、中国香港和中国台湾的增长率受金融危机的影响分别下降至-5.5%、1.5%、-5.19%和4.9%,而印度尼西亚、马来西亚、菲律宾和泰国更是下降为-13.7%、-6.8%、-0.5%和-8.0%。危机直到1999年底才基本结束,其影响面涉及东亚和东南亚大部分国家和地区,亦被称作"亚洲金融危机"。

在不到20年的时间内,墨西哥经历了两次金融危机。有戏言称:在处理金融危机上,没有其他任何一个国家比墨西哥更富有经验。1982年的金融危机严格来说应是债务危机。墨西哥政府于20世纪70年代以发展本国石油工业为名大量举借外债,外债中的一部分被用来投资建厂,一部分被迅速扩大的国内消费水平所消耗,另外一部分则被用来弥补财政赤字和投入股市。到80年代初,墨西哥根本无力偿还巨额外债,从而引发金融危机。1994年底,墨西哥再次爆发金融危机,墨西哥比索贬值55%,股市下跌35%。1995年,墨西哥经济增长率下降了8%,失业人数增加了70万,通胀率突破50％。金融危机严重影响到墨西哥经济和政局的稳定。

尽管受到亚洲金融风暴的影响,巴西金融形势曾一度动荡,但巴西政府采取高利率政策继续吸引了大量外资的流入。然而1999年初,金融危机还是光顾了巴西。1999年3月,巴西雷亚尔在两次分别贬值8.24％和9.59％之后再次下跌40％,失业率上升到8％,国内生产总值与1998年同期相比下降4％。巴西金融危机给其经济发展蒙上了一层阴影。

二、对新兴工业化国家(地区)发展模式的再认识

不管是"东亚模式"还是"拉美模式",发生在新兴工业化经济地区的金融危机使得人们不得不对其发展模式提出质疑,甚至对这些地区经济增长本身是否成功产生怀疑。早在亚洲金融危机爆发以前,美国经济学家克鲁格曼就于1994年撰文指出,东亚经济的增长是依靠追加投入而非带动生产率的提高来实现的。他是通过对东亚各国(地区)全要素生产率的增长率的考察得出这一结论的,并预言"东亚奇迹"的尾声即将来临。虽然他的言论过于偏激,但也可从中看出这一地区经济发展模式确实存在一定问题。

1. 金融危机爆发的内部原因

(1) 政府对经济干预太多。东南亚各国在较长时期内,以亚洲"四小龙"的政府主导型经济为样板,强调政府对经济的干预,特别是在市场经济体制逐步成熟、完善和规范的条件下,片面地夸大了政府的干预功能,对经济发展产生了消极的影响。然而,在经济全球化的浪潮下,现代通信技术快速发展,资本跨国流动速度加快,规模加大,直接影响到一国(地区)经济的相对稳定,若不及时调整政府主导型的市场经济运行模式,就难以适应经济全球化的发展要求。此外,跨国公司的发展已经超越了一国(地区)政府的管制范围,弱化了政府在经济中的主导地位。所以在复杂的经济形势下,政府做出正确决策的难度明显加大。

政府过多干预经济导致的一个严重后果就是企业过分依赖政府,失去了市场竞争能力。以韩国为例,韩国政府在经济发展过程中,不仅动员财政力量,而且动员金融力量来加速经济发展,并特别扶持大企业集团。为了保护韩国企业,政府以对外借款代替外国直接投资来获取资金。在发展重化工业的20世纪70年代,韩国的利用外资政策取得了成功,巨大的生产规模和雄厚的经济实力使得韩国的大企业集团业绩辉煌,不断扩张。然而进入90年代,随着周边市场出口能力的上升以及全球半导体、钢铁和石化产品价格的下跌,韩国商品的出口严重受阻。然而,韩国政府继续采用对企业放贷扩张的策略来救助企业,大量信贷被分配给实际上经营并不成功的企业,使得企业债务越积越多,为日后危机中大量企业的倒闭埋下了隐患。同时,政府对国有和民营大企业集团的高度保护政策,阻碍了中小企业的发展,限制了公平竞争,削弱了市场机制的作用,从而减缓了企业的发展速度。更为严重的是,许多企业依赖于政府的支持,花费大量精力获取政府的优惠政策,导致腐败滋生,寻租现象严重。

(2) 片面追求经济的增长速度,忽视经济效益与质量的提高。新兴工业化国家(地区)曾一度出现高达两位数的经济增长率,获得了国际社会的一致称赞,在这种情况下,新兴工业化国家(地区)盲目乐观,一味追求较快的经济发展速度,从而导致过度投资、信用膨胀和泡沫经济。为了维持经济的高速增长,东南亚各国和拉美的巴西、墨西哥等国都不惜通过各种补贴方式鼓励企业投资,并鼓励国内银行通过举借外债为那些前景不佳的投资项目融通资金。一般来说,当经济的高速增长由高投资来推动时,过高的投资率会导致信用膨胀,破坏总供给和总需求的平衡。由于最初外部投资者对上述国家(地区)普遍看好且各国(地区)货币汇率稳定,因此这些国家(地区)很容易在国际资本市场上融到大量资金,弥补所需资金的缺口。一方面,大量的外国投资中,外国直接投资比例较小,短期贷款和投机性热钱所占比重逐年提高;另一方面,这些资金被大量投向非贸易部门,如直接进入股市和房地产行业,使通过贸易盈余来偿还外债的能力被大大削弱。过度的国内投资必然导致投资收益率的下降,甚至低于借款成本,从而使靠借款来投资的机构和个人陷入财务危机乃至破产。投资的低收益也使得企业的财务问题传导给了贷巨款给它们的金融部门,由于东南亚地区许多国家的证券市场不够发达,大部分金融中介服务都通过银行系统完成,当危机爆发后,国外银行对原有的短期贷款不予展期,直接使国内银行因流动资金不足而面临破产危险。

(3) 一味强调产业结构升级,放弃本国(地区)的比较优势。这一问题主要集中在东盟四国。由于亚洲"四小龙"通过几次产业结构调整获得了经济的持续增长,东盟四国遂竞相效仿,放弃自身具有比较优势的劳动力、资金密集型产业,转而发展技术、知识密集型产业。例如,印度尼西亚提出要重点发展包括航空航天技术在内的高精尖科技产业,把大量资金注入这类高技术部门。然而印度尼西亚的劳动力素质、资金和科研水平都不足以支持高科技产业的发展,这些高科技产业吸收了大量的投入却无法创造有效的产出,造成了资源的巨大浪费并使金融系统陷入困境。以东盟四国为代表的东南亚各国的这种错误的产业政策严重扭曲了这些国家的经济结构,给日后的金融危机埋下了伏笔。

(4) 汇率制度存在缺陷。为适应经济发展战略的需要,东亚和东南亚各国家(地区)大多数实行钉住美元的汇率制度。比如港币完全钉住美元,有些国家虽然钉住一揽子货币,但由于美元占较大比重,也可以认为是钉住美元。除了美国外,日本也是东亚和东南亚国家的主要贸易伙伴,这些国家的货币过多地钉住美元,就会影响与日元的互动关系,从而影响其商品在日本市场上的竞争力。1991—1995年,美元与日元的汇率一度跌到1美元兑80日元,东南亚国家货币也对日元进行了贬值。但从1995年春起的两年多时间内,美元对日元升值近56%,这使得东南亚国家货币对日元又大幅度升值,于是导致东南亚各国货币普遍被高估,进而影响其出口竞争力。另外,由于汇率固定,东南亚各国的高利率对国际资本具有很强的吸引力,造成大量资本为追逐高额利息而流入这一地区。这种相对僵化的汇率制度,在大量短期资本流入的情形下,一旦本国宏观经济不景气的预期加强,就会导致资本大量外逃,引发货币与金融危机。

(5) 过早实现金融自由化。新兴工业化国家(地区)的外向型发展战略必然要求进行金融自由化改革。

相比较而言,亚洲"四小龙"由于经济基础较好,金融体制较为健全,金融开放较有秩序,其金融自由化的实践也较为成功。亚洲"四小龙"的金融自由化做法可以归纳为:① 放松黄金外汇管制。中国香港和新加坡在20世纪70年代就逐步放松黄金外汇管制,中国台湾在1986年开始放松外汇管制,将外汇汇出许可证制改为申报制,并允许民间进口黄金。② 利率自由化。1975年中国香港允许银行自由决定利率,1988年韩国也做出相同的决定。同年,中国台湾也放松了贷款利率限制。1983年中国香港实现了港元和美元的联系汇率制度,利率实现市场化,由香港银行公会定出协议利率。③ 鼓励资本流动,扩大外商投资规模。亚洲"四小龙"通过制定和完善吸引外资的法规,采取各种优惠政策吸引外资。

东盟四国的金融自由化改革就显得过于仓促。20世纪80年代初,泰国根据1972年的《外国经营法》和1977年的《促进投资法案》,除了对国外汇入的本金、利息和股息仍有一定的管制以外,外国的投资领域等方面都已实现了自由化。本国居民的对外借款除了需到泰国银行登记外也不再受其他限制。1985—1997年,泰国政府采取了各种措施进一步吸引外资流入,包括:制定泰国公司发行外国债券的有关规定,对汇往国外的股息减税,允许外国投资者自由汇入投资基金和偿还贷款本息。1992年,泰国当局批准成立曼谷国际银行机构,并在1995年成立了地区国际银行机构,利用国外基金发放泰铢和外币贷款。另外,经常性项目国际支付转移也进一步放松了管制,1991年接受了IMF第八条款。此后,泰国政府又取消了购买外汇以及携带外汇出入境的限制,放松了结汇制度,允许更大范围地使用非居民泰铢账户和本国居民外汇账户。1990年,允许商业银行向非居民提供一定限额的外汇贷款,并准许证券投资所得汇到国外。1991年,允许泰国居民向国外投资,或对泰资占25％以上的公司提供限额融资。国内金融市场上,1989年成立了证券交易委员会,1992年允许上市公司和私人公司的数量增加两倍。

印度尼西亚于1985年允许本国居民和合法经济实体的资本自由流出,但严禁银行和金融机构向国外提供贷款。1988年,印度尼西亚接受了IMF第八条款;1983年,金融部门实行利率自由化;1984年,开始使用货币市场工具;1989年,推行金融资产流入自由化,取消了大部分银行对外借款的限制,允许外国投资者进入印度尼西亚的股票市场,并可以持有不超过40％的股份,外国投资者可以不通过中央银行直接向商业银行售汇。

总的来说,东南亚各国尤其是东盟四国基本上实现了金融自由化,对外国直接投资一般不加限制,国内股票和债券市场完全对外开放,对金融机构不实行外债规模控制,放松对金融机构的监督管理,允许企业自由对外借债,开办各种现汇、远期和掉期金融交易品种。

可见,在新兴工业化国家(地区)中,国际资本流动与弱银行体系的相互作用往往是金融危机的主要来源。金融管制的放松,一方面从外部获得了大量的资金,满足了经济发展的需要,但另一方面也埋下了金融危机的隐患。

2. 金融危机爆发的外部原因

新兴工业化国家(地区)实施外向型经济发展战略,导致对外部经济的依赖度加大,尤其是部分东亚和东南亚经济体由于内部资源有限,国内(地区)市场狭小,特别容易遭受外部冲击。

(1) 出口能力下挫,经常项目赤字严重,国际收支失衡。以危机首先爆发的泰国来说,1995年出口增长达22.5%,1996年增长仅为0.1%,出口大幅度下降的主要原因包括以下几个。

首先,世界贸易地区结构发生变化。1994年美国、加拿大和墨西哥成立北美自由贸易区,欧盟积极向东欧扩张。区域经济一体化在创造贸易机会的同时,也伴随着贸易转移效应。区域经济一体化的贸易创造效应主要由集团内成员分享,区域外国家几乎难以直接从中得到好处;与此同时,区域经济一体化大大降低了彼此之间的关税壁垒与非关税壁垒,使得区域外进口成本高于区域内进口成本。随着区域经济一体化组织的建立,原先由区域外国家提供的贸易份额被区域内国家替代。比如,原先由泰国满足的美国市场需求被墨西哥所替代。

其次,新技术革命使国际贸易商品结构发生变化。模拟技术、数字化技术的发展直接提高了劳动生产率,也使得出口商品中高新技术产品的比重不断提高。这就打击了东南亚国家传统出口商品的竞争能力。东南亚国家出口商品结构雷同,彼此之间是替代而非互补关系,一旦市场结构出现升级换代,传统的出口市场大量萎缩,使各国生产能力大量过剩,存货增加,贸易盈余减少。

再次,1994年中国人民币汇率并轨,人民币贬值达35%,同时出口退税率提高到17%,使中国产品在国际市场上的竞争能力大大提高。中国与东南亚国家有相似的出口商品结构与相似的出口市场地区结构,从而直接减少了东南亚国家原有的出口规模。

从进口方面来看,东南亚国家工业化生产所需的原材料和中间投入品需要大量进口,在出口下降的情况下必然导致经常项目逆差,这就要求通过资本项目顺差来保持国际收支平衡。当国外的债权人和国内的投资者预期债务人无力偿还债务时,巨额的经常项目赤字就会导致本币的急剧贬值。

(2)国际间产业结构梯度转移,使东南亚国家产业面临需求的短边约束。产品生命周期理论与跨国公司投资理论表明,每一个产业都存在包括介绍期、成长期、成熟期和衰退期四个阶段的生命周期,所有的产业都会最终走向衰退,失去市场价值。由于发达国家的比较优势,技术创新总是在发达国家首先开始。新兴产业首先占领发达国家的市场,当产品在发达国家进入成熟期后,再向发展中国家出口,此时新产品的需求大于供给,替代品较少,具有一定卖方垄断优势,技术成为市场竞争的主要方面。随着对外贸易的开展,学习效应越来越明显,一方面市场规模不断扩大,另一方面生产该产品的技术不断扩散,全世界生产能力大大提高,新产业主要的竞争优势转向成本因素。发展中国家较低的劳动力成本吸引发达国家的跨国公司将该产业转移到发展中国家生产,除了满足当地市场需求外,还对世界其他国家出口,但是该产业的市场已经基本饱和,发展中国家生产该产品已不具有技术垄断优势,很容易被其他产品替代。

跨国公司在发展中国家投资主要是利用当地较低的成本优势,以发展中国家为生产基地,向其他国家出口相对成熟的产品。随着东南亚各国经济的增长,其劳动力成本亦相应提高,跨国公司在这一地区生产的产品面临出口困难的压力。这就要求跨国公司通过撤资转移投资场所,导致资本外逃。大量资本外逃就会引本币汇率下跌,如果为了维持钉住汇率制度,政府必须大量抛售外汇,国际储备迅速减少。如果此时国际投机炒家兴风作浪,就会大大降低政府对汇市的干预力度,直至政府最后不得不放弃钉住汇率制,使本币大幅度下跌,发生货币危机。货币危机的进一步发展,使人们信心下降,形成银行挤兑,如果银行呆账、坏账严重,流动性不足,就会引发银行危机,进而全面爆发金融危机。

总的来说,金融危机的发生与汇率机制、资本市场开放、国际游资冲击等因素有关,但基本的内因是一国(地区)的经济比例关系失调,发生了投资过度、经济过热,结果导致进口过多、贸易赤字,加上过多地依赖外国资本特别是短期国际债务的流入,形成泡沫经济。一旦泡沫崩溃,经济就陷入严重的困境。

三、新兴工业化国家(地区)金融危机的启示

通过对新兴工业化国家(地区)金融危机的剖析,可以为发展中国家在改变落后状况实现经济腾飞的过程中提供可资借鉴的经验教训。

(1) 经济发展需要稳步进行,不能一味追求经济增长速度。资金不足、科技落后、人才缺乏是落后国家和地区经济发展水平不高的主要原因。要想改变资本不足状况,尚可引进外资,但要想发展科技,提高教育水平,培养高素质人才,却是需要几代人才能见效的事情。如果希望一蹴而就,反而会适得其反。比如韩国就为了早日跨入高新产业发展阶段,不惜大量举债,盲目扩张,包括收买人才和大规模的科研投入,但其高新科技水平由于制度限制和教育积累的不足,难以达到世界领先水平,却使自身的金融体系和企业制度发生了双重扭曲,从而埋下了导致危机的祸根。

(2) 经济增长要建立在劳动生产率提高的基础上。一些新兴工业化国家(地区)的经济增长并非是由于劳动生产率的提高,而是通过虚拟经济的膨胀所导致的"账面"资产的增加来实现的。尤其是在出现出口下降、经常项目赤字、需要大量国外资本保持国际收支平衡时,外资被投入股市和楼市等非贸易部门以及用于迅速提高的超前消费。股市与房地产投机的日益猖獗,抬高了这一地区的利率水平,抑制了实质性产业的发展。在泡沫经济的推动下,劳动力成本迅速上升,国际竞争力下降,导致真实经济停滞不前甚至出现衰退。因此,从长期来看,经常项目赤字应该依靠经常项目本身来弥补,一味依赖资本项目来平衡经常项目是不可取的。而经常项目顺差短期内可通过本币贬值等手段实现,长期仍要依靠劳动生产率的提高。

(3) 金融开放度要与国内(地区内)金融体制相适应。从亚洲金融危机来看,受这次危机影响较小的新加坡、中国香港和中国台湾都有比较健全的金融体制、比较有效的金融监管。而受灾较为严重的泰国、印尼、韩国等都缺乏一个独立、完善的金融体系,银行准备金不足,呆账过多,银企关系混乱,金融机构缺乏有效监管。对于发展中国家和地区来说,金融改革是一个复杂而又漫长的过程,不切实际地提高金融开放度必将会为此付出沉重的代价。

发生在新兴工业化国家(地区)的金融危机并不能否定这些国家和地区的发展模式,只不过表明不管是"东亚模式"还是"拉美模式"都存在着一定的缺陷,它们的成功经验还有待于进一步的总结。危机也是转机,它迫使这些国家(地区)的经济进行强制性调整,挤出泡沫,重新纳入正常的发展轨道,同时也为其他发展中国家和地区提供了经验教训。

第四节 新兴工业化国家(地区)经济在世界经济中的地位和作用

一、新兴工业化国家(地区)经济在当代世界经济中的地位

二战后至今,新兴工业化国家(地区)致力于发展经济,选择了各有特点的经济发展战略。其中,亚洲"四小龙"基于自身资源不足、市场狭小等因素,成功地利用了20世纪60年代至70年代初西方世界的繁荣进行赶超,

之后东盟四国又获得了源自亚洲"四小龙"的产业传递机会,而"金砖国家"则是抓住了20世纪90年代由全球化带来的新机会,实现持续高速的增长,经济实力大为加强。虽然受到了2008年全球金融危机的冲击,我们仍可以从诸如人均GDP、进出口贸易量等各项经济指标中看到,这些新兴工业化国家(地区)的经济发展水平已日益接近发达或中等发达国家的水平。近十余年来,新兴经济体对世界经济增长的贡献率一直超过50%,特别是2008年全球金融危机爆发后,新兴经济体更是表现强劲,在世界经济中的地位和影响力不断上升。

(1) 在传统国际贸易格局中的地位得到明显改善。二战后相当长的时期内,广大发展中国家基本上仍然是发达国家的原料供应地和工业品的销售市场,即仍然是与西方国家保持以初级产品换取工业品的垂直关系。20世纪五六十年代特别是70年代以来,新兴工业化国家(地区)特别是亚洲"四小龙"作为工业制成品的输出地在世界市场上迅速崛起。据统计,1970—1977年世界制成品出口总额中,发达国家的比重由82.9%下降到80.5%,发展中国家的比重由5.9%上升到7.8%,其中新兴工业化国家(地区)占3/4强。1976—1985年,世界制成品的年均增长率为7.6%,而新兴工业化国家(地区)的年均增长率达18.8%。同一期间,发展中国家制成品的出口在世界制成品出口中所占比重明显增加,主要是由于新兴工业化国家(地区)特别是亚洲"四小龙"的制成品出口增长迅速造成的。亚洲"四小龙"占发展中国家制成品出口比重从1985年的46%上升到1990年的60%。1975—1982年,世界工业品贸易量增加1.4倍,亚洲"四小龙"却增长了2.4倍。它们在世界高科技贸易中的比重也从1970年的0.8%上升到1985年的5.7%和1991年的11.2%。这表明,新兴工业化国家(地区)不仅在相当程度上改变了传统的国际贸易格局,积极参与国际分工,促使南北贸易关系由垂直型转向水平型,而且日益增强了它们自己乃至发展中国家地区在国际贸易和世界经济中的地位。

经济全球化在很大程度上是对新兴工业化国家(地区)有利的,使新兴和发展中经济体能够获得更多的市场、资本与技术,提高其生产率和经济增长能力,更多地参与到全球价值链中。全球价值链已成为这些经济体培育和提高生产能力的一个重要途径,包括通过技术学习和技能培养,为产业升级开创机会。正是得益于全面参与全球价值链分工,金融危机后的中国已经成为世界最大的出口国,货物出口中接近95%都是制成品,2015年货物出口更占到世界货物出口总值的13.8%。

（2）国际竞争力日益加强。新兴工业化国家（地区）特别是亚洲"四小龙"在实施经济发展战略过程中，重组经济结构，促进产业结构的升级换代，出口产品结构也随之相应变化，从而极大地提高了这些国家（地区）的竞争力。20世纪60—70年代，亚洲"四小龙"的纺织、石油化工、机械等产业曾经是"四小龙"带动经济发展的战略产业，但从70年代末和80年代以来，上述产业在各国（地区）经济中的地位开始下降，逐步被电子计算机等技术、知识密集型的产业所取代，使它们的整体竞争力得到加强。1975—1980年，韩国、中国台湾和中国香港的出口产品构成中，中、低附加值的产品占出口总额均在50%以上，1985年高附加价值产品的比重超过了50%，之后电子元件、电子计算机等产品的出口更为引人注目。到1988年，亚洲"四小龙"的半导体、电子计算机等电子电器产品出口被列入世界前20位的出口国和地区行列。技术密集型产品的出口贸易的迅速扩大，对资本主义市场产生了很大影响，也在一定程度上促进了整个资本主义世界产业乃至贸易结构的调整进程。20世纪80年代特别是进入90年代以后，亚洲"四小龙"开始实行出口多元化的方针，试图减轻对以美国为主的西方国家的依赖程度，以增强经济发展的韧性。

以金砖国家为代表的新兴经济体同样在快速增长的过程中，国际竞争力不断提高。1999—2008年，中、俄、印、巴西和南非五国年平均GDP增长率分别达到了10.1%、6.9%、6.9%、3.4%和4.0%，远高于发达国家2.5%的年均增长率。之后在金融危机的冲击下，国际经济环境剧烈震荡，不确定性和不利因素显著上升，但亚洲新兴和发展中经济体2009—2016年的年均GDP增长率依然达到非常惊人的7.35%，成为推动世界经济快速走出谷底的重要引擎。事实上，新兴工业化国家（地区）经济已成为世界经济中的一支重要力量，在努力提升自身的竞争力上取得了显著成效。

二、新兴工业化国家（地区）在世界经济中的作用

新兴工业化国家（地区）的经济与发达国家经济同属于全球市场经济体系，所不同的是，前者目前仍处于市场经济和工业化的深化期，还有很大的发展潜力。在产业国际化、资本全球化和市场网络化不断拓展的过程中，新兴经济体通过自身经济发展战略的调整，正在持续成为世界经济增长最快的区域。

同时，新兴工业化国家（地区）同广大发展中国家所处地位相同，有着许多共同的利益。因而它们的经济发展在世界经济特别是在发展中国家经济发展中起着不可忽视的积极作用。主要表现在以下两个方面。

（1）新兴工业化国家（地区）特别是亚洲"四小龙"和金砖国家已成为世界资本市场的重要供给来源，通过它们的资金融通和输出，在一定程度上缓解了广大发展中国家资金不足的困难，为扭转长期单纯依赖发达国家资金市场的局面做出了贡献。

20世纪60年代以后，新兴工业化国家（地区）随着经济的快速增长，国际金融业也开始蓬勃发展起来，新加坡、中国香港作为国际金融中心的形成和发展，不仅促进了自身经济的发展，而且为其他发展中国家融通资金，为它们提供了大量的建设资金。70年代以后，广大发展中国家尤其是东南亚发展中国家正在兴建许多大型项目，着力加速建设社会基础设施，进一步发展民族经济，因而迫切需要借入一部分资金，以弥补本国建设资金的不足。在此情况下，新兴工业化国家（地区）特别是亚洲"四小龙"的金融市场，以其充裕的国际资金，满足了以亚太地区为主的发展中国家的资金需求。如新加坡、香港的亚洲美元市场、银团贷款、债券市场的80%资金提供给邻近的马来西亚、印尼、菲律宾等东南亚发展中国家，不仅为这些国家的经济部门、私营企业、跨国公司提供大量贷款，而且为造船、采矿、石油、汽车、化工、电力、交通等大型项目提供资金。1980—2014年，新兴工业化国家（地区）的股权和债权资产占GDP的比例从约5%上升到约40%，2009年之前的30年里，外汇储备与GDP比率的上升基本与其余对外证券资产的增长保持同步。1997—1998年亚洲金融危机后，东亚各经济体的外汇储备增长尤其显著。

新兴工业化国家（地区）对外资产增加的另一面就是资本流出总量规模逐渐扩大，发挥的作用越来越大。以中国为例，2014年12月29日，由中国外汇储备、中国投资有限责任公司、中国进出口银行、国家开发银行共同出资的"丝路基金有限责任公司"在北京注册成立。这是一个按照市场化、国际化、专业化原则设立的中长期开发投资基金，重点是在"一带一路"建设进程中寻找投资机会并提供相应的投融资服务，首期资本金达到100亿美元。

此后，由中国推动、主导的金砖国家新开发银行和亚洲基础设施投资银行又相继成立。其中，2015年7月21日在上海成立的金砖国家新开发银行，其主要目的就是为了简化金砖国家间的相互结算与贷款业务，从而减少对美元和欧元的依赖,构筑一个金砖国家共同的金融安全网,同时资助金砖国家以及其他发展中国家的基础设施建设。1 000亿美元初始资本,由中、俄、印、巴西和南非五个创始成员平均出资。亚洲基础设施投资银行(Asian Infrastructure Investment Bank,简称亚投行或AIIB)则是首个由中国倡议设立的多边金融机构,总部设在北京,法定资本1 000亿美元。作为一个具有政府间性质的亚洲区域多边开发机构,它的成立宗旨是为了促进亚洲区域的建设互联互通化和经济一体化的进程,并且加强中国及其他亚洲国家和地区的合作,支持基础设施建设。截至2020年7月,亚投行共有103个正式成员。

(2) 新兴工业化国家(地区)特别是快速发展中的东亚经济体生产国际化有了很大发展,通过扩大对外直接投资,促进了广大发展中国家产业结构的调整以及国际分工的发展,加强了南南经济合作。

从20世纪70年代开始,新兴工业化国家(地区)特别是亚洲"四小龙"由于国内(地区内)生产成本的上升,加上贸易保护主义升级和区域经济一体化的发展,形成了扩大对外直接投资的动机,要求将其劳动密集型产业向其他发展中国家转移。据统计,1982—1992年,亚洲"四小龙"仅对东南亚地区的直接投资就从28亿美元增加到902亿美元,其规模已远远超过日本(568亿美元)和美国(382亿美元),成为这一地区的外资最大提供者。亚洲"四小龙"处于亚太地区国际分工的第二层次,其日益扩大的对外直接投资,以及由此建立的国际分工,对目前仍处于国际分工低层次的广大发展中国家来说,可以促进这些国家的经济结构调整和产业结构升级,促使它们改变在国际分工中的被动状况,并使两者在垂直方向和水平方向的国际分工不断加深,使国际分工得到进一步发展。同时还值得注意的是,亚洲"四小龙"的对外直接投资基本上集中在其他发展中国家。它们不仅向合资企业派遣技术人员,负责技术指导,而且为合资企业培训熟练工人和技术人员。这在一定程度上减轻了其他发展中国家对发达国家技术上的依赖,推动了发展中国家和地区之间的技术交流和经济合作,有利于南南合作的进一步发展。

进入21世纪尤其是在2008年全球金融危机之后,这一生产国际化的趋势有了进一步的加强。2009—2013年,发展中经济体之间的外国直接投资存量由1.7万亿美元增加到2.9万亿美元,增加三分之二。目前,发展中经济体在全球外国直接投资流出量中所占比例已从2007年的13%增加到三分之一以上,新兴发展中经济体在全球20个最大投资经济体中大约占了

9个。2007—2012年,从金砖国家(主要是中国和印度两国)流入非洲国家的FDI增加了204%,同期从G7国家投向非洲的FDI仅仅是增加了11%。而之前2001—2006年G7在非洲的FDI存量是增加了90%,金砖国家则是下降了26%。中国2016年对外投资飙升44%,达到1 830亿美元,首次成为全球第二大对外投资国,比吸引外资多36%。中国还一跃成为最不发达国家的最大投资国,投资额是排名第二位的三倍。南亚的印度在外国直接投资流出量方面也增长迅速,印度汽车制造公司目前正在向印度以外扩张,将生产活动扩大到该区域的其他国家,包括孟加拉国和尼泊尔。可见,新兴工业化国家(地区)凭借其出色的潜在增长机会,长期成为世界最重要的国际直接投资接受地,同时也在不断扩大对外投资,这在亚洲新兴经济体身上表现尤其明显。

总之,二战后新兴工业化国家(地区)的经济实力和国际地位有了巨大提升,但问题和挑战同样是不容忽视的。尤其是2014年以来,一些新兴工业化国家(地区)的内在结构性问题日益突出,同时外部环境的剧烈波动也使新兴工业化国家(地区)的增长表现开始出现分化,其可持续的经济增长动力在一定程度上遭到质疑。当前,新兴工业化国家(地区)在制造业上总体呈现出较好的竞争优势,但在高端制造、技术创新、现代金融业等领域仍处弱势,尤其是内部制度环境,如产权保护、社会保障和贫富差距等也还有待健全改善。

基本概念

进口替代经济发展战略　出口导向经济发展战略　东亚模式　拉美模式　亚洲金融危机

思考题

1. 简述新兴工业化国家(地区)的基本经济特征。
2. 简述进口替代经济发展战略的双重作用。
3. 出口导向经济发展战略与进口替代经济发展战略相比有哪些区别?
4. 试从内部和外部两个方面谈谈你对亚洲金融危机爆发原因的看法。
5. 通过对新兴工业化国家(地区)金融危机的剖析,你认为其可以为发展中国家的经济发展提供哪些经验教训?

第十三章　成长中的市场经济国家
——发展中国家

世界银行最新标准将2015年人均国民收入低于1 026美元的国家定义为低收入国家，1 026～12 475美元的国家为中等收入国家(其中4 036～12 475美元的为中高收入，1 026～4 036美元的为中低收入)，12 475美元及以上的国家为高收入国家。中等收入和低收入国家通称为发展中国家，指原来经济落后、正处在由传统经济向现代化经济过渡的发展过程中的国家。世界上发展中国家有138个，大多分布在亚洲、非洲和拉丁美洲广大地区。这些国家正致力于发展民族经济，一方面努力发展生产力，以改变原来生产力水平低下的状况；另一方面由原来的自然经济向商品经济、市场经济过渡。发展中国家经济是世界经济的重要组成部分，其形成和发展改变了世界经济的格局，对世界经济的发展产生了巨大影响。

第一节　发展中国家的基本经济特征

要从众多的发展中国家中概括出共同之处是困难的。它们在自然条件、历史文化、经济发展、社会结构等方面都有不同的特点。但是，如果我们把发展中国家同发达市场经济国家相对比，仍可以找出它们与发达市场经济国家相区别的一些共同的基本特征。

一、生产力水平、劳动生产率和生活水平低

绝大多数发展中国家过去都是西方资本主义国家的殖民地，遭受了长期的殖民掠夺，经济基础十分薄弱，生产力发展的起点很低。获得民族独立

后,虽然经济增长的速度较快,但由于经济发展时间短,人口增长速度过快,受西方国家新殖民主义的剥削,以及发展战略上的偏差和政策上的失误,其生产力水平仍然很低。

根据世界银行 2016 年数据,尽管发展中国家拥有世界人口的 84.01%、世界土地总面积的 72.55%,却只拥有世界 GDP 的 35.89%。如果按人口平均,发展水平则更低,发展中国家 2016 年人均 GDP 为 4 444.60 美元,仅为发达国家的 10.83%。

发展中国家的生活水平也很低。表现为贫困比例大、卫生状况差和教育水平低。在许多发展中国家,占人口总数 10% 的富有者一般占有国民收入的 50% 左右,而占人口总数 40% 的贫困者只占有国民收入的 10% 左右。由于贫富两极分化,发展中国家穷人的生活困苦不堪。根据世界银行 2013 年数据,发展中国家中有 12.6% 的人每天支出在 1.9 美元以内,生活在绝对贫困水平上挣扎,一半以上的绝对贫困人口生活在撒哈拉以南非洲。

除了收入低外,发展中国家的许多人还经常与疾病和恶劣的卫生状况进行斗争。世界银行 2015 年数据显示,发展中国家平均寿命为 70.2 岁,低于发达国家平均寿命 80.70 岁,低收入国家仅为 62.1 岁。发展中国家 5 岁以下儿童的死亡率为 46.4/1 000,其中低收入国家高达 76.1/1 000,而发达国家仅为 5.5/1 000。虽然多数发展中国家教育开支占政府预算的比例较大,但与发达国家相比,文化教育水平仍低得惊人。例如,低收入国家的初等教育完成率仅为 65.9%,而发达国家达到 98.8%。

二、多元的社会经济形态

自然经济、市场经济在发展中国家同时并存。大体上,农村以自然经济形态为主,采用旧的生产方式,分散从事农业生产;沿海、城市和工矿区以市场经济形态为主,采用现代生产方式,集中从事工业生产。

发展中国家的广大农村,主要有四种不同的自然经济形态:① 个体制。大量的个体农民经营小块土地,技术落后,资金缺乏,抗灾能力弱,大多数在饥饿线上挣扎,只有极少数个体农民能富裕起来,向富农经济转化。② 部落、氏族制。在有些非洲国家,还存在着部落土地所有制。土地归部落或氏族公社所有,部落酋长或公社头人对土地有支配权。这些国家的农业生产水平尤其低下。③ 封建地主所有制。大量土地集中在少数地主手里,他们把土地分散租给无地、少地的农民耕种,通过分成制收取地租。佃农要把收获物的五至七成交给地主,受到沉重的剥削。④ 大庄园制。大庄园主占有大量土地,辟为农场或种植园,雇佣大批农业工人,工资极低。

发展中国家的市场经济成分按所有制分,有国有资本、本国私人资本和外国资本。许多发展中国家独立后都重视发展民族经济,限制外国资本,并对外国资本实行国有化方针,建立国有企业,掌握经济主权。国有资本作为推动本国经济发展的基本力量,为私人资本的发展提供基础设施和服务项目,为它们的顺利发展创造条件。但国有企业也存在效率不高、亏损严重的问题。发展中国家的民族资本,在国家独立后,得到迅速发展的机会,经过资本积聚和集中过程,有的私人资本已形成带有垄断性的少数大财团,在国民经济中占有重要地位,但大多数中小资本经济实力有限,发展比较缓慢。外国资本在发展中国家独立初期受到打击和限制,但仍在发展中国家的经济中占有重要地位。近年来,外国资本在发展中国家的投资和影响呈上升趋势。

随着经济的发展,商品经济、市场经济将日益取代自然经济,在发展中国家的社会经济中占据主导地位。

三、自然资源丰富,经济结构单一

亚非拉地区是世界许多重要工矿原料的生产和出口地区。这里的石油储量占世界储量的3/5以上,铜、锡、铝、锰、锌、钨、锑均占世界储量的50%以上,其他各种黑色金属、有色金属和稀有金属的矿藏也很丰富。此外,发展中国家也是一些重要农产品和经济作物的生产国和出口国。天然橡胶、黄麻、咖啡、可可、椰子、棕榈、茶叶、香蕉等产量一般占世界产量的60%~90%。丰富的自然资源为发展中国家发展本国经济和扩大出口提供了能源和原料。

然而,由于在殖民地时期,帝国主义为满足自己对廉价原料的需要,利用当地有利的自然条件和丰富的矿产资源,大量推广种植少数品种的经济作物或掠夺性地采掘当地富有的矿藏,使发展中国家经济成为畸形的单一经济。表现为:生产结构片面单一,大量生产某几种或一两种农、矿原料产品。产品主要供出口,在全国出口额中占很大比例,并成为国家收入的主要来源。发展中国家独立后虽然要求改变畸形发展的单一经济结构,但这种经济结构的改变不是短期内所能完成的,大多数发展中国家仍未摆脱对单一经济的依赖。

据世界银行统计,一些发展中国家对单一原材料的依赖性很强。例如俄罗斯、伊朗、尼日利亚和委内瑞拉等重要的石油出口国2013年石油及附属产品出口占出口总额的比例分别为54%、63%、94%和96%,国际油价下跌严重影响了石油出口国的国际竞争力。孟加拉国出口的黄麻原麻及制品在全球市场所占的份额分别为85%和65%。斯里兰卡以茶叶、橡胶、椰子及其制品为三大宗出口产品,每年都占出口总额的70%左右。摩洛哥是有名的"磷酸盐王国",磷酸盐储量居世界第一位,出口额占全国出口总额的55%,提供国家预算收入的40%。赞比亚号称"铜矿之国",铜矿区的工人占全国产业工人的20%,铜出口额约占全国出口总额90%以上。由于生产结构单一,这些国家常因国际市场贸易条件的恶化,农矿产品价格的下降而影响经济的稳定和发展。

四、严重的人口、粮食和债务问题

爆炸性的人口增长是发展中国家面临的严重问题。1970—1980年发展中国家人口的年平均增长率为2.5%,发达国家为0.8%,1980—1992年分别为1.9%和0.7%,1990—2016年发展中国家与发达国家年平均人口增长率分别为1.46%和0.68%。2016年,发展中国家人口总数为62.52亿人,发达国家人口总数为11.90亿人,发展中国家人口占世界人口总量的比重为84.01%,而这一比例在1990年为81.1%。1990—2016年,全世界新增人口为21.57亿人,其中91.07%出生在发展中国家。

今后几十年内发展中国家的人口规模还将迅速增长。过快膨胀的人口,对发展中国家社会经济带来了不利影响,阻碍了经济发展。首先是赡养负担加重。这意味着消费膨胀,储蓄和投资减少,从而抑制了经济增长。其次是失业。1980—2000年,全世界劳动人员由18亿增加为25亿,增加的7亿中6.6亿属于发展中国家。2016年,发展中国家失业率为5.6%。劳动力增加而资金、投资又不足,必然造成失业或半失业,这又会影响政局稳定。最后是人口增长抵消了经济增长,使人均实际福利水平提高缓慢,贫困阶层经济情况改善很小,出现了"富人财富越来越多,穷人孩子越来越多"的情况。

人口增长的同时,出现了粮食严重不足的困难。发展中国家20世纪60年代平均每年进口粮食2 000万吨,70年代初增加到5 500万吨,到80年代初,每年进口1亿吨粮食。特别困难的是非洲地区,70年代非洲谷物平均每年增长0.9%,而人口增长2.9%,人均粮食占有量下降。1994年,撒哈拉以南非洲仍有15个国家的粮食形势紧张,2 000万人处于饥荒之中。同时,发展中国家粮食产量也低于发达国家,2016年发达国家粮食产量为

5 919千克/公顷,发展中国家只有 3 395 千克/公顷,约为发达国家的一半,低收入国家粮食产量更低,仅为 1 486 千克/公顷。粮食问题是发展中国家特别是非洲国家经济发展的严重障碍之一。

发展中国家发展民族经济需要大量资金,只有一小部分资金来自国内的积累,大部分则来自发达国家的官方援助和各种私人贷款。20 世纪 70 年代中期以来,发展中国家债务有了很大增长,1976 年未偿付债务总额为 1 500亿美元,1983 年增加到 8 000 亿美元以上,1989 年底累积的债务已高达 13 000 亿美元。同时,世界市场初级产品价格下跌,加上西方国家采取贸易保护主义政策,使发展中国家贸易条件恶化,出口外汇收入减少,债务偿还困难。1982 年墨西哥宣布推迟还债,而后 30 多个发展中国家纷纷仿效,爆发了震惊国际社会的债务危机。尽管从 1985 年的"贝克计划"到 1989 年的"布雷迪计划"的各种措施、办法纷纷出台,某种程度上缓和了债务危机,但从根本上解决这一问题绝非易事。进入 21 世纪以来,发展中国家的债务负担不断增加。2008 年全球金融危机前发展中国家外债总量为 33 018.60 亿美元,2015 年增长至 66 693.67 亿美元,年均复合增速达到 9.19%,远超过 GDP 增速。巨额债务正成为发展中国家的沉重包袱,对经济发展极为不利。

第二节 发展中国家的市场经济

一、处于市场经济发展不同阶段的发展中国家

衡量市场经济的发展程度,大致可以采用以下几个指标:① 现代经济部门的发展情况。② 土地关系状况,即农业中商品经济因素的发展。③ 社会经济关系中雇佣劳动关系的比重。④ 对外经济联系的情况,主要是看按市场经济方式参加国际经济活动的情况。参照上述指标,可以认为发展中国家分别处于市场经济发展的三个阶段:市场经济已基本确立的阶段;市场经济占重要地位的阶段;市场经济刚起步的阶段。

1. **市场经济已基本确立的国家**

这类国家包括乌拉圭、智利、秘鲁、泰国、土耳其、科威特、沙特阿拉伯、阿曼、阿拉伯联合酋长国、卡塔尔、巴林等。发展中国家中的新兴工业化国家也应归入此类,但有自身显著的特点,本书前一章已专门叙述,这里就不

再讨论了。我国是社会主义国家,也是当今世界上最大的发展中国家,我们将在第五篇集中介绍,此处也不做讨论。

在市场经济已基本确立的国家,工业化已有相当进展,按资本主义生产方式组织起来的现代经济部门已在国民经济中占主导地位。这类国家以城市为依托的工业与服务业产值,在国内生产总值中已占90%左右,最高的几乎达100%(科威特、阿联酋等)。前资本主义土地占有关系已得到较彻底或重大的改造,在整个生产资料的社会占有关系中已退居次要地位。资本家和工人已成为社会的基本阶级,雇佣劳动者在总劳动人口中的比例超过60%。这些国家还以现代市场经济方式参与国际经济活动,出口中占主导的产品已是资本主义生产经营的结果,而且广泛参与了国际金融(对外投资、融资)、保险、航运、通信、技术输出等活动。

这类国家市场经济的发展与运行特点如下。

(1) 市场经济的形成和发展,以渐进和突变两种方式完成。拉美国家主要是渐进方式。19世纪初叶,这些国家独立后,就开始了其市场经济漫长的形成和发展过程。经过长期的演变尤其是50年代以来的工业化,市场经济才在社会经济中占据统治地位。东亚诸国和石油生产国则采取突变方式,它们独立较晚,一般在20世纪50—60年代。独立后凭借经济的迅速演变、工业化的迅速展开和完成,或凭借迅速发展的石油工业,在短时期内完成了对前资本主义经济的改造和社会结构的重新构造,使市场经济得以确立。

(2) 民族资本主义力量比较强大,生产和资本的集中发展到较高程度。拉美国家民族资本已占采掘业的90%、制造业的70%和服务业的绝大部分。石油生产国国民经济的基础——石油工业,基本上都已为民族资本所掌握。这类国家中的民族资本主义经济包括国家资本主义和私人资本主义两种经济。生产和资本也日益集中。早在20世纪70年代,巴西302个主要工业行业中的176个是由4家大公司控制的。阿根廷占企业总数0.83%的大公司,集中了53.2%的工业产值。80年代初,拉美50家最大银行的资产为2 471亿美元,占拉美500家大银行总资产的63%;2015年巴西的金融机构占到整个拉美地区的2/3,金融机构的相对集中也降低了拉美金融机构抵御金融风险的能力。

(3) 民族资本与外国资本在国内外交错运行。目前发展中国家引进外国投资和借外债最多的是这类国家,而发展中国家中对外投资最多的也是这类国家,而且,它们有相当一部分资本是投向发达国家的。拉美国家对美国的直接投资已逾百亿美元,而海湾国家则有几千亿美元投资于发达国家的货币市场、外汇市场、资本市场、房地产市场等。

2. 市场经济占重要地位的国家

这类国家主要包括:印度、埃及、巴基斯坦、伊拉克、马来西亚、菲律宾、约旦、突尼斯、摩洛哥、玻利维亚、印度尼西亚、叙利亚、斯里兰卡、利比里亚等。

这些国家的工业化得到一定程度的发展,现代经济部门在国民经济中已占重要地位。这类国家的工业与服务业一般已占国内生产总值的70%~75%。但在工业和服务业中,有相当大的一部分属于非现代经济部门。有的国家手工业、个体服务业、个体摊贩、家庭佣工等"城市非正式部门"经济,占其城市经济的比重高达40%~50%。农业在国内生产总值中一般占25%~30%,农业就业人口则占就业总人口的60%~70%。农村的前资本主义土地关系已经得到一定的改造,但个体制、地主制仍占主导地位。城市化有一定程度的发展,但城市人口仅占总人口的25%~45%。多数人口还生活在传统的社会关系之下,雇佣劳动者的比例占劳动者总数的50%以下。与国际经济有一定联系,但不能完全与国际经济接轨。出口结构中,农矿初级产品还占相当大比重。对国际投资与融资、技术输出、国际航运与保险等的参与则量少、程度低。

这类国家市场经济的发展与运行特点是:

(1) 按照渐进方式,市场经济已经进入了相对稳定的发展与运行轨道。印度、埃及、玻利维亚、巴拉圭、阿尔及利亚、马来西亚等国市场经济的发展已有较长的历史,目前已脱离市场经济的形成阶段,进入相对稳定的发展阶段。一方面,这类国家的资产阶级基本上掌握了国民经济发展的领导权,为资本主义经济发展创造了有利条件;另一方面,私人民族资本主义经济已积蓄了相当力量,具备了自我发展的能力。2016年,印度的塔塔集团总资产已达140亿美元。巴基斯坦22家财团就拥有全国工业资产的2/3、银行存款的80%和保险基金的79%。

(2) 国有资产和外国资本在经济发展中作用显著。这类国家一般都凭借政权的力量,以没收、参股等形式,将控制国民经济命脉的外国资本主义经济强行转变为民族资本主义经济,同时,依靠财政力量,大举投资,使国有经济获得较大的发展,国有经济的产值占国内生产总值的15%~35%。与此同时,这类国家实施对外开放政策,外国资本也一直占有相当重要的地位。

(3) 经济的二元结构比较明显。以市场经济为主体的城市、沿海经济和以自然经济为主体的农村经济之间，在各自的发展和运行中，发生了较大的摩擦和冲突。自然经济和低劳动生产率使农村的需求增长有限，对工业经济的发展起到明显的限制作用。

(4) 在资本主义经济运行中，带有明显的封建色彩。家长制、独裁作风、等级观念等封建主义文化因素有很深影响，甚至连垄断企业也不例外。封建势力在政府中也有相当影响。

3. 市场经济处于起步阶段的国家

这样的国家包括：阿富汗、孟加拉国、不丹、尼泊尔、马尔代夫、也门、布基纳法索、布隆迪、中非共和国、乍得、赤道几内亚、卢旺达、塞拉利昂、索马里、乌干达、海地、萨摩亚等。

这类国家的现代经济部门尚弱小，在国民经济结构中处于从属或依附地位。在这类国家的国内生产总值中，工业与服务业所占比重为60%左右。其中与资本主义生产经营方式有较多联系的工业占20%（制造业仅15%）。而这些国家的制造业，基本上是对农矿原料进行初级加工和对进口设备、汽车进行维修或装配，企业规模十分有限，技术水平极为低下，其中相当大的比重还是手工作坊或半手工作坊。这类国家的现代经济部门，基本上还处于形成过程之中。农村的前资本主义土地关系还未得到改造，仍占绝对统治地位。有些国家部落、氏族所有制还很流行。城市化的进程才刚刚开始，还保留着完整的农业社会结构。劳动人口中80%以上从事农业生产，而且主要是自给性的粮食生产。雇佣劳动关系在整个社会经济关系中还很微弱。这类国家的经济基本上是自然经济或半自然经济，因而参与世界经济活动十分有限，仅限于出口一些农矿初级产品。

市场经济处于起步阶段的国家经济发展与运行特征是：

(1) 市场经济正处在缓慢发生或成长的过程之中。这类国家的经济增长率和发展水平极低，难以为资本主义经济的形成提供必要条件和有力的推动。在这些国家中，往往连最基本的生活需要都无法保障，粮食的人均占有量呈下降趋势，贫困的现实抑制了国内商品经济、市场经济的成长。

(2) 外资对其经济具有支配性影响。由于经济发展水平很低，因而储蓄极为有限，国内资金形成能力也非常有限，市场经济的成长和国民经济的运行不得不主要依靠外资。目前，这些国家的现代经济部门中很大一部分为外资所控制。

(3) 缺乏市场经济运行的条件。自然经济在这些国家根深蒂固,劳动生产率的低下又使社会所能提供的商品十分有限,商品货币关系难以发展起来,有的国家甚至不发行自己的货币,这使市场经济缺乏赖以发展和运行的基础。交通闭塞、通信不灵、资源状况不明、合格劳动力短缺,都使这些国家的市场经济难以形成和发展。

(4) 前资本主义的上层建筑也严重阻碍着商品经济、市场经济的发展。其上层建筑方面也面临着前资本主义政治力量、传统社会力量、封建主义思想意识等严重障碍。国家政权一般都由资产阶级与地主阶级、酋长集团联合组成。这些因素阻碍了资本主义商品经济的发展和运行。

(5) 经济带有严重的殖民地、半殖民地特征。这些国家主要生产外国资本所需要的农矿原料或为便利其出口而对原料进行必要的初级加工。它们的经济往往与原宗主国仍保持着紧密的特殊联系。

二、发展中国家经济中的国家干预与市场调节

不同的发展中国家在经济发展的不同阶段,对于国家干预与市场调节孰优孰劣、孰轻孰重有不同的认识和选择。

在第二次世界大战后的最初二三十年,多数发展中国家把发展计划、国家干预当作发展经济最直接、最可靠的办法。虽然中央计划和国家干预在经济发展初期取得一定成效,但随着时间的推移,也日益暴露出自身的弊端。20世纪70年代起,越来越多的发展中国家实行一种更为自由的市场导向的经济体制,强调增加市场机制的作用,以此作为促进生产效率进一步提高和加快经济增长的主要手段。有些国家成效显著,经济增长较快;而有些国家则生产停滞不前,失业率上升,收入分配状况持续恶化。在经济发展的实践中,各国逐渐认识到:没有一个政府完全依赖集中计划,也没有一个政府完全依赖市场。市场机制应不断扩展、完善,在资源配置中起决定作用。但市场机制无论在何种情况下都难以做到尽善尽美,因而有必要发挥政府的作用,以便适度地干预经济。

发展中国家政府主要是通过制定经济计划、建立国有企业、运用财政政策和货币政策来干预经济的。

(1) 制定经济计划。独立后,大多数发展中国家都建立了经济计划机构和管理机构,制定了中长期国民经济计划,以协调各部门和地区间的经济发展。特别是许多国家独立后,从本国具体情况出发,实施了相应的经济战略

和经济政策,以实现国家的工业化,改变畸形落后的经济结构。例如,一些过去主要生产和出口初级产品,工业基础十分薄弱的国家,首先发展满足国内需要的轻纺工业和初级产品的加工工业,以减少国外日用消费品的进口,并增加出口的附加值。一些在二战前已经建立一定轻工业基础的国家,则努力发展重工业,特别是基础工业。许多国家还通过经济计划和经济政策,协调国民经济各个部门的均衡发展,促进落后地区和边缘地区的经济繁荣。印度从1951年开始执行五年计划,在第二到第三个五年计划期间,强调优先发展重工业,在重工业和基础工业部门建立了一批大型的国有企业,建立了比较齐全的工业体系,为印度的工业化奠定了良好的基础。自第四个五年计划以后,进行了调整,加强了农业、轻工业和中小企业的发展,国民经济实现了比较稳定的增长,农业也有较大改善,工业结构调整初见成效。2011年,印度公布了2012—2017年第十二个五年计划,将年度GDP增长目标定在8%。

(2) 建立国有企业。国有企业在发展中国家十分普遍,它是发展中国家政府干预经济的一种特殊方式。几十年来,发展中国家国有企业的规模和数目都在迅速扩大。国有企业从公共事业、运输业和通信业扩展到大型制造业、建筑、金融、服务、自然资源、农业等各部门。在某些国家的有些行业,它们甚至占据支配地位。例如,塞内加尔、坦桑尼亚、孟加拉国、印度和尼加拉瓜的国有企业生产了自然资源开发部门75%以上的产品;在突尼斯、埃及、叙利亚、埃塞俄比亚等国,制造业中60%的增加值是由国有企业创造的。

总的来说,国有企业在发展中国家经济中发挥了重要作用。它们奠定了发展中国家工业化的基础,为发展中国家其他经济成分的发展创造了条件。国有企业的产值占国内生产总值的7%~15%,在有些国家高达40%。国有企业掌握了本国的经济命脉,对经济和政治自立有重要意义。同时,国有企业在资本形成、创造就业机会、平衡地区间经济发展、贯彻政府发展战略等方面有重要作用。但是,国有企业也带来许多问题,如亏损严重、占用大量政府投资和社会资源、效率低下等。现在,有的发展中国家在推进国有企业私有化进程,有的在进行国有企业改革,把经营决策权交给企业,力争摆脱国有企业的困境。

(3) 财政政策。发展中国家的财政政策包括税收政策和支出政策两个部分。税收政策是实现经济目标的有力工具之一。发展中国家的税收水平有上升的趋势,2016年中央政府收入在国内生产总值中所占份额为12.33%。合理地运用税收政策,可以为公共投资筹集充足的资金,可以刺激私人企业把更多的收入用于投资,可以促进社会公平。发展中国家还往往利用税收政策来影响私人资本国际流动,吸引外资。税收政策对国内私人资本的流向影响也很大,用税收刺激引导私人资本投资到优先发展的产业和经济落后的地区。当然,发展中国家还存在着税收结构不合理、税收管理差、征税效率低下、逃税现象严重等亟待解决的问题。

发展中国家的政府支出由消费支出和资本支出两部分组成。政府消费支出也叫经常性支出,包括政府雇员工资、非生产性购买、军事费用、利息支付和各种补贴。政府资本支出又叫公共投资,可细分为社会投资(科技、文化、教育、卫生)、基础设施投资和直接投资(创办国有企业)。例如,2013年发展中国家政府投资于教育的财政收入占GDP比重约为4.1%,2015年发展中国家投资于科学技术领域的财政收入占GDP比重为1.49%。这些公共投资有助于增强一国的生产能力和生产潜力,有利于经济增长。由于发展中国家市场制度不完善,各方面的基础十分薄弱,公共投资对经济增长、社会进步的促进作用更为显著。对于实现收入分配公平的目标,政府支出政策也比税收政策更有效,因为预算支出中很大一部分被转移给低收入家庭。

发展中国家政府支出政策的另一个目标是稳定经济。发展中国家政府在经济中担负重要责任,公共投资支出和经常性消费支出常常大于政府税收收入,从而产生财政赤字,赤字的存在又对通货膨胀产生巨大压力。2016年,发展中国家平均通胀率为3.52%,高于发达国家的平均通胀率0.4%。从这种意义上说,政府支出政策在抑制和消除通货膨胀方面能起到重要作用。这就要求发展中国家在面临通胀压力时压缩政府支出,尤其是非生产性的消费支出。

(4)货币政策。发展中国家货币政策的目标是促进经济增长和物价稳定。但在货币政策运用中存在一些问题。

首先,货币数量和利率水平不易灵活调节。大多数发展中国家的金融机构组织上缺乏严密性,经济上缺乏独立性,地区上缺乏统一性。而且,多数发展中国家的货币金融体系具有二元性。一方面,存在着范围不大、受国外势力控制、为少数外国或本国的现代化企业服务的有组织的货币金融市场;另一方面,存在着范围较大、无组织、不受控制的、以低收入阶层为贷款对象的货币金融市场。这种二元的金融体系是发展中国家经济二元结构的一种表现。在这种不发达的金融体制中,发展中国家政府很难通过货币供给量和利率的调节来促进经济发展和抑制通货膨胀。所以,发展中国家通常会面临一定的通胀压力。

其次,即使能够调节货币供应量和利率,对生产和投资也无明显的积极影响。因为在大多数发展中国家,私人投资决策对利率和需求变动的敏感性很差。当货币供给增加、利率下降时,生产者不会相应地扩大投资。这是因为发展中国家的供给缺乏弹性,各种供给瓶颈现象阻碍了生产规模的扩大。这些供给瓶颈包括管理水平低,官僚机构的惰性,交通、通信设施不完善,中间产品供给不足,进口许可证限制,市场分割,信息不灵等。这样,在发展中国家,货币的增加、利率的下降,非但不会增加投资和生产,反而会诱发或加剧通货膨胀。

随着经济的发展,金融深化问题引起了各国的注意。金融深化,简言之,就是让金融在经济中发挥更重要的甚至是关键的作用。金融深化既是经济发展的结果,又能积极地促进经济发展。这是因为:① 银行系统规模的扩大增强了国民储蓄和投资能力。② 银行流动资产规模的增长促进储蓄配置效率的提高,使储蓄得到最优配置,投资到最有生产性的项目上。③ 流动资产相对于国内生产总值比例的上升有利于就业和经济稳定。在金融深化过程中,利率必须保持在较高的水平上。利率较高,企业就愿多雇用工人而少投资于昂贵的设备,提高了就业机会。高利率也会抑制消费需求、减少投资,对通货膨胀有相当大的抑制作用。随着金融深化的发展,金融机构日益健全,货币政策工具也日渐具备,而企业和个人与金融的关系日益密不可分,发展中国家正逐步培养出货币政策发挥作用的环境,货币政策正对发展中国家的经济增长和经济稳定发挥越来越大的作用。根据世界银行数据,发展中国家15岁以上人口中拥有银行账户的比重从2011年的46.2%增长至2014年的57.57%;发展中国家每十万人中拥有的商业银行网点数量由2004年的4.79个增长至2015年的8.65个。这说明发展中国家金融深化的步伐在逐渐加速。

总之,发展中国家政府对经济生活进行积极干预,不仅作为经济活动的参与者,而且作为直接管理者,这是欧美发达国家工业化时期所少见的。这既带有时代特点,又是发展中国家具体情况所要求的。发展中国家应扬长避短,发挥国家干预对经济发展的促进作用,避免其消极作用。

三、发展中国家市场经济发展战略的调整

各发展中国家正处在由自然经济和不发达的商品经济向发达的商品

经济、市场经济过渡的进程中。怎样实现和加快这一过渡呢？发展中国家首先选择了工业化的发展战略。因为发展中国家经济落后、工业基础薄弱，只有实现工业化，确立现代经济部门在经济中的主导地位，才能具备向市场经济过渡的首要条件。工业化战略主要有：初级产品出口鼓励、进口替代和出口替代。20世纪70年代以后，鉴于发展中国家经济发展实践中产生的问题，各国又对经济发展战略进行了一定调整，注重社会经济的综合发展。

一些过去以进口替代为主的国家，如印度、印度尼西亚、乌拉圭和智利等，都加强了鼓励出口的工作，积极发展对外贸易和劳务出口。一些过去以面向出口为主的国家，如泰国、科特迪瓦等，也都开始重视加强国内的进口替代，但这种进口替代和过去的进口替代有所不同，它是和加强对外出口结合起来的，还包括在粮食、能源方面争取实现自力更生。

初级产品出口鼓励战略、进口替代战略和出口导向战略都以经济增长和国家工业化为目标，属"赶超型"发展战略。20世纪60年代中期以后，国际上对发展的概念开始有新的认识，认为经济增长只是发展的一部分内容，发展要比增长的含义更为广泛，还应包括社会政治进步和相互协调，由此获得的发展才是真正有意义的发展。与发展观念的变革相联系，社会经济综合发展战略受到广泛重视。

进入21世纪以来，各发展中国家在其实施的战略和经济计划中，开始注意把经济增长与社会发展协调起来。首先，改善收入分配的不平等现象，使贫困人口得到经济增长的一些实惠。其次，提高贫困人口的劳动生产力，积极开发国家的落后地区。最后，积极开发人力资源，在教育、卫生、营养和节制生育等方面为贫困人民提供方便，并通过人口素质的提高来提高劳动生产率，促进经济发展。

第三节　发展中国家经济在世界经济中的地位

一、发展中国家的经济地位日益重要

过去，发展中国家多为殖民地、半殖民地国家，在世界经济中处于完全的依附和从属地位。随着发展中国家的独立及其经济的发展，它们在世界经济中的地位日益重要。

第一，发展中国家独立后在经济上拥有自己的主权，从根本上改变了受剥削、受压迫的地位。发展中国家作为世界经济中的新生力量，改变了世界经济格局。

第二，几项主要经济指标的变化可反映出发展中国家在世界经济中的地位逐步提高。发展中国家国内生产总值在世界生产总值中的比重，20世纪60年代初为14.5%，70年代初为15.9%，80年代初为21.5%，2016年增长至35.89%。1955年发展中国家的出口中，工业制成品仅占5%，1993年已占60%，2000年这一比例为62.91%，2015年发展中国家出口中工业制成品的比例达到65.88%。同时，发展中国家出口的科技含量也有所提升，发展中国家在所有工业制成品中，高科技出口占比由1994年的12.47%增长至2015年的18.51%。发展中国家经济增长速度也超过了发达资本主义国家。在1965—1980年以及1980—1986年，发展中国家国内生产总值年均增长率分别为6.1%和3.8%，高于发达国家同期的3.6%和2.5%。2000年之后，发展中国家经济增速继续高于发达国家。2007年发展中国家与发达国家平均经济增速分别为8.8%和2.6%，2016年分别为3.9%和1.7%。

第三，发达市场经济国家对发展中国家在经济上也有很大依赖性。在能源方面，西方发达国家消费的石油3/4依靠从发展中国家进口。在农、矿原料方面，日本、西欧国家许多矿产原料的90%靠进口，其中大部分来自发展中国家。发展中国家仍是发达国家重要的商品销售市场。美国、日本出口产品的1/3以上，德、法、英、意出口产品的1/5以上，是销往发展中国家的。这表明发展中国家对发达国家经济的发展起着不可忽视的作用。

二、发展中国家经济相对于发达国家仍处于依附、从属地位

由于发达国家对发展中国家推行新殖民主义，加上发展中国家自身在发展民族经济过程中发生的失误、偏差和问题，目前发展中国家与发达国家相比，实力相差悬殊。尤其在人均国内生产总值上，差距更为悬殊。由于发展中国家人口剧增，从20世纪50年代至80年代，这一差距一直在拉大，直到90年代，这一差距才开始缩小。当前，发展中国家在经济实力、工业化水平、劳动生产率、技术水平、生活水平、教育文化卫生水平等各方面都远远赶不上发达国家。

在现存的国际分工中，发展中国家实际上仍然处在原料供应地、商品销

售市场和最有利的投资场所的地位。发达国家通过多边或双边的援助、官方或私人机构的贷款、跨国公司的直接投资、国际贸易、技术控制和技术转让等渠道,剥削和控制发展中国家。发展中国家为了改变旧的、不合理的世界经济秩序进行了长期的斗争,但收效并不大,现行的国际经济秩序仍以发达国家为中心。

三、发展中国家未来经济展望

20世纪90年代,发展中国家经济进入持续增长的新阶段。1991—1994年的增长速度,不仅超过了自己80年代后4年的增长速度,而且大大超过发达国家90年代头4年的经济增长率。详见表13-1所示。

表13-1 1987—1994年各国经济增长率(%)

	1987—1990	1991	1992	1993	1994	1991—1994
世　　界	3.5	0.7	1.8	2.3	3.1	2.4
发达国家	3.3	0.6	1.6	1.3	2.7	1.5
发展中国家	4.7	4.4	5.9	6.1	5.6	5.5
非　　洲	2.7	1.5	0.4	0.8	3.3	1.5
亚　　洲	7.0	6.1	8.1	8.5	8.0	7.7
中东与欧洲	3.5	1.9	7.5	4.8	1.4	3.9
拉丁美洲	1.6	3.3	2.5	3.4	3.0	3.0

资料来源:根据国际货币基金组织《世界经济展望》材料计算。
注:表中"中东与欧洲"不包括苏联和东欧。

德国《世界报》报道,发展中国家的生产在1989—1994年实际增长28%,其中亚洲国家增长41%,而发达国家只增长8%。更有意义的是,发展中国家人均产值同期年均增长3%以上,而发达国家还不到1%。国际货币基金组织认为,近几年发达国家处于衰退之中,世界经济增长在很大程度上是发展中国家推动的。

20世纪90年代发展中国家经济进入新的持续增长期,原因是多方面的。首先,80年代以来发展中国家的经济调整与改革,加强了自身的经济活力,为促进对外合作奠定了基础。其次,90年代国际资金流向变动为发展中国家大量引进外资提供了有利机遇。再次,区域经济合作日趋加强,区内贸易和投资迅速增长,带动了经济增长。最后,内需旺盛。90年代发展中国家建筑业的发展及电站、公路、机场、海港等基础设施的建设十分兴旺,加上人均收入增长后日益繁荣的消费品市场所提供的巨大需求,都刺激了经济发展。

2008年全球金融危机之后,发展中国家继续保持较高的经济增速。2008年发展中国家经济增速为5.7%,远高于发达国家的0.3%,成为世界经济增长的主要动力。2016年发展中国家经济增速为3.9%,发达国家经历了金融危机后的复苏,经济增速达到1.7%。发展中国家中较为强劲的增长动力主要来自东亚与太平洋、中东与北非,2016年地区经济增速分别为4.1%和3.3%,拉丁美洲与撒哈拉以南非洲经济增速较低。

表13-2 2008—2016年各国经济增长率(%)

	2008	2009	2010	2011	2012	2013	2014	2015	2016
世界	1.8	−1.7	4.3	3.2	2.4	2.6	2.8	2.7	2.4
发达国家	0.3	−3.4	2.9	1.8	1.2	1.4	1.9	2.2	1.7
发展中国家	5.7	2.4	7.5	6.1	5	5.1	4.6	3.8	3.9
撒哈拉以南非洲	5.4	2.9	5.4	4.4	3.8	4.8	4.6	3	1.2
东亚与大洋洲	3.5	1.3	7.1	4.6	4.7	4.8	4.1	4.1	4.1
中东与北非	4.7	0.7	5.2	3.9	2.9	2.8	3.2	2.6	3.3
拉丁美洲	4	−1.7	5.8	4.4	2.8	2.8	1.3	−0.2	−0.7

资料来源:根据国际货币基金组织《世界经济展望》与世界银行数据库材料计算。

但发展中国家在经济较快增长的同时也面临相当严重的可持续发展问题。第一,土壤严重退化。据联合国环境规划署报告,全球土壤退化的四分之三发生在发展中国家。土地退化很大程度是因使用不当和种植结构不合理所致,例如在亚洲和非洲由于无控制地抽取地下水,蓄水层水量减少,地下水位下降,使一些牧场和耕地荒芜;在北非和中东的干旱地区,以及南亚、东亚和拉美的部分地区,土壤风蚀尤为严重。第二,森林面积锐减。发展中国家森林占国土面积的比重由1990年的33.02%下降至2016年的31%,森林损毁最为严重的是美洲和非洲。第三,水资源短缺与污染。一个国家如果平均每人每年供水不足1000立方米即为缺水国家。目前世界上有80

个国家(约20亿人口)正面临淡水资源不足,34个国家的3亿多人生活在缺水状态中。第四,人口压力巨大。人口增长是生态环境恶化的重要因素之一,从而使可持续发展问题更加严重。

从国际合作领域看,发展中国家面临的合作机会分为南北对话与南南合作。南北对话是指发展中国家与发达国家就改革不合理的国际经济秩序和推动双方合作进行谈判,但受制于发达国家的利益分配,南北对话无疑是一个长期的、艰苦的过程。南南合作指发展中国家之间的经济合作,这是在平等互利基础上为谋求共同发展的一种新型的国际关系,基础目标是:促进集体自力更生,发展民族经济;协调立场,加强南北对话中的谈判能力,推动建立新的国际经济秩序。

西方一些经济学家预测,发展中国家的经济发展前景是广阔的,发展速度将在较长时期内高于发达国家,与发达国家的差距将会逐步缩小。同时,他们认为,到21世纪20年代,东亚、拉美一些发展迅速的发展中国家将进入发达国家行列。当然,发展中国家在未来还会遇到资金、能源、技术、人才等诸多困难,发展的道路不会是一帆风顺的。

基本概念

自然经济形态　单一经济结构　二元经济结构

思考题

1. 简述发展中国家的基本经济特征。
2. 衡量发展中国家市场经济的发展程度主要采用哪些指标?
3. 分别论述发展中国家所处的市场经济发展阶段及运行特点。
4. 简述发展中国家干预经济的主要手段。

第十四章　向市场经济过渡的国家
——俄罗斯、东欧和中亚国家

　　向市场经济过渡的国家,是指原实行高度集中的计划经济管理体制,现正在向市场经济转轨的国家,主要是俄罗斯、东欧和中亚国家。苏联和南斯拉夫的解体,捷克和斯洛伐克的分裂,使这一类型国家的数量骤然增加。现包括俄罗斯、乌克兰、白俄罗斯等15个原苏联加盟共和国,以及波兰、捷克、斯洛伐克、匈牙利、保加利亚、罗马尼亚等中东欧12个国家。中国、越南等国也正在向市场经济过渡,也属于此类国家,但本书将另辟章节加以讨论。在这些转型国家中,中东欧12国已加入欧盟,将按欧盟的标准发展本国的市场经济,其他国家在经历了由"华盛顿共识"向"后华盛顿共识"的转变之后,有的正在建立和完善市场经济所需的各项具体制度,有的正在对经济结构进行改革。

　　俄罗斯、东欧和中亚国家总面积为2 356.9万平方千米,人口约3.9亿。俄罗斯的领土面积最大,达1 707.5万平方千米,居世界第一,人口为1.46亿。东欧各国的面积和人口在欧洲居中等地位。这些国家自然资源状况差异较大。俄罗斯的自然资源最为丰富,它拥有的煤、铁、石油、天然气及稀有金属矿藏的探明储量均居世界前列。波兰和罗马尼亚次之,它们的矿产资源、水利资源和植物资源都是比较丰富的。匈牙利、保加利亚、捷克和斯洛伐克较差。

　　苏联在20世纪30年代逐步形成了高度集中的计划经济管理体制,二战后东欧各国完全照搬,这种体制虽曾起过一定的积极作用,但又存在着十分严重的弊病,这种弊病成了二战后特别是20世纪60年代以来阻碍其经济发展的因素。20世纪60年代中期开始,苏联和东欧各国陆续启动经济体制改革,但收效不大;七八十年代改革继续进行,但遇到种种矛盾和困难;90年代初,它们相继提出向市场经济过渡的构思并开始付诸实施。

第一节 传统经济管理体制的形成与发展

一、传统经济管理体制的特点

十月社会主义革命胜利后,苏联根据自己对马克思列宁主义经典作家关于社会主义经济制度模式的理解,以及从社会主义经济性质出发,逐渐建立了比较完整的苏联式的社会主义经济管理体制,我们称之为传统管理体制,亦即"斯大林模式"。

建成于20世纪20年代末和30年代初的苏联经济管理体制有三个特点。第一,作为生产资料的所有者,国家机关代表整个国家行使经济管理的权力,直接管理全国宏观和微观经济运行。企业仅仅是国家机关的附属物,没有经营自主权,只能根据国家的计划完成有关工作。企业干好干坏一个样,没有自身的经济利益,也不负担任何经济责任。第二,在社会主义没有商品生产和商品交换思想的指导下,在日常经济生活中拒绝市场机制的调节作用,整个国民经济的运行以及企业的具体经营活动都听从国家的指令性计划指挥。第三,在否定经济生活中商品货币关系和否定企业具有相对独立的经济利益的前提下,忽视各种经济杠杆的调节作用,主要按行政隶属关系,运用行政命令,通过行政干预管理整个国民经济。这种经济管理体制曾被认为是社会主义经济体制唯一正确的模式。20世纪40年代以后,东欧各国均仿照这个模式建立了经济管理体制,在以后的几十年时间里,它们未对这个体制进行重大的变革。

二、传统经济管理体制的历史贡献

十月革命前,沙皇俄国的经济发展水平比发达资本主义国家落后50~100年,直到1913年,还是一个落后的农业国。十月革命胜利后,特别自1926年起,苏联开始了轰轰烈烈的社会主义工业化和社会主义改造运动,整个国民经济尤其是重工业以超前速度向前发展。

从十月革命胜利到第二次世界大战前这段时间里,苏联建立了飞机、汽车、拖拉机、仪表和新兴化学工业等部门,实现了国家的工业化,一跃成为世界第二大工业强国。经济的迅速发展,增强了苏联的经济实力和国防能力,提高了人民的生活水平,也为苏联逐步建立起来的经济管理体制给予了充分的肯定。

第二次世界大战给苏联带来了巨大的损失。整个国民经济严重衰退,国民经济主要指标急剧下降,战争使工业的发展至少延误了8～9年的时间。战后,从1946年开始,苏联进入国民经济的恢复和发展的和平时期。经过一个短时间的调整,生产很快得到了恢复和发展。在此期间,高度集中的计划经济管理体制发挥了重要作用,体制本身也得到了进一步加强。

东欧各国建立的高度集中的计划经济管理体制对战后初期经济的恢复和逐步使其经济走上有计划按比例的发展道路无疑也起了一定的积极作用。

20世纪40年代中期至50年代中期,苏联和东欧各国经济发展之所以比较快,主要是因为其拥有丰富的自然资源,为经济的迅速发展提供了必要的物质基础。而且,苏联和东欧各国一直把重工业作为投资重点,长期保持较高的积累率。另外,重视科学技术进步,保证足够的科研经费,重视智力开发,坚持培养多层次的技术人才,这些因素对经济的发展也起了重要的作用。

应该说,传统的经济管理体制基本上适应了苏联和东欧各国50年代中期前的社会生产力的发展水平。在物质技术基础刚刚建立、生产力发展水平不高的情况下,这种经济管理体制有利于集中使用有限的资源,确保战略任务的完成;有利于调整国民经济结构和生产力布局,进行最必要的经济建设;有利于以部门为主,并在部门内实行统一的经济政策,促进专业化发展。因此,这种经济管理体制对苏联和东欧国家的经济发展起过积极作用。

三、传统经济管理体制的弊端

从20世纪20年代末实行第一个五年计划以来,苏联传统经济管理体制始终坚持指令性计划形式。尽管指令性计划在苏联和东欧各国历史上曾经起过积极的作用,但它的严重弊端在于,与社会化大生产的某些客观要求不相适应,不能充分地反映社会化大生产的客观要求,必然给苏联和东欧国家整个国民经济带来十分不利的影响。例如:过于集中的计划不能反映市场需求变化,使国民经济各部门之间难以保持平衡;过于集中的计划压制了企业的生产积极性和主动性,限制了企业改进生产经营的可能性;过于集中的计划往往脱离实际,而企业只能单纯完成计划任务。

传统经济管理体制下的价格管理体制、财政信贷体制、物资供应体制都存在着严重弊端。例如,在价格管理体制中,许多产品的价格没有反映生产和销售的社会必要消耗费用,没有全面考虑产品的使用性能和质量,不能调节供需平衡。同时,价格的制定过多地实行集中定价,不利于调动企业的生产积极性、提高产品质量、改进产品的性能和效用。

在财政信贷体制中,中央财权过大,地方财权过小;企业所获利润全部上缴,企业所需资金又由国家财政无偿拨给,财政拨款和企业经营状况毫无联系,而信贷只是财政的附属物;银行经常毫无根据地向企业提供贷款。

在物资供应体制中,物资绝大部分由国家统一限额分配和调拨,不能保证生产与需要的必要平衡,企业又不能自行选择供货伙伴和供货方式,企业之间的长期直接经济联系得不到广泛采用。

传统经济管理体制坚持发展两种所有制形式,即全民所有制和集体所有制,过早地取消多种经济成分,急于建成单一的公有制形式。这种超越生产力发展水平的单一的所有制结构,脱离了苏联和东欧国家发展的历史阶段,严重阻碍了整个国民经济的顺利发展。

简言之,传统经济管理体制主要存在着下列严重的缺陷:第一,国家通过指令性计划对经济管理过于集中,统得太死,企业生产经营的积极性和主动性难以发挥;第二,忽视市场机制和经济杠杆的作用,严重阻碍经济效率的提高,造成巨大浪费;第三,几乎单一的所有制形式同生产力发展不平衡所要求建立的多层次经济结构相矛盾。

苏联和东欧各国在经济发展的实践中,深感这种僵化的经济管理体制已经不能适应经济日益发展的需要,尤其在现代科学技术不断进步的时代,社会分工越来越细,企业之间联系日益密切,信息越来越多,如果墨守陈旧的经济管理体制,企业仍旧缺乏灵活反应能力,整个国家就会失去许多发展的良机。

所以,苏联和东欧国家面临着改革经济管理体制的艰巨任务。

第二节 传统经济管理体制的改革

一、20 世纪 50 年代中期至 70 年代末经济管理体制的改革

从 20 世纪 50 年代中期斯大林逝世、赫鲁晓夫继任开始,苏联着手经济管理体制的改革。在赫鲁晓夫和勃列日涅夫执政时期,苏联先后几次进行

经济改革,但是由于积重难返,改革步履维艰,效果不大。

(1) 赫鲁晓夫改革。为了改变斯大林时期个人崇拜之风盛行、民主和法制遭到践踏等现象,赫鲁晓夫开始了对斯大林的批判,并在此基础上进行政治改革,破除对斯大林的个人迷信,强调集体领导等;同时大规模平反冤假错案,为受迫害者恢复名誉。经济方面,苏联在坚持高速优先发展重工业方针的同时,着手对经济管理体制特别是农业管理体制进行改革。其主要措施是:① 精简管理机构,裁减冗员,下放企业。两年间,撤销了一半以上中央各部的管理司和总管理局,精简了 90 多万名行政干部,把 1.5 万多个中央直属企业下放给地方管理。② 扩大加盟共和国的部分经济管理权和企业厂长的经营权,并对信贷、银行体制和劳动、工资制度进行相应的调整。③ 改革农、畜产品义务交售制。提高农畜产品收购价格,降低交售定额。同时,勾销集体农庄和庄员在谷物交售和支付机器拖拉机站实物报酬方面对国家的积欠。④ 改革农业计划制度。扩大农业企业制订计划的自主权,并以农产品商品量为出发点制订计划。此外,为了提高谷物和饲料粮的产量,还采取了两项重要措施:一是由国家投资并动员人力在哈萨克斯坦、西伯利亚、乌拉尔、伏尔加河流域以及北高加索等地区进行大面积垦荒;二是仿照美国农业的发展经验大力推广高产作物玉米的种植。赫鲁晓夫执政时期的政治经济体制改革,从理论到实践对斯大林模式进行了冲击,有一定的开拓意义。改革把苏联社会推进到一个新的发展阶段,苏联国力日增,逐渐发展成为世界经济－军事强国。改革还使国际共运中独立自主趋势增强,推动了各国共产党探索走向社会主义、建设社会主义的不同道路。

(2) 勃列日涅夫改革。勃列日涅夫为了扭转赫鲁晓夫大改组的混乱局面,于 1965 年的苏共中央全会通过了"新经济体制"。其主要内容:一是恢复部门管理,同时兼顾地方管理经济的权限;二是在不改变中央指令性计划的前提下,减少下达给企业的指标数,扩大企业对人事、工资、财务和价格制定的权利;三是加强信贷,固定企业缴款;四是以利润为中心,加强对企业和职工的物质刺激。但与赫鲁晓夫时期比较,改革进程大大延缓,所有措施基本上在旧体制的框架内进行,所谓"新经济体制"也是一种"改良性体制",只着重于理顺经济体制的关系,解决计划和企业管理的程序问题,政治体制更没有发生重大变革,并且在思想方面重返斯大林主义,注重发展国防和军事工业,对外推行霸权主义。于是,苏联在勃列日涅夫时期逐渐成为一个依靠大量出口石油、天然气等自然资源并进口大量粮食和制成品维持的超级大国,除了国防工业和军事技术外,其他方面同西方的差距越来越大。勃列日涅夫的改革虽然在前期取得一些成果,但最终失败。

东欧各国20世纪50年代的改革与苏联一样,局限于农业、工业和建筑业的管理改组。60年代掀起了改革浪潮。匈牙利1966年5月通过了全面改革的决议,保加利亚1968年颁布了改组国民经济计划工作和领导体制的决议,罗马尼亚从1967年开始也进行经济体制改革,捷克斯洛伐克在1965年1月至1968年4月先后公布了三个改革文件,提出了一系列改革措施。

20世纪80年代以前,苏联和东欧各国对传统经济管理体制的改革各有特点,但是,总的来说,并未给它们的经济注入什么活力,旧的经济管理模式依旧没有什么重大突破,改变"浪费经济"的口号喊了多年,也没有看到足以告慰人们的结果。各国国内经济状况没有较大改观,苏联1971—1979年国民收入年均增长速度仅为5.7%,各国呈现严重短缺现象。对外经济方面,继续处于闭关自锁状态。比如,苏联工业产值在世界产值中占20%,但对外贸易额在世界贸易总额中只占4%,这与苏联的实际潜力相去太远。各国外贸出口结构也不合理,初级产品占据主导地位。各国某些工业部门,一方面固定资产老化严重,另一方面又出现设备大量闲置。面对这种不利形势,苏联和东欧各国领导人不得不对50年代中期开始的改革历史过程进行反思,希望找出一条新路,尽快摆脱危机局面。在这样的形势下,苏联和东欧国家在80年代终于进行了一次大刀阔斧的改革。

二、20世纪80年代经济管理体制的根本性改革

1985年4月,苏联提出了一个比较全面的改革构思,它涉及经济、政治和社会生活各个领域。1987年6月,通过了经济体制改革的基本原则和方案,决定对整个国民经济进行根本改革。

此次改革的目标是,力求实现经济管理体制的质变,建立完整的、有效的、灵活的经济管理体制。新的经济管理体制具有如下特点。

第一,企业是新经济管理体制的核心。企业的中心任务是自筹资金,实行完全的经济核算制。

第二,为完善新的经济管理体制,应该保证计划、价格、物资技术供应和财政信贷四个经济机制密切协调。① 取消国家指令性计划制度。② 建立灵活的价格机制。③ 实现生产资料批发贸易制度。④ 改革财政信贷制度。改革对预算单位的拨款制度,使之建立在长期稳定的、以最终工作成果为目标的经济定额和财政定额基础上,鼓励拨款资金的合理使用,节余归己。实行两级银行制度,切实使国家银行成为整个国民经济各种信贷和结算关系的组织者和协调者,同时建立各种专业银行,以满足整个国民经济和居民对信贷结算服务的需要。总之,财政信贷制度的改革将使之成为保证商品货币关系有机地纳入计划管理经济和提高经济效益的机制。

第三,与新的经济管理体系相适应,改革经济管理的组织结构。在企业转到完全经济核算制和自筹资金的同时,应根据生产专业化和协作关系的要求,组成大型的"科学研究-投资-生产-销售-服务"联合公司,各部门应摆脱对企业实行业务管理的职能,着重负责本部门产品供需比例、产品质量、培训干部等工作,并创造条件,使之成为本部门科学技术和制定宏观经济发展计划的总部。

第四,对外经济关系体制的改革朝着更加开放的方向发展,扩大对外经济关系,加强国际经济合作,发展合资企业和自由经济区,以利于更多地引进外资和先进技术。

东欧各国也提出了很多改革措施,归纳起来主要有:① 全面扩大企业自主权。保加利亚、捷克斯洛伐克提出逐步把企业变成实行自筹资金、自负盈亏、自我管理和自我负责的经济实体。② 取消指令性指标计划。波兰提出实行计划与市场机制相结合的体制,运用市场机制和经济手段管理经济,保加利亚要求把国家计划作为信息通过对话形式下达给经济组织,通过协调和经济合同落实国家计划任务。③ 改变中央管理职能。匈牙利决定在经济活动中要让中央经济管理机构发挥决策作用,为供求平衡提供更大的活动余地,在经营管理上,让汇率、价格、信贷等发挥更大的作用。捷克斯洛伐克提出中央机关的主要任务是决定国民经济重大比例关系,制定中长期计划,决定价格、财政、信贷等方面的方针和政策。④ 改革国家预算和税收制度,实行银行体制改革,建立以中央银行为领导、专业性商业银行为主体的新的银行体制。

此外,苏联和东欧各国决定加快以民主化为主要内容的政治体制改革的步伐,并认为,政治体制改革应先于经济体制的改革。

三、传统计划经济管理体制改革的得失

苏联和东欧国家在20世纪50年代中期至70年代末的较为引人注目的改革,只是在原有体制基础上对国民经济管理的具体环节做某些改

进与完善,没有触及经济体制模式本身,更不用说触及经济管理体制的深层次问题,只能称作改革的尝试。不过,这些改革主要目标基本是明确的,即通过改革增强微观经济主体的活力和工作积极性,以适应当时的社会经济环境。

苏联和东欧国家的这些改革之所以未能取得预期效果,下列四个问题值得思考:第一,缺少创新的改革理论,搬用老一套的思维模式指导新条件下的改革,无异于刻舟求剑。第二,当原有经济管理体制已经不能适应生产力发展要求时,仅仅对原有经济体制做一些局部的改进,采取修修补补、小打小闹的措施,根本无济于事。第三,选择正确的改革次序至关重要。经济管理体制改革要求从微观经济主体的企业出发,自下而上逐步进行。忽视微观经济主体利益和行为无异于缘木求鱼。第四,由于社会化大生产要求各个经济领域协同作战,因此,在经济改革中,各种改革措施综合配套就显得十分重要。

由于未能很好地解决以上四个问题,苏联和东欧国家 20 世纪 80 年代前的几次重要改革都流产了,但是它们却为开始于 80 年代中期的改革提供了前车之鉴。

总的来说,苏联和东欧各国 20 世纪 80 年代中期的经济体制改革的目标、原则和方案比较符合当时国内的实际情况,有利于摆脱传统的经济体制,建立新型的经济管理模式。我国和世界舆论普遍认为,如果上述改革构思真正付诸实施,那么,苏联和东欧国家国民经济将会发生令人注目的变化。作为商品生产者的企业将成为既拥有自己的经济利益和权利,又承担责任的相对独立的经济实体;各级领导部门对经济的管理由以行政管理为主,转向经济管理为主;生产集约化的程度可能提高,测定生产集约化进程的指标将发生某些变化,即劳动生产率有较大提高、基金产值率将出现有利的变化、物资耗用量的增长率会低于国民收入的增长率。

但是,苏联领导人对这次经济改革的具体原则和方案迟迟未能付诸实施,延误了经济改革的恰当时机。这一轮改革并没有达到预期的目的,一个极其重要的原因,是因为苏联官方与学术界相当一部分人主张,政治改革应先于经济改革,并提出了"民主化"和"公开性"等政治口号,造成苏联政治动荡、国内政治矛盾和斗争尖锐、民族矛盾加剧,整个经济改革无法顺利推行。东欧各国经济改革方案虽得到一定的贯彻,现存体制尚能运转,但各国经济改革和政治改革的关系未能很好处理,各国国内政治矛盾和斗争较为复杂,使经济改革的推行受阻。何况就改革方案①本身来说,也存在三个导致经济改革难以顺利进行的因素。

第一,企业改革和计划、价格、财政改革没有相应配套,经济生活陷入混乱。只有把计划、价格等宏观经济措施和企业经营活动互相结合、综合配套,整个经济管理体系才能有效地发挥作用。

如上所述,企业经营机制改革后,国家对企业取消指令性计划,力图采取经济方法,引导企业实现国家计划。但对企业管理的国家机构仍然没有改变,企业仍旧隶属于各部委,而各部委依然靠行政命令的方法管理企业,许多部委仍然将国家订货作为指令性计划不断下达给企业,使企业自主经营机制受到阻碍。

企业改革逐步扩大了企业的自主权,包括商品的定价权,企业开始追求生产价格高的商品,并以合同价格的方式予以确立。这样,零售价格还未进行改革,整个物价已经开始上涨,再提高零售价格就比较困难,价格改革处于为难地步。

随着企业自主权的扩大,许多企业在增长速度缓慢甚至负增长的情况下,大量发放工资和奖金。企业职工货币收入的增长大大超过企业劳动生产率的增长。例如,1988—1991年苏联劳动生产率的增长分别为4.8%、2.3%、-3%和-12%,而职工货币收入的增长分别为9.2%、13%、16%和69%。职工货币收入增长较快,在商品价格特别是消费品价格不变的情况下,对商品的需求将会不断扩大,从而使苏联的通胀变得更加严重起来。

第二,统一的经济联系遭到破坏。苏联经过几十年的经济建设,形成了相互联系、相互依存的统一的国民经济体系。随着民族矛盾的加剧,各加盟共和国纷纷宣布独立,原有的经济体系被打乱,供货体系中止,这对各加盟共和国的生产带来极大困难和损失。此外,经互会的解体,打乱了成员国原有的国际分工,现存的经济关系遭到破坏,也在相当长的一个时期内对各国经济带来明显的不利影响。

第三,"加速社会经济发展战略"使原本不合理的经济结构更加畸形发展。长期以来,由于苏联片面发展重工业,特别是军事工业,国民经济结构严重失调。1985年苏共中央"四月会议"提出了"加速社会经济发展战略"的构思。虽然苏联领导人强调"加速战略"不仅在于加速经济的发展速度,

---

① 这里分析的是苏联的改革方案。

更主要的在于经济增长的质量,加速战略的核心是生产集约化,而生产集约化的核心又是科技进步,但在具体做法上仍把经济发展速度放在首位,计划在15年内使国民收入翻一番,并认为实现翻一番的任务在"决定性的程度上取决于机器制造业",决定为该部门拨出的投资比前5年增加80%。"加速战略"推行的结果,使重工业和机器制造业的增长速度明显高于轻工业。以1985年为100,1989年重工业为116,机器制造业为122,而轻工业只为109。可见,"加速战略"对于原来经济结构的不合理性,不仅丝毫没有改变,反而有所加重。经济结构的不合理,直接影响了整个国民经济的正常发展。

四、20世纪90年代初传统经济管理体制的崩溃

苏联和东欧国家在数次改革过程中,暴露和积累了大量矛盾和问题,特别是新的一轮经济管理体制改革,不仅未能取得成功,反而导致了经济管理体制的严重危机,最终促使整个经济管理体制走上了崩溃的道路。

20世纪90年代初,苏联各加盟共和国纷纷宣布独立。1991年年底,飘扬了70多年的苏联国旗从克里姆林宫塔楼顶尖的旗杆上永远地降了下来,曾经强盛一时的苏联正式解体。独立不久的苏联各加盟共和国和东欧各国摒弃了实行几十年的高度集中的计划经济管理体制,在一个十分动荡的条件下,急速地向市场经济过渡,希望在非常短的时间内实现经济体制的转轨,即计划经济转向以私有制为基础的市场经济。

从此,俄罗斯、东欧和中亚各国开始了漫长而前途未卜的经济转轨过程。

第三节 向市场经济过渡的路径选择

市场经济是俄罗斯、东欧和中亚各国普遍选择的经济发展方向。自20世纪80年代末90年代初开始向市场经济过渡以来,这些国家的经济状况已发生了翻天覆地的变化,过渡经济的指导思想也完成了从"华盛顿共识"向"后华盛顿共识"的转换。绝大多数国家在转型初期都采用了在"华盛顿共识"影响下的以休克疗法为核心内容的政策,即采取激进式方式向市场经济过渡。

一、关于经济转型的"华盛顿共识"和"后华盛顿共识"

1. "华盛顿共识"

在西方主流经济学家看来,向市场经济过渡必须采取激进式方式,改革的各项政策措施必须一揽子付诸实施,越快越好;如果要跃过深渊,必须迅速跳到另一端而不能小心谨慎地分步跨越。主流经济学家经济转轨的政策建议得到了美国财政部、国际货币基金组织和世界银行的支持,由于这些国际机构的总部和美国财政部都在华盛顿,因此被称作"华盛顿共识"。

实际上,"华盛顿共识"有两个不同的版本。一个是原始版本,即约翰·威廉姆逊在1989年提出的对拉美国家的十大改革建议。另一个版本是在十大改革建议的基础上,对当时正在向市场经济过渡的东欧和中亚国家制定经济政策时建议它们采用的三个教条,即:要实现经济增长必须实施私有化、自由化(主要指价格自由化,也包括贸易自由化,汇率自由化与资本账户自由化)与宏观经济的稳定化,并且强调私有化与自由化的过程越快越有效。

2. "后华盛顿共识"

2001年诺贝尔经济学奖得主、世界银行前首席经济学家、美国总统经济顾问委员会前主席约瑟夫·E. 斯蒂格利茨1998年初在联合国大学发表荣誉性年度演讲中,对"华盛顿共识"的"市场本位主义"进行了批判,提出了被称作"后华盛顿共识"的新观点,主要内容包括:私有化和金融贸易自由化对制定宏观政策来说并不是目的,而只是促使市场更加有效率和活力的一种手段,而且这种手段必须与监管的竞争政策相结合。如果不建立一个有竞争的市场,就不可能得到金融贸易自由化的好处。政府应当成为市场的补充,采取行动使市场运行得更好,纠正市场的失效。政府有必要应用更多的政策工具实现"更广泛的目标"。所谓"更广泛的目标",也就是"将发展和改造社会作为其核心目标",包括提高生活水平,实现持续发展、均衡发展、民主发展,使所有社会集团都分享发展的结果。

"后华盛顿共识"还指出市场力量不能自动实现资源的最优配置,应承认政府在促进经济发展中的积极作用。

二、向市场经济过渡的激进式和渐进式改革理论的主要内容

理论界把从计划经济向市场经济过渡的方式归纳为两种:一种是激进式方式,另一种是渐进式方式。

激进学派都是西方经济学占主流地位的新古典经济学的信徒,其思想背景是:随着世界经济一体化,所有成功的经济体都在向大致相同的经济制度迈进,即共同以市场、可兑换货币、私有制、合股制、开放性贸易等基本内容为基础。激进学派在目标上主张市场化、私有化和民主化;在方法上主张像上帝在 7 天之内创造天地万物那样,实施"创世记"式的改革策略。激进学派的过渡方案自认为是"一揽子的"或所谓"休克疗法"[①]。激进学派的主要观点深受"华盛顿共识"的影响。

激进改革的中心任务就是创造同市场经济理想模式联结在一起的条件。这一任务决定经济转轨必须实现财政的稳定、产权的重新配置,并通过经济关系的自由化迅速扩大经济代理人的权利。这三方面有一个不具备就会导致经济行为的扭曲,从而特别强调过渡的速度,必须实行"大冲击"和"休克疗法"。

激进式改革理论的着眼点是经济转轨的终极模式。激进改革是从预期的终点来规划自己的计划,强调立即实施就能达到成熟市场经济终极模式的一整套措施,排斥所有与终极模式不相吻合的中间形态。因而对存在于计划经济体制下的制度安排采取完全抛弃的态度,尽管这些制度安排在过渡初期能对宏观经济稳定起到一定的作用。

激进改革强调破坏旧体制。它认为旧体制的最终状态毫无价值,它把迅速实现私有化看成是破坏现有体制的有效工具,并强调在摧毁旧体制的基础上尽快建立新体制。

激进改革设计了一个理想的资源配置体制,希望一步到位。激进学派假定:如果资源不受国家控制,市场就会将资源配置到使用效率最高的部门。因此在短期(如 1~2 年)的过渡中,有可能产生高通胀和大量失业,但此后,经济可以在没有特定政府干预下调整,以指导资源配置。同时,他们认为,经济体制是一个相互紧密联系的有机整体,因此改革是一个严密的网络,牵一发而动全身,任何局部的改革都不会收到效果。改革本身的性质是利益分配格局的调整,以前计划经济体制下处于权力中心并具有绝对资源

[①] "休克疗法"一词最先为西方传媒界所使用。原是医学上临床使用的一种治疗方法。后来被引用为经济术语,其基本含义是:采取从紧的金融货币政策,以弥补总供给和总需求之间的缺口,使通货膨胀在短时间内得到遏制。由于所采取的经济措施具有很强的冲击性,社会经济容易受到震荡,甚至处于"休克状态",故有了医学上的"休克疗法"的比喻。

调配能力的官僚体系将被剥夺权力,因此任何局部改革都会受到行政官僚体系的阻挠和反对,最终不能实现既定目标。就改革导致的产业结构调整规模而言,一些在原来战略目标下发展起来的受保护的产业部门要收缩削减,必然要受到这些利益集团的反对。因此,以自由贸易、货币可兑换性和自由经营为内容的市场经济原则至关重要。

激进改革追求速度。它视速度为摧毁旧体制的工具。它认为改革前价格扭曲、产业结构扭曲、预算约束下的需求过度处于十分严重的状态,一旦改革开始,原有体系就会有崩溃性的反应,整个经济形势将十分严峻,民众的生活水平会大幅度下降,并承受巨大的痛苦,因此必须快速完成体制转换。

渐进式改革的理论和主张是在激进式改革措施的效果远不如人意之后逐步为世人所瞩目。人们越来越认识到,突然破坏旧体制在经济上并不可取,抛弃旧体制必须是平缓的、逐渐的过程,并伴随着私有部门的发展。许多经济学家赞成对旧体制的成分暂时加以保护,以防止经济崩溃。这一学派也被称作"有机"或"演进"学派。

所谓渐进式改革,是指利用足够的时间分步骤地逐渐推进改革并最终达到改革目标。在根本经济制度不发生较大变化的情况下,对经济发展过程中限制或阻碍经济发展的经济体制进行逐渐的改革。改革过程相对平稳,不会引起较大的社会震荡。

渐进式改革理论的重点在于,转轨是一个相对长期的过程,从而与激进式改革理论所强调的过渡的终极相对立。

渐进式改革的战略强调生产的稳定。认为只有在稳定的产出条件下才能保证维持消费和投资水平及其一定的结构,为居民适应向市场经济转轨创造所必需的源源不断的资源。在主张渐进改革者看来,生产规模的下降比保持较低经济绩效更坏,因为这会使转轨丧失动力,达不到转轨的目的。

渐进式改革的拥护者承认现存组织在持续运作中所掌握的信息和经济因素的作用。尽管这些信息和经济因素从长远来看可能毫无用处,但它们在改革开始的阶段,在可供选择的市场安排刚刚开始形成的时候,却是非常富有建设性的。

渐进式改革把社会看成是一种信息加工手段。认为社会的信息量有一个积累过程,任何改革方案最初都是以旧体制下所获得的信息为基础的。对于未来,改革者只能走一步看一步。

渐进式改革不刻意追求速度。认为激进式改革不仅会破坏现有关系，而且会破坏现存的信息贮存。此外，激进式改革不具有渐进式改革过程所具有的逆转潜力，在实施过程中没有提供一个终止某一措施的机制，到头来，人们会发现改革的结果不像改革开始时所预期的那么好。

无论激进式还是渐进式改革，都是一个非常复杂的过程，简单化的理性设计往往很难达到预期目的，因为转型过程中的变量非常多，相当多的变量并不能够人为控制。

三、俄罗斯和东欧大多数国家选择激进式改革方案的原因

俄罗斯和东欧大多数国家都选择了激进式改革方案，这些国家选择这个方案的目的是，尽快完成计划经济向市场经济过渡，建立完整的市场经济体系。其具体原因①被认为有以下几个。

（1）激进式改革方案的选择是当时国内形势所迫。20世纪90年代初俄罗斯和东欧国家经济形势十分严峻，市场供需极不平衡，赤字庞大，物价失控，国家行政管理体系已开始崩溃。政府想要有效地、逐步地实行价格改革已不可能，采用激进式改革方案是迫不得已。

（2）"休克疗法"是通货膨胀的克星，且有成功的经验示范。1985年，玻利维亚经济极其严峻，几乎到了崩溃边缘，主要面临两大问题：一是高通货膨胀率。通胀率从1984年的4位数上升到1985年的5位数，即从1 248%上升到11 749%，达到了疯狂的程度。二是沉重的外债负担。1985年年底外债总额为40亿美元，而出口贸易不断萎缩，并且要用43%的出口贸易创汇支付外债利息。面对玻利维亚经济的严重局面，年轻的美国经济学家萨克斯提出一套激进的、以遏制通货膨胀为主要目标的新经济纲领：控制货币发行量，压缩政府开支，限制向公共部门提供贷款，冻结公共部门职工工资；大大降低财政赤字，使赤字相对于国民生产总值的百分比降到可以接受的一般水平；停止对亏损企业的补贴，对国有企业实行私有化；立刻停付外债利息，并与外国政府进行债务谈判。激进的"休克疗法"在玻利维亚实施不到2年的时间，就取得了举世瞩目的成就，通胀率从5位数下降到15%，政府财政收入有所好转，财政赤字基本上得到控制，国有企业开始转亏为盈，改

---

① 对俄罗斯和东欧大多数国家选择激进式改革方案的原因分析参考了有关论文对这个问题的论述。

革基本上取得了成功。萨克斯也被视为世界上治理通胀的最大权威。

正是由于"休克疗法"的成功经验,以及苏联和东欧国家20世纪80年代末以前实施的渐进式改革方案的失败,俄罗斯和东欧大多数国家便倾向于选择激进式改革方案。

(3) 激进式改革方案的改革成本更低。新古典主义的基本理论论证是:由缺乏效率的旧体制向新体制过渡,如果分步走,每一步都处于次优的无效率状态,每一步的结果很可能离效率最优状态更远。经济长期处于无效率状态,经济扭曲程度就可能更加严重。若采取一步到位的方式,以尽可能快的速度将旧体制打破,按照目标模式的最优方式重构经济体制,在最初的阶段上成本可能要大一些,但由于经济结构能够迅速到位,并处于最优状态,就能避免长期信号扭曲、资源配置无效率所造成的损失,因此总成本要小一些。

(4) "长痛"不如"短痛"的心理选择。"长痛"虽然一次受到的冲击较小,民众容易接受,社会震荡较小,但这是"钝刀子割肉",不能彻底解决问题,时间一长民众就会对改革丧失忍耐力和信心。反之,"短痛"带来的一次性冲击很大,社会因此可能发生动荡,如果在社会的强烈反应下仍能坚持改革,渡过最困难的阶段后即可取得成功。

(5) 激进式改革能避免"双轨制"的出现。激进式改革可以迅速建立完整的市场经济体系,避免渐进式改革出现的双轨制,从而减少两种体制摩擦的成本,减少双轨制长期存在造成的大量严重的腐败现象。政府官员的整体廉洁形象,是政府树立领导权威、进行改革的重要条件。

(6) 外国力量的影响。俄罗斯和东欧国家在改革过程中,经济必然大幅度滑坡,此时急需外国资金的援助。国际货币基金组织和一些西方国家正是利用援助来促使这些国家做出激进式改革的选择。例如,俄罗斯在实施激进式改革之初,西方制定了大约240亿美元的一揽子援助及计划。其中60亿美元是稳定基金,25亿美元延期支付,45亿美元是国际货币基金组织和世界银行的贷款,110亿美元是"七国集团"提供的贷款。西方国家以不断援助为诱饵,要求俄罗斯将改革向不可逆状态推进。

四、激进式改革方案在波兰和俄罗斯的实践

1989年以来,波兰和俄罗斯先后邀请萨克斯作为其政府和总统的经济顾问。萨克斯上任后,不断向这两个国家的政府兜售他的"激进的经济纲领",帮助他们从计划经济向市场经济过渡。

1989年的波兰,经济形势严峻,物价飞涨,通货膨胀率高达2 000%,国内生产总值开始大幅度下降,外债高达490亿美元,国家几乎丧失支付能力。同时,商品极度匮乏,供需缺口越来越大,整个经济失去了活力。

1989年9月,波兰团结工会政府在接受萨克斯的"休克疗法"建议后,同年10月通过了一项"使波兰经济向市场经济过渡"的经济纲领。该经济纲领指出,对波兰的经济必须进行根本的体制变革,其目的是建立类似发达国家现行的市场经济体制。这是"休克疗法"在东欧的第一版本,被称为"高台跳水"。改革的纲领主要包括:放开物价、取消补贴、压缩中央政府开支;开放外汇市场、实行外币自由兑换;改革外贸体制、实行进出口贸易自由化等。

1990—1993年,波兰实行"休克疗法"取得了一定成效:通货膨胀率明显下降,由于实行紧缩银根,取消一切补贴,提高存、贷款利率,使通货膨胀受到遏制,通胀率从1991年上半年的250%下降到年底的80%。外汇市场的供求矛盾得到缓和,由于放开了外汇市场,兹罗提实行自由兑换,加上通货膨胀率逐步下降,使兹罗提与美元的汇率趋于稳定。日用消费品供需状况趋于平衡,1990年以来,波兰的消费品供应大为改观,商品品种较为丰富。1990年国家财政预算消灭了赤字,出现了收入大于支出的局面。然而,波兰实行"休克疗法"所付出的代价是沉重的,消极后果是明显的。1992年,工业生产下降40%,国民收入也下降了20%左右;失业人数不断增加,失业率达12.5%;农业生产也开始滑坡,1990年粮食减产20%,1991年又下降3%;居民生活水平有较大的下降,1/4居民生活在贫困线之下;人均国民生产总值大幅度下降,1990年仅相当于1980年的97.1%,后退了近10年。

接着,1991年,俄罗斯政府在得到西方大国许以重金援助后,也决定实施激进的向市场经济过渡的计划。萨克斯的"休克疗法"思想在这个计划中起着核心作用。具体做法是:全面放开物价;为缓和放开物价对通货膨胀的压力,同时全面实施私有化计划。为实施这个激进的改革计划,两年多时间,俄罗斯付出了惨重的代价。1991年国民总产值、国民收入和劳动生产率等重要经济指标均下降10%以上,1992年国内总产值和工业总产值分别下降19%和18%,基建投资额下降40%;失业人数成倍增长,职工实际工资下降14%;由于原有经济关系被打乱,新的经济关系和市场机制没有建立,大部分工厂实际处于"只休克,不治疗"状况,企业负担沉重。

如此严重的经济衰退在玻利维亚并没有发生,因此,对"休克疗法"在波兰和俄罗斯的实践评价不一,多数人认为,"休克疗法"在波兰和俄罗斯两三年的实施结果是弊大于利,不能认为是一次成功的实践。

五、"休克疗法"在波兰和俄罗斯实施受挫的原因

与玻利维亚相比,"休克疗法"在波兰和俄罗斯的实践不断受挫,有其内在原因,主要表现在以下方面。

(1) 实施"休克疗法"的政治、经济环境不同。"休克疗法"在玻利维亚尽管是一项具有转折意义的经济纲领,但它毕竟只是在不触动现行政治、经济制度下的一种经济政策的变化;而波兰和俄罗斯实施"休克疗法"之时,正是其政治和经济体制急剧转轨之时,政治制度全盘西化,经济管理体制从高度集中的计划经济向市场经济过渡。在这种急剧变革的环境中实施"休克疗法",不能避开社会震荡和政治斗争的干扰,其实施过程变得复杂化。

(2) 引发通货膨胀的原因不一。玻利维亚爆发的通货膨胀是与债务危机联系在一起的,解决外债后,自然大大缓和了通货膨胀的压力;而波兰和俄罗斯通货膨胀形成的原因是多方面的,既有需求拉上和成本推进的作用,又有垄断价格等因素,这样,实施"休克疗法"后只能消除部分通胀的因素,并且由于推行"休克疗法",工业生产大幅度下降,商品供应大量减少,这又在一定程度上助长了产生通货膨胀的条件。因此,波兰和俄罗斯的通货膨胀呈起伏型,难以达到稳定的状态。

(3) 实施"休克疗法"的外部环境不一。玻利维亚实施"休克疗法"的外部环境比波兰和俄罗斯好得多。波兰和俄罗斯实施"休克疗法"之日,正是经互会逐渐从衰弱走向解体之时。波兰和俄罗斯大部分企业的生产已纳入经互会专业化分工体系之中,它们的产供销受制于经互会成员国。经互会的解体,使波兰和俄罗斯的这些企业销售无市场、原料无来源,处于十分困难的境地,这对实施"休克疗法"起着负作用。

第四节 向市场经济过渡的若干问题

俄罗斯和东欧国家提出向市场经济过渡后,纷纷制定有关方针和政策,采取各种措施,改革原有的经济体制。由于这些国家经济发展的现状不同,采用的战略不尽一致,因而进展也不一。

一、关于私有化问题

私有化是指资产和服务功能由公共所有或公共控制转向由私人所有或私人控制;产权从国有部门向私人部门转移。俄罗斯和东欧大多数国家的决策者认为,市场经济是与私有制联系在一起的,向市场经济过渡的核心是私有化过程,而私有化的一个基本假定是国有资产的非国有化会导致微观效率的提高。具体而言,私有化的目的不外乎以下几种:① 减轻国家的财政负担,使政府卸下不堪承受的财政包袱;② 打破国有部门的垄断,促进市场竞争;③ 形成竞争性的产权结构,促进国有部门效率的提高;④ 扩大生产性资本的大众参股权,为某种政治力量在选举中赢得政治支持创造条件;⑤ 从私有化中获取收入,增加政府财政收入;⑥ 减少外债,改变国际收支恶化的状况。

在私有化过程中,俄罗斯和东欧国家所采取的私有化模式归纳起来,大致有以下几种。

(1) 直接售卖(公开出售)。选择有规模且前景较好的企业,由专业中介服务公司对其进行资产评估并将企业资产股份化,然后以拍卖、招标或直接联络投资者的方式卖出股份,此即所谓国有企业私有化的"英国模式"。私有化的初期,这种方式被认为是一种最佳选择,原因有二:一是通过企业出售,国家可以获得一笔收入,这笔收入可以用于减轻内外债务、弥补私有化的成本,也可以和正常财政收入一起使用,或者用于养老和社会福利基金;二是企业的控制权可以落到战略性投资者的手中,这些战略性投资者有能力制定合适的战略,投入必要的资金,对企业进行重组。在这方面,出售给外国投资者被认为是最佳的选择。显然,要使这种方式发挥其优势,私人部门必须能够同时提供两种资源:一是金融资源;二是企业家资源。对于中小型企业,这是比较容易做到的。因此,这种方式在中小型企业的私有化过程中最为成功。

(2) 凭证(认股权证)私有化:无偿分配。作为私有化进程中的一种新的尝试,凭证私有化在不同国家的实践方法有所差异,但其基本含义相同,即政府首先向全体公民无偿分配认股权证,全体公民再用认股权证去购买国有企业的股份或有偿转让这种权利。在国内居民储蓄不足以购买国有企业的资产,而政府又不愿让外国资本控制本国经济的情况下,把被私有化的公司的股票无偿地或以极低的价格分给民众,不失为实现私有化的一条捷径。当然,也有国家例如波兰,先成立管理基金来管理国有企业的股份,然后将这些基金的股份分给国民,国民则可在股票市场或通过投资公司买卖凭证。凭证私有化无需细致与昂贵的资产评估,可以迅速改变所有制形式,可以换取居民对私有化的支持,因此大多数中东欧国家都采用了这一做法,把一部分国有资产拿出来实行无偿分配。通过这种方式,国有资产存量被无偿地分配给了全国人民,因而既不需要国内私人部门提供购买国有资产所需要的金融资源,也不需要依赖国外私人部门。由于所有权转移的对象就是全国人民,控制权的转移和国有资产的分配是同一个过程。全国人民在得到属于自己的那一份国有资产的同时,也得到了对国有企业的一份控制权。但是,全国人民不可能共同去控制每一个国有企业。因此,认股权证私有化必然伴随着一个控制权重新组合的过程,以形成一种特定形式的公司治理结构而告终。国内私人部门必须提供接管国有部门所需要的企业家资源。不过,这种私有化方式既不能给国家财政增加收入,不能给被私有化的企业带来新的投资,无助于提高企业的效率,也不能引入技术与外资,外债严重的匈牙利便很早就废弃了凭证私有化的分派模式。

(3) 职工持股制度:管理人员和职工内部购买。企业经理和内部职工按照某些优惠条件购买企业。多数东欧国家均容许企业职工集资购买企业的部分或全部股份并同意职工自行组成董事局管理企业,其中,国家常以廉价出售或免费分派股份与提供贷款等多种优惠形式激励与协助职工购买企业。相较直接售卖方式,职工持股制度因职工能从中分享到私有化的好处而更受民众的欢迎。相较凭证私有化,职工持股制度既能为国库带来一定的收入,亦对职工认真工作进而改善企业效率更具有激励作用。但职工持股制度本身亦有一定的局限性,例如,内部购买的私有化企业倾向于在购买时低估企业资产价值,从而使国家的收入减少,而且职工把保留工作岗位看作最重要的事,宁愿将企业利润用于再投资,不愿向外部股东分股息。虽然内部职工的积极性比过去有所提高,但外部股东的利益却受到损害。在资本密集度较高的企业和资源部门工作的工人的收益将大大高于其他部门。东欧的经验显示,职工持股制度在中小企业中较宜采用。内部职工持股往往掩盖了经理控制企业的事实,职工持有的分散股份免不了要集中到经理手中,内部人控股只不过是走向私人企业的过渡形式。

除了上述三种主要方式外,还有其他几种方式曾在俄罗斯、东欧和中亚各国不同程度地采用,比如将企业股份化后,通过股票市场私有化;将资产转到地方政府,再由地方政府处理;再如租赁,投资者支付一定的费用后,即可获得产权的使用权及自留利润,但所有权仍归国有。

俄罗斯和东欧国家向市场经济过渡是以大规模的企业私有化为基础的。东欧各国剧变以前,私有化已在某些国家合法存在,只不过私有经济在国民经济中所占的比重不大。20世纪90年代初这些国家的私有化浪潮正是在这一基础上的继续和发展。

波兰是东欧国家中大规模私有化动作最快的国家,也是第一个制定私有化立法的国家。波兰实行私有化所采取的步骤和形式有:① 直接向私人出售小型国有企业;② 以股票形式将国有企业公开出售;③ 以招标形式有选择地向国内外投资者出售;④ 先将大型国有企业转变为国家独股的股份公司,然后将股份出售给国内外投资者,国家资本掌握控股份额;⑤ 用破产法对亏损国有企业实现私有化;⑥ 将一部分国家财产以发放无偿资本证券的形式分给本国年满18周岁的公民;⑦ 重新私有化,即把1945年收归国有的私人企业、土地和其他财产以赔偿有价资本证券的方式归还原主。

1990年12月颁布的《普遍私有化纲领》标志着波兰大中型国有企业的私有化正式开始。根据这个纲领,政府首先从全国选出400家经济状况较好的大型国有企业作为第一批普遍私有化的试点厂家,先有5家国有企业出售股票,继而又有几十家企业做好出售股票的准备。到1994年底,波兰8000多家国有企业中,32%已掌握在私人手中,私有经济在国内生产总值中所占的比重为60%,从业人员占全国就业人员的60%。波兰又拟定了进一步私有化方案,主要针对煤矿、铁路、海港、高速公路等。

波兰私有化具有以下显著特点:采用了所有的私有化模式,且各种模式发挥的作用比较均衡;注意私有化过程与国有企业改变经营机制、吸引外国战略投资者、资本市场配套改革之间的关系;注重私有化进程与已经私有化企业的公司治理和企业业绩。正是由于波兰注重私有化过程,强调私有化以后企业的经济效益,因此波兰私有化进程相对比较缓慢。

匈牙利在东欧的私有化过程中也走在前列。匈牙利对国有企业实行私有化主要采取三种方式:一是政府指定的私有化,即由国家资产管理局提议实行的私有化。第一批实行私有化的企业有20家。如匈牙利最大的联合灯泡厂东斯朗姆(同美国通用电气公司合资)、匈牙利利莱哈尔冰箱厂(被瑞典独资买走)等。这些企业经营效益比较好,也愿意同国家资产管理局进行有效的合作。二是自发私有化,即由企业自己提出实行私有化。这类企业大多是中小企业,其中部分经营状况不好,需要进行技术改造、人员培训、设备更新或找到出口销路。三是买主倡议私有化,即由买主主动提出对某一企业实行私有化,这类企业一般规模不大,买主可以是外商,也可以是本国人。从1990年上半年至1991年初,匈牙利私有化主要采取第一种方式,从1991年起,为了加快私有化进程,重点转入第二种方式,在有条件的地方,第三种方式也可同时进行。经过5年努力,到1995年匈牙利55%的国有资产已实现私有化,一半以上的国有企业已出售给私人,私人经济所创造的价值在国内生产总值中所占的比重在50%以上。

外国投资者在匈牙利的私有化过程中发挥了重要的作用,控制了匈牙利的许多重要部门,在采矿业、加工工业、建筑业等产业占据了主导地位。不仅如此,在银行业私有化的过程中,外国资本控制了匈牙利信贷银行、国家储蓄银行、布达佩斯银行、匈牙利外贸银行等主要商业银行。可以说,外国资本已控制了匈牙利的银行业。

与波兰和匈牙利相比,捷克共和国国有企业在国民经济中的比重大得多,但其私有化的速度比较快,具体做法是:① 根据《财产归还法》规定,把1948年2月以后没收的前贵族、地主、富农、资本家财产归还给原来的主人。② 根据《小私有化》法律,将属于国家所有的商店、饭馆、小型作坊等公开拍卖给私人经营。③ 根据《大私有化》法律,通过5种方式改变大中企业的产权关系。这5种方式是:将企业转变为股份公司;公开拍卖;公开招标;预售给私人;用投资券形式把国家部分财产平均分给年满18岁的本国公民。到1996年,小型作坊、饭馆等服务业的私有化已进入最后阶段,大中企业的私有化也在全力进行。由于立法明确,再加上其他配套措施,捷克共和国的私有经济获得较迅速发展。1997年底,捷克私有经济占整个国民经济的比重达80%,工业部门的私有化程度为80%,建筑业约为90%,服务业几乎为100%。私有化积极推动了捷克GDP中私有部门贡献率的增长,捷克私有经济在GDP中的比重是转型国家中最高的。

俄罗斯把私有化的选择作为向市场经济过渡的最重要的环节,20世纪90年代在国民经济多数部门掀起了私有化的浪潮。俄政府批准的国有企业私有化计划中把企业分为两类:一类必须立即实现私有化,另一类暂不实行私有化。后一类包括开发和利用矿藏与土地资源及电力企业、电台和电视台、道路、军事和国防设施以及保障国家安全的工业部门。根据企业规模大小,俄罗斯私有化采取以下方式:① 职工200人以下,固定资产100万卢布①以内的小企业可采取拍卖或招标方式。② 职工在1 000人以上,固定资产达1 000万卢布②以上的大中企业可改为股份公司并出售股票。③ 其他企业实行私有化的方式,可根据本企业的实际情况在上述两种方式中任选。

值得一提的是,为了落实俄私有化纲领,完成国有和市有企业产权向私有制转移,1992年7月,俄政府规定在俄联邦推行私有化券制。私有化券是国家发行的特定用途的有价证券,每张1万卢布,有效期从1992年12月1日至1993年12月31日,后又延长至1994年7月1日。私有化券的用途为:可以购买招标拍卖的私有化项目;可以购买私有化过程中成立的股份公司的股票;可以购买专门的私有化券投资基金会的股票;可以用其入股参加非国家办的养老金基金会等。

1992年12月至1994年6月30日是俄罗斯的第一阶段私有化,即证券私有化阶段。之所以称为证券私有化阶段,是因为职工必须用私有化证券购买股票或存入基金会。实际上,这一阶段是上述私有化方案的具体实践阶段。在这一阶段,从完成私有化的结果看,小型企业私有化有了长足的进展。44%的企业通过商业竞争被出卖,43%的企业通过赎买租赁财产的方式私有化,9%的企业拍卖出售,也就是说,96%的小企业实现了私有化。大中型企业的私有化经过艰苦努力,也有一定进展。

1994年7月1日开始了俄罗斯的第二阶段私有化,即货币私有化阶段。与第一阶段不同的是,这一阶段要求职工用自己的货币购买已经或即将开始的私有化企业的股票,以此作为俄罗斯私有化所急需的资金。

俄罗斯大部分学者认为俄罗斯第三阶段私有化应从1997年7月21日《关于俄罗斯联邦国有资产私有化和市政资产私有化》的颁布为起点。这部法律正式宣布大众无偿私有化即证券私有化的结束,取消了劳动集体先前的大部分优惠政策,加大了地方在企业私有化方面的授权,允许地方自己制定私有化方案。应当认为,第三阶段私有化已经失去了私有化作为经济改革重要组成部分的意义,因为这个阶段要解决的首要问题是已经私有化企业的公司治理和结构重组问题,以及合理利用和提高财产的使用效率。此

---

① 指1992年1月1日以前的卢布。
② 同上。

时，俄罗斯政府出售国有资产的规模和速度也大不如以前。

到普京总统当政时，已有许多国有企业私有化了，但还有相当大的一部分尚未来得及私有化。已经私有化的国有企业推行私有化造成的严重恶果，就是大量的国家财产迅速被少数寡头所瓜分。而人民群众不但没有从中得到什么好处，反而大量失业，陷入极度贫困之中，形成了贫富两极分化。面对私有化过程中的这些教训，俄罗斯社会上下都在反思。2001年，俄罗斯颁布新《私有化法》，加强了对私有化的管理和监督。从这年开始，俄罗斯国民经济各主要行业陆续出现了重新国有化的迹象。国有和地方政府所有的企业数量逐年增加，从2001年的36.7万增加到2006年的41.3万。俄罗斯政府几乎在每个重要战略领域都建立起了大型国有控股公司，大大增强了国家对经济的主导作用。

二、关于放开物价问题

俄罗斯、东欧和中亚国家都把放开物价作为向市场经济过渡的重要手段。它们认为，放开物价可以消除国家对价格的垄断，恢复价格在经济中的应有作用，成为向市场经济过渡的重要前提。这些国家放开物价有以下特点：一是这些国家都已做出放开物价的决策并加以实施，有的逐步放开，有的一步放开。匈牙利在价格改革方面采取逐步取消物价补贴、逐步放开物价的做法，20世纪90年代中期物价已几乎全部放开。虽然也出现过通货膨胀，但处于可控范围。除匈牙利外，俄、波、捷、保等国家都是采取一步放开的做法。捷克共和国从1991年1月起放开物价，由市场调节、国家调控的物价只有5%。保加利亚从1991年5月起全面提高粮食价格35%，其他食品价格完全放开。这样几乎结束了对除面包、牛奶、奶酪和肉类以外的所有产品的价格控制。俄罗斯在从1991年4月到1992年3月不到一年的时间里物价三次大涨，这在俄罗斯历史上从未有过。俄罗斯报纸惊呼：现在的通货膨胀不是每天发生，而是每小时都在发生。二是通货膨胀率极高，90年代下半期已开始回落。波兰实施"休克疗法"之初，物价普遍提高5~6倍，有的甚至几十倍。俄罗斯很多老百姓抱怨：改革使很多人一天之内变成了乞丐，老百姓所有积蓄一下子变成了一堆戈比，很多商品的价格都是荒谬的。三是物价上涨对生产没有刺激作用。物价上涨对生产的反作用有一定的时差，但俄罗斯和东欧各国出台的物价上涨措施有好几年了，仍看不出对生产的刺激作用。四是大部分国家本国货币大幅度贬值。除少数国家,例如匈牙利货币逐年贬值外,大部分国家在国内物价大涨的同时,本国货币对美元的汇率不断贬值。这种情况造成了金融市场极度混乱。

俄罗斯、东欧和中亚国家大幅度提高物价,对社会、经济和人民生活带来极其严重的影响。其主要表现在:第一,物价上涨使人们的购买欲受到抑制,对商品的需求大量减少。据统计,俄罗斯1991年4月第一次物价上涨后,对商品的需求大约缩减1 600亿~2 000亿卢布,占商品和劳务总额的15%~20%。据官方公布,1991年4月2日以前,社会对日用消费品的缺额为1 500亿~2 000亿卢布,如果把不能满足需求部分和它的缩减部分相比较,那么,这个数额是接近的。可见,物价上涨有助于缓和商品供需之间的矛盾。同时,一次性放开物价是实现经济自由化和市场化的重要步骤。俄罗斯、东欧和中亚大部分国家的自由价格打破了商品生产和流通的行政计划管理方法,国家开始放弃对价格的调节作用,对扭转长期以来国家对经济的干预而形成的价格扭曲现象具有一定的作用。第二,放开物价使俄罗斯和东欧大部分国家陷入物价上涨和经济大幅度滑落的恶性循环之中。放开物价后,在这些国家并未打破垄断局面,一些部门利用原有的垄断地位,减少产量,保持垄断高价,这就形成了这些部门为了保持产品的垄断高价,而使生产大幅度滑坡的局面。另一方面,放开物价以后,由于物价不断上涨,各企业深感现金不足,特别是流动资金不足,使企业生产难以维持,最终导致生产的大幅度下降。另外,由于能源价格的提高,导致制造业产品的价格猛涨,使长期采购这种产品的企业不敢再问津,再加上这些产品的质量本来就不高,产品无销路,致使生产厂家开始停产。直到20世纪90年代末,有的国家仍未走出这一恶性循环。第三,俄罗斯、东欧和中亚一些国家通过实行通货膨胀政策实现国民财富的再分配。俄罗斯、东欧和中亚一些国家在经济转轨时期,通过实行通货膨胀政策,吞噬了个人的大量存款。在名义利率较低的情况下,通货膨胀实际上侵蚀了居民的大量存款,把财富从存款人那里再分配给借款人。俄罗斯、东欧和中亚一些国家用本国货币转换为美元或不动产的交易规模很小,即使这种规模,低收入居民的家庭也是难以达到的。这样,通货膨胀使相当一部分居民受到了伤害,而某些人、某些企业得到了好处,特别是金融部门,其中包括中央银行。第四,物价上涨使居民生活水平不断下降,部分居民生活陷入贫困。波兰实施"休克疗法"之初,物价普遍提高 5～6 倍,而职工平均工资才提高 2～3 倍,职工工资的增长赶不上物价的上涨,大部分职工的生活水平大大下降。到 1991 年底,全国 1/3 的居民处于官方公布的贫困线下。匈、保、罗、俄等国居民生活水平也下降了 30% 左右。第五,物价上涨使人们滋长了轻货币重实物的观念,阻止市场的正常发育,容易把商品经济拉向自然经济。20 世纪 90 年代物价上涨给俄罗斯、东欧和中亚大部分国家的社会经济造成了极大的危害。进入 21 世纪后,这些国家都把反通胀作为一项重要任务,并已取得一定的成效,虽然商品和劳务价格水平都比较高,但基本趋于稳定。

三、关于改革金融、贸易体制问题

20 世纪 90 年代以来俄罗斯、东欧和中亚各国的经济改革与发展为其金融和贸易体制的改革打下了良好的基础。近 30 年来,俄罗斯、东欧和中亚国家金融和贸易体制的改革取得了较大的进展,金融体制改革主要表现在以下方面。

(1) 金融转型基本完成。在转型前的中央计划体制下,银行等金融机构为国家所有,而如今这些国家的大部分银行已经被私有化了。转型国家实施金融自由化政策,改革银行体制的内容大致可以分为两个方面:一是将计划经济下大一统的国有银行体制转变为更适合市场经济要求的多级商业银行体系,实现中央银行和商业银行职能的分离。二是对银行部门进行私有化改造,主要通过出售和开放市场两大途径,对象既包括本国投资者也包括外国投资者。这个过程基本上在 20 世纪 90 年代末期到 21 世纪初完成。

(2) 金融业结构相近。俄罗斯、东欧和中亚金融体系从当初国有银行一统天下的格局发展到今天,几乎包含了一个发达市场应有的所有要素。但它们与发达市场经济国家的金融结构相比还是存在一定区别的。首先就资产规模而言,银行在转型国家金融市场中仍然占据绝对主导地位,因此,银行体系的稳定与否将直接关系到整个金融体系的稳定与否。另外,值得指出的是,该指标近年来呈现一定的下降趋势,这也从一个侧面说明,这些国家的金融结构逐步向多元化发展。保险公司、信托投资基金以及养老基金等非银行金融机构在这些国家的发展势头也是非常迅猛的,只是在金融总资产中所占比重还远低于发达市场经济国家的水平。

(3) 银行业外资参与程度存在差异。中东欧国家除斯洛文尼亚外银行部门外资参与的程度普遍比较高(见表14-1),如今,匈牙利三分之二以上的银行部门掌握在外国投资者手中,波兰的外商投资者控制了70%以上的银行资产,捷克的这一比例更高,近85%的银行资产被外国人控制。独联体国家外资银行资产占商业银行资产的比重相对较低。外资份额的增加对这些国家的金融系统来说是一把"双刃剑",它既有助于提高银行部门资产质量和管理水平,促进金融体系的稳定,但过高的外资依存度和关联性则容易加大特定环境下的金融动荡。

表14-1 2005年底中东欧四国和独联体四国外资银行数据

	波兰	捷克	匈牙利	斯洛伐克	俄罗斯	乌克兰	哈萨克斯坦	白俄罗斯
外资银行数目(家)	50	27	27	16	52	23	14	18
外资银行数目占银行总数的比重(%)	82.2	75.0	71.1	69.6	4.2	13.9	41.2	60.0
外资银行资产占商业银行资产的比重(%)	74.2	84.4	82.6	97.3	11.5	21.3	7.3	16.2

资料来源:EBRD Transition Report 2001,2006;波兰中央银行网站:www.nbp.pl;捷克中央银行网站:www.cnb.cz;匈牙利中央银行网站:www.mnb.hu;斯洛伐克中央银行网站:www.nbs.sk;俄罗斯中央银行网站:www.cbr.ru;乌克兰中央银行网站:www.bank.gov.ua;哈萨克斯坦中央银行网站:www.nationalbank.kz;白俄罗斯中央银行网站:www.nbrb.by。数据经作者整理而得。

注:表中的外资银行指外国资本拥有50%以上并获得控股权的银行。

(4)金融监管水平较高。中东欧国家银行体系监管在法律方面取得了明显的进展,在最低资本额、资本充足率、许可证管理等方面已与欧盟标准保持一致,已经采纳了国际公认的会计原则,并运用这些原则实行公开的披露制度,提高监管能力。此外,波兰、捷克、匈牙利等国的监督和管制机构之间也建立起非常紧密和正式的合作关系。捷克中央银行建立了中央信用登记处,波兰建立了由银行和银行联合协会共同组织的信用信息局,它们定期与IMF、OECD,以及世界银行等国际组织进行合作交流,接受来自它们的检查、监督和指导。

对俄罗斯、东欧和中亚国家来说，贸易体制改革最重要的是从经互会到世界多边贸易体系的转变。在中央计划经济体制下，苏联和中东欧国家主要在经互会框架下开展贸易。

20世纪90年代初，随着经互会的解体，中东欧国家和苏联等经互会成员国之间四十多年形成的经济联系一下被中断了。对于踏上经济转型之路的中东欧和独联体国家来说，外贸管理新体制的建立、对外贸易的重新布局、新贸易部门的开发和私有化改造成为其贸易改革和发展领域亟须解决的问题，而贸易自由化和加入世界多边贸易体系又成为转型国家对外贸易发展的重中之重。

对于中东欧国家来说，贸易和支付体系的自由化是它们完全参与全球贸易的前提条件。1990年以来，中东欧国家的国有贸易公司基本上被私有化了，商品贸易的平均关税水平也大大降低了，有关服务贸易的具体承诺也能够充分表现出政府在减少限制措施方面的积极态度。一些国家如匈牙利、波兰和捷克的自由化程度已经达到70%～80%的水平。波兰、罗马尼亚、捷克、斯洛伐克和匈牙利作为GATT的原协议国，在WTO成立之时成为其成员。保加利亚、拉脱维亚、斯洛文尼亚等也于20世纪90年代后期加入了WTO。至2003年马其顿（2019年2月改国名为"北马其顿"）加入WTO后，中东欧转型国家已经全部进入世界多边贸易体系。

在独联体转型国家中，吉尔吉斯斯坦已于1998年加入WTO，亚美尼亚、格鲁吉亚、摩尔多瓦也在21世纪初陆续被接纳为WTO成员，一些较大的独联体国家如俄罗斯、乌克兰和哈萨克斯坦分别于2011年、2008年和2015年加入了WTO。而白俄罗斯、阿塞拜疆等国还需在金融市场发展、关税体制及贸易基础设施建设等方面进一步加强努力，方能使它们更好地被WTO接受，从而享受WTO多边贸易机制带来的好处。

四、关于经济体制转轨的现状和前景

20世纪80年代末90年代初，俄罗斯、东欧和中亚国家迈出了向市场经济转型的步伐，如上所述，大部分国家选择了激进式改革方式。激进式改革方案的实施使这些国家的经济遇到了极其严重的困难，经济大幅度滑坡，通货膨胀居高不下，失业人数不断增加，人民生活水平急剧下降，各国为经济转轨付出了沉重的代价。1994年，中东欧国家开始调整经济改革方针，重新定位政府角色，改革微观经济管理机制，制定新的产业与贸易政策，开始了从"华盛顿共识"向"后华盛顿共识"的转换,经济很快得到了恢复和发展。以后又经过多年的改革,基本上完成了从计划经济向市场经济的转轨。2004年5月,波兰、捷克、匈牙利、斯洛伐克、斯洛文尼亚、爱沙尼亚、拉脱维亚和立陶宛八国加入欧盟;2007年1月,罗马尼亚和保加利亚加入欧盟;2013年7月,克罗地亚也加入了欧盟。

从加入欧盟的那一刻起,中东欧新成员国的金融银行业不仅具有更为广阔的发展前景,而且在内部控制、管理、效率和服务等方面能够得到不断提高。但是与此同时,它们又不得不面临一系列新的挑战。

首先,加入欧盟后,中东欧国家的金融业无疑将受到欧盟同业的挑战,它们将面对一个商品、服务、资本、劳动力完全自由流动的大市场,它们的银行体系必须逐步与欧洲银行体系相融合,银行经营管理的各项标准必须参照欧盟其他成员国要求。在与欧盟银行同业的竞争中,中东欧国家平均规模和质量相对较低的银行部门并不具有比较优势,而落后的非银行中介系统(股票和债券市场)有可能成为金融不稳定的潜在因素。

其次,加入欧盟后,中东欧国家的国内银行业务将存在减少的可能性。入盟前,银行贷款业务与其说是面对所有企业的,不如说是集中在大企业。入盟后,情况有所不同,实力强大的企业很容易获得欧盟各成员国的银行贷款资金,也可把注意力逐步转向资本市场。这样,对中东欧国家的银行来说,拓展和改进贷款业务最有前途的方法是增加对中小企业的贷款,然而,增加对其贷款在一定程度上会使银行的风险大大增加。但这是一个日益走向成熟的金融机构所必须面对的。

再次,加入欧盟后,中东欧国家将面临新一轮吸引外资的竞争。一方面,在欧盟内部,国与国之间政治改革、经济转型以及社会发展的差距正在逐步缩小,今后,只有依靠完备的市场基础设施建设、良好的投资环境和有力的监督管理体系才能吸引更多的FDI。另一方面,巨额的国际资本流动也对监管者和政策制定者提出了挑战。FDI增加了可用的投资资金,给中东欧国家金融系统的发展带来了许多好处,但同时对中介这些资金的金融机构提出了越来越高的要求。开放的资本账户需要一个稳定、健康的金融体系。

而俄罗斯等独联体国家尽管也在1994年前后对经济改革的方针进行了调整,但由于这些国家国内政治矛盾和斗争较为尖锐和复杂,经济改革的调整方针无法贯彻,在经济政策调整的后几年中,经济仍一直处于不断下降之中。1999年普京出任俄罗斯政府总理,并在该年年底发表了长篇纲领性文章《千年之交的俄罗斯》,提出了一条新的改革和发展道路,并且制定和调整了相关的经济政策,这预示着普京将实施与叶利钦时代不同的改革道路,标志着俄罗斯经济改革将进入一个新的发展时期。

普京对俄罗斯总体经济形势进行了较为客观的分析。他指出,俄罗斯已不属于当代世界中经济和社会发展水平最高的国家,20世纪90年代俄罗斯国内生产总值下降了50%,仅相当于美国的十分之一、中国的五分之一。俄罗斯与先进国家的差距越来越大,正在被推入第三世界的行列。俄罗斯经济结构畸形,国民经济中的关键行业仍然是燃料工业、电力工业、黑色和有色冶金工业;产业部门劳动生产率很低,设备陈旧,70%以上的设备使用期已超过10年;产业部门投资极少,技术落后,不重视新产品的开发,使俄罗斯在国际市场上有竞争力的产品大大减少,在这一领域里,俄产品只占不到1%,而美国占36%,日本占30%;居民的实际收入不断减少,生活水平不断下降。

普京认为,俄罗斯经济长期处于危机状态,一方面很大程度上是苏联经济模式造成的,另一方面也是经济转轨过程中的失误和错误造成的。普京尖锐地指出:"将外国课本上的抽象模式搬到俄罗斯,使俄罗斯人民付出了沉重代价,机械照搬别国的经验是没有用的。"很明显,普京已认识到,俄罗斯经济长期衰退不能复苏的根本原因在于,其制度创新和改革模式的选择不符合国情。

那么,俄罗斯未来的发展方向何在?普京认为,俄罗斯不能回到过去计划经济的体制,也不能照搬西方的模式。普京说:"每个国家,包括俄罗斯,都必须寻找自己的改革之路。只有将市场经济和民主原则与俄罗斯的现实有机地结合起来,才会有一个光明的未来。"很清楚,市场经济、民主原则和俄罗斯现实三者相结合,就是普京的"改革之路"。

如何实现这一"改革之路",普京提出了一些与叶利钦时代不同的政策措施。在经济体制模式的选择上,主张建立国家干预的市场经济模式,以区别于叶利钦时代所选择的自由市场经济模式,确保市场的正常秩序;在宏观运行机制方面,主张国家财政迅速向公共财政转化,形成新的预算体制和税收制度,完善两级银行体制,建立有效的财政金融体系;在对外经济关系上,积极发展对外经贸关系,循序渐进地实现俄罗斯经济同世界经济一体化。此外,为刺激经济的迅速增长,普京实施了一系列有效政策。

普京认为,认真选择符合俄罗斯国情的改革模式,并制定相应的政策措施,俄罗斯就能在比较短的时间内走出困境,并获得经济的稳定增长。

俄罗斯开始实施普京所确定的刺激经济的一系列措施时,具有良好的外部环境。2000年和2005年世界石油价格上涨,俄罗斯作为一个主要石油出口国,获得了机遇。此外,1998年俄罗斯金融危机时卢布贬值的效应在2000年以后还在释放,对当时的出口仍起着刺激作用,再加上一系列有利于刺激经济政策的实施,使得此后八年间俄罗斯经济呈上升趋势。在1999年国内生产总值增长的基础上,2000—2007年国内生产总值增长均保持在5%～7.5%。

我们应当看到,在世界经济增长普遍低迷的情况下,俄罗斯在这八年间的经济增长率是一个很不错的指数,是世界上增速较快的国家之一。但俄罗斯经济改革和发展还有很多困难,1999—2007年的经济增长仍然是一种恢复性的增长,经济发展仍很脆弱,制约俄罗斯经济增长的因素还很多,这从2008年全球金融危机对俄罗斯造成的巨大影响可以得到印证。2008年的全球金融危机在全球的"去杠杆化"浪潮背景下,通过两个渠道对俄罗斯经济造成了正面冲击:一是全球投资者为自救而大规模抛售卢布资产,从而直接打击了俄罗斯的金融体系;二是世界石油市场投机基金获利回吐致使石油价格迅速下挫,从而对俄罗斯造成了更为致命的全面冲击。而这一切的具体表现是大家所熟知的场景:银行体系的流动性危机、股票市场的暴跌、资本外逃和出口收入的锐减,接踵而来的是GDP下滑、企业减产、工人失业、外汇储备下降、外债负担加重、卢布贬值等。

为彻底清除2008年全球金融危机的影响,使GDP能够迅速地恢复到危机前的水平,并为经济的可持续发展打造基础,俄罗斯政府在分析其内外挑战基础上进行了积极的努力和尝试。分析这一复苏过程,我们可以发现如下特征。

(1) GDP恢复速度较慢。俄罗斯在2008年危机中以9%的经济下滑速度超越了很多国家,这主要是因为俄罗斯在危机中遭受了信贷断流、资本外逃、石油价格巨幅下挫等直接冲击。之后,俄罗斯用了13个季度将GDP恢复到了2008年危机前的水平,而这在GDP同样下降近10%的1998年只用了7个季度;如前所述,2008年危机之前,俄罗斯的经济增速保持在5%～7.5%,而危机之后,尽管石油价格也相当高,但GDP的增速仅有4%。不过,当前俄罗斯经济相对较为缓慢的恢复并不难以理解,毕竟1998

年的危机是局部危机,而2008年的危机是全球危机,各国尤其是发达国家受挫严重,使得俄罗斯的外部环境相较1998年更为恶劣。

(2)投资积极性始终不高。从吸引外资的角度来看,由于国际投资家在危机之后的风险偏好大大下降,且对投资环境的要求普遍提高,致使外商对俄罗斯的投资始终萎靡不振;从国内投资来看,俄罗斯投资危机最严重的是2009年的上半年,从2009年第三季度起,随着企业资金的缓解,投资下滑趋势有所减弱,但企业的融资更多地依赖自有资金的投入。从投资结构上看,机械设备以及交通工具领域的投资比例增大,而房地产领域的投资比例则下降。如果再跟1998年进行比较的话,就固定资本投资而言,同样是危机后的13个季度,俄罗斯的投资较2008年危机之前尚有20%未恢复,而1998年危机后的第13个季度固定资产投资已经达到危机前的110%。

(3)消费和进口恢复得相对较快,而出口恢复得慢。消费的快速恢复主要得益于财政实力相对稳定,使老百姓实际收入得以提高,以及银行消费信贷规模的扩张,同时也带动了进口的恢复。2008年危机之后的第13个季度,俄罗斯进口已经恢复到了危机前的水平,而同样指标在1998年危机之后进口水平距危机之前还差10%。与此同时,受困于外部环境的恶化,在13个季度之后,俄罗斯的出口终于恢复到了2008年危机前的水平,出口价格上涨6.5%,而实际出口量下降5.7%,贸易条件为107.3。然而1998年危机后的第13个季度,俄罗斯出口已经达到危机前的118%。

(4)资本外逃不减。2011年俄罗斯资本外逃的规模达到了700亿美元。2012年前5个月,俄罗斯的外逃资本为351亿美元,而其在2012年第一季度吸引外资为365亿美元。总体而言,外逃资本是俄罗斯吸引外资的86.2%。资本之所以外逃,最主要的原因在于对俄罗斯投资环境的不满。其他原因,诸如总统大选期间诸多的不确定因素以及对欧洲主权债务危机的担心和世界经济复苏放缓的忧虑等也在不同程度上产生了影响。

俄罗斯经济转型与发展的致命弱点有以下几个。

第一,俄罗斯的经济结构并没有得到改善,石油依然是俄罗斯经济的"命根子"。2008年的金融危机打断了俄罗斯出口多元化的尝试,能源类产品出口占俄罗斯出口总额中的比重由2007年的61.7%增加到了2011年的65.5%,2011年进出口关税收入占到俄罗斯预算收入的35.7%。这说明危机使俄罗斯对能源出口的依赖性更强了。世界经济形势的变化影响着石油价格的涨跌,而石油价格的涨跌又进一步影响着俄罗斯出口收入的多少以及股指和卢布汇率的升降。从外部环境来看,欧盟的经济增长率从2010年的1.8%降至2011年的1.5%,再降至2012年的0.7%,导致其对俄罗斯能源产品的进口迅速下降。如果发达国家的经济继续疲软,那么俄罗斯经济复苏势头必然受阻,甚至会又一次进入下行通道。尽管俄罗斯的人民和领导人其实早就意识到不能成为世界的"原材料附庸",要走"创新型"发展道路,但也许是高油价的诱惑太大,也许是时间不够,总之我们看到的事实是俄罗斯经济的发展、财政收入等与世界市场的石油价格高度相关,这也导致其经济的高度脆弱性。

第二,腐败严重和大规模的资本外逃,而这些与投资环境的好坏又是互为因果的。腐败并不是俄罗斯的"土特产",几乎世界上所有国家都会碰到这个问题。俄罗斯当初选择"休克疗法"的原因之一也是想避免因"双轨制"产生的寻租空间而孳生大量腐败。然而,不无遗憾的是,俄罗斯的腐败程度与当初改革和转型的设计者们的预想相去甚远。普京虽然打击了寡头,但同时也培育了新的利益集团,腐败的猖獗程度丝毫没有减弱,以至于引发公愤。更为严重的是,腐败已经成为生活的一部分,使得俄罗斯的投资环境由此而大为逊色。如果对腐败问题不能有效加以解决,必将继续阻碍俄罗斯经济的发展。

俄罗斯经济高度的对外依赖性和自身的脆弱性使得其经济运行不可避免地会受到世界经济冷暖的影响,其中的传导机制包括贸易、金融和投资等多重渠道。在全球金融危机复苏乏力、欧洲身陷债务泥沼、美国还未找到新的增长引擎的外部环境下,俄罗斯不可能独善其身。特别是乌克兰危机以来,美欧联手对俄罗斯实施了经济金融制裁,采用了冻结资产、终止银行卡支付业务、设置融资壁垒、调低债务评级等手段,目标是通过油价下跌的配合,使俄罗斯经济再次陷入困境,进而使老百姓产生不满情绪,最终迫使普京下台。俄罗斯也相应地采取了一系列手段来应对欧美制裁,其中最重要的举措就是开辟包括中国在内的新的贸易和融资渠道。无论是2008年的全球金融危机还是欧美针对俄罗斯的经济制裁,都暴露出俄罗斯经济脆弱性所在:对石油和外部资金的高度依赖以及人口危机。因此,未来俄罗斯经济的发展面临的主要任务将是提高劳动生产率,并在劳动人口下降的趋势下实现经济多元化。

基本概念

传统经济管理体制　休克疗法　激进式改革　渐进式改革　私有化券

思考题

1. 简述传统经济管理体制的主要特点。
2. 简述传统经济管理体制的严重缺陷。
3. 简述苏联和东欧国家对传统经济管理体制改革未能取得预期效果的原因。
4. 试述激进式改革和渐进式改革理论的主要内容。
5. 为什么俄罗斯和东欧大部分国家向市场经济转轨初期都选择激进式改革方案?
6. 请对俄罗斯向市场经济转轨初期实施激进式改革方案的结果做一评价。
7. 简述俄罗斯、东欧和中亚国家向市场经济转轨初期大幅度提高物价的经济影响。
8. 俄罗斯、东欧和中亚国家金融体制改革取得哪些新进展?
9. 请对俄罗斯、东欧和中亚国家经济体制转轨的前景做一展望。

第五篇　世界经济中的中国

作为世界经济组成部分的中国经济，在改革开放以来四十余年的时间里，工业化进程取得巨大突破，从低收入国家一举跃升为发展迅猛的新兴中等收入国家。在1978年党的十一届三中全会召开以前，中国工业化实行的是一种基本内向型的、追求高速度的、以重工业为重点的粗放式发展战略。实行改革开放尤其是2001年加入WTO以来，中国作为主要新兴制成品生产国取得了显著的经济进步和发展成效。凭借拥有丰富劳动力的比较优势，中国企业首先通过吸引直接投资和加工制造的方式承接全球生产，积极参与国际和地区分工，在实现经济快速增长的同时，经由对外贸易积累了巨额的外汇储备。现今，中国制造业已经成为全球价值链的重要一环，中国的企业也在不断向价值链上游移动，与全球贸易体系的关系日益密切。而且，中国不仅吸引外资、近年来也快速扩大了对外投资的规模，成为全球重要的对外投资来源国。

目前，在新一轮科技和产业革命孕育兴起、国际分工体系加速演变的同时，面对纷繁复杂的国际经济环境，中国正处于进一步深化改革、扩大开放的重要转型期，需要在准确应对国内经济新常态、继续供给侧结构性改革的同时，稳步实施"一带一路"倡议、推进区域经济合作，加快建设开放型经济新体制，推动经济持续健康发展。

第十五章 对外贸易与中国经济发展

一国经济发展的快慢很大程度上取决于该国的对外经济关系是否发达，而衡量一国对外经济关系是否发达的重要标志之一则是一国对外贸易的发展情况。本章主要介绍中国对外贸易演进状况和特点、中国外贸体制改革的实践、中国加入世界贸易组织及其经济影响等问题。

第一节 中国对外贸易概述

新中国成立以来，我国的对外贸易由于受到政策、指导思想多变性的困扰，经历了一个反复曲折的发展过程。新中国成立初期，在完成了对外经贸领域所有制的社会主义改造以后，从1950年起，我国先后成立了一批国营专业外贸公司，统一经营全国的对外贸易。至1978年，在"互通有无，调剂余缺"的指导方针下，对外贸易一直被看作社会主义扩大再生产的补充手段，这期间对外贸易虽然为国民经济的恢复和发展做出了一定的贡献，但其发展程度较小，几经曲折。20世纪60年代之前，我国的主要贸易伙伴仅局限于当时的社会主义国家，1952年至50年代末，其贸易比重都在70%以上，其中对苏联的贸易额约占全国对外贸易总额的50%。从60年代开始，我国逐步同日本和西欧等国开展了对外贸易，尤其是1964年中法建交之后，掀起了西欧对华贸易的高潮，1965年，我国对西方各国贸易额占全国贸易总额的比重由1957年的17.9%上升到52.8%。"文革"时期，我国对外贸易受到了严重的干扰和破坏，连续多年对外贸易额出现停滞和下降。直到1970年，对外贸易状况才得以好转。但总的来说，改革开放以前我国对外贸易不仅数量上有限，而且贸易结构和质量也偏低，外贸基本上是在一种低水平经济基础上运作。1950年，我国对外贸易总额为11.35亿美元，到1978

年也仅达到206.38亿美元,30年中年均增长率不到1%;新中国成立初期,我国出口商品的80%以上是初级产品,直到70年代,初级产品出口占我国出口额的比重仍在50%以上,反映了我国当时的经济结构和生产水平。

我国对外贸易的全面恢复和持续、快速发展,还是在1978年党的十一届三中全会确立了改革开放的路线方针之后。由于指导思想上坚持了改革开放,理论上重新认识了对外贸易在我国国民经济发展中的地位和作用,同时不断深化外贸体制的改革,并充分利用了2001年"入世"后与世界市场接轨的重要机遇,四十年余来我国的对外贸易持续保持在快速增长的轨道之中,成为中国经济增长的强大动力。

在这一过程中,我国对外贸易发展的主要特征有以下几个方面。

一、对外贸易额增长迅猛,成为世界货物贸易第一大国

改革开放以来,中国对外贸易规模的增长速度极其惊人。20世纪80年代,我国进出口总额以每年11.5%的速度增长,到1989年,外贸进出口总额已经达到1 117亿美元。90年代虽然曾遭受到亚洲金融危机和全球经济通缩等多方面的影响,但我国外贸总体仍继续保持高速增长。到2001年,进出口总额迅速扩大为5 098亿美元,是1989年的4.6倍,平均每年递增13.5%,外贸总额占国内生产总值的比重由1989年的24.6%提升为44%。2001年"入世"后,中国的对外贸易更是获得了突飞猛进,货物贸易的出口额由2001年的2 660.98亿美元增加到2015年的22 765.7亿美元,增长了约7.6倍,年均增长速度达到了14.4%。作为开放型经济发展的重要里程碑,2013年,中国货物进出口总额达到4.16万亿美元(见图15-1),由"入世"前的世界第六大贸易国跃升成为第一贸易大国,之后连续多年保持世界第一货物贸易大国地位。2016年,我国外贸进出口总额已近4.5万亿美元,为1978年外贸总额的180余倍。同期中国的出口增速远高于全球和主要经济体的平均增速,也远远超过国内经济增长的速度。

贸易额的增长使得我国在世界贸易中的地位显著提高,占国际市场份额持续提升。1978年我国对外贸易额在世界进出口总额中所占比重为0.75%,世界排名第32位。2015中国在全球出口中所占比重已升至13.8%,创近50年全球最高,这是美国在1968年曾经占到的比重,此后再没有任何国家能够企及。

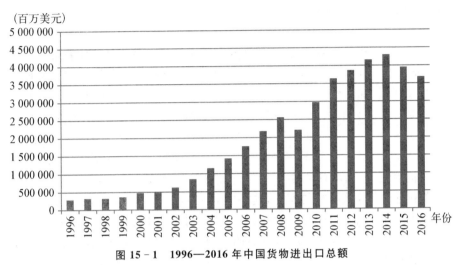

图 15-1 1996—2016 年中国货物进出口总额

资料来源：国家统计局网站，www.stats.gov.cn。

二、进出口商品结构不断优化，制造业国际竞争力持续提高

在新中国成立以后的很长时期内，由于旧国际经济秩序的影响以及国内经济发展水平的低下，我国外贸主要以初级产品、浅加工品出口和工业制成品进口为主。改革开放以来，随着我国经济的发展和劳动生产率的提高，进出口商品结构也发生了很大变化，工业制成品所占出口比重逐年上升，农产品、初级品比重下降。1980—1995 年，初级产品在出口中的比重由 50.3% 下降至 14.4%，同时，工业制成品的比重则上升到 85.6%，其中机电产品在出口中的比重由 1981 年的 3.7% 上升到 1996 年的 32%。1999 年，工业制成品出口额占出口总额的比重上升到 89.8%，进口额占进口总额的比重上升到 83.8%。值得一提的是，这期间高新技术产品出口额占出口总额的比重由 1996 年的 8.5% 上升到 2000 年的 13.7%，进口额占进口总额的比重由 16.3% 上升到 22.6%。"入世"后，中国的进出口商品结构更是优化明显，资本密集型产品的国际竞争力有了大幅度的增强，出口商品的附加值有所提高，出口制造业在产业链的位置逐渐上升。尤其在"十二五"期间，铁路、通信、船舶、航天航空等大型成套设备出口年均增速保持在 10% 以上，出口总额超过 5000 亿美元，2015 年，中国机电产品出口 1.31 万亿美元，占总出口额的 57.6%。同时，贸易条件不断改善，对外贸易实力大增，

制造业国际竞争力持续提高。

三、加工贸易比重下降,一般贸易和服务贸易占整体外贸比重上升

加工贸易在我国改革开放以来的对外贸易中曾长期扮演重要角色。1978年开始,加工贸易以来料加工装配贸易的形式出现,1979年加工贸易出口额只有2.35亿美元,仅占当时出口总额的1.7%。依托于国内的比较优势,1981—2003年,加工贸易出口年均增长27.62%,进口年均增长23.73%,远高于一般贸易增长速度。2010年度,加工贸易出口额增加到7403亿美元,占出口总额的46.9%,仍然超过一般贸易45.7%的比重。但随着中国自身经济特征的变化,这一趋势在2011年后就出现了逆转,一般贸易的比重逐渐超过了加工贸易。2016年,中国一般贸易出口占出口总额的53.9%,而加工贸易占出口总额比重则下降为34.1%。同时,服务贸易的比重也在相应上升,2016年,全年服务进出口总额比上年增长14.2%,增速远快于同期的货物贸易,服务贸易占对外贸易总额的比重达18.0%,连续多年保持增长。

四、民营经济在外贸出口中地位上升,新型商业模式成为外贸发展的新动能

虽然外资企业长期是我国外贸出口的核心力量,但是随着民营企业的崛起,后者在对外贸易中发挥的作用越来越重要。"入世"后,民营企业在我国出口中的比重由2001年的7.3%提高到2015年的45.2%,已然超过外资企业。各种类型的外贸企业在创新能力、品牌建设、营销水平上都不断增强,具有自主品牌、自主知识产权、自主营销渠道以及高技术、高附加值、高效益的产品出口增速高于传统商品。跨境电子商务、市场采购贸易等新型商业模式发展迅速,逐步成为外贸发展的新热点,两者在2015年的增幅分别超过30%和60%。

五、外贸市场进一步向纵深发展,多元化格局已然形成

20世纪80年代末我国提出了"市场多元化"战略,全方位发展对外贸易并将其作为国家战略予以实施。经过多年的努力,市场多元化战略取得明显成效,我国的贸易伙伴不断增加,目前已几乎遍及世界各个国家和地区。2016年,中国内地(大陆)的主要贸易伙伴为:欧盟、美国、东盟、中国香

港、日本、韩国、中国台湾、澳大利亚、俄罗斯和巴西,对这10个国家和地区的双边贸易额合计占中国内地(大陆)进出口总值的75.3%(见图15-2)。中国与亚太各经济体和世界主要发达国家的贸易关系尤为密切,与亚洲各相邻经济体的生产和贸易结构则尤其具有很强的互补性,这充分体现了中国经济立足亚洲、走向世界的贸易特点。

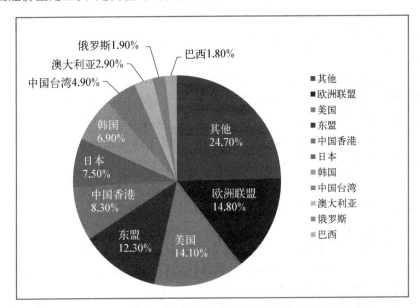

图15-2　2016年中国内地(大陆)主要贸易伙伴进出口占比情况
资料来源:商务部综合司,《中国对外贸易形势报告》,2017年春季,www.mofcom.gov.cn。

目前,亚洲是中国最大的贸易地区,其中东盟、日本、韩国等是在这一地区重要的贸易伙伴,而欧盟和美国已经成为中国第一和第二大贸易伙伴。2015年,发展中国家和新兴市场占中国外贸出口的比重达到45.8%,对"一带一路"沿线国家的进出口更是突破了1万亿美元,占我国外贸总额的比重超过四分之一。扩大了的市场容量与市场潜力,为对外贸易的进一步增长开辟了道路,同时也使我国对外贸易在世界范围的影响更为广泛而深入,在世界经济中的地位不断得到加强。

六、自由贸易区建设有效推进,进展成果显著

进入21世纪以来,在经济全球化深入推进的同时,区域经济一体化迅猛发展,以自由贸易区为主要形式的区域贸易安排不断涌现。自2003年后,我国自贸区建设从无到有,推进成效显著,迄今,已与23个国家和地区建立了14个自由贸易区。除了较早生效的中国-东盟自贸区等等,过去几年里,中国又与冰岛、瑞士、澳大利亚、韩国等国家签署了双边自由贸易协议(FTA)。此外,中国也在努力推动自己的区域一体化议程,其中最重要的就是包含亚太16国的"区域全面经济伙伴关系协定"(Regional Comprehensive Economic Partnership,RCEP),它将是一个覆盖35亿人口的世界上最大的自由贸易区,GDP总和将达23万亿美元,占全球总量的1/3。

总之,改革开放以来,尤其是2001年中国加入世界贸易组织之后,对外贸易的迅速发展使其在国民经济和社会发展中的重要作用日益凸显。主要体现在以下几个方面。

(1)提高了我国的综合国力,促进了我国国民经济的持续稳定增长。一国对外经济贸易通常被看作国民经济发展的"发动机"。对外贸易的扩大,不仅带动了国内生产,使国内众多产品通过出口在国际市场上实现了价值,获得比较利益,而且获得了国内经济建设所需的外汇、原材料以及提高人民生活水平所需的各种丰富的商品。同时创造了大量的就业机会,增加税收,带动相关产业的发展,尤其是多年的贸易顺差,使国家现汇结存大幅增加,国际支付能力显著增强。截至2016年底,我国外汇储备规模高达3.01万亿美元,位居世界第一。

(2)促进了我国开放型经济的发展。对外贸易在国民经济中的比重不断提高,使我国国民经济摆脱了封闭、半封闭状态,逐步向开放型经济转变。开放地区从沿海、沿江、沿边逐渐向内陆地区推进,开放领域从一般加工工业不断向基础产业、高新技术产业以及金融、保险、通信、咨询等服务行业拓展,为我国经济全面融入全球化奠定了坚实的经济基础。

(3)促进了我国国民经济结构的调整与优化,增强了经济的国际竞争力。作为连接国内外经济纽带的对外贸易,对我国国民经济从规模扩张为主向质量效益为主的高层次发展模式的转变发挥了积极的导向作用。对外贸易通过获取国际商品市场发展变化的最新信息,及时为我国商品结构提供调整信号,促进产业结构的优化,并通过先进技术设备大量引进、高端产品出口快速增加,以及国内的创新创业,为国民经济提质增效升级发挥了重要作用。

(4)密切了我国同世界各国的经济关系。"中国制造"的出口增加了全球消费者福利,"中国市场"的开放则带动了出口国的经济发展。对外贸易在提升我国国际经济地位的同时,也成为对外交往的"压舱石",直接推动了经济全球化的发展,适应当今和平与发展的世界主题。

那么,为什么我国对外贸易能实现令人惊叹的飞速跨越,在改革开放以来保持如此稳定和持续的高速增长呢?应该说以下因素是支持这种高速增长的主要原因。

(1) 经济高速发展是对外贸易迅速增长的根本保证。对外贸易作为一国国民经济的一部分,其发展和该国国内宏观经济状况密切相关。从1978年以来我国GDP年均增长率在10%左右,大大高于同期西方各工业国家3%左右的增长率。近年来,在世界经济环境多变的情况下,我国经济仍能保持较高速度的增长,这为我国外贸的发展提供了坚实的物质基础。

(2) 大力引进国外先进技术是提高对外贸易额、改善出口商品结构的重要推动力。改革开放以来,我国以廉价原材料和劳动力为基础,大力引进国外先进技术、设备,并注重原有设备的更新改造和引进技术的吸收相结合,大大提高了工业劳动生产率,改善了现有工业的结构,实现了改革之初所设想的以改革开放来促进产业结构变化和出口商品层次的升级换代,使我国的经济结构趋向合理化,从而加强我国与世界经济的联系,增强我国出口商品在国际市场上的竞争能力。这些对我国对外贸易数量和结构的提高都有重大的推动作用。

(3) 政府的政策支持是我国对外贸易发展的重要保障。党的十一届三中全会把改革开放作为一项重要的基本国策,对外贸易的发展自然也成为政府的工作重点。自此,政府积极制定出口战略,并从政策措施上予以保证。

我国政府促进出口的主要政策措施有:① 大力扶植出口产业。对出口创汇产业在原材料、能源供应方面优先照顾,对具有发展潜力的出口产业实行补贴,并把出口创汇部分优先供应出口商或出口产业使用,同时扩大企业外汇留成比例。② 在金融领域对出口项目采取优惠措施。银行在决定贷款顺序时,优先考虑出口贷款,并设立专门的进出口贸易银行,从事有利于扩大出口的贷款业务,并在利率、贷款期限上给予优惠。③ 对出口商品税收方面给予照顾。在改革开放初期,对出口商品实行减免税制度,在国内实行增值税后,对某些出口商品实行退税制度,以提高出口商品的国际竞争能力。④ 创立经济特区和开放沿海城市。以这些区域为突破口,大力发展出口导向型的经济模式,引进外资,开办三资企业,从事出口加工、三来一补等多种形式的经贸活动,并充分发挥这些开放地区的腹地效应和扩散效应,带动整个中国经济的外向型发展。⑤ 在上海等多地设立境内自由贸易区作为多功能经济性特区。通过制度创新和海关特殊监管政策等主要手段,推动贸易自由化、便利化,对接国际高标准投资贸易规则体系,全力打造中国经济升级版。

(4) 任何对外贸易发展原因的探讨都离不开外贸体制改革问题。外贸体制改革本身是对外贸易发展的要求和产物,反过来又对我国外贸的发展起了解放生产力的巨大作用,而且始终是我国对外贸易发展的关键。鉴于其特殊的重要性,我们将另辟一节加以讨论。

(5) 加入世界贸易组织所带来的重大历史机遇。2001年12月11日,中国成为WTO的第143个成员,这是改革开放历史上最具里程碑意义的一件大事,对于推动中国对外贸易发展的作用更是难以估量,由此,中国开启了全球化、国际化、市场化和法制化的新征程。经过"入世"后的快速发展,中国现今不仅成为仅次于美国的世界第二大经济体,还是全球第一大货物贸易国。可以说,"入世"至今,是中国发展最好最快,也是与世界实现共赢、分享繁荣的一段黄金岁月。鉴于"入世"对于中国外贸的深远影响,我们将在第三节加以单独讨论。

第二节 中国的外贸体制改革

1949—1978年,与高度集权的计划经济体系相适应,我国实行的是高度集中的外贸体制。在"主要是自力更生和自给自足,外贸起调余补缺作用"的指导思想下,对外贸易呈现以下特点:① 外贸的行政管理是一套严格的指令性计划,外贸计划取代关税、配额和许可证等措施,成为调节进出口的唯一行政手段;② 外贸计划是由严格进行专业分工的垄断性外贸公司完成的,其他任何企业和机构均无权经营外贸业务;③ 外贸的经营方式实行出口收购制和进口调拨制,进口产品的价格和出口收购价格是由国家物价部门统一制定的,汇率仅为一种核算工具,对进出口所起的作用不大,国内外价格处于隔离状态;④ 外贸公司的经济核算和国家预算联系在一起,外贸公司对盈亏不负责任。

这种高度集中的外贸体制虽然在当时是与单一计划经济相适应的,为恢复和发展国民经济发挥过重大的作用,但是,随着经济的发展,它越来越不能适应国民经济向纵深发展的要求,许多弊端成为我国经济发展、要求纳入世界经济发展格局的阻碍因素。

从1978年起,开始实行改革和对外开放,我国终于放弃了"自给自足"和"调剂余缺"理论,转变为承认国际贸易中的比较优势理论,开始体会到高度集中的对外贸易体制和外贸公司的预算软约束状况不能适应对外贸易发展的需要,认识到需要实行权力下放、竞争和外贸公司自负盈亏等新的原则。此后,中国就对外贸易进行了一系列的管理体制改革,主要包括以下两个方面。

1. 宏观层面的管理体制改革

(1) 改革高度集中的经营体制,下放外贸经营权。从1979年起,国家逐步下放外贸经营权,打破外贸部门独家垄断外贸的局面。首先,各省区市组织外贸公司,享有大部分商品的进出口权,不同程度地增加了自营业务。与此同时,原来由外贸企业经营的工业制成品,特别是机电产品,分散到各主管部门新成立的进出口公司经营,增加了贸易渠道,扩大了出口。其次,国家逐步放宽各类企业进出口经营权的审批标准,允许三资企业拥有出口自营权,设立中外合资外贸公司试点,并在经济特区试行生产企业自营进出口权登记制,在全国范围内已基本形成了多元化主体,多种所有制,多层次、多渠道的外贸经营格局。我国政府在加入世贸组织时所做的承诺——逐步取消现行的外贸经营许可制度,进出口贸易实现彻底的开放经营,让所有履行法定程序的市场主体都可以成为外贸经营的主体,已成为现实。

(2) 改革对外贸易的计划管理体制,逐步废除外贸进出口商品的指令性计划。取消在计划经济条件下对企业进出口的财政补贴制度,由企业自主经营、自负盈亏;大幅度减少计划管理的进出口商品种类,恢复国际通行的配额许可证管理制度,并不断减少配额许可证管理的商品数量。同时,适时根据外贸形势的变化,推出指导性政策。比如,2012年面对全球金融危机后严峻的外贸形势,国务院相关部门颁布《促进外贸稳定增长的若干意见》,要求企业优化出口商品结构,深入实施科技兴贸和以质取胜战略,扩大技术和资本密集型的机电产品、高技术高附加值产品和节能环保产品出口。支持企业技术改造,提高劳动密集型产品出口质量、档次和附加值,控制高耗能、高污染产品出口。

(3) 推行出口代理制。推行出口代理制是我国外贸体制改革的一项重要内容。过去我国实行的是外贸企业根据国家计划和国际市场供求状况向国内生产企业收购产品并组织出口的出口收购制;进口则实行由国内统一定价后再出售给企业的拨交制。如前所述,这种体制的弊端很多。出口代理制是指由外贸企业提供各种服务,代理企业办理出口业务,外贸企业收取手续费,盈亏由委托代理出口的生产企业负责。出口代理制有利于提高出口产品的竞争能力,促进生产企业的出口积极性;有利于搞好工贸结合;有利于提高对外履约率;有利于改善外贸企业的经营管理,提高外贸企业的服务质量,它的推行极大地推动了我国对外贸易的发展。

(4) 加强工贸结合、技贸结合,密切产销关系。长期以来,我国的外贸体制在工贸之间实行收购制,即外贸企业按国家出口计划收购工业产品,工业企业执行收购计划,负责供货。这样工贸分离,工业企业不能参与经营对外贸易,对国际市场行情缺乏了解,只靠外贸企业订货、订样而盲目生产;外贸企业不了解生产的工艺、技术,难以按照择优原则收购产品,合理地安排布局和定点,也难以及时处理生产与国际市场需求之间复杂多变的关系。为了打开工业制成品销路,开拓新市场,开发新产品,建立稳固的销售网络并逐步改变我国的出口商品结构,外贸体制改革中创造了多种灵活的工贸结合的经营方式。如以工为主的工贸联营、专业机械产品联营、工业企业自营、工贸合一联合企业自营、工贸合资联营等。随着外贸企业逐渐走向大型化、集团化、实业化,并充分利用互联网功能,各种工贸结合的形式已经越来越紧密和灵活。

(5) 进出口关税水平大幅降低,其他的限制性贸易措施也在不断减少。"入世"后,中国于2002年1月1日起开始全面下调关税,到2010年1月1日,所有产品的降税承诺已经履行完毕,关税总体水平由"入世"前的15.8%降到9.6%,逐步取消400多项非关税措施。履行了《与贸易有关的投资措施协议》条款,外贸经营权由"审批制"过渡到"登记制";在服务贸易领域,允许外国律师事务所在华设立代表处,并取消对驻华代表处的地域和数量限制;允许外资银行向中国企业和个人提供人民币业务等等。

(6) 支持跨境电子商务发展,用"互联网+外贸"实现优进优出。近年来,我国跨境电子商务快速发展,已经形成了一定的产业集群和交易规模,这对于发挥我国制造业大国优势,扩大海外营销渠道,合理增加进口,扩大国内消费,促进企业和外贸转型升级,推动开放型经济发展升级都起到了很大的助力。

(7) 财税与外汇金融改革稳步推进。此外,外贸体制改革的进程高度依赖于价格改革的进程,也与财政、税收、金融、外汇等方面的改革有密切关系。如 1994 年我国实行的统一的、有管理的浮动汇率体制,建立了外汇交易中心,改出口外汇留成制为结售汇制;1996 年实现的经常项目可兑换,为外经贸企业用汇大大提供了方便。"十二五"期间,又进一步完善了支持外贸发展的政策体系,推进大通关建设、改进口岸工作、完善出口退税分担机制、加大信保支持力度、减轻企业负担、提高贸易便利化水平等。

(8) 外贸法规逐步建立健全,外贸管理透明度增加。1994 年《中华人民共和国对外贸易法》的实施,标志着我国外贸体制已步入依法管理的阶段并逐步与国际通行惯例接轨,2004 年这部法律又在新形势下得到了修订。同时,我国按世贸规则建立了由对外贸易法、货物进出口管理条例及配套部门规章构成的三级法律框架体系,使得国内外企业在进出口贸易上拥有一个平等的竞争环境,体现了外贸体制改革所坚持的"统一政策、平等竞争、开放经营"的原则。此外,自贸试验区建设从无到有,"负面清单"管理模式加快推广,各项外资外贸管理规则不断与世界接轨。

总之,通过以开放促改革,我国外贸体制在更加开放稳定透明、更加符合市场经济规则的进程中不断完善,日臻成熟。

2. 微观层面的企业改革

随着我国外贸管理体制宏观层面改革的不断深入,曾在外贸经营领域中处于垄断地位的国有专业外贸公司遇到了越来越多的困难,在对外贸易完成额中所占的比重不断下降。如同其他国有企业一样,外贸企业也经历了转型阵痛期。外贸企业改革就是要在外贸企业中建立现代企业制度,做到产权清晰、权责明确、政企分开、管理科学,实现适应于市场经济的角色转变。

(1) 围绕产权制度的改革,调整和完善外贸企业的所有制结构。按照国有企业改革"抓大放小"的原则,对于拥有一定经济规模、代表国家经济实力的大型外经贸企业进行重点扶持,发挥其在我国对外贸易中的主导作用,同时对中小型外贸企业采取改组、联合、兼并、股份合作制、出售等形式,理清产权关系,放开搞活。主要途径有:① 改制授权经营的国有独资集团公司;② 股份制改革,形成多元股东持股公司;③ 兼并重组改造,实现资本扩张,资产优化组合;④ 开放外贸领域,引入外资组建合资企业。

(2) 探索适合外贸企业的发展模式。国有外贸企业从自身特点出发,通过以下三种方式逐渐建立长期经营发展战略中的竞争优势：① 借鉴日、韩综合商社模式，走集团化道路。通过集团化模式，外贸企业壮大企业实力，推进存量资产的优化组合，提高资产经营效率，增强自我积累能力。另外，强强联合，确立企业规模优势和竞争优势，通过资源的共享与配置降低经营成本，增强规避风险和抵抗外部冲击的实力。② 推行"贸工一体化"和"贸工技发展"的实业化道路。针对外贸经营权放开之后，部分生产企业获得自营进出口权，脱离原有外贸公司的情况，实业化模式可以使许多国有外贸企业通过参股、控股生产企业或联营方式以保证稳定的货源，形成出口商品基地。③ 多元化发展模式。外贸企业的多元化建立在两个层次上：在进出口贸易中由传统商品向多元商品发展，改变专业外贸公司以往主营产品单一、风险防范能力差的状况；在集团产业结构上由单一产业经营转向"以外贸为主业，相关产业多元发展"，以创造更多的利润增长点。

(3) 加强外贸企业内部建设。首先，建立科学的信息—决策机制，信息是确保决策正确的基础，外贸企业的客户、货源、行情等方面的信息情报构成了企业的无形资产，科学的信息管理尤为重要。有效的信息—决策机制是外贸企业缓解企业经营行为非市场状况和规避风险的重要手段。其次，建立有效的激励—约束机制，在激励方面，改变传统的外贸绩效评价指标，由量向质转变，引入"干股"等新的分配制度，使个人利益与企业利益更紧密地结合在一起。良好的约束机制是外贸企业对外规避风险、对内弥补漏洞的关键，企业内部采取风险分担、分层监管等方式，强化业务人员的责任心，建立起有效的风险防范和预警系统。

第三节 中国加入世界贸易组织及其经济影响

一、中国与世界贸易组织

世界贸易组织（WTO）的前身是关税与贸易总协定（GATT）。1947年，中国签署了联合国贸易与就业大会的最后文件，成为关贸总协定的最初23个创始国之一。新中国成立以后，由于受到西方国家的封锁，关贸总协定的席位一度由台湾当局占据。中国由此中止与关贸总协定的关系长达35年之久。1986年，中国提出要求恢复自己在关贸总协定中的席位，从此走上了艰难的"复关"之路。1995年，世界贸易组织成立，取代关贸总协定，负责管理世界经济和贸易秩序。中国申请以初创国的身份加入未果,继而转入争取"入世"的努力阶段。世贸组织是乌拉圭回合谈判的结果,与关贸总协定相比,世贸组织将乌拉圭回合谈判的成果,即与贸易有关的知识产权、投资措施和服务贸易纳入管理框架。因此,世贸组织不仅在国际贸易领域,而且在整个世界经济领域都发挥着越来越重要的作用。

中国加入世贸组织,既要享受一定的权利,也要承担相应的责任。一方面,加入世贸组织可以消除外国对我国的歧视性待遇,将能享受100多个成员方给予的多边的、永久性的最惠国待遇,出口产品面临的关税将会大幅度降低,从而大大促进我国出口贸易的发展,同时以发展中国家的身份加入,我国还可以享受特殊的优惠政策。另一方面,我国加入世贸组织后要按要求减让关税,削减非关税壁垒,取消进口配额和进口许可证制度。放弃对一些产品如农产品的出口补贴权利,在服务贸易领域逐步开放金融、电讯、法律、会计等部门,并增加有关政策的透明性。

经过多年的努力,1999年中国与美国就中国加入世界贸易组织发表了联合声明,签署了双边协定,这为中国"入世"谈判扫除了最大的障碍。此后,中国又相继与日本、加拿大、澳大利亚、欧盟、墨西哥等达成协议。2001年9月12日至17日,世贸组织中国工作组第18次会议在日内瓦举行,此次会议通过了中国加入世贸组织多边文件,提交总理事会审议。2001年11月10日,在多哈召开的世贸组织第四次部长级会议审议并表决通过了中国加入世贸组织。至此,中国"入世"的漫漫长路告一段落,我国对外贸易的局面也开创了新的篇章。

二、中国加入世贸组织的经济影响

得益于"入世"的推动,中国的国际贸易地位迅速提升。2003年,中国出口超过日本,成为亚洲第一,2004年中国进口也超过日本,成为亚洲第一;2009年,中国出口超过德国,成为世界第一;2013年,中国货物贸易总额超过美国,成为世界第一。在此期间,中国的外汇储备也快速增加,从2001年底的2 000亿美元到2016年底的3万亿美元,增幅达到15倍。

同时,中国的经济增速和综合经济实力更是提高迅猛。2002—2016年间的年均GDP增长率达到9.5%,即使是在受到全球金融危机影响最严重的2008—2011年间,也实现了高达9.7%的年均增长率。按照名义GDP核算,2010年中国经济总量已超过日本,并首次成为仅次于美国的世界第二大经济体,对世界经济运行的影响力不断加大。

"入世"启动了中国全面接轨世界贸易体系的新阶段,中国由此成为全球多边贸易谈判的重要参与者,通过扩大对外开放为世界带来了更多发展机遇。从进口看,中国货物贸易进口额由2001年的0.24万亿美元升至2015年的1.68万亿美元,增长了6倍,中国商品进口占世界的比重从3.8%上升至10.1%,为贸易伙伴创造了上千万个就业岗位。从GDP贡献率看,2001年,中国实际GDP对全球贡献率为0.53%,2015年,这一数字为24.8%;对全球实际GDP增长率的拉动度也从0.03个百分点升至0.6个百分点,连续多年成为全球经济增长最大的引擎。

更为重要的是,加入世贸组织对于我国加快建设开放型经济新体制、推动经济持续健康发展具有极其深刻的影响。

(1) 加深了对外开放的程度,促进中国经济全面市场化的发展趋向。"入世"后,我国市场的开放程度得以扩大,规则的国际接轨以及世贸体系相应争端解决机制的约束,有利于营造更加稳定公平透明、可预期的市场化商业环境。同时,根据"入世"承诺,电信、银行、保险等一系列新的投资领域的相继开放,也有利于中国经济整体竞争力的提升。

(2) 降低了对外贸易成本,有效增强了国际竞争力。"入世"后,中国得以分享全球多边贸易自由化进程的现有成果,接轨更加广阔且规则一致的世界市场,这无疑在关税、非关税壁垒、自由贸易协定、运输和物流等各个方面降低了中国企业的对外贸易成本,使之能够更加充分利用自身的比较优势,增强国际竞争力。

(3) 快速增长的贸易和经济实力,极大提高了我国在国际体系中的影响力。"入世"以来,中国同外部世界的经贸互动持续加深,从初期的被动适应国际贸易条款,到如今开始积极推动建设包括贸易秩序在内的更加公正合理的国际秩序,对全球经济增长做出了巨大的贡献,在全球贸易格局中的重要性不断凸显。2013年"一带一路"倡议的提出更是一个促进全球发展合作的"中国方案",是对现有国际机制的有益补充和完善,对推动各国扩大相互市场开放和贸易投资便利化意义深远。

三、新常态条件下中国对外贸易面临的挑战与应对

"入世"以来,我国充分利用内外部有利条件和机遇,对外贸易实现飞速发展,取得举世瞩目的成就。但是,2008年全球金融危机后世界经济

在深度调整中曲折复苏,我国的经济发展则进入新常态,传统比较优势明显减弱,外贸发展的国际环境和国内条件已经发生深刻变化。中国的对外贸易正在一系列广泛、持久而复杂的因素的共同作用下,面临新的挑战。

(1) 国际贸易复苏乏力,全球市场有效需求低迷。全球金融危机后,世界经济深度调整、增长乏力,发达经济体和新兴市场潜在增长率普遍下降,宏观政策空间大幅收窄,结构性问题难以根本解决,国际有效需求不足,全球贸易持续低迷,难以恢复至金融危机前增长水平。

(2) 全球价值链扩张趋势放慢,国际产业分工体系面临重构。危机后,发达国家转向大力推动"产业回归"和"再工业化",制造业恢复竞争力,部分产业向发达国家转移,新兴经济体则纷纷加快工业化进程和产业转移承接。我国承接国际产业转移已明显放缓,出口订单和产业向外转移加快,对出口贸易形成压力。

(3) 中国市场进口规模较大,易受国际行情波动的影响。随着进口依赖的加深,中国经济受国际市场波动影响的程度也在增大。我国是能源、原材料市场上的重要买家,但进口议价能力较弱,规避价格波动风险的能力不强,而近年来大宗商品市场和金融市场动荡不稳,世界经济下行风险较大,这无疑会对我国贸易的发展产生影响。

(4) 我国传统比较优势明显弱化,新的竞争优势尚未完全形成,转型升级任务艰巨。过去,农村富余劳动力充裕、生产要素价格低是我国最大优势,但近年来劳动力、土地等要素成本不断上升,生态约束和结构性短缺问题突出。与此同时,技术追赶发达国家的空间收窄,生产效率提升速度放缓。现在,我国制造业成本与部分发展中国家甚至发达国家部分地区相比都几乎没有明显优势,但外贸产业仍主要处在全球产业链、价值链中低端环节,技术含量和附加值不高,提质增效、产业升级亟待完成。

(5) 经济全球化遭遇逆流,国际贸易自由化进程放缓。2008 年危机后,全球贸易保护主义持续升温,世界贸易组织多哈回合谈判进展缓慢。我国遭遇贸易救济调查案件所涉及的产品从传统行业向新兴行业延伸,发起国家从发达国家向发展中国家延伸,争执点从法律层面向政策和制度层面延伸。国际投资贸易规则体系处于加快重构期,国际关系更加复杂,世界贸易的风险和不确定性明显上升。

从以上的分析来看,今后要实现对外贸易的较大发展,我国未来对外贸易的总体战略必须有利于国内产业结构的调整和升级,有利于进出口的总体平衡,有利于通过国内外资源优势的转换,发挥我国的比较优势和增强国际竞争力,有利于增加就业和缓解国内结构性矛盾。因此,我国对外贸易的总体发展战略,要以国际市场为导向,以提高出口商品的国际竞争力和充分发挥比较优势为核心,以国内产业结构升级和技术进步为基础,以市场多元化和拓展海外市场为目标,合理利用外资和进口国外要素资源,有效发挥对外贸易对国民经济的支撑和带动作用。要加快转变对外经济发展方式,强化贸易政策和产业政策协调,推动对外贸易从规模扩张向质量效益提高转变,从成本和价格优势向综合竞争优势转变,促进形成以技术、品牌、质量、服务为核心的出口竞争新优势。为实现以上战略目标,要实施的基本措施如下。

(1) 继续转变政府职能,深化外贸体制改革。推进简政放权、放管结合、优化服务,完善符合开放型经济发展需要、有利于发挥市场配置资源决定性作用的外贸管理体制。完善外贸政策协调机制和促进政策,加强财税、金融、产业、贸易等政策之间的衔接和配合,支持新型贸易方式发展。推动营商环境由政策引导为主向法治化、国际化转变。

(2) 继续改善出口商品结构。在稳定传统优势产品出口的同时,提高出口品牌、高技术含量产品在全国外贸中的比重。贯彻"以质取胜"战略,努力实现出口商品向精加工、高附加值制成品为主的转变,壮大装备制造业等新的出口主导产业,鼓励战略性新兴产业开拓国际市场,加快培育外贸竞争新优势。

(3) 大力推进市场多元化。要利用国际产业结构转换的机遇,巩固我国传统市场,努力开拓新市场,进一步实现出口市场多元化,深化与"一带一路"沿线国家贸易合作。

(4) 加快开放服务贸易,提高我国经济整体开放度和竞争力。通过有重点、分阶段地开放服务贸易,促进服务业和服务贸易的发展,推动我国有比较优势的服务贸易出口,逐步实现服务贸易进出口平衡。积极发展技术进出口、海外投资、工程承包和劳务合作,更加深入地参与国际经济分工,促进服务贸易与货物贸易紧密结合、联动发展。

(5) 加快提升国际标准制订能力。支持企业、行业组织参与国际标准制订,大力推动我国标准国际化,推动我国在全球经济治理中的地位由遵守、适应国际经贸规则为主向主动参与国际经贸规则制订转变。

基本概念

工贸结合　出口代理制

思考题

1. 为什么我国对外贸易能在改革开放后的40余年内保持持续稳定的增长？
2. 从宏观和微观两个层面试述我国外贸体制改革的主要内容。
3. 试述中国加入世界贸易组织的主要经济影响。
4. 简述新常态条件下中国对外贸易面临的挑战与应对。

第十六章 涉外金融与中国经济发展

20世纪90年代以来,中国的涉外金融和外汇体制改革取得了举世瞩目的成就。中国的涉外金融,包括国际收支、外汇管理、国际储备、资本市场的开放及货币国际化等方面,在二十多年内经历了一个大发展阶段。

第一节 中国的国际收支

一、中国的国际收支平衡表

国际收支是一个国家或地区在一定时期内(通常为一年)对外政治、经济、文化往来所产生的全部经济交易的系统记录,而国际收支平衡表则是系统地记录一定时期内各种国际收支项目及其金额的一种统计表。

国际收支平衡表包括的内容较多,各国大多根据各自不同的需要和具体情况进行编制。在编制国际收支平衡表的项目及其计算方式上虽有所不同,但大多包括三个重要项目:经常项目、资本与金融项目、错误与遗漏项目。

(1) 经常项目,又称经常账户。这是本国与外国交往中经常发生的国际收支项目,反映了一国与他国之间真实资源的转移状况,在整个国际收支中占有主要地位,往往影响国际收支的其他项目。它主要包括:① 对外贸易收支,即进出口贸易的外汇收入与支出;② 非贸易收支,即劳务收支,包括运输收支、保险收支、旅游收支、投资收支、邮电收支、政府机构交往收支等;③ 转移收支,即所有非资本转移的单方面转让,如侨汇、无偿捐赠、赔偿等;④ 收益,包括职工报酬和投资收益。

(2) 资本与金融项目,又称资本与金融账户。这主要指资本的流出和流入。它通过一国的国外资产与负债的增减变动反映出来,主要包括资本账户和金融账户。① 资本账户,指移民转移、债务减免等资本性转移;② 金融账户,又包括非储备性质的金融账户(含直接投资、证券投资、其他投资)与储备资产账户。储备资产是一国官方机构掌握的可用于国际支付的那部分流动资产。它包括黄金、外汇、成员国在国际货币基金组织的储备头寸、特别提款权等。

(3) 错误与遗漏项目。为使国际收支核算保持平衡而设置的平衡项目。根据复式记账原理,国际收支平衡表中的借贷双方应相互平衡,两者之差应该等于零。当贷方总计大于借方总计时,差额数列在"误差与遗漏"的借方,当借方总计大于贷方总计时,差额数列在"误差与遗漏"的贷方。

国际货币基金组织(IMF)为了正确和全面掌握、研究、比较各成员国的国际收支情况,对编制国际收支平衡表规定了统一的标准项目,各成员国也大多是根据该组织标准项目编制国际收支平衡表的。改革开放以前,由于我国对外资金借贷关系很少,只编制反映对外贸易和非贸易收支状况的外汇收支平衡表。1980年4月,我国恢复了在国际货币基金组织中的合法席位,从而中国有义务向该组织报送国际收支平衡表。为此,从1981年开始,中国着手建立了国际收支统计制度,并按照IMF的标准格式,结合自身的特点分季按年编制国际收支平衡表。

二、中国国际收支状况的基本分析

中国自1981年开始编制国际收支平衡表,在1882—2016年的35年中,有30年国际收支是顺差,仅5年处于逆差状态(见表16-1中的综合账户一栏)。具体地,大致可分为三个阶段。

第一阶段为1982—1992年的开放早期。我国的对外经济重心在出口创汇,同时通过信贷融资以满足进口资本品的外汇需求。此阶段我国经济发展和对外开放尚处于起步阶段,国际收支的总流量和余额多在一个较小的量级波动,其中1984—1986年连续三年国际收支处于逆差状态,其原因主要为大量进口资本品所致。每当经济过热,经常账户往往发生逆差,而资本与金融账户多数年份在数十亿美元的范围内波动。总体而言,此阶段的国际收支从紧平衡转向略有盈余,中国人民银行的外汇储备存量从1986年谷底时的20亿美元稳步上升至1992年的194亿美元。

表 16-1　1982—2016 年中国的国际收支状况　　单位：亿美元

年份	经常账户	资本与金融账户	综合账户	净误差与遗漏	外汇储备
1982	56.74	−17.36	39.38	2.79	69.86
1983	42.40	−13.72	28.68	−1.73	89.01
1984	20.30	−37.52	−17.22	11.91	82.20
1985	−114.17	84.85	−29.32	−24.90	26.44
1986	−70.35	65.40	−4.95	−12.32	20.72
1987	3.00	27.31	30.31	−13.71	29.23
1988	−38.03	52.69	14.66	−10.11	33.72
1989	−43.18	64.28	21.10	0.92	55.50
1990	119.97	−27.74	92.23	−31.34	110.93
1991	132.71	45.81	178.52	−67.61	217.12
1992	64.01	−2.51	61.50	−82.52	194.43
1993	−119.04	234.74	115.70	−98.03	211.99
1994	76.58	326.44	403.02	−97.75	516.20
1995	16.18	386.75	402.93	−178.30	735.97
1996	72.42	399.67	472.09	−155.47	1 050.29
1997	369.63	210.57	580.20	−222.96	1 398.90
1998	314.71	−63.09	251.62	−187.36	1 449.59
1999	211.14	51.80	262.94	−177.88	1 546.75
2000	204.32	19.22	223.54	−118.05	1 655.74
2001	174.05	347.75	521.81	−48.56	2 121.65
2002	354.22	322.91	677.13	77.94	2 864.07
2003	430.52	548.73	979.25	82.24	4 032.51
2004	689.41	1 081.52	1 770.93	129.67	6 099.32
2005	1 323.78	953.49	2 277.28	229.21	8 188.72
2006	2 318.43	493.05	2 811.48	36.28	10 663.44
2007	3 531.83	942.32	4 474.14	132.90	15 282.49

续　表

年份	经常账户	资本与金融账户	综合账户	净误差与遗漏	外汇储备
2008	4 205.69	401.26	4 606.95	188.44	19 460.30
2009	2 432.57	1 984.70	4 417.27	−413.83	23 991.52
2010	2 378.10	2 868.65	5 246.75	−529.36	28 473.38
2011	1 360.97	2 654.70	4 015.67	−137.66	31 811.48
2012	2 153.92	−317.66	1 836.26	−870.74	33 115.89
2013	1 482.04	3 461.00	4 943.04	−629.25	38 213.15
2014	2 360.47	−513.94	1 846.53	−668.73	38 430.18
2015	3 041.64	−4 341.46	−1 299.82	−2 129.58	33 303.62
2016	1 963.80	−4 173.37	−2 209.56	−2 227.08	30 105.17

资料来源：国家外汇管理局网站。

注：经常账户、资本与金融账户、综合账户和净误差与遗漏向均为流量；外汇储备为当年存量；表中资本与金融账户由资本账户与非储备性质金融账户所构成；综合账户为经常账户与上述资本与金融账户之和。

第二阶段为1993—2004年的开放攻坚阶段。1992年邓小平南方谈话之后，预期急剧向好，大量海外资本以直接投资的形式流入我国，FDI从上年度的72亿美元跳升至231亿美元，此后十一年，FDI净流入稳定在300亿美元之上的水平，成为主要对外融资手段。资本与金融账户中的银行信贷融资在此阶段的重要性下降，1997—1998年的亚洲金融危机期间，更是持续出现了200亿—400亿美元规模的逆差。1993年，由于经济过热，经常项目发生了有史以来最大的119亿美元的逆差。1994年1月1日，中国人民银行通过一次性贬值的形式完成了人民币汇改，为我国在之后的几年内赢得了来自低成本的竞争优势，经常账户持续顺差，即使在1997—1998年的亚洲金融危机期间，亦维持在300亿美元之上。2001年12月11日，中国加入WTO，我国由此全面进入世界分工体系，质优价廉的中国产品快速占领全球市场。制度创新赋予外向型经济以巨大活力，我国的经常账户余额由2001年的174亿美元一年上一个大台阶。2002年：354亿美元；2003年：430亿美元；2004年：689亿美元。此阶段是中国经济走向世界的关键阶段，也是中国经济起飞的阶段。在国际收支领域，中国从一个略有盈余的小国，变身为最具活力和竞争力的经济体。长期的国际收支盈余使官方外汇储备由1992年的194亿美元增至2004年的6 099亿美元。

第三阶段为 2005—2016 年的开放成熟阶段。此阶段,中国国际竞争力的增强出乎所有人的意料,经常账户维持千亿美元以上的巨额顺差,尽管中国人民银行于 2005 年 5 月启动了人民币汇改,人民币汇率稳步升值,但由于我国的外向型经济相对成熟,"中国制造"维持强势。2007 年与 2008 年,中国的经常账户顺差达到了 3 532 亿和 4 206 亿美元。即使遇到了 2008 年的金融风暴,中国的经常项目的顺差也未见大幅回落。史无前例的大幅顺差,引起了中国的贸易对手尤其是美国的强烈反应,反倾销等贸易摩擦和有关人民币被刻意低估的指责成为该阶段最常听到的新闻报道。因中国的经济基本面长期向好,流入的 FDI 稳定在千亿美元之上。与此同时,由于中国经济实力的增强,外向的 FDI 流量从 2005 年的 137 亿美元近乎线性地增长到 2016 年的 2 172 亿美元(2016 年 FDI 净流量出现了 466 亿美元的大额逆差,历史上此子项还从未有过逆差)。随着中国经济规模的飞速增长,与实体经济活动密切相关的资本与金融账户(主要包括直接投资、证券投资和银行信贷等)的平均规模也快速增长,但由于证券投资尤其是银行信贷方向多变,导致资本与金融账户呈现上下大幅振荡的局面,比如 2011 年顺差为 2 654 亿美元,2012 年降为逆差 317 亿美元;之后于 2013 年又变为顺差 3 461 亿美元;但 2015 年和 2016 年连续两年又处于 4 000 亿美元以上的逆差。国际收支总体顺差使我国彻底告别了外汇短缺的时代,国家的外汇储备有了大幅增加,并于 2014 年达到 38 430 亿美元的峰值。但是,物极必反,接近四万亿美元的储备已远超合理水平,由此造成的流动性过剩使得货币部门的宏观管理难度空前增大。中国长期的主要来自经常账户的巨额顺差某种程度上可能是一种经济失衡的表现,也可以说是一个成功的开放经济体的负担。

三、影响中国国际收支的因素及政策选择

影响中国国际收支的因素主要有以下三个。

(1) 汇率因素。一般而言,人们认为汇率下调可以刺激出口,抑制进口;汇率上调,会抑制出口,增加进口。而在发展中国家,汇率下调的效应往往被国内物价的更快上涨所抵消而起不到鼓励出口的作用。开放初期,人民币汇率曾数次下调,但对平衡贸易收支的正面作用却并不明显。但是 1994 年汇率并轨且人民币大幅一次性贬值之后,低估汇率的出口竞争力效应凸显,并引发劳动密集型产业的快速发展,极大地推动了国内要素的有效

利用,促进了我国的经济结构升级。可以说,在一定条件下的汇率适当低估是我国动态比较优势实现的必要条件。但是,我们也应看到,低估名义汇率通常只能在相对短的时间段内改善经常账户的顺差,由此引发的因资本流入导致的流动性过剩在长期必然会造成国内价格上升并最终使实际汇率升值,并进而造成名义汇率的贬值压力。2015年年中以来人民币贬值就是这一动态效应的表现。

(2) 国际贸易政策和制度因素。影响贸易收支的因素较多,既有管理体制、运行机制的因素,也有企业制度、现行财政、税收制度等因素。具体而言,中国几十年的出口导向的贸易政策是国际收支长期顺差的必要条件,而21世纪初中国加入WTO则是中国经济走向成功的催化剂。

(3) 资本项目变动因素。20世纪80年代及90年代初期,中国国际收支平衡的主要特征仍然表现为发展中国家类型:经常账户往往呈现逆差,国际收支的平衡要靠净资本流入来保持。这种特征对一个经济成长从而走向工业化的国家来说有其必然性。到20世纪90年代中后期,从1994年人民币汇率并轨改革以来出现了经常账户与资本和金融账户"双顺差"的新现象。资本账户的顺差已不是平衡经常账户贸易逆差的手段,而是推动外汇储备资产增长的重要因素。从经济长期发展来看,长期资本尤其是FDI的流入是中国产业升级培养国际竞争力的必要条件。但也有许多短期信贷融资即所谓的"热钱"为了博取利差而流进或流出,这种现象在2005—2016年比较常见且规模较大。另外,还普遍存在以非法方式逃避监管的资本外逃现象,国际收支表中误差与遗漏项中系统性呈现借项是这种现象的统计表现(见表16-1)。2015年和2016年的净误差与遗漏项借项分别达到2 130亿和2 227亿美元,从一个侧面反映了资本外逃的强度。

今后一段时期内,我国在国际收支方面的主要政策取向是:

(1) 保持贸易收支适当顺差以及经常收支的长期基本平衡。随着中国加入WTO,货物与服务贸易进口的增长速度将可能超过出口。在短期内,贸易顺差的局面可能维持;从长期来看,进口的增长将导致进出口的平衡或略有逆差。

(2) 保持资本与金融账户的基本平衡。我国将逐步开放资本市场,外商投资规模将进一步扩大,外资的长期净流入将不可避免,建立在长期资本收支顺差基础上的国际收支平衡将有助于国内宏观经济的稳定。

第二节 中国的外汇管理与外汇储备

一、中国的外汇管理

外汇管理,是指一国政府授权国家货币金融管理当局或国家机关,对外汇收支、买卖、借贷、转移以及国际间的结算、外汇汇率和外汇市场等实行的管制措施。

中国根据自己的国情和发展国民经济的需要,对在境内和管辖范围内的中国和外国的法人和自然人的外汇买卖、外汇收付、外汇信贷、国际结算、人民币汇率和外汇市场实行管制。国家外汇管理的基本任务是:建立和健全独立自主的汇率制度和外汇管理制度,制定国家的外汇法规和政策,保持国际收支的基本平衡和汇率水平的基本稳定,有效地促进国民经济持续稳定发展。

改革开放以前,在高度集中的计划经济体制下,由于外汇资源短缺,中国一直实行比较严格的外汇管制。1978年实行改革开放以来,中国外汇管理体制改革沿着逐步缩小指令性计划、培育市场机制的方向,有序地从高度集中的外汇管理体制向与社会主义市场经济相适应的外汇管理体制转变。中国外汇管理体制大体经历了国民经济恢复时期、计划经济时期、改革开放初期和1994年至今这四个阶段。

第一阶段:国民经济恢复时期的外汇管理(1949—1952年)。当时外汇管理的主要任务是清除帝国主义在经济、金融方面的特权,禁止外币流通和取缔外币黑市,积极开展对外贸易,便利侨汇,稳定国内金融物价,制定和建立独立自主的汇率和外汇管理制度。当时外汇管理的办法是:出口和劳务收入的外汇、华侨汇入的外汇必须存入或卖给国家银行,所需进口和非贸易用汇必须经申请、批准后向国家银行购买。对进出口贸易实行许可证制度。全国外汇由中央人民政府统一掌握,按照"先中央后地方、先工业后商业、先公后私"的原则分配使用。

第二阶段:计划经济时期的中国外汇管理(1953—1978年),1953年起,中国实行计划经济体制,对外贸易由国营对外贸易公司专管,外汇业务由中国银行统一经营,逐步形成了高度集中、计划控制的外汇管理体制。国家以行政办法和指令性计划保持外汇收支平衡,一切外汇收入必须售给国家,需用外汇按国家计划分配和批给。人民币汇率作为计划核算工具,由政府计划决定,没有外汇市场,汇价长期固定并且汇率高估。

第三阶段:改革开放初期的外汇管理(1979—1993年)。1979年中国实行改革开放政策,经济体制逐步向有计划的商品经济转变,1992年又决定建立社会主义市场经济体制,对外贸易由国家垄断改变为多家经营和自负盈亏,并积极利用国外资金,引进先进技术。发展外向型经济要求加强和改善对外汇的宏观控制。这一时期,外汇管理制度的改革和成效如下。

(1) 设立专门的外汇管理机构。1979年3月国务院批准设立国家外汇管理总局,并赋予它统一管理全国外汇的职能。1988年6月国务院又决定国家外汇管理局成为国务院直接领导的国家局,归口中国人民银行管理,进一步加强外汇管理工作。

(2) 公布外汇管理条例和各项实施细则。1980年12月国务院公布了《中华人民共和国外汇管理暂行条例》,随后又陆续公布了27个外汇管理施行细则和其他管理办法,使中国的外汇管理立法和制度日趋完善。

(3) 改革外汇分配制度,实行外汇留成办法。1979年8月国务院决定在外汇由国家集中管理、统一平衡、保证重点的同时,实行贸易和非贸易外汇留成,区别不同情况,适当留给创汇的地方、部门和企业一定比例的外汇,以解决发展生产,扩大业务所需要的物资和技术进口。

(4) 建立外汇调剂市场,对外汇进行市场调节。建立外汇调剂市场,有利于促进外汇资金的横向流通,提高资金使用效益,对协助进口,鼓励出口,解决外商投资企业的外汇平衡,促进中小企业生产和发展科研、文教、卫生事业,也起到了一定的作用。

(5) 改革人民币汇率制度,根据国内外物价变化调整官方汇率。1985—1990年,国家多次大幅度调整汇率,由1985年的1美元合2.8元人民币逐步调整至1990年的1美元合5.22元人民币。随着外汇调剂市场的建立,形成了官方汇率和调剂市场汇率并存的汇率制度,并从1991年起,对官方汇率的调整由以前大幅度、一次性调整的方式转为逐步缓慢调整的方式,即实行有管理的浮动,同时放开外汇调剂市场汇率,按市场供求状况浮动。

(6) 建立多种形式的金融体系。从中央到地方,陆续成立了一批可经营外汇业务的信托投资公司、金融公司和财务公司等,1986年又批准专业银行总行和具备条件的分支行开办外汇业务,允许专业银行业务交叉,外汇业务在全国逐步铺开。与此同时,还设立了一批全国性和区域性的综合银行,批准他们办理外汇业务。一个以从事外汇为主、多种金融并存的外汇金融体系已经形成,对于发展对外经济贸易,促进外商投资,提高金融服务质量起了一定作用。

(7) 放宽对国内居民的外汇管理。1988年起,开办居民外汇存款业务,从外国和港澳地区汇给国内居民的汇款和居民持有的外币现钞都允许存入银行,并允许在规定的数额和用途内提取外汇、外钞汇出或携带出境使用。1991年起中国允许侨汇和居民所有的外汇通过外汇调剂市场出售,到2000年年底国内居民的外币存款约有733亿美元,增加了中国的外汇储备和银行的对外支付能力。

第四阶段:1994年至今的外汇管理体制。1993年12月29日,中国人民银行发布了《关于进一步改革外汇管理体制的公告》,明确了外汇管理体制改革的新方向:建立以市场供求为基础的、有管理的浮动汇率制度和统一规范的外汇市场,逐步实现人民币可兑换。1994年至今,外汇管理体制经历了数次变革。

(1) 实现人民币经常项目有条件可兑换。改革的主要内容是:① 从1994年1月1日起,实现官方汇率和调剂市场汇率并轨(1993年12月31日两者分别为1美元兑人民币5.8元和8.7元左右),实行以市场供求为基础的、单一的、有管理的浮动汇率制。② 实行银行结汇、售汇制,取消外汇留成和上缴。企业将外汇收入按当日汇价卖给银行,兑换人民币,企业需要外汇,持有效凭证到银行用人民币兑换,银行售给企业外汇。③ 取消外汇收支的指令性计划,全部外汇供求通过市场来实现,国家主要运用经济、法律手段实现对外汇国际收支的宏观调控。④ 停止发行外汇券,取消任何形式的境内外币计价结算,至1995年6月,外汇券停止使用。⑤ 改进汇率形成机制,建立全国统一的银行间的外汇交易市场,打破地区封锁,让外汇资金在全国范围内流通。市场主体是外汇指定银行。银行间外汇市场由中国人民银行通过国家外汇管理局监督管理,其主要作用是为各外汇指定银行相互调剂外汇余缺和提供清算服务并生成人民币市场汇价。通过上述改革,1994年中国顺利实现了人民币经常项目有条件可兑换。

(2) 取消经常项目下的其他汇兑限制,实现人民币经常项目可兑换。① 从1996年7月1日起,外商投资企业外汇买卖纳入银行结售汇体系,外商投资企业的外汇账户区分为用于经常项目的外汇结算账户和用于资本项目的外汇专用账户。外商投资企业经外汇局核定在限额内保留经常项目下的外汇收入;② 大幅度提高居民因私兑换外汇的标准,扩大供汇范围;

③ 取消其他尚存的经常性用汇的限制。至此,中国取消了所有经常性国际收支和转移的限制,达到了国际货币基金组织协定第 8 条第 2、3、4 款的要求,即:避免限制性经常支付;避免实行歧视性货币措施以及有义务兑付外国在经常性国际交易中所得或所需支付的本国货币。1996 年 12 月 1 日,中国正式宣布实现人民币经常项目完全可兑换。此后,中国的外汇管理制度得到进一步完善和巩固。1997 年,我国再次大幅提高居民个人因私用汇、供汇标准,允许部分中资企业保留一定限额的经常项目外汇收入,开展远期银行结售汇试点。1998 年亚洲金融危机以后,针对逃汇、套汇、骗汇以及外汇非法交易活动日益凸显的情况,我国在坚持人民币经常项目可兑换的前提下,完善外汇管理法规,加大执法力度,打击非法资金流动,维护了人民币汇率稳定和正常的外汇收支秩序。进入 21 世纪以来,市场体制进一步完善,我国加速融入经济全球化,对外开放进一步扩大,外汇形势发生根本性变化,外汇管理从"宽进严出"向均衡管理转变。2008 年 8 月 6 日,新的外汇管理条例取消了企业经常项目外汇收入的强制结汇要求。

(3) 有序推进资本与金融账户的自由兑换。坚持审慎开放,按照"先流入后流出、先长期后短期、先直接后间接、先机构后个人"的次序,有计划、分步骤地推进资本账户开放,从吸引外商直接投资、适度对外借债、建立合格境外机构投资者制度、有序对外开放境内证券市场,到实施有条件的企业"走出去"战略、放宽境外投资汇兑限制、企业外汇强制调回要求及跨国公司资金境外运作限制、实施合格境内机构投资者制度以及在上海自贸区等区域内实行资本项目更全面放开的先行先试。总体而言,在人民币经常项目可兑换的同时保持较为严格的资本项目管理。我国资本项目外汇管制执行以下三个原则:一是除国务院另有规定外,资本项目外汇收入均需调回国内;二是境内机构(包括外商投资企业)的资本项目下外汇收入均应在银行开立外汇专用账户,经外汇管理部门批准后才能卖给外汇指定银行;三是资本项目下的购汇和对外支付,均需经过外汇管理部门的核准,持核准件方可在银行办理售付汇。其主要内容包括:① 对资本市场和货币市场准入的限制;② 对外借贷款和对外担保的限制;③ 对直接投资的限制;④ 资本项目外汇收入汇回及结汇的限制。资本项目管理的方式采取直接或行政管理,主要是通过完全的禁止、明显的数量限制或批准程序来限制资本交易或与之相关的资金支付和转移。目前,在国际货币基金组织划分的 7 大类 43 项资本项目交易中,我国严格的管制主要是针对非居民在境内自由发行或买卖金融工具、非居民在境内自由发行或买卖金融衍生工具、居民对外借款和放贷等几项,限制较少或实现一定程度可兑换的共计20多项。

(4)逐步引入汇率的市场决定机制。1994年1月汇率并轨后的11年多,人民币对美元的汇率多数时间固定在8.28左右。稳定且适当低估的汇率极大地促进了外向型产业的飞速发展,但也带来了一些弊病。2005年7月21日,人民币汇率改革重启,人民币一次性升值2.1%,并明确宣布实行以市场供求为基础、参考一篮子货币调节、有管理的浮动汇率制度。此次汇改以后,人民币汇率快速增加弹性。但是2008年又受到了由美国次贷危机演变成的全球金融海啸的冲击,人民币兑美元的汇率波动一度又开始收窄。直到2010年6月19日,中国人民银行又发公告重申增加人民币汇率弹性。其间,中国人民银行多次引入包括做市商制度的有利于发挥市场机制的变革,汇价越来越多地由市场决定。2015年8月11日,中国人民银行宣布调整人民币对美元汇率中间价报价机制,做市商参考上日银行间外汇市场收盘汇率,向中国外汇交易中心提供中间报价。这一调整使得人民币兑美元汇率中间价机制进一步市场化,更加真实地反映了当期外汇市场的供求关系。2015年第三次汇改以来,人民币汇率的波动明显增大。

图16-1 1982—2016年人民币兑美元汇率

资料来源:万得资讯。

注:汇率为以日度数据计算的年度平均价。

中国外汇管理体制改革的长远目标是实现人民币完全可兑换。当前,由于国内宏观调控机制的不完善,金融机构的监管体系尚未健全,以及规避外部金融风险手段的缺乏,中国将采取谨慎务实的态度,分阶段、有步骤地逐步推进资本项目可兑换的进程。现阶段外汇管理体制改革的内容包括:

在坚持人民币经常项目可兑换、资本项目外汇严格管理和最终实现人民币完全可兑换的原则下,逐步实现人民币汇率的市场化,进一步健全银行间外汇交易市场;逐步取消在外汇管理政策上与WTO规则和协定相抵触的限制性规定;进一步完善外汇管理法规,打击非法活动,维护国际收支平衡和人民币汇率稳定。

二、中国的外汇储备

1994年中国外汇管理体制改革的一个重要成果,就是国家外汇储备有了很大增加。1993年底国家外汇储备仅为212亿美元,到2014年末则上升为38 430亿美元。外汇储备额列全球第一。

1. 中国外汇储备的含义与界定

从理论上说,国家外汇储备概念比较明确,即一国政府持有的国际储备资产的一部分,其用途主要分为平衡国际收支、稳定本国货币汇率、偿付对外债务和满足其他货币政策调控需要四个方面。但是,由于各国的具体情况不同,有关国家外汇储备的实际内涵和构成也有所不同。

中国的外汇储备是指我国官方在一定时期内所持有的全部外汇资金,主要包括两个部分:一是财政部外汇库存,主要来自国际收支经常账户顺差的积累,大部分是以人民币结汇的出口收入,国家拥有使用权,也拥有所有权,是可以随时动用的外汇;二是中国银行外汇结存,主要是该行的外汇营运资金,加上其在国内外吸收的外汇存款和在国际市场上筹措的外汇资金总额,减去其外汇贷款和外汇投资的结余,其中很大部分本质上是对外负债,只有使用权,没有所有权,只不过是以该行存放在外国银行的资金和购入的外币证券持有。严格地讲,这一部分外汇是国际清偿力,是国家外汇储备的补充,而不应列入外汇储备的定义中。

2. 中国外汇储备规模的变化

(1) 1978年以前的外汇储备。1978年以前,在封闭的计划经济条件下,我国实行自力更生、独立自主的方针,不借外债,不接受外国来华投资,对外贸易往来很少,外汇储备的积累非常有限,年均外汇储备额仅有1.75亿美元。因此也就不存在国家外汇储备经营管理问题。

(2) 1979—1993年外汇储备变化。改革开放以来,随着我国对外经济往来的日益频繁,外汇储备开始逐步增长。这一阶段的外汇储备具有以下特点:一是储备发展的起伏性。由于宏观经济管理的失控以及相应的外经贸体制改革的滞后,外汇储备出现起伏。在1979—1993年的15年中,1985年和1986年曾有过连续两年的外汇储备负增长。二是储备增长的缓慢性。从总趋势看,中国外汇储备在不断增加,但与同期中国经济10%左右的增长速度相比,外汇储备增长明显滞后于国民经济的发展速度。三是储备结构的单一性。长期以来,中国外汇储备资产以美元为主,形成了比较单一的储备结构,而美元时刻处于浮动之中,其汇率曾几度下浮,增加了储备风险,中国举债范围比较广,而贷款国的货币汇率因其经济强盛日益显得坚挺,单一的外汇储备无形中增加了中国外债负担。

(3) 1994年至今的外汇储备情况。1994年后,随着外汇体制的深刻变革,中国外汇储备迅速增长。汇率并轨之后,提高了国内企业出口创汇的积极性,同时外商对华投资规模不断扩大,使国际收支持续顺差,外汇储备成倍增加。即使是1998年受东南亚金融危机的影响,在资本账户出现逆差的情况下,仍实现了外汇储备50.69亿美元的增长。进入21世纪,我国外向型经济基本面彻底改变,外汇储备呈指数型增长,2006年跨过万亿美元台阶,2009年过两万亿,2011年过三万亿。尽管近年有所回落,但截至2016年底仍处于三万亿以上的高位。外汇储备的快速增加,一方面体现了我国的经济实力,提高了对外支付能力,另一方面则导致基础货币的大量投放,缩小了货币政策对宏观经济的调控空间,给宏观经济管理带来了负担。

3. 中国外汇储备总量水平与结构的合理确定

外汇储备管理的中心内容就在于外汇储备规模的选择和内部结构的确认与调整。判断中国的外汇储备水平是否合适,主要应考虑如下几个因素:① 进口量和对外债务水平。国际上有一个公认的标准,即一国的外汇储备应是该国年进口量的1/4或1/3,同时,应是其外债余额的10%～20%。② 外汇市场的成熟程度。中国汇率机制虽已进行了重大改革,但显然还不成熟,还不能像西方发达国家那样能自动地调节外汇供求,为了应付外汇市场可能出现的意外供求变化,必须掌握一定的风险外汇基金。③ 经济开放度。2016年度,中国进出口额占国内生产总值的比重近40%,就是说,中国的贸易依赖度已经达到相当高的水平。这种状况,要求国家有比较充足的外汇储备,以应对国内外形势的变化。④ 经济的灵活性。由于市场机制还不完善,中国经济的灵活性还不大,企业还不能完全依赖于市场信息而做出灵活的调整,这也要求国家掌握一定量的外汇储备。⑤ 国家对贸易和资本项目的管制程度。一般的经验是,对贸易和资本项目管制越严,所需外汇储备越少。中国在贸易和资本项目方面正在逐步放松管制,已经很难依赖行政控制来保持整个对外收支的平衡,尤其是中国加入世界贸易组织后,对外汇的行政控制受到较大制约。从这个角度来讲,外汇储备要多点为好。
⑥ 中国正在进一步对外开放,还将更多地引进国外资本来加快国内经济发展。为保持和维持本国的经济形象,还得留有"信用储备"。从以上几个方面来看,中国目前有必要保持较高的外汇储备水平。但是就具体的数量而言,超过三万亿美元的外汇储备,无论从哪个角度量化分析,还是偏多了。另一方面,巨额外汇储备作为央行的资产端,使人民银行被动地投放流动性,货币政策自主调整的空间因此缩小,由此也增加了开放经济宏观管理的成本。

外汇储备内部结构的确认既包括对外汇储备资产币种的选择,又包括对各种货币在外汇储备资产中所占比例的确定。

中国在外汇储备管理上的具体原则是:① 多元的货币储备。为分散汇率变动风险,中国应实行外汇储备多元化策略。② 储备货币的比例。一是根据支付进口商品所需要的货币币种和数量,确定该货币在储备中的比例;二是根据外汇汇率的变化,随时调整储备货币的比例。③ 选择储备货币投向时,首先应考虑其安全性和流动性,其次考虑盈利性。

第三节　中国金融体系的对外开放与人民币国际化

中国的金融业开放是循着银行、保险、证券三个层次有步骤、分重点地依次展开的,最先开放的金融领域是银行业,保险业和证券业的开放步伐相对较慢。

一、外资金融机构的引入

党的十一届三中全会确立了改革开放的国策,引进外资机构的进程开始启动,并经历了以下几个阶段。

第一阶段为1979—1982年。随着对外开放政策的实施,中国陆续批准了一批国外银行在华设立只从事联络、市场调查等非营业性工作的代表处。

第二阶段为1982—1990年。中国开始批准国外金融机构在经济特区设立营业性分支机构。

第三阶段为1990—1993年。为配合开发开放上海浦东,中国人民银行颁发了《上海外资金融机构、中外合资机构管理办法》,上海成为中国经济特区以外率先获准引进外资银行营业性机构的沿海开放城市。新中国成立前遗留下来的东亚、渣打、汇丰和华侨四家外资银行也获准重新登记,扩大了营业范围。1992年春季,经国务院批准,又增加了大连、天津、青岛、南京、宁波、福州和广州7个沿海城市,允许设立营业性外资银行机构。在这一阶段,上海开始了保险市场开放工作的试点,引进了两家外资保险公司,经过这一阶段,在华外资金融机构的数量已相当可观,质量也有所提高。

第四阶段为1994—1996年。对外资金融机构开放内陆城市,1994年4月1日,《中华人民共和国外资金融机构管理条例》开始实施,标志着中国对外资金融机构的开放进入了规范化管理阶段。同年8月,为配合关贸谈判,进一步加快我国金融业的开放,国务院又批准北京等11个内陆中心城市,允许其设立营业性外资金融机构。这一阶段在扩大金融开放领域方面的另一重大举措是中国建设银行与美国摩根士丹利公司等中外机构合资组建的中国国际金融有限公司于1995年8月正式开业,这是第一家得到中国人民银行颁发许可证的中外合资投资银行公司。这标志着中国向国外投资银行开放国内资本市场的尝试正在起步。

第五阶段为1997—2000年。1996年12月,中国人民银行宣布允许符合条件的外资金融机构在上海浦东试点经营人民币业务,1998年8月又批准深圳经济特区的5家外资银行开办本币业务。1999年1月,中国人民银行又取消了外资金融机构在华设立分支机构的城市地域限制。

第六阶段为2001年12月至今。加入世界贸易组织不仅对于我国对外贸易和改革开放的深入是一个新的契机,对于我国金融业的改革和深化同样带来了新的发展机遇。2001年11月,国务院常务会议审议通过了《金融机构撤销条例》,同年12月又相继审议通过了《中华人民共和国外资保险公司管理条例》和《外资金融机构管理条例》,分别对国有商业银行、外资保险公司和外资金融机构做出了新的规定,为我国"入世"后加强金融机构的监管首开先河。根据WTO有关协议,"入世"后,我国将逐步取消外资银行办理外汇业务的地域和客户限制,即外资银行可以对中资企业和中国居民受理外汇业务。针对人民币业务,我国将逐步取消外资银行经营人民币业务的地域和客户限制,具体来说就是"入世"五年后,取消所有的地域限制,允许外资银行对所有中国客户提供服务,允许外资银行设立同城营业网点,审批条件与中资银行相同。截至2014年末,外资银行在我国27个省、自治区、直辖市的69个城市设立了41家外资法人银行、97家外国银行分行,营业性机构总数达到1 000家。此外,47个国家(地区)的158家银行还在华设立了182家代表处。另外,30余家由外资参股的保险公司和10余家合资证券公司活跃在中国国内资本市场中。

二、外资金融机构的监督管理

实践证明,中国这些年引进外资金融机构的经验基本上是成功的,外资金融机构的进入不仅带来了资金、先进的技术和管理经验,培养了中国的国际金融人才,提高了中国金融机构的竞争能力,而且也提高了中国金融业的对外开放度。引进外资金融机构本身就是中国对外开放的一个重要组成部分,同时也是中国对外开放深入发展的一个显著标志。但中国毕竟是一个发展中国家,外资银行及外资金融机构的进入,虽然在客观上能对经济发展起促进作用,但在某种情况下也可能带来一些负面影响,特别在中国金融体制尚未完善、金融服务业还比较落后、市场机制还不健全的情况下,外资金融机构的进入难免带来一些冲击,增大中国货币政策、信贷政策和外汇管理政策执行的难度。因此,对外资金融机构的经营活动实行严格有效的管理是必要的。

在对外资银行的管理上,我国于1994年颁布了《中华人民共和国外资金融机构管理条例》,根据《管理条例》及其细则,我国目前对外资银行的管理主要体现为对业务范围的限制和进入程序的管理。具体为:① 取消外资金融机构外汇业务的地域和对象限制,放宽其经营人民币业务的限制;② 调整外资金融机构吸纳境内外汇的比率,取消其人民币业务资金来源与外汇资金来源挂钩的限定;③ 加强中国人民银行对外资金融机构的监管力度;④ 统一中外资金融机构设立的审批程序,取消外资金融机构的投资总额不得超过其实收资本加储备金之和30%的限制。中国人民银行依法对外资金融机构进行监督管理。主要包括:① 对外资金融机构的存贷款利率及各种手续费率由外资金融机构按照中国人民银行有关规定确定;② 外资金融机构经营存款业务,应当向所在地区的中国人民银行分支行机构缴存准备金,其比例由中国人民银行制定,并根据需要进行调整;③ 外资金融机构应按规定向中国人民银行及其有关分支机构报送财务报表和有关资料;④ 中国人民银行及其有关分支机构有权检查、稽核外资金融机构的经营管理和财务状况。在"入世"后很长一段时间内,中国仍将对银行、证券、保险实行分业经营、分业监管的体制。但是随着中国对外开放的范围和程度的加深,金融业的对外开放也将更加扩大,这将为我国进一步吸引外资、加速经济建设开辟新渠道。

三、深化金融体制改革与金融业对外开放

金融业对内改革和对外开放是相互促进的。只有建立起内容齐全、功能完善、国际化、现代化的金融市场,才能为外资金融机构的进入创造良好环境,才能使国内的金融业在竞争中立于不败之地。

1978年以来,随着中国经济体制改革的深入,中国金融体制也进行了一系列改革,实现了金融机构多样化,建立了中央银行体制,发展了多种金融工具和多种信用形式,银行间同业拆借市场形成网络,资本市场从无到有迅速发展。目前正在进行的金融体制改革又更进了一步。其目标主要是:建立在国务院领导下、独立执行货币政策的中央银行宏观调控体系;建立政策性银行和商业银行分离,以国有商业银行为主体,多种金融机构并存的金融组织体系;建立一个统一开放、有序竞争、严格管理的金融市场体系,把人民银行办成真正的中央银行,把专业银行办成真正的商业银行。

要实现国内金融市场与国际金融市场的对接,有赖于国内金融市场的进一步完善。金融市场的变革方向就在于:建立全国统一的货币市场,打破地区封锁,正确引导资金流向;强化上海、深圳两地证交所的辐射功能,同时加强对股票、债券发行与流通的规范化监督与管理;大力发展外汇市场,改革外汇管理体制和汇率形成机制,建立汇率波动干预机制,逐步形成全国统一的外汇市场,创造条件实现人民币的自由兑换,逐步使人民币国际化。与此同时,进一步引入外资金融机构,逐步放宽对外资金融机构的限制。另一方面,引导国内金融机构进入国际金融市场,为中国金融的国际化做好相应的准备。

四、人民币国际化

人民币国际化是指人民币能够跨越国界,在境外流通,成为国际上普遍认可的计价、结算及储备货币的过程。现阶段大致由推动跨境贸易与投资

的人民币结算、与若干经济体签订本币互换协议、促进人民币离岸市场发展三个部分构成。2008年全球金融风暴充分反映了国际货币体系的内在缺陷和系统风险。2009年3月23日,时任中国人民银行行长周小川发表了《关于改革国际货币体系的思考》的署名文章,系统地阐述了中国对于改革目前以美元为单一储备货币的国际货币体系的设想,提出了以增强特别提款权(SDR)作为全球储备资产角色为核心的改革建议。该文备受全球关注,并取得了普遍的认同,这标志着中国代表新兴经济体在世界货币体系中成功地拿到了话语权。国务院常务会议2009年4月8日正式决定,在上海和广州、深圳、珠海、东莞等城市开展跨境贸易人民币结算试点,之后,又在20个省区市全面铺开。从2008年12月中国与俄罗斯和韩国签订了双边货币互换协议始,至2013年,英国央行成为了第20个与中国签署货币互换协议的央行。2010年6月,中国央行和香港金管局签署了《香港银行人民币业务清算协议》,标志着离岸人民币市场正式开启。短短几年间,人民币国际化一步一步地向前推进。2015年12月25日,亚洲基础设施投资银行正式成立,中国第一次成为一个国际开发银行的主导者。2016年10月1日,人民币正式纳入SDR篮子,比重超越日元与英镑,位列第三。该事件充分说明了包括IMF在内的国际社会对中国经济发展的肯定,也是人民币国际化的里程碑,预示着未来世界各国人民币作为储备货币的比重将进一步提升。2008年全球金融风暴后,中国全球经济体系中扮演了越来越重要的角色,而人民币国际化则是中国国际地位在金融领域的自然演进。

基本概念

国际收支　经常项目　资本项目　外汇管理　外汇储备　外资金融机构　人民币国际化

思考题

1. 简述影响我国国际收支变化的主要因素。
2. 简述我国外汇管理体制改革的主要内容。
3. 合理确定我国外汇储备总量水平与结构应该考虑哪些主要因素?
4. 如何看待当前我国的高额外汇储备?

5. 我国实现资本项目可兑换应具备哪些条件？

6. 请从目前中国的实践出发谈谈中国人民银行应如何对外资金融机构实行监管。

7. 介绍人民币国际化的几个组成部分。

第十七章　参与国际投资与中国经济发展

　　一国参与国际投资,实际上包括引进外资与对外投资两个方面的内容。有效的利用外资与积极的对外投资,作为中国改革开放政策的组成部分,是中国经济与世界经济日益紧密联系的重要环节,也是促进中国经济增长的重要手段。

　　在投资形式方面,中国引进外资的形式一般包括外商直接投资、间接投资、证券投资以及灵活投资等。比较而言,虽然中国的对外投资起步较晚,但近年来发展极其迅猛,双向投资新格局逐步形成。

第一节　中国的外资引进

一、中国引进外资的发展历程

　　新中国成立初期,在西方资本主义国家对我国实行经济封锁的困难情况下,为发展本国经济,我国开始了引进外资的探索。1950年,经政府间协商,苏联政府以2.5％的年利率向我国提供了74亿旧卢布(当时折合19亿美元)的长期贷款,用于我国第一个五年计划的重点项目建设。20世纪50年代,我国与苏联和东欧一些国家合办了若干合资企业,如中波轮船股份公司。60年代中苏关系恶化后,我国逐步尝试采用国际上通行的延期付款即卖方信贷的方式,从日本和西欧一些国家引进部分技术和设备,并开办了小范围的外汇存贷业务,吸收了少量外国资金。但总体来说,在相当长的时间内,尤其是"文革"时期,我国与国际金融市场和国际资本市场几乎处于隔绝状态。早期的外资利用方式仅限于上述的政府贷款和卖方信贷,而真正意义上的大规模利用外资是从党的十一届三中全会确定实行对外开放政策之后开始的。

  鼓励和引导外资的流入首先是从中国政府对引进外资的法律法规的建立和完善开始的。1979年7月《中华人民共和国中外合资经营企业法》的颁布奠定了中国引进外资的法律框架。在20世纪80年代,中国政府一直致力于制定涉及合同、税收、外汇和其他与中国利用外资有关的基本法律。1986年《国务院关于鼓励外商投资的规定》的颁布以及翌年执行细则的公布,标志着中国对待外来直接投资的态度由消极等待到积极引进的转变。进入90年代,中国政府更是加速了法律法规制定的步伐,以加强中国利用外资的法律框架。2001年后,在"入世"的大背景下,中国利用外资的空间更广,对外商来华投资的保障也进一步增强。据联合国贸发会议《世界投资报告2017》数据,截至2016年12月,我国外商投资量约1.35万亿美元,占全球比重达到5.07%。外商投资的大量增加,有效地提升了整个国民经济的素质,对促进国民经济的较快发展发挥了重要积极作用。

  从20世纪70年代末至今,我国引进外资成绩引人瞩目,其发展大致可划分为四个主要阶段。

  第一阶段为1979—1991年,引进外资的主要形式是对外借款。截至1991年底,我国共吸收外资777.90亿美元,其中对外借款达527.43亿美元,外商直接投资共250.56亿美元,年均利用外资额为59.84亿美元,个别年份对外借款的比例达到了80%以上。其中1980—1986年,由于受立法不完善和投资环境的制约,利用外资数额十分有限,且投向也主要集中于广东、福建等地的4个经济特区。1986年,国务院决定进一步放宽外资政策,并于同年颁布了鼓励引进外资的规定及其若干实施办法和关于允许外商投资企业采取灵活方式平衡外汇收支的政策,1988年批准设立海南经济特区并扩大沿海经济开发区的区域。这一系列措施推动了外资数额的逐步增长,这期间的年利用外资额达到97.49亿美元,外资的流向也已扩展到整个沿海经济开发区。从外资使用的行业结构看,总体上是优先投向能源、交通、农业、科教等战略重点部门以及与出口创汇和高技术有关的行业。

  第二阶段是1992—1997年。在1992年邓小平南方谈话和党的十四大确定我国经济体制改革的目标是建立社会主义市场经济体制的鼓舞下,我国对外开放呈现崭新局面,外商投资热情高涨,投资项目和金额均大幅增加。值得注意的是,1992年外商直接投资额首次超过实际间接利用外资额,当年实际利用外商直接投资额达110.07亿美元,对外借款为79.11亿美元。此后,外商投资比例超过对外借款成为这一阶段我国引进外资的主要特征,并且直接投资呈较高速度增长的态势,我国也成为吸引跨国投资的重要国家。截至1997年,我国共吸引外商直接投资2 216.46亿美元,对外借款1 161.27亿美元。外资引入的范围已从沿海、沿江、沿线发展到广大的内陆地区。外商投资的产业结构有所改善,资金技术密集的基础产业项目、高附加值的机电产品项目明显增加,基础设施、基础产业、原材料工业正成为外商投资热点。在工业领域,机械、电子、轻工业、化工成为投资密集部门。

第三阶段是1998—2007年。从1998年起,我国引进外资的速度有较大幅度的减缓,这种减速到1999年得到进一步体现,1999年实际外商投资第一次出现负增长(−11.3%)。虽然2000年的外商实际投资也仅比上年略增不到1%,但是自2001年后,伴随着中国的"入世",我国吸收外资呈现出稳定的恢复性增长。在此期间,凭借新一轮世界性产业结构调整和与之相关联的国际间产业转移的新趋势,以及中国产业结构优化升级的需要,作为外商投资主要领域的制造业,其吸纳外资的重点已由前一阶段主要在劳动密集型的轻加工组装业转向重化工、深加工业和高科技产业。

第四阶段是2008年至今。虽然遭受金融危机冲击,2008年中国的实际利用外商直接投资额增长率依然高达23.58%(参见表17−1),2008—2015年间的平均增长率达到7.12%,在世界经济普遍缓慢复苏、增长乏力的背景下表现靓丽。在这个阶段尤为引人注目的是,中国通过积极推进"一带一路"建设,稳步开展国际产能合作,以及不断完善"走出去"政策体系,对外投资合作进入快速发展轨道。2008年,中国FDI流出额达到559亿美元,比上年度增长110.9%;2015年,中国对外直接投资实现历史性突破,流量首次位列全球第二,达到1 456.7亿美元,对外投资存量突破万亿美元大关,达10 978.6亿美元。跨国并购、境外经贸合作区和基础设施合作建营一体化,正在成为中国企业对外投资合作的主要方式和载体,加快了中国融入经济全球化的步伐。

表 17-1 我国吸收外商直接投资情况

年份	实际利用外商直接投资金额(亿美元)	增长率(%)
1979—1983	26.9	—
2006	658.21	9.11
2007	747.68	13.59
2008	923.95	23.58
2009	900.33	−2.56
2010	1 057.35	17.44
2011	1 160.11	9.72
2012	1 117.16	−3.70
2013	1 175.86	5.25
2014	1 195.62	1.68
2015	1 262.67	5.61

资料来源：商务部外国投资管理司，《中国外商投资报告》，2016，http://www.mofcom.gov.cn。

注：不包括银行、保险、证券领域数据。

二、引进外资对于中国经济的影响

引进外资对我国经济增长的促进作用是多方面的。

（1）引进外国资本弥补了我国国内建设资金的不足，促进了国民经济的发展。历年统计数据表明，1979—2016 年，我国累计利用外资达 1.87 万亿美元，2016 年当年达到 1 260 亿美元，连续 25 年居发展中国家首位，外商投资经济在我国市场经济中占据了重要地位。从累计外商投资企业数看，截至 2016 年，中国外商投资累计企业数为 86.45 万家，其中中外合资企业和外资企业占比分别达到 37.42% 和 55.42%。国际货币基金会研究成果表明，中国 20 世纪 90 年代 10.1% 的平均经济增长率中，直接由外资产生的贡献约 3%。2006—2014 年，外商直接投资企业工业销售产值占全国比重平均达到 17.69%（参见表 17-2）。

表17-2 外商直接投资占中国国民经济比重(%)

年份	FDI/GDP	FDI/固定资产投资	FDI企业工业销售产值占全国比重
1985	0.64	2.26	—
1995	5.2	15.65	—
2006	2.32	4.77	20.98
2007	2.14	4.14	21.05
2008	1.96	3.71	19.48
2009	1.85	2.74	18.42
2010	1.80	2.84	17.91
2011	1.41	2.41	16.80
2012	1.53	1.88	15.32
2013	1.24	1.63	14.96
2014	1.16	1.43	14.28
2015	1.15	1.40	—

资料来源：商务部外国投资管理司，《中国外商投资报告》，2016，http://www.mofcom.gov.cn。

(2) 引进外资提升了我国的出口规模，促进了外向型经济的发展。改革开放伊始，外商投资就带动了以"三来一补"为特征的加工贸易的迅速发展，外商投资企业进出口始终是促使我国对外贸易增长的重要因素。1985年，外商投资企业进出口额只有29.9亿美元，占当年贸易总额的比重为4.05%；2006年增加到1.03万亿美元，比重上升到58.87%，占据将近六成的进出口份额，达到顶峰。此后，外资企业货物进出口绝对值仍然逐年上升，但占全国进出口比重开始下降。近几年外商投资企业进出口占全国的比重稳定在46%左右，占据近半份额，2016年时这一数字为45.78%。

(3) 引进外资为我国带来了先进、适用的技术和管理经验，促进了我国经济结构调整和产业结构优化。通过引进FDI的方式来引进技术是改革开放以来技术引进的显著特征，2013年我国签订技术引进合同数达到12 448项，几乎是2001年的10倍。外商投资高技术产业所带来的技术外溢效应，对国民经济发展起到巨大的推动作用。近年来，在制造业吸收外资整体规模略有下降的背景下,高技术制造业成为稳定制造业吸收外资规模、提升制造业外资质量、优化制造业外资结构的主要力量。2016年高技术产业引进外商投资占整体引进外商投资的比重达到19.33%,比2012年提高了4.94个百分点。随着中国制造实力的增强,跨国公司逐步扩展在中国的上下游产业链布局,完成产业梯度转移,将更多的研发、销售等部门迁移至中国,促进了中国从劳动密集型产业为主向资本、技术密集型产业为主的产业结构变迁,也提升了中国的外向型经济水平。

(4) 引进外资对中国体制转轨起到了引导、借鉴和推动作用。外资的进入,使得我国的市场机制和竞争机制得以建立。一方面,它加速了国内、国际市场的融合,推动了我国开放型经济的建立和发展;另一方面,促进了资本、劳动力、技术、信息等生产要素市场的形成和发育,加速了我国市场化机制的形成。目前,为适应构建开放型经济新体制的需要,推进外商投资审批体制改革试点,实行负面清单管理并在自贸试验区内先行先试,已经成为我国转变政府职能、推进全面深化改革、提升国家治理能力和治理水平的重大制度创新。

(5) 引进外资对国家税收和就业做出重要贡献。外商投资企业已成为我国不可缺少的税收来源之一,从近年外商投资企业本年应交增值税指标来看,外商投资企业纳税占全国的比重在2009年达到顶峰,为15.46%,此后逐年递减,基本稳定在14%左右。随着利用外资规模的不断扩大,外商投资企业吸收的劳动力数量逐年增加。国家统计局数据显示,外商投资企业(不包括港澳台商投资企业)吸纳的就业人员由1985年的6万人增加到2014年的1 562万人,年均递增54万人,外商投资企业对同期全国城镇就业新增数的贡献率达到4%。据估算,全部外商投资企业吸纳的直接就业人数超过4 500万,占我国城镇就业人口的比重超过10%。此外,外商投资企业还间接创造了与其相关的配套加工、服务等活动的就业,并通过投入大量职工培训等人力开发资本,极大地促进了国内劳动力向国际化专业人才的转变,提高了中国人力资源素质。

当然,中国的外资引进也存在着一些问题。来源方面,外资渠道显得单一;形式方面,外商直接投资为主要方式,其他方式相对较弱;另外,对外资监管的法律法规仍待继续完善等等。但可喜的是,近年来这些问题已经得到了较为明显的改善。

另外,在当今世界不仅是国际直接投资,国际资本市场也发展迅速,并出现了许多新的趋势。例如：国际资本结构由传统的银行资金为主变为外国直接投资、银行信贷和债券市场三分天下的局面；证券资本的规模和地位在不断上升；新兴经济体在国际资本流动中的影响力不断上升，跨国并购成为国际投资的主要形式，等等。面对以上各种新特点，中国吸引外资面临巨大的机遇和挑战，这就要求进一步解放思想、转变观念，围绕我国引资"积极、合理、有效"的方针，提高对外开放的深度和广度，更全面地参与国际经济活动。

三、中国引进外资的形式

一般来说，引入外资常用的方式是利用外国借款、吸引外国直接投资和吸引海外证券投资。从我国的情况看，外商直接投资和对外借款是利用较多的方式。近年来，随着证券市场的巨大发展，吸引海外证券投资，通过向海外发行债券，发行并上市B股、H股、N股，设立海外基金等方式筹集资金，取得了很大进展，但相对于利用直接投资的规模和速度，利用间接投资仍处于起步阶段。以下就对中国利用外资的方式按照直接和间接的划分进行具体介绍。

（1）外商直接投资。国际直接投资通常指一国资本在别国直接设立厂矿等企业，是国际间长期资本流动的方式。我国采取以吸收外商直接投资为主的方式，在政策上是出于避免大规模外债风险等因素的考虑，在经济上也是我国国内和国际经济发展的历史条件下的必然。从国内来看，我国经济向外向型转变，参与国际经济大循环和多元化所有制结构的思想为外商投资企业的发展奠定了理论基础；而国内经济体制改革的不断深化、市场机制的日益增强、法规制度的不断健全和宏观经济环境的改善则为海外直接投资的引入提供了良好的环境。从国际来看，各国在经济上相互依存和交流已成为世界经济发展的必然趋势。工业化国家实行产业结构高技术化，向知识密集型过渡，纷纷向海外转移劳动密集型和资本密集型产业。我国拥有丰富的自然和人力资源，成为外资投入资源密集型和劳动密集型产业的理想地区。

我国吸引外商投资有三种方式：中外合资经营企业、中外合作经营企业和外商独资企业。中外合资经营企业是依照《中华人民共和国中外合资经营企业法》及其实施条例的规定建立的，它是由外国的公司、企业或其他经济组织或个人，按照平等互利的原则，经中国政府批准在中国境内，同一个或几个中国的公司、企业或其他经济组织共同举办的企业。经注册登记的合资企业是中国的法人,应遵守中国的法律,受中国法律的管辖与保护。中外合作经营企业是外国企业、其他经济组织或个人,与中国的企业或其他经济组织,按中国法律在中国境内设立的,依据共同签订的合作经营合同规定合作各方的权利和义务(如投资条件、收益分配、债务清偿、风险责任、经营方式等)的合作经济组织。外商独资经营企业,是指按中国法律在中国境内设立的全部资本由外国投资者投资的企业,不包括外国的企业和其他经济组织在中国境内的分支机构。外资企业的全部资本为外国投资者所有。

中国近年来吸收外商直接投资具有以下几个主要特点。

第一,从规模上说,吸收外资总量巨大。自1990年以来,中国吸引外资一直居发展中国家前列,2014年更是首次超过美国,成为全球最大的外资流入国。这反映出中国长期以来都是全球范围内最具吸引力的投资目的地之一。

第二,从来源上说,虽然外资来源依然集中,但正在向多元化发展。"入世"后,大型跨国公司纷纷加快进入中国市场的步伐,外资来源更加多元化,来自发达国家的外资比重明显提高,但亚洲依然是主要外资来源地,2016年其比重达到全国总量的78.22%。

第三,从外资进入方式看,1980—1985年以合作经营为主,1986—1990年以合资经营为主,进入20世纪90年代后,外商独资企业的比重上升很快。目前,外商独资企业和中外合资企业依然是主要的外资进入方式。

第四,从投向行业结构看,外资侧重于第二、第三产业。制造业是外商投资的主要领域,且对高新技术产业的投资占整个制造业投资的比重继续上升,同时,投资研发中心的新的外资增长较快。"入世"后,由于第三产业外资市场准入承诺履行及配套出台的国内法规进展顺利,所以已经连续几年吸收外资高速增长,明显快于第一和第二产业。第一产业领域外商投资项目和投资企业的平均规模都不大,从农业内部外商投资的分布来看,主要集中于种植业。

第五,从外资投入地区看,其分布由南向北、由东向西逐步扩展。改革开放40多年来,东部地区吸收外商直接投资一直占据绝对优势,这得益于东部地区原有的良好经济社会基础、较为完善的市场条件以及外商投资本身所具有的聚集效应。在西部大开发和"一带一路"建设等推动下,中西部地区正着力加强基础设施建设和生态环境建设,大力发展科教事业,投资环另外值得一提的是,跨国并购正成为外商直接投资的新方式之一。20世纪90年代以来,跨国并购成为直接投资的主要方式,发达国家之间90%左右的投资通过购并方式实现。截至目前,外国投资者在中国投资仍主要以绿地投资为主,跨国并购在中国吸收外资的比重较低,但近年来呈现快速增长的态势,占比已经从2004年的0.4%上升到了2016年的16.01%。2006年,商务部已经公布了《关于外国投资者并购境内企业的规定》,为跨国公司通过并购方式对华投资,特别是并购国有企业提供了法律和政策依据。

(2)国外间接投资。我国利用国外间接投资的主要方式是国际证券投资,它是指以购买国有价证券的形式而进行的投资。与直接投资不同,它不以获得对企业的直接经营控制权为目的。从当前国际资本市场的发展来看,证券融资正日益成为资本运动的主流。在我国,自20世纪80年代中期起,政府、金融机构和大型国有企业开始步入国际资本市场,尤其是90年代以来,我国在利用外国债券投资和股权投资方面成绩显著。目前,我国企业利用证券市场引进外资的主要方式有:发行B股并在上海和深圳证券交易所上市、发行境外债券、境外上市、境外存托凭证上市、利用境外投资资金间接上市、第二上市,以及推动银行间债券市场进一步开放、深化扩容合格境外机构投资者(QFII和RQFII)等,以此吸引跨境资金持续流入。2016年,我国证券投资逆差622亿美元,其中,对外证券投资净流出1 034亿美元,增长41%;境外对我国证券投资净流入412亿美元,增长512%。目前,我国在扩大金融市场对外开放的同时,还实施了全口径跨境融资宏观审慎管理。

在证券投资领域,B股的发行和上市是我国证券市场引进外资的第一步。随着1992年2月上海真空电子器件股份有限公司首发人民币特种股票(即B股)并在上海证交所挂牌上市,沪、深证交所先后建立了相对独立的B股市场,开始了其作为中国资本市场与国际接轨的先锋和漫长历程。B股的发行和上市不仅为企业开拓了一条新的国际融资途径,为境外法人和自然人提供了一条有效的投资渠道,而且加速了国内证券市场的发育成长和国际化进程,成为中国证券市场走向世界的开端。

1994年8月,《国务院关于股份有限公司境外募集股份及上市的特别规定》出台,表明我国企业直接进入国际资本市场,实现境外上市,以股权形式筹集外资的形式正成为利用境外证券市场筹资的热点。中国内地企业境外上市融资的方式和渠道主要有五种：① 内地企业在境外直接上市（IPO）。中国内地的企业法人通过在香港首次发行股票（简称 H 股），或者在纽约首次发行股票（简称 N 股），或者在新加坡首次发行股票（简称 S 股）的方式直接在境外上市。② 涉及境内权益的境外公司在境外直接上市。中国内地之外的法人公司或其他股权关联公司直接或间接享有中国内地企业的股权权益或者资产权利，并且在中国境外直接上市的方式。中国企业在新加坡市场上市也大多采用这种方式。③ 境外买壳上市或反向兼并中国内地或内地之外的企业法人，比如在香港市场买壳上市的中信泰富，在新加坡市场买壳上市的浙江金义。④ 国内 A 股上市公司的境外分拆上市，诸如同仁堂、托普软件、复旦微电子、青鸟环宇等 A 股公司均通过分拆子公司以 H 股的方式在香港创业板上市。⑤ 以存托凭证（DR）和可转换债券（CB）的方式，比如青岛啤酒、上海石化、马鞍山钢铁、仪征化纤等八家，它们的主挂牌在香港，但同时通过全球存股证方式（GDR）和美国存股证方式（ADR）分别在全球各地和美国纽约证券交易所上市。

利用境外投资基金间接上市是通过设立中外合资或外资独资的基金管理公司，然后在境外募集设立中国国家基金，并在境外申请上市，所筹资金适度分散投资于中国境内市场（包括 A、B 股企业，中外合资企业等），使得中国境内企业也能利用投资基金的集资功能，实现在境外间接上市和引进外资的目的。1987 年，我国开始在境外设立基金筹资。起初，境外中国基金大多投资于境内上市企业的证券，但由于中国证券市场尚未发育成熟，B 股、H 股等容量有限，故从 1993 年开始投资大多转向境内未上市的企业和在建项目。利用境外投资基金可以将由分散资金聚集而成的境外金融资本引入国内企业，促进企业以至整个国民经济的发展。与其他融资方式相比，直接投资基金方式具有既不构成国家外债，又对企业经营管理干预较少的特点。

资产证券化作为投资银行金融创新的得意之作，自 20 世纪 70 年代以来获得了巨大的发展，其交易额迅速飙升，交易品种日益丰富。其中离岸资产证券化作为资产证券化的一种特殊形式，也已成为我国引进外资的一种新途径。它是指利用国外的特殊目的载体（special purpose vehicle，SPV），在国际资本市场上发行资产支撑证券（ABS）或抵押支撑证券（MBS）以筹集资金。这种引资方式成本一般低于国际商业银行贷款的成本，并且发行资产支撑证券以基础设施收费、贸易应收款、项目资产受益、抵押支撑贷款等可预期的现金流收入作为支撑,还本付息较有保证。1996 年 8 月,广东省珠海市人民政府以交通工具、注册费和高速公路过路费为支撑,在美国成功发行了两批共 2 亿美元的债券,这是我国在国际资本市场上进行资产证券化融资的第一次实践。

利用国际证券投资的优点在于:首先,筹资规模面广。有价证券可以被大量小额投资者购买,有利于巨额资金的筹集。其次,有利于降低企业经营风险。企业可以通过发行债券和股票在自有资本和分散的借入资本之间保持适当比例以建立一个合理的资本结构。再次,促进企业改善经营管理。B 股和 H 股发行前,企业要经过权威机构按国际标准进行的审计评估,发行后的经营管理将在国际市场受监督。最后,有利于加强国内证券市场与国际市场的联系,促进我国证券市场规范化、标准化、国际化的进程。

"入世"之后,中国资本市场的开放又有了一系列新的举措。2003 年 7 月,中国证券市场正式引入合格的境外机构投资者(Qualified Foreign Institutional Investors,QFII)机制。这是一国在货币没有实现完全可自由兑换、资本项目尚未开放的情况下,有限度地引进外资、开放资本市场的一项过渡性的制度。根据这一机制,在经过证监会的审核之后,境外机构投资者可以在国家外汇管理局允许的额度内将外汇换成人民币进行境内投资。截至 2016 年 12 月 31 日,共有 278 家合格 QFII,合计 873.09 亿美元投资额度。此外,国家外汇管理局批准投资额度的 RQFII(人民币合格境外机构投资者)有 177 家,共 5 284.75 亿元人民币额度,其中接近一半的机构注册地是香港。

2014 年和 2016 年相继开通的"沪港通"和"深港通"也正成为吸引海外证券投资基金的新渠道。沪港通是指上海证券交易所和香港联合交易所允许两地投资者通过当地证券公司(或经纪商)买卖规定范围内的对方交易所上市的股票,是沪港股票市场交易互联互通机制。此举促进了中国内地与香港资本市场双向开放和健康发展,以便在与国际市场更深度的融合中,不断提升对外开放的层次和水平。2016 年 12 月 5 日,作为深港股票市场交易互联互通机制的深港通也正式启动,并有望进一步成为 A 股市场国际化的加速器。

在债券投资领域,我国境内机构向境外发行外币债券融资开始较早,始于 1982 年 1 月。当时,中国国际信托投资公司率先在日本东京发行了 100

亿日元的私募债。1984年11月,中国银行在东京发行200亿日元公募债,标志着中国正式进入国际债券市场。对外发债拓宽了外资筹措渠道,为国家及地方重点项目建设筹集了大量资金,有利于提高我国利用外资的整体水平。

2010年以来,我国债券市场对外开放逐步加快,投资主体范围不断扩大,审批流程逐步简化,额度限制从有到无,投资品种依次放开。2016年2月,中国人民银行发布《关于进一步做好境外机构投资者投资银行间债券市场有关事宜的公告》,允许各类境外金融机构及其向客户发行的投资产品以及养老基金、慈善基金、捐赠基金等投资银行间债券市场,同时取消了投资额度限制。至此,绝大部分境外金融机构都能够进入中国银行间债券市场。

然而从全球视角来看,目前境外投资者占我国在岸债券市场比重仍然较低,远远低于美国、英国和日本等发达经济体平均水平,与主要新兴市场经济体也有较大差距。从长期来看,进一步推进债券市场对外开放、丰富和完善我国债券市场投资渠道是大势所趋。随着人民币国际化和金融市场开放的推进,我们需要满足境外投资者进入中国金融市场需求并进一步减少入市摩擦和阻力。

第二节 中国的对外投资

开放型的经济系统要求在对外经济关系方面,既要"引进来",又能"走出去"。发展对外投资正是我国经济跨出国界、走向世界的重要途径。

一、对外投资的发展历程:起步较晚、发展迅猛

我国对外投资可划分为三个时期。第一个时期是从新中国成立到1978年实行改革开放之前。新中国成立伊始,为了保持必需的进出口贸易,极少数企业在政府的指令下到香港地区以开设或接收的方式建立了境外企业。这些企业数量之少、规模之小、业务之窄,注定了它们不能成为对外经济活动的主力。20世纪50年代中期,我国以项目援助、物资援助和技术援助等方式,向正在争取或已经获得民族独立的发展中国家提供经济援助。虽然它们不是严格意义上的对外直接投资,却为日后我国的对外投资积累了经验。十年"文革"使中国的一切对外活动都受到严重影响,对外投

资停滞。70年代后期,中国开始对外承包工程和劳务输出。可见,在计划经济体制下,中国的对外投资始终是由政府出面、直接操作,没有企业能够独自按照市场规律进行对外投资。因而,改革开放之前的对外投资并未成为我国获取开放利益的源泉。

改革开放以来,中国的经济体制开始由计划向市场的转变,企业也逐渐成为竞争主体。对外投资也迎来了蓬勃发展的第二个时期。首先,企业开始按市场需求的变化组织生产和经营。少数外贸和外经公司,从自身经营发展的需要出发,开始在海外设立窗口企业。1979年11月,北京友谊商业服务公司与日本东京丸商株式会社合资创办的京和股份有限公司在东京开业,我国第一家非进出口贸易型海外企业建立。80年代初,改革开放力度加大,政府有关部门明确了对外投资的政策。针对企业海外投资限制的进一步放松,原外经贸部于1985年颁布了《关于在国外开设非贸易性合资经营企业的审批程序和管理办法》,使中国企业在境外的投资活动有章可循。1987年底,国务院正式批准中国化工进出口总公司进行跨国经营试点,标志着我国企业对外直接投资跨出了关键的一步。这一年我国对外投资创下了第一个峰值,数额为4.10亿美元。90年代初邓小平同志南方谈话以及党的十四大决定把建立社会主义市场经济体制作为我国经济体制改革的目标,给予企业在对外经济方面更大的自主权。我国对外直接投资获得了较快的发展。1992—1996年对外投资额累计达到7.62亿美元,2000年达到5.51亿美元。

第三个时期是从"入世"至今。在2000年党的第十五届五中全会把"走出去"作为经济发展的战略目标后,我国掀起对外直接投资的浪潮。在世界经济普遍低迷的情况下,2002年我国对外直接投资额达到27亿美元,之后,中国对外直接投资连续十余年保持快速增长(参见图17-1),2002—2016年均增长速度高达35.8%,2016年的对外直接投资流量是2002年的72.6倍。其中,2015年中国对外直接投资流量更是实现历史性突破,达到1 456亿美元,位列全球第二,占全球的比重提升到9.9%,首次超过同年吸引外资金额,并首次成为资本净输出国,成为当之无愧的国际投资大国。2016年,中国继续蝉联全球第二大对外投资国地位,对外投资流量再创历史新高,达到1 961.5亿美元,增长34.7%,占全球的比重首超一成,达12.6%,同时中国对外直接投资存量占全球的比重首超5%,达5.2%,位列全球第六。我国目前已基本实现了对外投资主体多元化的局面,投资行业涉及生产、贸易、服务等多个领域,尤其随着中国企业"走出去"步伐的加快,中国资本在全球价值链中的位置不断上移,金融业和先进制造业等高端领域的对外投资流量出现大幅度增长。在世界经济格局持续变化和全球增长动力转换的重要时期,通过创新发展方式,挖掘增长动能,对外投资合作已经在"一带一路"建设和推动供给侧结构性改革中发挥强大的作用。

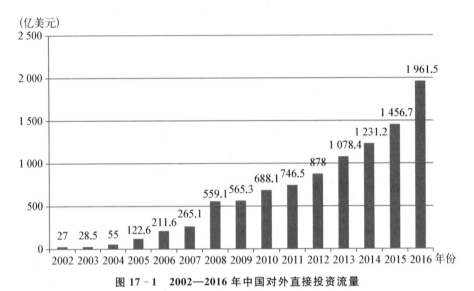

图 17-1 2002—2016 年中国对外直接投资流量

资料来源:商务部,《中国对外投资合作发展报告》,www.mofcom.gov.cn。

二、对外投资作用于中国经济:顺应时代、资源共享

对外投资对我国经济发展有着不可替代的重要作用。

(1) 获得国外优质资源。我国虽有"地大物博"的美称,但这只能表明我国资源种类的齐全。一旦具体到人均占有量和资源品位,我国就是自然资源短缺国。耕地以及水资源、石油天然气、森林、橡胶、铜铁矿等重要资源的人均拥有量远远低于世界平均水平。通过对外投资参与国际资源开发,与那些资源丰富但缺乏开发能力的国家合作,并且拥有对稀缺资源的股份,有利于保证我国重要资源供给的长期性。

(2) 引进国外一流技术。通过对外投资,在发达国家与当地拥有先进技术的公司合办企业,可以了解国外技术发展的最新消息,建立开发引进先进技术的海外基地,为本国经济服务;或者通过收购或兼并海外企业,利用

已有的核心技术、顾客资源和品牌优势，提高技术效率和竞争优势，从而缩短时间、降低风险，迅速获取经济效益。对外投资因此成为获得国外先进技术的捷径。

（3）拓展海外市场，推进国际产能合作。对外投资合作推动国际产能和装备合作快速增长，中国与有关重点国家务实合作日益深化，一批重大战略性项目相继顺利实施，企业实力不断增强，对拉动外贸出口、促进产业转型升级起到了重要支撑作用。

（4）顺应了开放型经济的要求。开放型经济要求一国通过内外部之间的经济交流，形成一个持续发展的经济系统。对外投资正是开放型经济要求的内外部经济交流的一部分。对外投资人利用海外渠道获取丰富及时的信息，有利于企业决策，同时，在环境相对复杂的海外市场通过历练提升技术和管理水平，增添开放型经济下企业的活力，有利于提高一国的国际竞争力。

三、对外投资的方式选择：直接投资、特点分明

发展中国的对外投资意义重大，其具体投资方式的选择在很大程度上影响着对外投资的效果。外国企业对中国长期投资的实践可以成为中国对外投资的良好学习对象。大致说来，中国对外投资的具体方式包括对外直接投资与对外间接投资两种。相对于直接投资，对外间接投资主要是通过股票、债券和发放海外贷款等金融活动来实行。这些方式的采用首先需要中国自身在金融运作方面具有良好且成熟的基础。然而，中国的金融发展还未达到令人满意的程度，因而我们所说的中国对外投资主要是指中国的对外直接投资。

1. 中国对外直接投资的特点

（1）投资主体。目前，中国的对外投资企业类型日益多元化，除了有限责任公司之外，私营企业、股份有限公司、外商投资企业、港澳台投资企业、个体经营和集体企业等都有出现。截至2016年末，中国非金融类对外直接投资存量中，国有企业占54.3%，非国有企业占45.7%，基本与国有企业的对外投资平分天下，投资主体结构多元化发展。

（2）投资方向。中国内地直接投资的国别和地区方向较为集中，"一带一路"成为新的重点。从投资存量看，截至2016年年末，以中国香港为代表的亚洲地区始终是吸收中国内地对外直接投资最多的地区，达到67%左右,拉美其次,约占15.3%。中国对"一带一路"沿线国家和地区的直接投资存量2015年已达1 156.8亿美元,占中国对外直接投资存量的10.5%,上升速度迅猛。

(3) 投资行业。截至2016年末,中国对外直接投资存量规模上千亿美元的行业有5个,租赁和商务服务业高居榜首,占中国对外直接投资存量的34.9%;其次为金融业、批发和零售业、采矿业以及制造业,以上行业累计存量占中国对外直接投资存量的79.6%。近年来,中国对外直接投资的行业流向更加广泛、行业结构持续优化,投资热点也不断发生变化,信息传输、软件和信息技术服务业、文化、体育和娱乐业、住宿和餐饮业等领域的投资快速增长。

(4) 投资形式。近年来,在中国的新增对外投资中,股权投资成为主流方式,跨国并购也日趋活跃,并购领域不断扩大。此外,对外承包工程和境外经济贸易合作区正成为中国对外投资的重要模式,增长态势较快。从对外承包工程的发展阶段看,年合同额上千亿美元大约经历了近30年的时间,即2008年达1 045.6亿美元,而跨入两千亿美元仅用了7年的时间。随着业务规模的不断提升,投资模式也在创新,商务部提出基础设施合作建营一体化发展方向,鼓励企业承揽特许经营类工程项目。同时,中国境外经济贸易合作区建设速度不断加快,成为中国企业"走出去"的重要平台和载体,也是中国政府推进"一带一路"建设、国际产能合作及中非工业化伙伴行动的重要支点。

2. 中国对外投资的不足与挑战

当前我国正处于加快建设开放型经济新体制、继续推动贸易和投资自由化便利化的重要时期,这将为对外投资合作发展创造良好的机遇。然而,由于国际经济格局在金融危机后已经发生深刻变化,不确定因素明显增加,加之国际投资领域保护主义盛行,同时中国经济也面临内部转型压力,因此,中国企业的对外投资合作在自身尚有不足的情况下,更势必面临风险和挑战,主要表现在以下各方面。

(1) 对外投资结构方面。从以上论述中可以了解到,中国对外投资的地区集中于亚太地区,这个特点反映出投资的地区和产业结构都需要不断优化。在不放松现有投资优势的同时,有步骤、有重点地扩大向发达国家特别是美、日、西欧等国的高新技术行业投资,将有助于我国的技术进步和追赶、实现自身行业地位提升。

(2) 对外投资监管方面。近年来,政府主管部门针对对外投资实行简政放权,由审批制转为以备案制度为主,申报程序更为便利化。但是,部分企业在对外投资快速增长的过程中,也表现出了盲目或不理性的现象,甚至只为变相把资金转移出国,导致投资失败,等等。因此,在有效审核监管企业的对外投资合作行为方面仍然需要加强。

(3) 外部环境保障方面。由于全球经济内生动力疲弱、东道国投资环境状况存在不确定性,我国的对外投资合作也面临很大的风险和挑战。因此,国家在鼓励支持国内有实力的各种投资主体开展对外投资的同时,应在融资、税收以及权益保护等方面给予配套支持,在风险防御方面为企业提供分担机制,以合理的顶层设计为中国企业"走出去"提供良好的制度保障。

总之,在国内产业结构调整步伐加快、境外投资进一步便利化的同时,只有为保障"走出去"的公共服务和合作平台进一步得以完善,才能使中国企业海外资产继续增加、跨国经营能力和水平不断提升,对外投资合作保持良性和快速发展。

基本概念

中外合资经营企业　中外合作经营企业　外商独资经营企业　国际证券投资　资产证券化

思考题

1. 简述引进外资对我国经济增长的促进作用。
2. 简述近年来我国吸引外商直接投资的主要特点。
3. 简述我国现有外商投资企业的三种形式并说明它们之间的区别。
4. 简述我国利用国外间接投资的主要方式。
5. 简述对外投资对我国经济增长的重要作用。
6. 简述我国对外投资的不足与挑战。

主要参考文献

爱德华·肖：《经济发展中的金融深化》，邵伏军等译，三联书店上海分店1988年版。

毕吉耀：《国际石油价格再度高涨的原因及其影响》，《中国物价》2005年第5期。

曹斐、霍维巍：《东欧国家私有化路径选择及公司治理结构——以匈牙利、捷克为例》，《财经界》（下半月刊）2006年第7期。

陈彪如：《国际金融概论》，华东师范大学出版社1988年版。

陈继勇、肖光恩：《国际直接投资的新发展与外商对华直接投资研究》，人民出版社2004年版。

陈柳钦：《金融自由化在发展中国家的实践及中国的金融开放》，《南都学坛》2006年第3期。

陈招顺、翁全龙：《亚洲"四小"的对外开放》，上海社会科学院出版社1990年版。

迟福林：《世纪之交：中国的金融开放与金融安全》，外文出版社1999年版。

仇启华：《世界经济学》（上册），中共中央党校出版社1989年版。

储玉坤：《美国经济学家萨克斯和他的"休克疗法"》，《世界经济》1992年第5期。

崔援民：《现代国际投资学》，中国经济出版社1991年版。

大卫·李嘉图：《政治经济学及赋税原理》，郭大力、王亚南译，商务印书馆1962年版。

丁一凡：《油价攀升的背后——警惕石油期货投机左右国际油价》，中国石油网2004年9月6日。

范雄白：《科学技术革命和世界经济的发展》，复旦大学硕士学位论文，

1985 年。

关雪凌:《制度变迁中的俄罗斯经济转轨战略》,《东欧中亚研究》2000 年第 5 期。

郭建青等:《西方主要发达国家市场经济大观》,中国经济出版社 1993 年版。

海闻:《国际贸易理论的新发展》,《经济研究》1995 年第 7 期。

韩世隆:《世界经济简明教程》,四川大学出版社 1992 年版。

何国华:《金融自由化改革与东南亚金融危机》,《经济学动态》1998 年 9 月。

华民:《西方国家市场经济的不同模式》,《世界经济研究》1993 年专辑。

黄梅波:《世界经济:理论、政策与实践》,北京大学出版社 2015 年版。

黄志瑾:《WTO〈贸易便利化协定〉评述——多哈回合的突破?》,《上海对外经贸大学学报》2014 年第 5 期。

黄志凌:《金融转轨和发展》,中国经济出版社 1994 年版。

加藤义嘉:《世界经济:2005 年的回顾与 2006 年的展望》,汪慕恒摘译,《经济资料译丛》2006 年第 2 期。

姜波克:《国际金融新编》(第六版),复旦大学出版社 2018 年版。

黎孝先等:《国际贸易与实务》,对外贸易教育出版社 1993 年版。

李金轩:《跨国公司》,华龄出版社 1993 年版。

李坤望、张伯伟:《APEC 贸易自由化行动计划的评估》,《世界经济》1999 年第 7 期。

李明德、江时学:《现代化:拉美和东亚的发展模式》,社会科学文献出版社 2000 年版。

李社环、余光、周蓉:《论金融自由化、金融危机和金融监管》,《世界经济文汇》1999 年第 6 期。

李晓:《论西方发达国家产业结构的软化及其影响》,《世界经济》1992 年第 3 期。

李新民、杨丽萍:《专家解析国际石油价格——访新华社世界问题研究中心研究员杨元华》,人民网 2004 年 4 月 19 日。

李云林:《国际油价走势的分析和判断》,《中国经贸导刊》2006 年第 17 期。

联合国贸易和发展会议:《从发展角度看国际贸易体系的演变及其趋势》,www.unctad.org,2015年9月。

林珏:《试论新贸易保护主义的主要特点与理论基础》,《世界经济研究》1994年第6期。

刘东勋、翟志成、陈多长:《保护贸易理论是对自由贸易理论的修正和发展》,《国际贸易问题》1998年第9期。

刘明:《主要产油国和消费国的石油政策》,《国际石油经济》2001年9卷1期。

刘跃生:《国际直接投资与中国利用外资》,中国发展出版社1999年版。

卢进勇、杜奇华:《国际经济合作》,对外经济贸易大学出版社2000年版。

陆寒寅:《供给创新与非对称突破:世纪之交世界经济结构变动研究》,学林出版社2005年版。

吕春成:《战略性贸易理论评析》,《山西高等学校社会科学学报》2003年9月。

罗志如:《当代西方经济学说》,北京大学出版社1989年版。

马家驹:《中国经济改革的历史考察》,浙江人民出版社1994年版。

马玉玲:《国际石油价格波动趋势预测与分析》,云南大学硕士学位论文,2006年。

迈克尔·托达罗:《经济发展与第三世界》,印金强、赵荣美译,中国经济出版社1992年版。

麦金农:《经济发展中的货币与资本》,卢骢译,上海人民出版社1997年版。

倪建军:《世界石油价格波动与中国石油安全研究》,武汉大学博士学位论文,2003年。

钱俊瑞:《世界经济概论》(上册),人民出版社1983年版。

钱荣堃:《国际金融》,南开大学内部发行,年份不详。

钱慰曾:《国际油价为何持续走高?》,《中国经济信息》2004年第10期。

钱小安:《通货紧缩的原因、危害和对策》,《金融研究》1999年第9期。

任淮秀、汪昌云:《国际投资学》,中国人民大学出版社1992年版。

商务部:《对外贸易发展"十三五"规划》,中国商务部网站,http://

www.mofcom.gov.cn。

商务部:《中国外商投资报告》,中国商务部网站,http://www.mofcom.gov.cn。

沈国兵:《美元弱势调整对中国外贸发展影响研究》,中国财政经济出版社2016年版。

沈国兵:《中美贸易再平衡:美元弱势调整与中国显性比较优势》,中国财政经济出版社2017年版。

盛斌:《WTO〈贸易便利化协定〉评估及对中国的影响研究》,《国际贸易》2016年第1期。

盛斌、张一平:《全球治理中的国际货币体系改革:历史与现实》,《南开学报(哲学社会科学版)》2012年第1期。

唐旭:《金融理论前沿课题》,中国金融出版社1999年版。

陶继侃、王继祖、姜春明、张士元:《世界经济概论》,天津出版社1995年版。

田素华:《经济全球化与区域经济一体化》,《上海经济研究》2000年第4期。

托马斯·库恩:《科学革命的结构》,金吾伦、胡新和译,北京大学出版社2017年版。

王继祖:《近年西方新贸易理论浅探》,《南开经济研究》1996年第5期。

王梦奎:《中国经济发展的回顾与前瞻:1979—2020》,中国财政经济出版社1999年版。

王章耀、牟瀛、杜厚文等:《世界经济概论》,中国人民大学出版社1986年版。

吴开祺:《国际投资学》,中国对外经济贸易出版社1990年版。

吴来桂:《俄罗斯私有化进程考察》,《湖南城市学院学报》2006年第4期。

吴艳君:《近期世界油价上涨原因及对主要经济体的影响》,《集团经济研究》2006年第6期。

伍贻康、周建平:《区域性国际经济一体化的比较》,经济科学出版社1994年版。

项本武:《中国对外直接投资:决定因素与经济效应的实证研究》,社会科学文献出版社2005年版。

许新:《普京道路的经济学分析》,《东欧中亚研究》2002年第1期。

亚当·斯密:《国民财富的性质和原因的研究》,郭大力、王亚南译,商务印书馆1972年版。

严诺森:《东欧国有企业私有化的社会经济效果及其启示》,《东欧中亚研究》2002年第4期。

杨夏鸣:《高价原油:原因、影响及中国的对策选择》,《世界经济与政治论坛》2005年第2期。

余建光:《国油油价高位振荡及其影响分析》,《上海财经大学学报》2006年第1期。

约翰·加宁:《一国政府对经济全球化应如何反映》,储祥银译,《经济资料译丛》1999年第2期。

张耿庆、范方志:《中国对外投资显现经济效应》,《中国国情国力》2004年第7期。

张明:《国际货币体系改革:背景、原因、措施及中国的参与》,《国际经济评论》2010年第1期。

张明:《全球货币互换:现状、功能及国际货币体系改革的潜在方向》,《国际经济评论》,2012年第6期。

张艳丽:《波兰学者关于"后华盛顿共识"的12条结论》,《国外理论动态》2000年第3期。

张幼文:《世界经济学》,立信会计出版社1999年版。

赵春明:《中国对外直接投资现状与发展前景》,《世界经济》2004年第3期。

赵涛:《经济长波论》,中国人民大学出版社1988年版。

郑振龙:《发展中国家金融稳定之研究》,《金融研究》1998年第2期。

中国企业联合会:《2005中国企业500强发展报告》,人民网2005年8月21日。

中华人民共和国国家统计局网站,www.stats.gov.cn。

中华人民共和国商务部网站,www.mofcom.gov.cn。

钟慧中:《新贸易保护理论及其对国际贸易的影响》,《国际贸易问题》1999年第1期。

周向彤:《近期国际石油价格回顾与预测》,《国际石油经济》2004年第6期。

周新民：《国际货币体系论》，武汉大学出版社1992年版。

朱启贵：《可持续发展评估》，上海财经大学出版社1999年版。

庄起善：《俄罗斯转轨经济研究》，复旦大学出版社2000年版。

庄起善：《世界经济新编》，学林出版社1996年版。

庄起善、王健：《金融业的稳健与吸引外资》，《复旦学报》2006年第3期。

宗则行、樊亢：《世界经济史》，经济科学出版社1993—1994年版。

《世界经济》编写组：《世界经济》(第三册)，人民出版社1981年版。

《世界经济百科全书》编辑委员会：《世界经济百科全书》，中国大百科全书出版社1987年版。

《世界经济概论》编写组：《世界经济概论》，高等教育出版社、人民出版社2011年版。

International Monetary Fund, *World Economic Outlook*, www.imf.org.

Mundell, R. A., "A Reconsideration of the Twentieth Century", *American Economic Review*, 2000, Vol. 90, No. 3.

World Bank, *Global Economic Prospects*, www.worldbank.org.

第三版后记

呈现在读者面前的《世界经济新论》(第三版)一书,主要研究第二次世界大战结束后世界经济的现状、运行机制和发展趋势。本书在充分论述世界经济基本原理的基础上,对2008年全球金融危机以来世界经济发展的前沿问题做了进一步的探讨,这是本书继续称为"新论"的主要原因。

目前国内外学术界对世界经济的理论体系没有完全形成统一的认识,世界经济领域中的许多问题还值得进一步研究和讨论,因而,在具体的教学中,无论是讲授课时的分布,还是教学重点的安排,都可以因时因地加以适当取舍,以便围绕主线,突出重点,取得最佳教学效果。

参加本书第一版撰写的有:庄起善、王远昊、刘燕、魏亚群、田素华、吕朝阳。在编写过程中,得到了陆福英、翁全龙的帮助。全书由庄起善修改、统稿和定稿。

参加本书第二版修订工作的有:庄起善、王健、刘军梅、彭芸、周茜茜、邓婷、卢丽敏,窦菲菲、吴玮丽、娄圣睿参加了数据更新和文字校对等工作,由庄起善统稿和定稿。

参加本书第三版修订工作的有:庄起善、陆寒寅、王健、刘军梅、郑辉。由庄起善和陆寒寅主持修订,并对全书进行统稿和定稿。复旦大学出版社副总编徐惠平和责任编辑岑品杰为本书的顺利出版提供了大力支持。

另外,在本书第三版的修订编写过程中,得到了"复旦大学经济学院理论经济学Ⅰ类高峰计划项目"的支持,在此一并表示衷心感谢。

庄起善　陆寒寅
2020年5月20日

图书在版编目(CIP)数据

世界经济新论/庄起善,陆寒寅主编. —3 版. —上海:复旦大学出版社,2020.9
(复旦博学.经济学系列)
ISBN 978-7-309-15035-3

Ⅰ.①世… Ⅱ.①庄… ②陆… Ⅲ.①世界经济学-高等学校-教材 Ⅳ.①F11-0

中国版本图书馆 CIP 数据核字(2020)第 077347 号

世界经济新论(第三版)
庄起善　陆寒寅　主编
责任编辑/岑品杰

复旦大学出版社有限公司出版发行
上海市国权路 579 号　邮编:200433
网址:fupnet@ FudanPress.com　　http://www.FudanPress.com
门市零售:86-21-65102580　　团体订购:86-21-65104505
外埠邮购:86-21-65642846　　出版部电话:86-21-65642845
常熟市华顺印刷有限公司

开本 787×960　1/16　印张 24.75　字数 406 千
2020 年 9 月第 3 版第 1 次印刷

ISBN 978-7-309-15035-3/F·2693
定价:56.00 元

如有印装质量问题,请向复旦大学出版社有限公司出版部调换。
版权所有　　侵权必究